“十四五”职业教育国家规划教材

路基路面病害处治

（第3版）

程海潜 李洪军 主 编

人民交通出版社股份有限公司

北京

内 容 提 要

本书为"十四五"职业教育国家规划教材。全书共有 8 个学习项目,分别为:路基不均匀沉降病害处治、路基边坡病害处治、高路堤病害处治、软土路基病害处治、特殊地质地区路基病害处治、防护工程和排水设施的病害处治、水泥混凝土路面病害处治、沥青路面病害处治。本书紧密结合高职高专教育特点,主要对路基路面病害类别、产生原因和处治方法等做了详细全面的阐述。

本书可供道路桥梁工程技术、道路养护与管理等专业教学使用,也可供从事公路施工、养护和管理的相关人员学习和参考。

图书在版编目(CIP)数据

路基路面病害处治 / 程海潜,李洪军主编. — 3 版
. — 北京 :人民交通出版社股份有限公司,2021.11
ISBN 978-7-114-17669-2

Ⅰ.①路… Ⅱ.①程…②李… Ⅲ.①公路路基—维修—高等职业教育—教材②路面—维修—高等职业教育—教材 Ⅳ.①U418.5②U418.6

中国版本图书馆 CIP 数据核字(2021)第 213441 号

"十四五"职业教育国家规划教材
Luji Lumian Binghai Chuzhi

书　　名	路基路面病害处治(第 3 版)
著 作 者	程海潜　李洪军
责任编辑	李　瑞
责任校对	刘　芹
责任印制	刘高彤
出版发行	人民交通出版社股份有限公司
地　　址	(100011)北京市朝阳区安定门外外馆斜街 3 号
网　　址	http://www.ccpcl.com.cn
销售电话	(010)59757973
总 经 销	人民交通出版社股份有限公司发行部
经　　销	各地新华书店
印　　刷	北京市密东印刷有限公司
开　　本	787×1092　1/16
印　　张	21.5
字　　数	498 千
版　　次	2010 年 5 月　第 1 版 2015 年 5 月　第 2 版 2021 年 11 月　第 3 版
印　　次	2024 年 1 月　第 2 次印刷　总第 5 次印刷
书　　号	ISBN 978-7-114-17669-2
定　　价	55.00 元

(有印刷、装订质量问题的图书由本公司负责调换)

第**3**版

前·言
Preface

　　"路基路面病害处治"是道路养护与管理专业的核心课程,是一门理论与实践结合、注重对学生运用国家现行工程技术规范、标准解决工程实际问题能力培养的课程。

　　《路基路面病害处治》前两版由王进思教授、程海潜教授主编,第 1 版于 2010 年出版,第 2 版于 2015 年出版。本教材第 2 版被教育部评定为"十二五"职业教育国家规划教材,本版于 2023 年被教育部评定为"十四五"职业教育国家规划教材。

　　第 3 版在第 2 版的基础上,结合当前高等职业教育发展和公路行业发展的实际情况,按照"德育为先、岗位为基、实践为要、能力为本"的理念,进行了修订。修订过程中,教材编写人员认真学习领会 2020 年发布的《职业院校教材管理方法》,在广泛吸取第 2 版教材使用建议的基础上,确定此次修订的重点在项目导向的内容设计、病害处治方法的更新、工程案例的选用以及课程思政的融入等方面,在此基础上对原教材内容进行了增删与整合。

　　编写组在此次修订过程中力求突出以下特点:

　　1. 突出技能培养,体现职教特色

　　进一步研究了路基路面养护中必须掌握的核心技能和职业能力,确定了路基路面病害治理的主要工作任务,明确了培养学生解决路基路面病害能力的目标,按照"三层能力递进"编排教材内容,让学生掌握路基路面养护中所涉及病害的调查、分析、处治的岗位要求,培养学生识别、分析、处理病害的岗位技能。

　　2. 弘扬交通精神,融入思政元素

　　坚持正确的政治方向和价值导向,注重德育与专业教育的有机融合。贯彻价值塑造、知识传授、能力培养"三位一体"的育人理念,将"推动绿色发展,促进人与自然和谐共生"贯穿教材始终,处治方案坚持生态优先、节约集约、绿色低碳发展理念;结合养护这一艰苦岗位的特点,强调服务地方经济社会发展的坚守与担当,在学习病害处治技术技能中传承交通人特别能吃苦、特别能战斗的职业精神和严谨务实、精益求精的工匠精神。

3. 项目导向教学,凸显职业能力

强化了实践教学环节,以病害处治项目、典型工作任务为载体,让学生灵活运用病害识别、成因分析、病害处治等知识和技能。实现发现问题—分析问题—解决问题的"三层能力递进"。修编中将《公路路基养护技术规范》《公路水泥混凝土路面养护技术规范》《公路沥青路面养护技术规范》等最新标准规范与课程标准有效融合,很好地反映了公路养护工程施工岗位群的职业能力要求。

4. 校企双元开发,产教深度融合

此次教材修订团队成员全部为双师型教师,该团队深谙职业教育教学规律,熟悉行业企业用人要求,有丰富的教学、教科研和企业工作经验。主编程海潜教授曾获得国家级教学成果奖1项、省级教学成果奖2项,以及交通运输部青年科技英才、湖北省新世纪高层次人才、湖北省职业教育技能名师和湖北公路优秀科技工作者等荣誉称号。教授级高工朱红明是从事公路养护施工管理30多年的行业企业专家、湖北省楚天技能名师。校企双元合作开发,贯彻"产教融合",最大程度上保证了教材的先进性、针对性和适用性。

5. 数字资源丰富,线上线下互通

围绕深化教学改革和"互联网＋职业教育"发展需求,初步形成课程建设、教材编写、配套资源开发、信息技术应用统筹推进的新形态一体化教材。本教材图文并茂、清晰美观,配套教学课件、案例库、习题试题库、教学动画和视频等丰富的数字化教学资源,更有助于教师教学和学生学习。由湖北交通职业技术学院制作的"路基路面病害处治"慕课资源(https://www. icourse163. org/course/HBCTC-1207479802? from＝searchPage,在中国大学慕课网平台发布),搭建了课程网络学习平台,可供教师授课参考和学生线上学习交流。

此次修订后全书共八个学习项目,由湖北交通职业技术学院程海潜、李洪军、袁宏成、李传元、邵森林以及湖北省路桥集团有限公司朱红明、成都工贸职业技术学院聂忠权、吉林交通职业技术学院王丹妮共同编写,全书由程海潜、李洪军统稿并担任主编。具体编写分工如下:程海潜负责项目3、项目5以及配套的中国大学慕课平台课程建设,李洪军负责项目8以及教材数字化资源,聂忠权负责项目1,李传元负责项目2,王丹妮负责项目4,邵森林负责项目6,袁宏成负责项目7和全书习题。全书

项目案例由朱红明修订。

本教材在编写过程中,参考并引用了附于本书末尾的参考文献中作者的部分成果,在此致以诚挚谢意。

限于编者水平,书中有不当乃至错误之处,诚挚希望广大读者在学习使用过程中及时将发现的问题告知主编,以便进一步修订和完善。

编　者
2021 年 11 月

目·录
Contents

课程导入

学习任务

了解路基路面病害处治课程的研究对象,熟悉学习任务、教学安排和核心能力要求;认识路基路面病害处治技术现状与发展趋势。

一、课程概要

1.路基路面病害处治工作的重要性

公路在国民经济发展中扮演着重要角色。进入 21 世纪,全国公路密度及公路总里程持续快速增长,截至 2020 年年底,全国公路密度为 54.15km/百平方公里,公路总里程达 519.81 万 km。公路养护里程 514.40 万 km,占公路总里程的 98.96%。随着公路里程的增加,养护需求也逐年增长,必须重视和深入研究公路病害处治技术,提高养护水平,做好养护管理,以保障我国公路网的畅优舒美。

2.路基路面病害处治课程的研究对象

公路病害涉及路基、路面、桥梁、隧道的方方面面,其中路基路面病害是最基础、最常见、处治频度最高的内容,养护技术人员必须熟练掌握相关知识和技能。因此,运营期间路基路面出现的各类病害均是本课程的研究对象,见表 0-1。

路基路面常见病害一览表　　　　　　　　　　　表 0-1

路基常见病害		
1	路堤与路床病害	杂物堆积、不均匀沉降、开裂滑移、冻胀翻浆、坡面冲刷、碎落崩塌
2	边坡病害	坡面冲刷、碎落崩塌、局部坍塌、滑坡
3	不良地质环境造成的路基病害	在软土、膨胀土、黄土、盐渍土、多年冻土、沙漠地区及山区等环境下,路基会出现的各类特有病害
4	防护及支挡结构物及排水设施病害	防护及支挡结构物易出现表观破损、局部损坏、结构失稳等病害;排水设施易出现堵塞、损坏、不完善等病害

续上表

	路面常见病害	
5	水泥混凝土路面常见病害	板破碎、裂缝、板角断裂、错台、拱起、边角剥落、接缝料损坏、坑洞、唧泥、露骨
6	沥青路面常见病害	龟裂、裂缝、坑槽、车辙、沉陷、波浪拥包、松散、泛油

3. 路基路面病害处治课程的学习任务

本课程的教学模块、工作任务、知识要求和技能要求见表0-2。

课程内容和教学要求　　　　　　　　　　　　　　　　　　　　表0-2

序号	项　目	工　作　任　务	知　识　要　求	技　能　要　求
1	路基不均匀沉降病害处治	(1)认知路基不均匀沉降病害。 (2)分析路基不均匀沉降病害成因。 (3)认知路基不均匀沉降病害预防措施。 (4)制订路基不均匀沉降病害处治措施	(1)掌握路基横向与纵向不均匀沉降病害的类型。 (2)掌握路基横向与纵向不均匀沉降病害的成因。 (3)掌握路基横向和纵向不均匀沉降病害预防措施。 (4)掌握路基横向和纵向不均匀沉降病害处治技术	(1)能根据路基不均匀沉降病害形式判定路基不均匀沉降病害类型。 (2)能分析路基不均匀沉降病害的成因。 (3)能正确应用路基横向和纵向不均匀沉降病害预防措施。 (4)能编制路基横向和纵向不均匀沉降病害整治方案
2	路基边坡病害处治	(1)认知路基边坡病害。 (2)分析路基边坡病害成因。 (3)认知路基边坡病害预防措施。 (4)制订路基边坡病害处治措施	(1)掌握路基边坡病害类型。 (2)掌握影响路基边坡稳定性的因素。 (3)掌握路基边坡病害的防治措施。 (4)熟悉路基边坡处治技术的发展,掌握路基边坡病害处治的常用措施	(1)能判别路基边坡病害类型,能进行路基边坡病害调查。 (2)能分析路基边坡病害成因。 (3)能合理选择路基边坡病害防治措施。 (4)能根据路基边坡病害类型,合理选择路基边坡病害的处治方法
3	高路堤病害处治	(1)认知高路堤病害。 (2)分析高路堤病害成因。 (3)认知高路堤病害预防措施。 (4)制订高路堤病害处治措施	(1)掌握高路堤概念和病害类型。 (2)掌握高路堤病害产生的成因。 (3)熟悉高路堤病害的预防措施。 (4)掌握高路堤病害处治措施	(1)能进行高路堤病害分类。 (2)能进行高路堤病害监测与调查,并能分析病害产生的原因。 (3)能依据相关规范采用合理措施进行高路堤病害的预防。 (4)能根据病害发生的原因选择病害的处治方案

续上表

序号	项　目	工 作 任 务	知 识 要 求	技 能 要 求
4	软土路基病害处治	(1)认知软土路基病害。 (2)分析软土路基病害成因。 (3)认知软土路基病害预防措施。 (4)制订软土路基病害处治措施	(1)掌握软土的概念及鉴别方法;分辨软土造成的路基病害。 (2)掌握软土路基病害成因。 (3)掌握软土路基病害预防措施。 (4)掌握浅层处治技术、竖向排水固结处治技术、粉喷桩加固技术、土工合成材料加固技术	(1)能判别软土造成的路基病害类型。 (2)能分析软土路基病害产生原因。 (3)熟悉软土路基加固原理及适用范围。 (4)能根据不同的工程条件确定合适的软土路基病害处治方法,并能够按相应技术组织施工
5	特殊地区路基病害处治	(1)认知膨胀土地区路基病害。 (2)认知黄土地区路基病害。 (3)认知盐渍土地区路基病害。 (4)认知多年冻土地区路基病害。 (5)认知沙漠地区路基病害。 (6)认知山区路基病害	(1)熟悉膨胀土地区路基的主要病害特征及成因和处治方法。 (2)熟悉黄土地区路基的主要病害特征及成因和处治方法。 (3)熟悉盐渍土地区路基的主要病害特征及成因和处治方法。 (4)熟悉多年冻土地区路基的主要病害特征及成因和处治方法。 (5)熟悉沙漠地区路基的主要病害特征及成因和处治方法。 (6)熟悉山区路基的主要病害特征及成因和处治方法	(1)能判别膨胀土地区路基病害类型,根据成因提出处治方案。 (2)能判别黄土地区路基病害类型,根据成因提出处治方案。 (3)能判别盐渍土地区路基病害类型,根据成因提出处治方案。 (4)能判别多年冻土地区路基病害类型,根据成因提出处治方案。 (5)能判别沙漠地区路基病害类型,根据成因提出处治方案。 (6)能判别山区路基病害类型,根据成因提出处治方案
6	防护工程和排水设施的病害处治	(1)认知防护工程和排水设施病害。 (2)分析防护工程和排水设施病害成因。 (3)制订防护工程和排水设施病害处治措施	(1)掌握防护工程和排水设施病害类型。 (2)掌握防护工程和排水设施病害成因。 (3)掌握防护工程和排水设施病害处治措施	(1)能判别防护工程和排水设施病害类型。 (2)能分析各种防护工程和排水设施病害形成原因。 (3)能制订合理的防护工程和排水设施病害处治措施

序号	项目	工作任务	知识要求	技能要求
7	水泥混凝土路面病害处治	（1）认知水泥混凝土路面病害。 （2）调查与评定水泥混凝土路面路况。 （3）制订水泥混凝土路面病害处治措施。 （4）认知水泥混凝土路面再生	（1）掌握水泥混凝土路面病害类型及分级，以及病害产生的原因。 （2）熟悉水泥混凝土路面病害类型的判别、病害调查、路面技术状况评定。 （3）掌握水泥混凝土路面病害处治方法。 （4）熟悉水泥混凝土路面再生利用的条件和方法	（1）能判别水泥混凝土路面病害类型，分析水泥混凝土路面病害成因。 （2）能调查水泥混凝土路面病害，判别病害类型，对路面进行技术状况评定。 （3）能合理选择水泥混凝土路面病害处治措施，并完成常见水泥混凝土路面病害处治。 （4）能合理选择水泥混凝土路面再生利用方法
8	沥青路面病害处治	（1）认知沥青路面病害。 （2）调查与评定沥青路面路况。 （3）制订沥青路面病害处治措施。 （4）认知沥青路面再生	（1）掌握沥青路面病害类型及分级；熟悉沥青路面病害类型的判别。 （2）学习沥青路面路况调查知识，掌握沥青路面技术状况调查与评定方法。 （3）掌握沥青路面病害的成因，熟悉沥青路面病害处治方法。 （4）熟悉沥青路面再生的工艺特点及关键工序	（1）能判别沥青路面病害类型。 （2）能进行沥青路面路况调查与评定。 （3）能识别沥青路面病害，分析其成因，并完成沥青路面病害处治。 （4）能依据沥青路面再生技术特点，合理选择沥青路面再生方法

二、路基路面病害处治技术现状与发展趋势

1.路基路面病害处治技术现状

我国幅员辽阔，气候及地质条件差异较大，公路工程病害的发生机理与影响因素比较复杂，同时由于公路建设规模不断扩大，必将产生新的、更加广泛、更为复杂的工程病害问题。近年来，我国持续推进"四新"技术，在公路工程病害及其防治方面的研究取得了许多有价值的理论成果，并产生了许多实用技术，为指导公路工程实践提供了丰富的技术储备，总体能满足公路工程病害预防和治理的实践需要，支撑了公路养护事业的发展。

（1）新技术新工艺推陈出新。

开发无污染融冰化雪的材料与技术，开发特殊气候环境下路面养护的材料与技术，能够解决北方冬季时间长、南方雨季时间长，公路损坏不能得到及时修复，病害快速扩展的难题。开发适用于不同需要的预防性养护材料、技术及装备，能够解决缺乏具有自主知识产权的养护材料与养护技术的难题。新型的灌注式水泥-沥青复合有机水硬性材料（PCA），可用于处治路面

车辙和水损害。新型的 MOH 复合材料可用于修复沥青混凝土路面的坑槽修补和水泥混凝土路面坑洞。纤维微表处、加黏磨耗层技术、精细抗滑保护层技术可用于路面养护中。

（2）公路沥青路面材料再生利用面临的问题。

公路沥青路面材料再生利用面临着路面铣刨料级配破坏严重、铣刨前二次加热易造成沥青二次老化等问题。对此，可以开发新型沥青路面铣刨装备，以废弃料中矿料的资源化为目标，转变铣刨装备的设计思路；改善加热技术，确保拟铣刨层的沥青混合料充分软化又不至于老化；优化铣刨工艺，改铣刨为铲扒，提高废弃物级配的完整性，特别是粗集料的完整性。另一方面，由于砂石资源越来越宝贵，可以发展沥青路面铣刨料油石分离技术。通过油石分离使铣刨料中的集料实现资源化，既能使其得到最大限度的高效利用，又能确保新制备沥青混合料的品质。从而降低成本，便于规模化生产。

2.路基路面病害处治技术发展趋势

目前，我国公路养护正向现代模式转型。在路基路面病害处治技术中，具体体现为决策科学化、管理信息化、技术智能化、作业机械化、工艺标准化、实施生态化等发展趋势。

（1）决策科学化。

公路定期检查、路况评价、养护决策和病害修复等环节中，提倡"全寿命周期养护成本"理念，准确把握养护时机，科学选择养护措施，实现公路"全寿命周期"养护成本最小化。

例如，人们越来越重视预防性养护技术的研究与应用。研究表明，道路的使用性能和寿命有一个共同的变化特征：一条质量合格的道路，在使用寿命 75% 的时间内性能下降 40% ，如不能及时养护，在随后的 12% 的使用寿命时间内，性能再次下降 40% ，从而造成养护成本大幅度增加。预防性养护实质上是一种周期性的强制保养措施，它有两个主要观点：①让状态良好的道路保持更长时间，延缓未来的破坏，在不增加结构承载力的前提下改善系统的功能状况；②在恰当的时间，用合适的方法，在适宜的路段采取养护措施。

（2）管理信息化。

公路养护管理系统逐步研发推广，并开发出公路路况诊断检测评估设备，实现对公路信息自动监测与数据的采集工作，建立公路信息管理系统库。"互联网＋养护管理"平台建设初步成型，养护管理信息化、智能化水平不断提升。这种公路养护管理系统，可以对公路路况实施动态管理，也将病害处治管理推向了更高水平。

同时，随着信息技术的飞速发展和公路网络的日趋完善，我国公路交通已从过去的"线状运行"发展到"网络化运行"的新阶段，迫切需要以"实现数据融合、业务融合、技术融合，以及跨部门、跨系统、跨业务、跨层级、跨地域的协同管理和服务"为目标，统筹开展监测预警与指挥调度、突发事件响应与应急处置等工作，加速升级全国养护管理体系和安全保障体系，实现全国基础设施养护管理一张网、一套图、一个平台。

（3）技术智能化。

数字式控制系统在公路养护和路基路面病害处治中得到越来越广泛的应用，体现在计算机技术、建筑信息模型（BIM）技术、精密传感技术、卫星定位系统技术的综合应用。

基于微处理器或单片机的控制系统在现代养护机械中正在逐渐普及，并成为路基路面病害处治施工质量的保证。如已研制出的基于微处理器的数字式自动调平系统控制器的铣刨机。养护机械中采用精密传感器、微处理器与液压系统构成的闭环电子调平系统，其灵敏度高、可靠性高,可保证施工质量。如养护中使用的沥青洒布车,采用了针对热沥青的保温加热技术、防沉淀搅拌技术、高黏度沥青材料喷洒的压力控制技术、全自动智能控制技术。

随着技术的发展,公路养护和病害处治日益智能化,以全寿命周期的信息融合和业务协同为基础,深度融合 5G、物联网、云计算、人工智能、大数据等新技术,构建具备感知、互联、分析、预测、控制等能力的智慧养护一体化平台,实现对公路的长期使用性能预测及全寿命周期的费用分析,分析路网中哪些路段什么时候、用什么方法养护。如借助无人机自动巡检,定期检查公路的路况;借助机载、车载人工智能(AI)设备检测路面的裂缝、坑槽等细微病害,通过早期发现和及时养护,降低养护成本。

(4)作业机械化。

公路养护技术标准及规范要求逐步提升,精细化作业离不开精良的养护作业装备。作业的机械化,极大地提高了病害维修处治的速度,降低了作业人员的劳动强度;作业的机械化,大大缩短了养护作业时间,提高了劳动效率;作业的机械化,减少了变异性、保证了病害处治的工程质量。

创新贯穿于路面养护机械产品开发的全过程,机械的技术含量、机械化程度越来越高。大型化、综合化、一机多用成为发展趋势。取代人的所有作业,似乎成了养路机械发展的目标;实现人所不能,推进了探测机器人、无人机等新型技术和装备的探索与应用。

智能型自动化技术是机械装备发展的新方向,它将人工智能和机械自动化相融合,实现了机械的交互应用发展,在不久的将来,将服务于公路养护管理和病害处治。

(5)工艺标准化。

近年来,各类养护规范制定修订颁布实施,养护标准体系得到加速完善,为路基路面病害处治在适用性和操作性上提供了指导。在对病害进行系统调查分析的基础上,将病害处治作业方法的每一操作程序和每一动作进行分解,以科学技术、规章制度和实践经验为依据,以安全、质量效益为目标,对病害处治过程进行改善,从而达到安全、准确、高效、省力的效果。

同时,工艺标准化为实现养护标准国际化提供了支撑,为积极参与交通国际组织事务框架下的规则、养护标准制定修订打下基础,提高我国养护企业的综合竞争力。

创新改善与标准化为公路养护和病害处治提升动力。创新改善是使病害处治水平不断提升的驱动力,而标准化则是防止病害处治水平下滑的制动力。只有标准化,公路养护水平和病害处治能力才能不断提高。

(6)实施生态化。

公路养护和病害处治要符合绿色养护要求,实现节能减排,推动可持续发展,提升公路养护质量和效益。

公路病害处治中日益注重生态环保技术的应用。推广应用温拌沥青、冷热再生沥青等技术、材料,引进路面快修、快补养护等技术。如在公路大修工程中,路面基层就地冷再生技术将路面铣刨材料回收,对路面基层材料进行取样分析后,按照配合比设计要求,添加适当新料,然后再采用专门的路面基层就地冷再生设备进行施工,可以实现对旧料的 100% 再利用。就地热再生技术可以用于清除路面波浪拥包、网裂、车辙等缺陷,还可用来修补路面坑槽及沟槽,工作效率高,施工工艺简单,铣刨深度易于控制,操作方便灵活,机动性能好,铣刨的旧料能直接回收利用,施工成本低,环保、无废料。

在保证质量、安全等基本要求的前提下,公路养护和病害处治应通过科学管理和技术进步,最大限度地节约资源与减少对环境负面影响的施工活动,做到"修旧利废、节约资源、保护环境",从而打造绿色工程。

项目1
PROJECT ONE

路基不均匀沉降病害处治

任务 1-1　认知路基不均匀沉降病害

知识目标

掌握路基横向与纵向不均匀沉降病害的类型及危害性。

能力目标

能根据路基不均匀沉降病害形式,判定路基不均匀沉降病害类型。

一、路基横向不均匀沉降病害

路基横向不均匀沉降的发生是地基及路基本身、车载、地下水等多方面因素综合作用的结果。路基横向不均匀沉降病害的类型与其成因直接相关。

（一）路基横向不均匀沉降病害的类型

1.地基引起的路基横向不均匀沉降病害

（1）路堤地基处理不当引起的。

（2）特殊地基地段,包括软土地基和岩溶地基地段引起的。

2.路基本身引起的路基横向不均匀沉降病害

（1）路堤填料不均匀引起的。

（2）路基填土压实不足引起的。

（3）半填半挖部位不均匀沉降产生的。

（4）路基加宽部位或改扩建新老路基结合部位引起的。

3. 水文气候因素引起的路基横向不均匀沉降病害

(1) 气候原因引起的。

(2) 地下水引起的。

4. 施工原因引起的路基横向不均匀沉降病害

施工不当引起的。

(二) 路基横向不均匀沉降病害的危害性

1. 路基失稳

路基横向不均匀沉降会导致路基失稳,主要表现为路基发生滑移,严重时甚至发生整体坍塌。这种病害容易发生在山区陡坡地形、软弱地基、高填方路堤等路段。

2. 路面损坏

横向不均匀沉降病害会导致面层破碎、结合料松散、公路横坡改变,严重时会产生沿结合面走向的裂缝。

3. 路面整体性能下降

路基横向不均匀沉降病害的产生和道路纵横坡的变化,使得道路结构性能和服务性能也随之下降。

二、路基纵向不均匀沉降病害

路基纵向不均匀沉降主要出现在路桥过渡段和纵向填挖交界处,致使路面出现不同程度的台阶,严重影响了公路的使用功能。

(一) 路基纵向不均匀沉降病害的类型

1. 路桥过渡段桥头跳车病害

桥头跳车是指桥梁、涵洞等构造物本身及台背填土由于行车荷载和自重的作用而继续沉降,通常构造物沉降与台背填土沉降不一致即产生不均匀沉降,导致台背与构造物连接处的路面出现台阶,从而出现高速行驶的车辆通过台背回填处产生颠簸跳跃的现象。路桥过渡段病害变化破坏的模式包括:

(1) 路基整体滑移。

①路基整体侧向滑移。

路基的整体侧向滑移主要是由于路堤边坡过陡或受到破坏后,在上部荷载作用下形成纵向裂缝或沿破裂面整体下滑。其破坏模式如图 1-1 所示。

②路基整体向桥台方向滑移。

对于桩柱式桥台,台前土体基本处于无侧限受压状态。当锥坡受到破坏,且在自重和车辆的冲击荷载作用下,土体有向桥内移动的趋势,形成横向裂缝或整体下滑,使得桥头部位的路基、路面产生较大的竖向位移,从而引起桥头跳车。其破坏模式如图 1-2 所示。

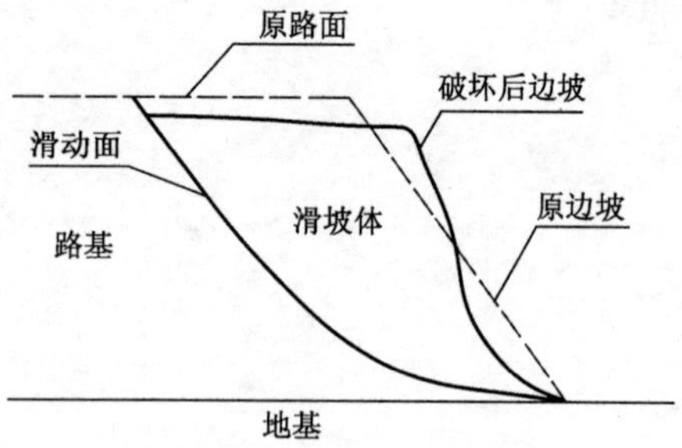

图 1-1　路基整体侧向滑移 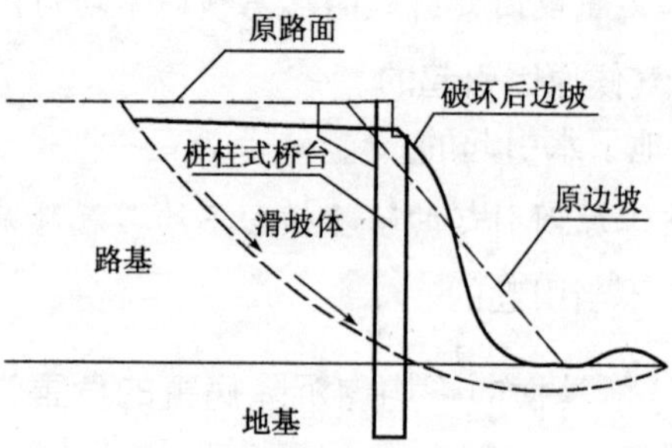　　　　图 1-2　路基整体向桥台方向滑移

此模式特征:①路基填土较高,整体性较差;②路基边坡受到破坏或者由于地形的限制使得路基边坡过陡;③路基边坡的整体或部分沿滑动面下滑,引起路面出现纵向错台或裂缝。

(2)路基与桥台间形成台阶。

①局部沉降发生在台背与过渡段结合处,即最大沉降处距台背很近,形成错台,如图 1-3 所示。特别是垂直错台,不但使汽车产生较大的附加冲击和振动作用,而且对桥台也造成水平冲击力,以致桥台破坏。

②路基相对路面设计高程整体下沉,当桥台与过渡段结合处的差异沉降达到一定值时,引起桥头跳车现象。其破坏模式如图 1-4 所示。

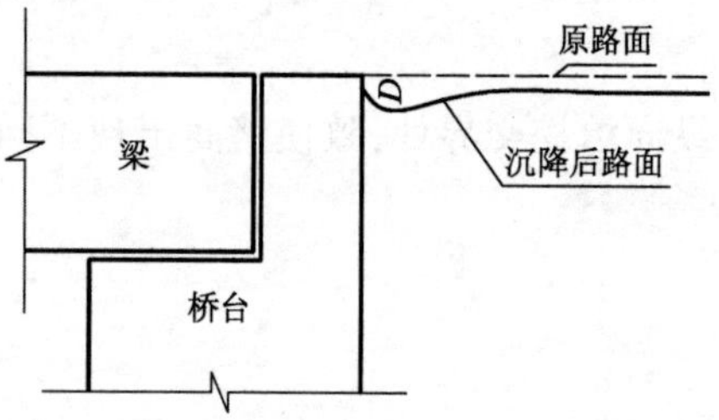

图 1-3　近台背路基沉降过大引起的差异沉降 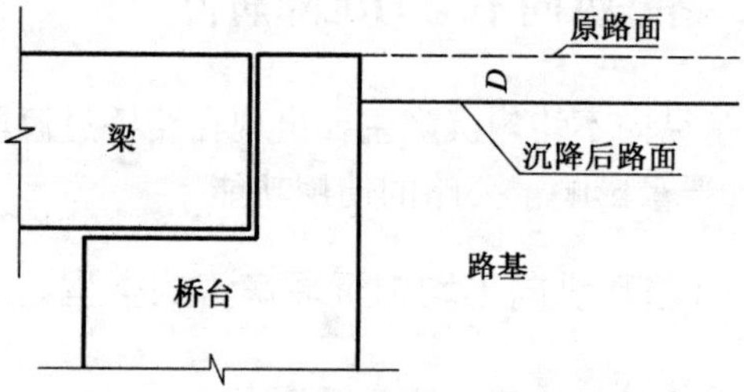　　　　图 1-4　路基整体下沉引起桥台与路基差异沉降

此模式特征:台背填土的均匀或者不均匀沉降较大。靠近台背处沉降差最大。

③路面凹陷。

在过渡段上局部位置土体与桥台及其他位置上过渡段土体之间不均匀沉降较大而产生路面凹陷。局部沉降造成路面凹陷使得行车颠簸,迫使车辆减速,也会引起路面破坏。局部沉降的最大深度处与台背有一段距离,且局部沉降范围较错台要大。其破坏模式如图 1-5 所示。

此模式特征:过渡段内的路基沉降不均,局部沉降较大,路面出现凹陷;沉降的最大值处距桥台有一定距离。

④搭板断裂。

搭板断裂是采用搭板法预防桥头跳车而产生的一种新的病害。其破坏模式如图 1-6 所示。

图1-5 路基不均匀沉降引起路面破坏

图1-6 路基不均匀沉降引起的搭板断裂

此模式特征:路基局部发生不均匀沉降,搭板底部脱空;枕梁部分及其以外的路基沉降较小;搭板较薄,不足以单独承受上部荷载;搭板沿脱空区受力较大的方向发生断裂;搭板与路堤形成纵向坡度差。

另外,当台背填土路堤沉降较大或搭板长度不够,搭板与路堤形成的纵向坡度差(图1-7)超过一定范围时,就会在搭板与路堤的衔接处产生转角,车辆通过该处同样会产生类似桥头跳车的感觉,即"二次跳车"。

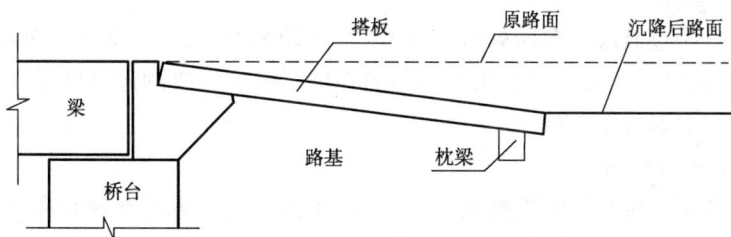

图1-7 搭板与路堤形成纵向坡度差示意图

此模式特征:路基整体沉降过大;搭板较短,不足以使桥台与路基间的差异沉降实现平稳过渡;搭板一端简支于桥台,沉降相对较小,与搭板末端产生差异沉降。

(3)搭板与路堤形成台阶。

由于路桥过渡段沉降问题比较突出,因此在施工和设计中都采取了一定的措施减小沉降。如在设置桥头搭板的同时,对搭板下的路基进行注浆处理,这样减小了过渡段的下沉,但同时忽略了对搭板以外路基的处理与压实,经过一段时间的运营后,在这一部位产生了差异沉降,从而形成新的跳车现象。其破坏模式如图1-8所示。

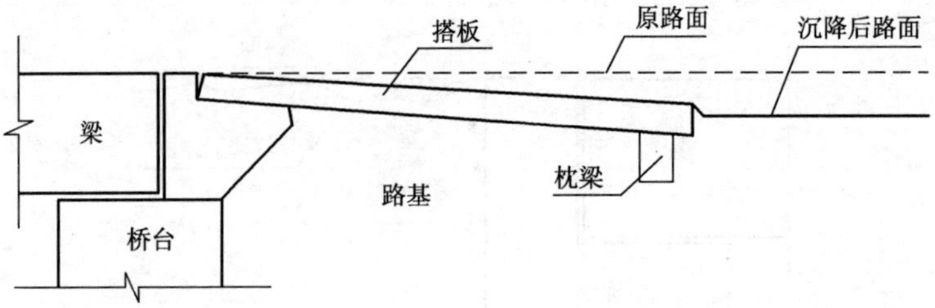

图 1-8 搭板与路堤形成台阶示意图

此模式特征:搭板段路基处治较好,下沉量较小;搭板末端路基整体或靠近搭板处路基沉降变形较大。

2. 纵向填挖交界处不均匀沉降病害

(1)在山区公路施工中,路基填方与挖方结合处产生的不均匀沉降病害。

(2)在高填方路段和挖方路段,由于施工后沉降量的不同产生的不均匀沉降病害。

(3)在填方路段填挖衔接处,由于没有按要求采取挖台阶处理或者处理的宽度及高度不满足要求而产生的不均匀沉降病害。

(二)路基纵向不均匀沉降病害的危害性

1. 路桥过渡段桥头跳车病害的危害性

(1)影响行车速度。

当车辆行至桥头台阶处,为防止车辆的剧烈冲击跳动,驾驶员被迫制动减速;同时车辆颠簸、跳动也影响了行车驱动力的传递,使车辆的行驶速度受到不同程度的影响。车速降低幅度视桥面类型、台阶高度、车辆类型和行驶速度等而异。

(2)影响行车安全。

当车辆通过路桥过渡段的台阶处时,车辆产生跳动和冲击,使驾乘人员感到颠簸不适,影响行车的舒适性;同时对驾驶员产生相当不利的心理影响,严重时则会影响其对车辆的正常操作,造成车辆失控,引起行车事故。

(3)影响车辆运营费用。

因跳车而不得不在桥头处频繁减速,以减轻汽车的颠簸。无论减速行驶还是颠簸现象的发生,都会造成汽车机件不同程度的损坏和轮胎的磨耗;同时汽车行驶速度的不稳定,无形中既浪费了油料,又增加了废气的排放;另外,还增加了车辆的行驶时间。因此,桥头跳车的出现,提高了车辆的运营成本。

(4)影响公路养护费用及使用寿命。

台阶的存在使得车辆通过时产生跳动和冲击,从而对桥梁和路面造成附加的冲击荷载,加速桥头路面及伸缩缝的破坏。

2. 纵向填挖交界处不均匀沉降病害的危害性

(1)路基失稳。

纵向填挖交界处不均匀沉降造成路基发生侧向滑移,严重时甚至发生整体坍塌。

(2)路面损坏。

纵向填挖交界处不均匀沉降病害使得路面出现裂缝等症状,严重时会产生路面错台。

任务 1-2　　分析路基不均匀沉降病害成因

知识目标

掌握路基横向与纵向不均匀沉降病害的成因。

能力目标

能分析路基不均匀沉降病害的成因。

一、分析路基横向不均匀沉降病害的成因

(一) 地基的影响

1. 地基处理不当

(1)伐树除根及表土处理不彻底,致使路堤成型后,一旦杂质腐烂变质,地基将会出现松软和不均匀沉降,路基基底存在软弱地基,导致地表承载力不足,出现不均匀沉降。

(2)地面横坡大于 1:5 的路段,填料与地基结合不良时,在荷载作用下填料极易失稳而沿地面发生滑移,从而产生横向不均匀沉降。

2. 特殊地基地段

(1)软土地基对路基横向不均匀沉降的影响。

当路基修筑在软土地段时,软土层在附加应力作用下,会发生固结沉降、次固结沉降和侧向塑性挤出,导致明显的沉降变形。河谷、水塘地段清淤处理过程中,由于处理不彻底或回填材料控制得不好,从而存在相对软土层(图1-9),造成路基的不均匀沉降。在地表水和地下水排泄困难的地方,土层受水浸泡后变软,也是产生过大沉降和沉降差的重要原因。有些路段所处地基不属于软土地基,但处于低洼、河谷处,长期受水冲蚀,天然含水率较高,在设计时未发现或未做特殊处理,在施工时未做等载或超载预压,也会产生不均匀沉降。

(2)岩溶地基对路基横向不均匀沉降的影响。

在碳酸盐岩地区,路基下有时分布有岩溶洼地或漏斗(图1-10),其中的沉积物松软,在行车荷载的作用下,沉积物压实、侧向流动和下陷,造成路基沉陷,导致路基横向不均匀沉降。一般来说,土层的天然含水率越高、天然孔隙比越大,压缩系数越大、承载力越低,则路基的沉降量和沉降差越大;抗剪强度和承载力越低,则侧向塑性挤出甚至局部坍滑的可能性越大。

图1-9　软土地基

图1-10　岩溶地基

(二)路基本身沉降的影响

1.路堤填料不均匀

在公路施工过程中,若填料中混入种植土、腐殖土或泥沼等劣质土,或土中含有未经打碎的大块土或冻土等,或在填石路堤中石料规格不一、性质不匀、空隙很大,在雨季可能产生局部明显横向下沉。

2.路基填土压实不足

由于压实度不足,往往导致填方路基的横向不均匀沉降变形,使路基两侧出现纵向裂缝。压实度不足的主要原因有:

(1)路基施工受实际条件限制时,如天气太干燥,局部路堤填料含水率低,土块粉碎不足,致使路基压实度不均匀;暗埋式构造物因其长度限制使路基边缘不能超宽碾压,致使路基边缘压实度不够;加减速车道与行车道没有同步施工,当拼接处理得不好时,其拼接处也会产生压实度不足的情况。

(2)在填方路堤施工中,当路堤施工到一定高度以后,路堤边缘土体往往存在压实度不足,其结果是土体前期固结压力小于自重应力和各种附加应力之和,在自重作用下就会发生沉降变形。这些附加应力引起土体中有效应力改变,从而导致土体发生压缩变形。土体压实度不足还会导致填土路基的侧向完全受限,仅有竖向变形。实际路基土中存在有侧向变形,这种侧向变形会引起沉降。

(3)由于填方土体的最佳含水率控制不力,压实效果达不到要求。

(4)考虑到施工安全和进度,使得压实作用时间不足,路基压实不充分,致使路基压实度达不到要求。

(5)其他原因。如路基填料的含水率、压实时的松铺厚度、碾压机具选择不当等,都易造成路基压实不足,使路基土的密实度达不到要求,这样土体仍会发生积水,造成水分积聚,并侵蚀路基,使路基土软化或因冻胀而产生不均匀沉降。

3.其他填筑不当引起的不均匀沉降

填筑顺序不当、未在全宽范围内分层填筑、填筑厚度不符合规定、填料质量不符合要求、填料水稳性差、不同性质的填料混填(不同土类的可压缩性和抗水性差异),这些均可能形成不均匀沉降。

4. 半填半挖部位产生的不均匀沉降

由于填方与挖方的沉降系数不同,在行车荷载作用下,随着时间的推移,填方与挖方的沉降差值越来越大,易在交界处出现土基不均匀沉降,致使路基产生纵向裂缝。

(三)水文气候影响

1. 气候对路基横向不均匀沉降的影响

降雨量过大、洪水、冰冻、积雪或温差过大,都可能使高路堤产生横向不均匀下沉。

2. 地下水对路基横向不均匀沉降的影响

在地下水的交替作用下,路基土体内含水率反复变化。土体重度在一定范围内波动,由毛细管张力引起的负孔隙水压力可以达到相当的数值,再加上水的软化、润滑效应,有可能使路基产生横向沉降变形。

(四)路基加宽的影响

公路改扩建工程路基加宽后出现的各种病害的机理,可以从稳定性和变形两个方面进行分析。

1. 稳定性不足

稳定性不足是指加宽路基自身稳定性不能满足稳定要求,或者新老路基结合部结合强度不足。主要表现为:

(1)地基坡度过陡。

在山区路基加宽工程中,地形条件复杂,经常需要在陡坡地基上进行加宽路基的填筑。为保证加宽路堤的稳定性,加宽常采用重力式挡墙[图 1-11a)]或者轻型挡墙[图 1-11b)]等支挡结构。当原地基边坡存在潜在破裂面或滑移面时,加宽路基将沿此破裂面或滑移面产生滑移,从而导致整体失稳;地基土的抗剪强度会因雨水侵入湿化,在干湿循环、冻融循环等外界因素的影响下降低;进行支挡结构设计时,如果获取的公路沿线地质资料不够完整,挡墙设计以经验法为主,实际施工时挡墙基础埋深控制随意,进而会影响支挡结构的稳定性。

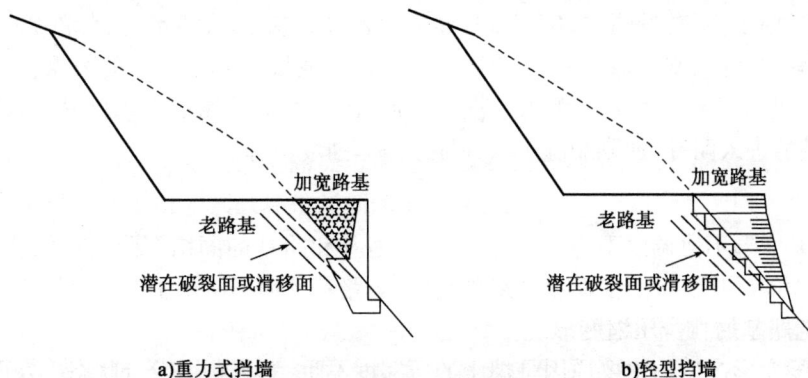

a)重力式挡墙　　　　　　　　b)轻型挡墙

图 1-11　地基过陡时的路基加宽

（2）地基存在软弱下卧层。

当地基存在软弱下卧层,如压缩系数大、流变性显著的软土时,导致新老路基结合部结合强度不足,从而产生自结合面至软弱层顶面的滑动面(图1-12)。另外,软弱下卧层具有流变性,侧向变形大,软弱地基土向路堤外侧挤出,导致加宽路基坡脚出现起拱现象,并伴随塑性区域的开展,最终导致边坡失稳。

图1-12　地基存在软弱下卧层时的路基加宽示意图

（3）新老路基结合部强度不足。

新老路基结合部强度不足(图1-13)主要体现在以下几个方面:

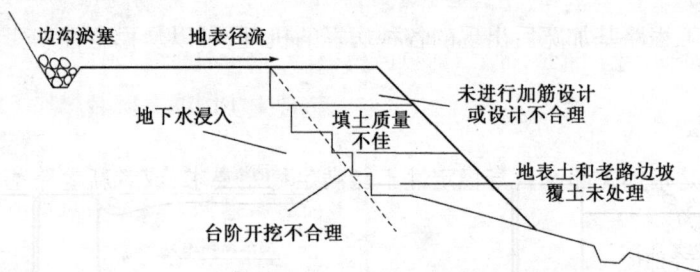

图1-13　新老路基结合部强度不足示意图

①新老路基结合部施工工艺较复杂,施工难度较大。新老路基结合部处理不当包括压实没做好、开挖台阶没有达到设计要求、老路基边坡没有处理完全等。

②在新老路基结合部没有设置土工合成材料,或土工合成材料和填土之间的摩擦力较小,或土工合成材料埋入新老路基的长度不够,致使其未能充分发挥加筋性能。

③加宽路基填料较差,抗风化性能、抗淘蚀性能不足。

④排水设施不完善,设施布置不合理,导致地表水下渗,形成滞水、积水和渗水。路基土受水浸泡而湿软,强度急剧下降。另外,山区暴雨可能造成坡体发生很小的坍塌,淤塞公路内侧边沟;养护不及时可导致路基上侧雨水漫过路面,雨水可能从路面渗入路基。若路面已经开裂,雨水自裂缝进入路基,加剧裂缝扩张并导致路基强度下降。

2. 变形不协调

新老路基变形不协调以不均匀沉降为主,是地基和路基的固结沉降与压缩变形的空间差异在路基顶面的反映。按照变形成因来分类,新老路基变形不协调主要由以下3个方面组成。

（1）新老路基的自身压缩变形。

自身压缩变形产生的主要原因是填土的压实度不足、填石路堤咬合状态不好而发生滑移,或者路基采用压缩性大而固结时间长的黏土(图1-14)。由于老路路基已经使用一段时间,在路基自身荷载作用下的压缩变形已基本完成,而新路基在加宽施工结束后仍产生较大的压缩变形。

(2)新路基自重作用下地基的固结沉降。

这种沉降主要发生在地基下卧层土质条件较差的路段。新路基土体压缩性大、固结时间长,在施工结束后仍然发生很大的沉降。老路基的地基在老路基自重荷载作用下固结变形已完成或基本完成,而在新路基自重荷载作用下地表发生不协调变形,并最终反映到路基顶面,造成路面结构的损坏(图1-15)。当地质条件差,地基的固结变形在不协调变形中占主导地位时,老路基远离拓宽路基部分产生的沉降较小,靠近拓宽路基部分产生的沉降较大,从而在老路基顶面产生不协调变形,导致路面的损坏、开裂。

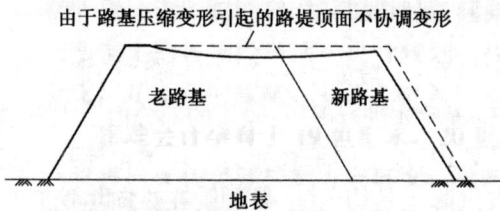

图1-14 新老路基自身压缩和固结变形引起的变形不协调

图1-15 由于地基固结变形引起的不协调变形

(3)新老路基结合强度不足,造成新路基沿结合面的滑移。

这种情况下不仅产生变形不协调,甚至可能发生错台及整体失稳(图1-16),导致新老路基结合部附近的路面损坏、开裂(沥青混凝土路面出现纵向裂缝,半刚性基层或水泥混凝土路面出现断裂)。

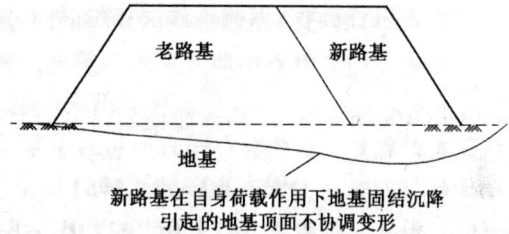

图1-16 由于新老路基结合部滑移变形引起的不协调变形

在不同工程特点和地基地质条件下,拓宽工程中新老路基不协调变形产生的主要机理是不同的,在路面结构上反映的损坏部位也是不同的,设计和施工时要采用具有针对性的处理措施。

公路路基拓宽常见病害产生往往不是由单个因素决定的,而是多种因素共同作用的结果,但新老路基间的变形不协调和新老路基的不良结合是导致相关病害产生的主要原因。

二、分析路基纵向不均匀沉降病害的成因

(一)桥头跳车病害产生的原因

1.地基强度不同

桥头跳车产生的基本原因是桥台与路基间材料弹性模量不一致引起的沉降差超过某个限值时所导致的。

2. 设计方面原因

设计人员若对碾压方式方法考虑不周、台背排水考虑欠佳且施工时台后填料选择不当等,必然产生差异沉降。

3. 施工方面原因

台后填土处理不当、压实不足等致使填料压实度满足不了设计和规范要求,产生较大的沉降。

4. 地基浸水软化

软土、黄土地基因水的浸入造成路基沉降。

(二)纵向填挖交界处不均匀沉降产生的原因

在山区公路施工中,路基填方与挖方结合处的填方一般处于一个"倒三角"的地形,机械难以在底部展开工作,一般在倾填至机械能及的位置后才进行碾压;倾填的部分由于大石料集中、填料的空隙率大,极不稳定。尤其是基底未经处理,地基的承载能力不均匀也导致了变形过大;而挖方地段地基处于天然密实状态,即使有沉降也是均匀的。因此,在纵向填挖交界处易形成不均匀沉降。

在高填方地段与挖方地段,由于沉降量明显不同,造成高填方与挖方地段易形成不均匀沉降。

填挖衔接处填筑没有按要求采取挖台阶处理,或者处理的宽度及高度不满足要求,易形成不均匀沉降。

任务 1-3　认知路基不均匀沉降病害预防措施

知识目标

掌握路基横向和纵向不均匀沉降病害预防措施。

能力目标

能正确应用路基横向和纵向不均匀沉降病害预防措施。

一、路基横向不均匀沉降病害的预防措施

(一)设计方面

1. 做好地质勘探调查

对路线经过的地形、地貌、水文地质条件进行详细勘察,对特殊地质地段应提供详细的设

计资料。对于地表不良路段,设计时可考虑换土或掺石灰、水泥及铺设土工合成材料等措施。

2. 确保路基最小填筑高度

路基最小填筑高度必须保证不因地面水、地下水、毛细水及冻胀作用的影响而降低其稳定性。按照《公路路基设计规范》(JTG D30—2015)要求,根据路基干湿类型及毛细水位高度确保路基最小填筑高度。

3. 明确路基填料质量标准要求

在各级公路工程施工图设计中,必须明确不同填土高度内路基填料的加州承载比(CBR)值(最小强度)及最大粒径要求。种植土、腐殖土、淤泥冻土及强膨胀土等劣质土,严禁用于填筑路基。砾(角砾)类土应优先选作路床填料,土质较差的细粒土可填于路堤底部。

(二)施工方面

1. 做好施工组织设计

明确构造物和路基的衔接关系,合理安排施工段的先后顺序,以总体施工组织设计为依据,结合施工现场的实际情况,合理调配人员、设备,是保证路基施工质量的重要环节。

2. 做好施工前的准备工作

开工前要认真审阅设计文件,详细了解各段的填、挖情况,地质情况,填、挖土质和调配情况。对重要地段要做重点勘察,进一步核对设计资料,如发现设计文件有误应及时上报业主,妥善处理。

3. 施工方法方面

根据地基情况选择处理不均匀沉降的不同施工方法。

(1)强夯法通过整体提高密实度来减小不均匀沉降变形。但是强夯法对结构物的动力冲击较大,限制了其在桥头、涵洞等部位的应用。

(2)灌浆法是利用液压、气压或电化学原理,通过注浆管将浆液均匀地注入地层中,浆液以充填、渗透和挤密等方式占据土粒间或岩石裂缝中的空间,将原来松散的土粒或裂隙胶结成一个整体,达到控制沉降、减小不均匀沉降的目的。特别是针对公路路基下软土土基的处治,可以直接改善土体结构,固结土体,控制沉降。

(3)应用土工合成材料(土工格栅、塑料网格等)进行加筋或制成柔性褥垫层,使之调节和控制不均匀沉降。国际上普遍认为应用土工合成材料是处理不均匀沉降的有效措施,而且土工合成材料除了对地基有加筋作用外,还具有滤层、排水、隔离、防护、防渗等作用。

二、路基纵向不均匀沉降病害的预防措施

(一)桥头跳车病害的预防措施

1. 一般要求

所有结构物背后的填筑,应尽量与路基填土协调进行。结构物施工所需场地,尽量不占用路基填土范围;确实需要占用者,应空出一段满足路基大型机械施工所需的最小作业段,并

应加宽背后填土的宽度,以利于压路机横向碾压(U形桥台内及两侧锥坡填土,应采取强夯法等特殊措施,杜绝人工夯实)。对于柱式或肋板式桥台,立柱、肋板施工完成后,先回填台背后施工台帽(桥台盖梁),以便压路机通过柱(肋)间压实回填料。台帽施工可不设支架,在填方顶面直接架设模板浇筑混凝土。锥坡填土应适当加宽,并去除多余土方,以保证浆砌片石护坡的坚实稳定。

与已修筑完成的路堤相结合部位,应复查其压实度是否合格。若在预留的结合部位压实度不合格,则台背回填应延长至结合部位合格范围,然后挖成台阶。台阶高度小于30cm,长度应大于50cm。

桥涵等结构物处填土,在施工中要防止雨水流入,对已有积水应排除并做相应处治。

2. 地基处理

(1)位于V形沟内的涵洞、通道台背及高填方段,填筑时要先清除树根、杂草及坡积土,如有陷穴、洞穴和水洞(尤其应注意暗洞),应采用已经批准的措施处理。为使台背填土与原状土结合紧密,应预先把沟壁开凿成适当台阶。

(2)对于长年积水或受地表、地下水浸泡而形成淤泥质的地基,若厚度小于2m,应采用与台背回填相同的材料置换;若厚度超过2m,作为特殊情况,可采用其他经济可行的方案。对于含水率高、孔隙比较大,且富含有机质的黏性土层亦应进行换填处理。对于含水率高的一般黏性土,可开挖翻晒后回填利用。当填土高度小于4m时,其挖深可取0.6m;当填土高度大于4m时,开挖深度可大于1m。翻晒利用回填后,其上60cm范围利用石灰稳定土填筑。若遇雨季翻晒土困难时,则全部采用石灰土改良处理(有透水性材料料源时,应优先采用)。

3. 台背或路基填料材料要求

选择板体性好、可压缩性小、压实快、透水性强的材料,如卵砾石、碎石土及砂砾土等,并要求填料级配适当。采用非透水性土,当为黏土或粉质亚黏土时,应掺入剂量不小于6%的Ⅲ级以上石灰进行改良;当为塑性指数较小的砂土、亚砂土或粉土时,应掺入剂量不小于3.5%、强度等级为32.5以上的水泥进行稳定,也可以采用强度较高的工业废渣,如粉煤灰等,必要时还可采用土工合成材料加筋处理。

4. 台背填料的填筑方法

(1)填筑范围。

桥梁、涵洞台背填土顺路线方向长度:顶部为距翼墙尾端台高加2m,底部为距基础(或立柱、承台)外边缘3m。

(2)填筑方法。

①涵洞、通道、拱桥其上填土包括路面厚度小于2m者可填至盖板顶,可用与路堤相同的填料填筑。

②桥台台背填土高度小于8m者,在其高度范围内应全部利用符合上述填料要求的材料回填(若桥台处原地面起伏不平,应以最低点起算)。若为重力式U形桥台,U形腔内填土如使用大型压路机压实有困难,可采用小型机具仔细夯实,其后换填土段应适当加长;台背填土高度大于8m者,路基顶面以下8m高范围内采用前述填料处理,8m以下可采用与路堤相同的填料填筑,但压实度标准应在顺路线15m长范围内采用95%。

③压缩河床的桥梁、位于河滩内的引道路堤若桥位附近有河卵石土，其回填范围应延长至河滩内路堤全长。填挖交界处距回填处理的末端较近时，亦应考虑全部处理，并保证结合紧密。

5. 土工材料的应用

(1)桥梁台背填筑范围内、路基底基层以下 1.5m 深范围内，每填两层土加土工格栅一层，土工格栅需与台背锚固连接。若为柱式桥台，土工格栅无法与台背锚固连接时，加筋范围应延伸至锥坡前缘。桥台搭板的布设及构造物按原施工图设计施工，但台背加筋范围必须超出搭板末端 2m 以上。

(2)路基填土高度超过 20m 时，应每填两层土加铺土工格栅一层，铺设长度顺路线方向应不小于 20m(视填方段长度定)。

(3)在填挖结合部，当自然纵向坡度陡于 1∶5 时，路基底应开挖台阶，台阶宽度不得小于 2m，并在每一台阶加铺土工格栅一层，并用锚钉固定(锚钉用 φ18 钢筋，间距为 1m，上部做成弯钩)，土工格栅应保证深入填方区 4m。在黄土地区，填筑深沟时，路基与原状土结合处，如果坡面陡立无法挖成台阶，可采用土钉来加强结合(土钉一般可用 φ18 钢筋，长 120cm，打进原状土 60cm，间距为 1.0m，在土钉外露端应做成弯钩后拉结 4m 长的土工格栅)。

6. 施工质量要求

(1)结构物台背填筑范围内压实度标准提高至 95%;涵顶至路床顶面填土高度小于 2m 者，涵顶区压实度按 95% 要求，涵顶至路床顶面填土高大于 2m 者，涵顶以上 50cm 处开始按所属设计压实区标准执行。

(2)结构物背后回填处，应尽量使用大型压实机具，只是临近构筑物 10cm 及涵顶 50cm 内，才允许使用小型夯实机械分薄层认真夯实。回填处场地比较狭窄不能使用大型压路机施碾时，渗水性材料每层松铺厚度不应超过 25cm，稳定类材料每层松铺厚度不应超过 15cm，并应摊铺平整、分层压实，严禁采用堆栈法。

(3)为减小回填料压力和施工机械作业对涵洞、通道台身稳定的影响，台背两侧的填土应尽量在台身强度达到 80% 设计强度且盖板安装(拱圈浇筑)完毕后对称进行;否则，台背墙填土高度不应超过台身墙高的一半。

(4)加筋土工材料的最短铺设长度应不小于 2m，铺设时应人工拉紧，无卷曲和褶皱，必要时用插钉等措施固定。土工格栅应将其强度高的方向垂直路基的纵轴线铺设，相邻两幅格栅的搭接宽度不小于 20cm，搭接处绑扎牢固。铺设土工材料的土层表面要平整，严禁有坚硬突出物，严禁施工机械直接碾压土工材料。土工材料铺设后要及时填筑填料，避免阳光长时间暴晒和雨水淋泡。台背路基尚未填筑前进行加筋处理时，其台背填筑施工长度不小于 50m。如台后路基已填筑成型，应采用不陡于 1∶1 的坡度开挖路基，并自上而下逐层铺筑。

(二)纵向填挖交界处不均匀沉降的预防措施

(1)填筑前应对基底进行处理，清除淤泥、腐殖土、杂草树根。

(2)做好临时排水设施。当坡面或坡脚处裂隙水比较丰富或有地下泉水时，应在沿坡脚位置每间隔 2~3 个填层高度设置一个盲沟，将裂隙水或泉水导流至填方区以外排水沟内。对于填挖交界处施工,最好不要用推土机直接进行填土作业,这样容易形成推堆区,且满足不了压实度要求。

(3)高填方路基前边坡应用较大石块,码砌高度不小于2m,厚度不小于1m;控制倾填料粒径,避免大石料过于集中;采用大吨位机械振动压实,避免出现过大的工后沉降。

(4)填筑前,填挖交界处或自然横坡陡于1:5时,将原地面挖台阶,宽度不小于2m,其顶做成2%~4%的内倾斜坡,压实度不小于85%,挖好横向联结台阶,分层压实,如图1-17所示。

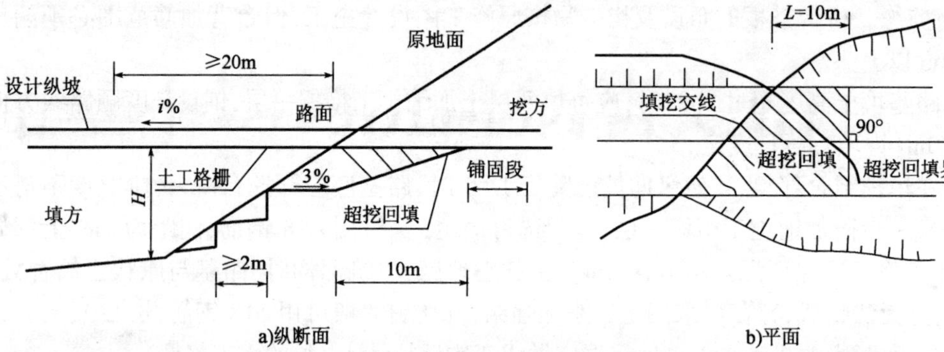

图1-17 路线纵向填挖交界处路面过渡示意图

(5)做好挖方段地表及地下排水工作,避免水对新填路基的危害。

(6)在进行填方区压实度检测时,应将纵向填挖交界处作为重点检测对象,若压实度不合格,需根据不合格原因进行返工或补压。

为保证纵向填挖交界处路基的稳定性,减少不均匀沉降,对部分填挖交界路基进行土工格栅加固处理。山体自然坡度不小于1:2,且填高大于4m时,在路基顶部至0.4H(H为填土高度)高度处,每间隔100cm高度铺设一层土工格栅。纵向填挖交界处土工格栅沿横向铺设,当土工格栅铺设长度超出路基边坡的范围时,铺至离坡面30cm处即可。

任务1-4 制订路基不均匀沉降病害处治措施

知识目标

掌握路基不均匀沉降病害处治技术。

能力目标

能编制路基不均匀沉降病害整治方案。

一、增强新老路基结合部强度的处治措施

新老路基的修筑时间、施工工艺和填筑材料的不同,在其顶面不可避免地会产生变形不协

调,继而导致加宽路基或路面出现相应的病害。

1. 结合面处治措施

路基加宽工程中,新路基填筑前应对老路与新路交界的边坡坡面和部分地基表面进行预处理,一般处理方法如下:

(1)清除原地面上的植被、树根以及表层富含有机质的腐殖土。

(2)老路与新路交界的边坡坡面 0.3m 厚度范围内以及外侧路肩 0.5m 范围内应挖除换填。如果不处理会在该交界面产生薄弱界面,路基整体抗变形能力下降,新老路基不协调变形增加,导致新老路基结合不良。

(3)老路与新路交界的坡面上应挖设台阶(图 1-18),台阶设成向内倾斜 3% 左右的坡度。为保证新老路基良好结合,通常将老路边坡坡度处理为 1:1 ~ 1:1.5,每级台阶宽度宜不小于 1.0m,高度在 0.6 ~ 1.0m 左右。

2. 加筋处理技术

为提高新老路基之间的结合强度,公路改扩建加宽工程广泛地采用路基加筋技术(图 1-19)。目前应用较多的加筋材料为土工格栅,其加筋机理包括三个方面:土工格栅的表面与土产生的摩擦作用;土工格栅肋条和结点产生被动抗阻作用;由于网孔的存在,格栅上层的填料与下层的填料可以相互作用,对土产生锁定作用。因此,在新老路基结合部铺设土工格栅可增强土体的抗剪强度和抗弯刚度,约束路基的侧向位移。同时,土工格栅与土颗粒之间的作用产生应力效应。在上部荷载作用下,土工格栅承担了部分土体的竖直应力和水平应力,并将荷载应力较均匀地扩散到较大的范围内,减小了因应力过分集中而造成的新填路基的土体坍滑变形,增强了新老土体的整体性,降低了新路基地基的不均匀沉降。

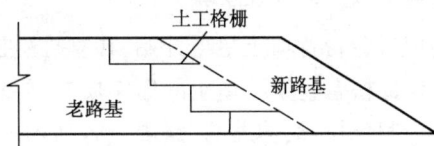

图 1-18 新老路基衔接处开挖台阶示意图 　　图 1-19 某高等级公路加宽改建路堤加筋处理示意图

二、桥头跳车病害处治技术

消除或缓解桥头跳车的关键是减小不均匀沉降量、延长沉降特征长度、减缓不均匀沉降梯度,从而起到匀顺纵坡的目的。根据桥头跳车现有防治技术,从地基处治技术、台背路堤处治技术以及过渡段路面处治技术等方面研究综合防治措施,以期较好地解决桥头跳车现象。

(一)地基处治技术

地基处治的目的是改善地基性能、提高承载力和抵抗自然灾害的能力,增强地基稳定性,减小或消除路桥过渡段的不均匀沉降,缩小桥台与路堤的沉降差。

针对不良地基的预防措施,目前国内已有换土法、超载预压法、排水固结法、高压喷射注浆法、振动碎石桩法、深层搅拌桩、挤密砂桩等。

（二）路基处治技术

路基是承受并传递上部结构及汽车荷载的载体。路基的沉降和变形直接关系到公路的正常运营，一旦发生破坏后维修比较困难。而且，在施工中受构造物的影响，大型的压实机械由于工作面较小难以展开压实工作，因此，台背部位回填土的压实质量难以保证，加之该部位路基施工又晚于其他正常路段路基施工时间，相比之下没有足够的时间完成固结沉降，因而在自重的作用下，路基的压缩沉降一般也就比较大，这是引起路桥过渡段不均匀沉降的主要原因之一。

路桥过渡段处病害处治的目的是使路基与桥台间实现平稳过渡。处治的原则是减少对周围稳定结构的破坏，工期要短，因此，为减少路桥过渡段不均匀沉降，台背路基处治可从以下几方面入手：

（1）合理安排施工工序和时间，设法尽早对路桥过渡段路基进行施工，保证有足够的时间完成沉降。

（2）设法提高台背回填区路基的压实度，减小因填料自重和车辆荷载作用下压实度增加而产生的沉降。

（3）在考虑经济性的前提下，合理选择填料，设法减小路桥过渡段路基的自重作用，避免因自重过大而产生过大的压缩沉降。

（4）设法提高台背路基自身承载能力，如利用土工格栅予以加筋等，增加路堤填土的整体性，减少不均匀沉降的梯度。

1. 施工工序的合理安排

为使桥台台背填土尽早开始，在立柱、桩基础施工中应先安排桥台施工，再做其他桥墩施工。为保证桥台盖梁下填土的压实质量，要求必须先将台背填土至盖梁地面高程，再浇筑桥台盖梁。为避免桥梁、伸缩缝、路堤三者高程不一致而形成错台，要求铺筑路面时，先将伸缩缝预留槽临时用沥青填筑，待路面铺筑完毕后，再对预留槽进行切缝，安装伸缩缝。

2. 优化台背填方碾压方法

施工过程中尽可能扩大施工场地，以便充分发挥一般大型填方压实机械的作用，当受场地限制时，可采用横向碾压法，以能使压路机尽量靠近台背进行碾压。当大型压路机不能靠近台背时，可采用小型压路机配合人工夯实进行碾压。同时，可减薄碾压层厚度（15～20cm），提高压实效果，最终使压实度满足设计要求。

在涵洞的翼墙周围特别容易产生因压实不足而引起的沉陷。扶壁式桥台在施工时很可能使用大型压实机械，这种情况下应与小型振动压路机配套使用，给以充分压实。

3. 强化台背回填材料

台背填料应选择强度高、渗水性好、塑性小、压实快、透水性好的材料，如透水性材料、轻质材料、无机结合料稳定材料等，不得使用崩解性岩石、膨胀土。同时，为了改善填土的密实性，应设计好相应的级配，且台后须设置横向泄水管或盲沟，以利排水，减少病害。

4.土工格栅处治台背填土

随着加筋土技术的日趋成熟,土工格栅也逐渐被用于桥台台背(图1-20、图1-21),以处治桥头跳车问题。

图1-20　处治桥头跳车采用的土工格栅　　　图1-21　采用土工格栅加筋路基土的施工机械

5.现浇泡沫轻质土处治台背回填

泡沫轻质土的基本构成包括发泡剂、胶结材料以及细集料。其中,发泡剂为表面活性成分,发泡剂水溶液与空气反应,可生成大量的泡沫。胶结材料主要包括主剂和辅剂:主剂主要包括水泥类,具有固结、强化土体骨架的作用;辅剂主要包括硅粉、石灰石粉以及粉煤灰等辅助材料,主要起催化以及早凝的作用。细集料一般采用优质砂或施工废弃土等。在进行配制时,需要进行试验,确保强度等性能指标。其施工工艺类似于水泥混凝土。

泡沫轻质土的重度相比于普通填土更小,应用在台背过渡段回填,地基附加应力相比于采用普通填土回填的附加应力更小,能明显减小工后沉降量,有效缓解桥头跳车现象。但作为一项发展中的新技术,耐久性有待时间检验。

(三)路面处治技术

1.设置桥头搭板

为了避免不均匀沉降对行车造成的不良影响,目前常用的方法是在桥台上设置桥头搭板。桥头搭板一端支撑于桥台,另一端通过枕梁或直接与路基相连,从而起匀顺纵坡的目的,使车辆通过时跳跃现象大为减少,如图1-22所示。

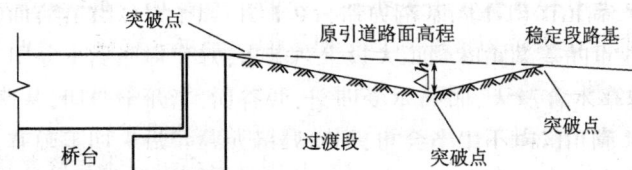

图1-22　桥头处路面纵坡变化示意图

2.采用过渡性路面

根据桥涵的长度和路基的容许工后沉降值,在桥头一定长度范围内铺设过渡性路面,待路堤沉降基本完成(一般为 3～5 年)后,再改铺原设计永久性路面。过渡性路面可采用预制水泥、混凝土六棱块、条石铺砌、半刚性过渡层或沥青表处过渡层等类型。其中,水泥混凝土六棱块、条石铺砌仅适用于水泥混凝土路面,其最大优点是翻修处理速度快,但不易铺砌平整,行车仍有抖动感觉,且其砌缝应采用防水材料,以防渗入雨水损害路基。也可铺设沥青表处过渡层,其优点是当出现较大沉降时,可及时补充铺设一层沥青混凝土或沥青砂,确保行车畅顺,有效避免跳车现象。

3. 设置纵向反坡

所谓的纵向反坡就是在可能产生沉降的范围内,根据沉降的经验值设置一定的纵向路面超高,以抵消在运营过程中的路基沉降,从而达到消除桥头跳车的目的。通常有设置搭板和不设搭板两种,如图 1-23 所示。

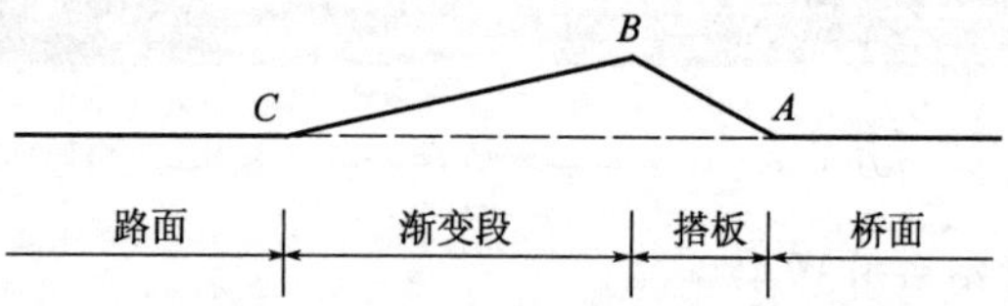

图 1-23　桥头搭板设置纵向反坡

对部分桥头路基填土高、路桥过渡段施工进度快等特殊情况,考虑通车后剩余沉降量较大,很有可能出现跳车现象的路段,将桥头搭板设计为可起吊的活动搭板,通车一段时间后若出现跳车现象,可将搭板吊起,调整基层及枕梁高程,再将搭板放回原位即可通车。

(四)综合处治对策

桥头跳车的处治,往往是对破坏段路基、路面同时进行综合处治,而且在处治过程中往往是多种方法相结合。

1. 路基整体滑移或纵向开裂的综合处治对策

针对路基整体滑移或纵向开裂产生的原因,治理的目的就是要削弱乃至完全消除导致其产生的因素。从外因方面考虑,需加强边坡防护,阻止雨水渗入,把边坡和已形成的裂缝全部封闭起来;从内因方面考虑,不仅需改变填土的性质,同时还需增加其强度,提高抗滑移的能力。

因此,对其治理可以采用类似治理滑坡的方法,通常采用桩体与其他方式相结合的综合处治措施。抗滑桩是治理滑坡和路基纵向裂隙的一种常用方法,其作用原理是借助桩与周围岩土的共同作用,把滑坡推力传递到稳定地层的一种抗滑结构。下面介绍一些比较常用的方法。

(1)抗滑桩 + 注浆法

在路桥过渡段病害处治时可采用抗滑桩法,利用抗滑桩可以阻止路基侧向变形发展,并提高抗滑移的能力;而注浆法既可以改善滑移面的力学性能,还可以防止地表水的下渗,从而达到治理的目的,如图 1-24 所示。

(2)密集弧形高压旋喷注浆 + 抗滑桩 + 注浆

当路基的下卧软弱层较厚、埋深较大时,可以采用密集弧形高压旋喷注浆 + 抗滑桩 + 注浆的处理措施。高压旋喷注浆水泥浆置换地基中软弱层部分土体,可以使其固结稳定,提高其承载力和抗剪能力;抗滑桩可以阻止路基侧向变形的发展,提高抗滑移的能力;注浆可以增加滑动面土体的整体性和防止地表水渗入,如图1-25所示。

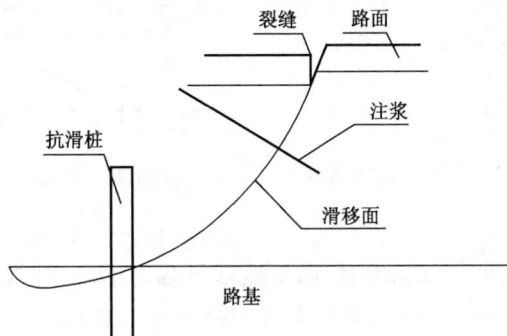

图 1-24　抗滑桩 + 高压注浆法治理方案示意图

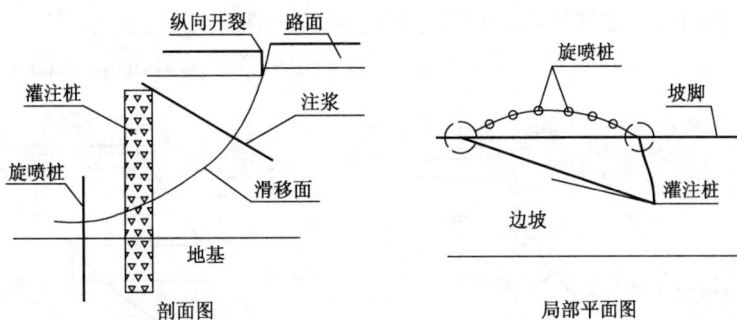

图 1-25　密集弧形高压旋喷注浆 + 抗滑桩 + 注浆示意图

（3）高压旋喷桩 + 注浆

高压旋喷注浆是在填土中形成高强度的水泥与填土混合的固结体,以阻止路基侧向变形的发展,提高抗滑移的能力;注浆则是将路面下已破裂的土体通过注浆联结起来,改变填土的性质,增加土体的强度和整体性,同时阻止雨水通过路面下渗,如图1-26所示。

该方法主要适用于地基强度较好的高填方段土质路基开裂或滑移。高压旋喷桩可以是一排或多排,注浆按其充填范围进行合理布置,待路基处理完毕后再根据具体情况铺筑路面。

（4）挡土墙 + 注浆

低路堤段路面纵向开裂产生的原因,主要是由于存在与地基相切的滑动面,缓慢蠕滑所致。其最初可造成路面架空,进而使路面形成纵向裂缝。雨水沿滑动面下渗,起到润滑剂的作用,促使滑动速度加快,裂缝渐渐变宽。如果路面纵向裂缝治理不及时,便会形成浅层滑坡。治理的目的主要是阻止滑体蠕滑,阻止雨水沿滑面下渗。对于地基较好的低路堤,设置挡土墙可对滑动土体产生抗滑力;同时,对滑移面进行注浆不但可以有效增加滑动面土体的整体性和强度,还可以防止地表水沿裂缝入渗,如图1-27所示。

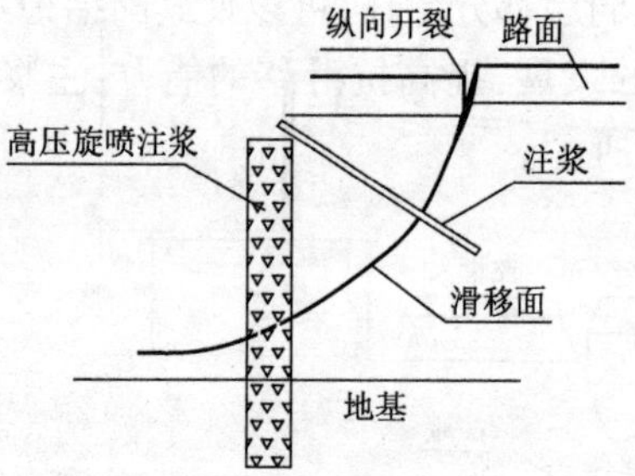

图 1-26 高压旋喷注浆 + 注浆示意图

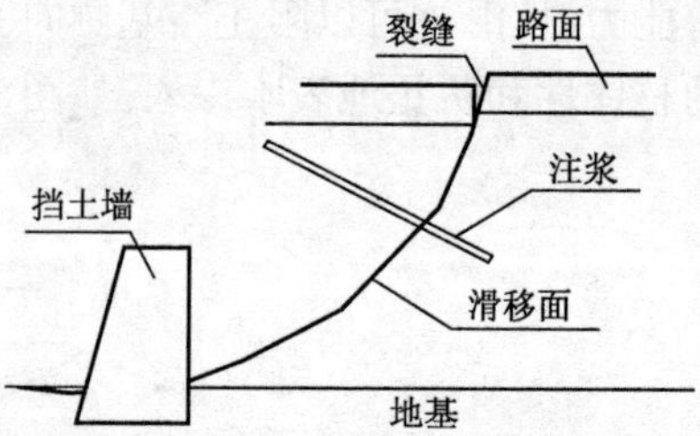

图 1-27 挡土墙 + 注浆示意图

（5）反压护道 + 注浆

当在较薄软土地基上填筑低路堤时，由于地基承载力不足，常常会出现坡脚外隆起，导致路基剪切破坏或引起路堤滑塌现象，因此，需要对路堤边坡进行加固处理。反压护道和注浆综合处理是一种经济有效的方法之一。如图 1-28 所示。

（6）采用土工格室（栅）

对于基础较好的矮路基，也可将滑移体开挖后，采用土工格室（栅）加土分层按台阶状回填，主要利用土工织物的加筋作用。埋置于稳定路堤上的土工织物可以限制滑体的侧向位移，增加土体的抗剪能力，从而改善土体的力学性能，减小或消除差异沉降，如图 1-29 所示。

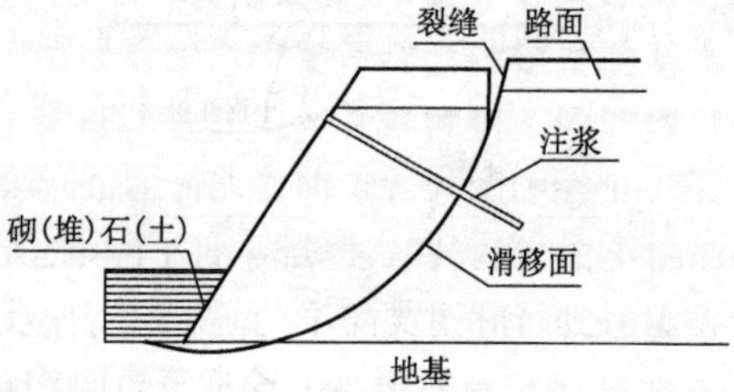

图 1-28 反压护道 + 注浆治理示意图

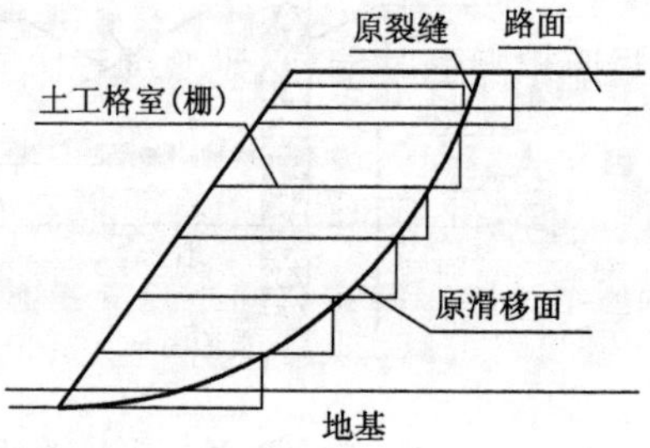

图 1-29 土工格室（栅）治理示意图

2. 与路基沉降有关的桥头跳车综合处治对策

路桥过渡段病害主要包括台背差异沉降、路面凹陷、搭板断裂、搭板末端产生差异沉降或裂缝。实际中往往是路基、路堤、路面或搭板均发生破坏而产生桥头跳车。因此，治理时也应对地基、路堤、路面方面进行综合治理。对于路基发生了不均匀沉降的未设搭板或者搭板已发生断裂的路桥过渡段，可采用路基处治与设置搭板相结合的方法，常用的有钻孔桩 + 搭板、树根桩托换 + 搭板、旋喷桩 + 搭板、压力注浆 + 搭板等。

（1）钻孔桩、旋喷桩 + 搭板

钻孔桩、旋喷桩 + 搭板主要适用于未设搭板或搭板已破坏，而且沉降范围较大的路基；钻孔桩、旋喷桩既可以在一定程度上改善土的性质又可以起支撑上部荷载的作用；而搭板可以起到防止桩体刺入路面和扩散车轮荷载的作用。其布置形式如图 1-30 所示。

（2）树根桩托换 + 搭板

树根桩主要适用于路基的局部不均匀沉降或局部加固。通过在路基局部沉降处设置树根桩,可以使该处的荷载扩散到强度较高的路基,从而起到改善此处受力情况,达到减小不均匀沉降的目的,如图1-31所示。

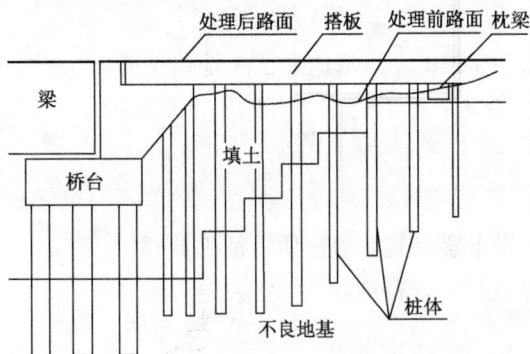

图1-30　钻孔桩、旋喷桩+搭板示意图

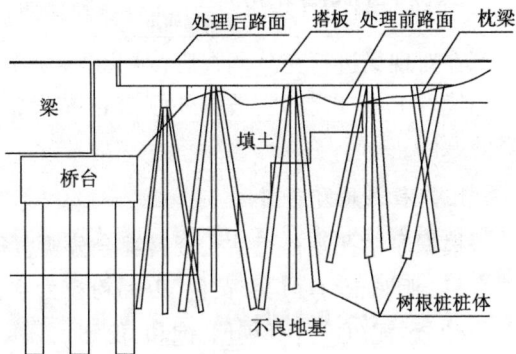

图1-31　树根桩托换+搭板示意图

(3)劈裂(压密)注浆+搭板

劈裂和压密注浆均属于压力注浆,其中压密注浆主要利用其形成的浆泡对土体的压密和抬升功能;劈裂不但有压密功能还可以通过掺入不同化学物质来改善土体的物理、化学性能,如图1-32和图1-33所示。

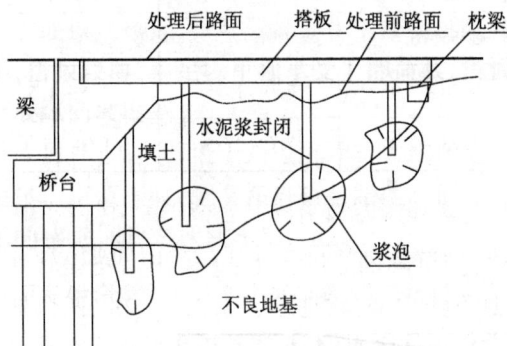

图1-32　压密桩复合地基+搭板示意图

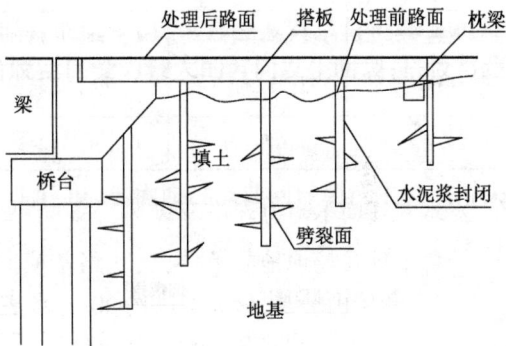

图1-33　劈裂注浆+搭板示意图

案例分析

案例1-1:路基横向不均匀沉降病害综合处治

一、工程概况

某公路K83+050～K83+230段为傍山软基路段。路基右侧下伏软基,软基厚度3.2～7.2m,左侧傍山填筑,两侧地基承载力差异极大,为防止路基开裂和失稳,原设计在右侧软基部分布设了粉喷桩,粉喷桩桩径0.5m,间距分别采用0.9m和1.1m,并在路堤中增设土工格栅,以减小路堤两侧的不均匀沉降。但当路基填高到11m时,观测到沉降速率较快,公路路基出现横向不均匀沉降病害。

二、病害成因分析

在对现场进行充分调查后,对 K83+050～K83+230 段路基选择了 3 处典型断面,分别在中心线右 17m、坡脚处、坡脚外侧 20m 布设钻孔,查明软基的稳定性和路基出现横向不均匀沉降的原因。

1. 工程区地质条件

根据原钻孔及补充钻孔资料综合分析,场地岩土层及其工程地质特征为:

(1)亚黏土(Q_4^M):灰黄色,以黏粉粒为主,湿,软塑,含粉细砂,手捏有粗糙感。

(2)淤泥(Q_4^M):青灰色,饱和,流塑。

(3)淤泥质亚黏土(Q_4^M):浅灰色,湿,软塑。

(4)含黏性土碎石(Q_4^{pl-dl}):浅灰黄色,中密,饱和,碎石含量 30%～60%,呈棱角状,强-弱风化,黏性土含量 30%～40%。

主要地层的部分物理力学指标见表 1-1。

主要地层的部分物理力学指标

表 1-1

土　层	$W(\%)$	e	$E_{s1-2}(MPa)$	$C_q(kPa)$	$\varphi_q(°)$
亚黏土	25.8～41.7	0.764～1.185	3.56～6.53		
淤泥	41.7～76.1	1.185～1.854	1.26～1.95	7.0～15.5	1.5～4.5
淤泥质亚黏土	36.0～42.4	0.854～1.242	2.73～4.27	7.0～27.5	4.0～15.4

2. 路基横向不均匀沉降原因

结合本项目场地地质条件,出现路基横向不均匀沉降的原因如下:①傍山高路堤软基路段,路基左侧傍山填筑,最大填高约 20m;路基右侧下伏软基,软基厚度 3.2～7.2m,两侧地基承载力差异极大。②路基左侧在开挖台阶时,发现原山体渗水较大,路基压实过程中存在较为严重的弹簧、翻浆现象,施工困难。③路基右侧软基处理过程中,发现在地表下 5～8m 处有孤石存在,部分粉喷桩施工可能未能达到设计长度,在一定程度上影响了软基处理效果。

三、病害治理方案分析

1. 设计参数

对照野外岩土记录、描述、试验资料等情况,综合确定本处地基设计参数:淤泥 $c=8.0kPa$,$\varphi=2.0°$;淤泥质黏土 $c=11.0kPa$,$\varphi=4.5°$;路堤土层 $c=26.0kPa$,$\varphi=21°$;表层黏土层 $c=30.0kPa$,$\varphi=17°$;计算稳定安全系数取 $K=1.20$。

2. 稳定性分析与计算

路堤稳定性计算采用瑞典条分法,计算结果为天然状态下安全系数 $K=0.672$,总的下滑力为 4010 kN/m,总的抗滑力为 2696kN/m(图 1-34)。

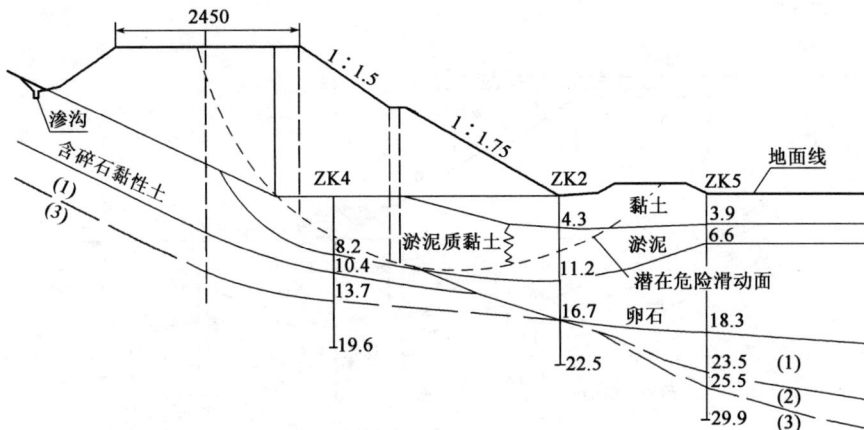

图 1-34　路堤稳定性计算条分图(尺寸单位:cm;深度单位:m)

(1)-全风化角砾晶屑凝灰岩;(2)-强风化角砾晶屑凝灰岩;(3)-弱风化角砾晶屑凝灰岩

由于路堤填筑前已设置了水泥搅拌桩,其无侧限抗压强度 $g=1.5$MPa,单桩抗剪强度取无侧限抗压强度的 0.4 倍,单桩抗剪力为 117.6kN,水泥搅拌桩部分桩距 D 为 0.9m、部分桩距 D 为 1.1m。通过图 1-35 中滑动面可知:桩距为 0.9m 的平均有 7 根桩参与抗剪,桩距为 1.1m 的平均有 3 根桩参与抗剪。

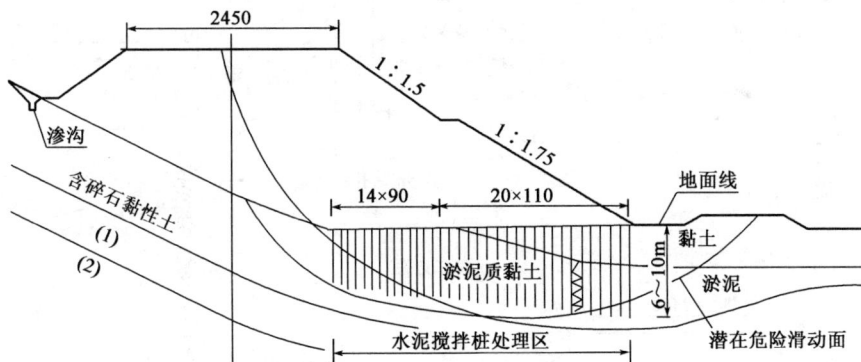

图 1-35　水泥搅拌桩处理断面示意图(尺寸单位:cm)

(1)-全风化角砾晶屑凝灰岩;(2)-弱风化角砾晶屑凝灰岩

经计算:安全系数 $K=0.98$,处于临界稳定状态;当安全系数取 $K=1.2$ 时,剩余下滑力 $E=881$kN/m。

3. 治理方案

针对该工点下伏软弱地层、厚度不均匀、路基不稳定、施工条件限制等因素,设计中提出了 3 个方案:

第一方案:采用单排 $\phi1.8$m 抗滑桩结合预应力锚索及反压护道进行处理[图 1-36a)]。

第二方案:采用双排 $\phi1.5$m 抗滑桩及反压护道进行处理,两排桩在平面上交错布置,并用支撑梁相互连接[图 1-36b)]。

第三方案:粉喷桩加多级反压护道处理[图 1-36c)]。

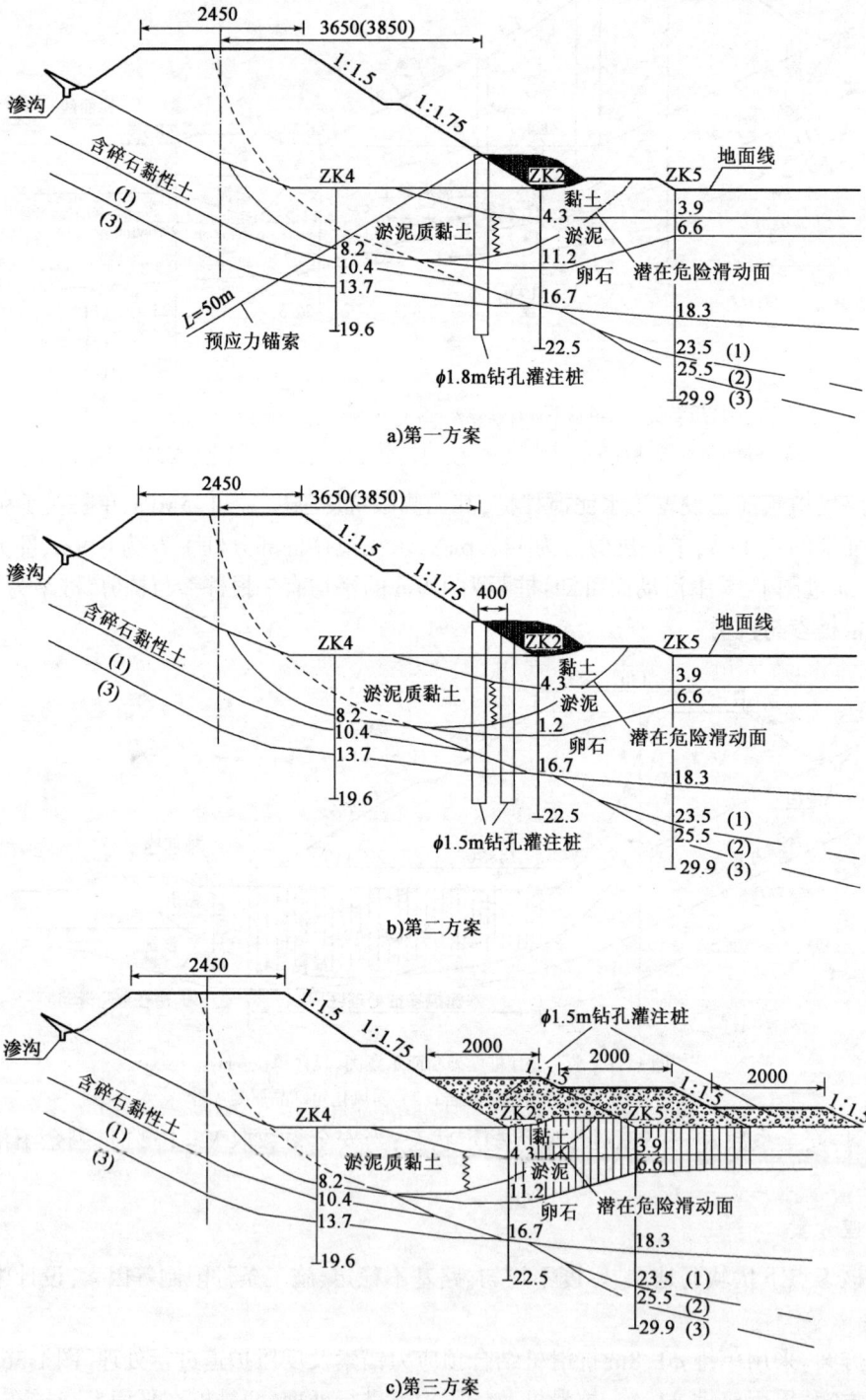

a)第一方案

b)第二方案

c)第三方案

图1-36 不同方案剖面图(尺寸单位:cm,深度单位:m)

(1)-全风化角砾晶屑凝灰岩;(2)-强风化角砾晶屑凝灰岩;(3)-弱风化角砾晶屑凝灰岩

设计时从技术、经济、工期等多方面论证比较方案(表1-2),最终推荐采用第一种方案:采用单排由1.8m抗滑桩结合预应力锚索及反压护道进行处理,并在路线左侧排水沟和边沟下设置纵向渗沟排除渗水等综合工程处理措施。

方 案 比 较 表　　　　表1-2

序号	方　案	工程数量	估价(万元)	优缺点
1	单排φ1.8m抗滑桩+预应力锚索+反压护道	桩3048m³/48根;锚索2300m/47根;反压护道6530m³	604	节省工期,费用较高
2	双排φ1.5m抗滑桩+反压护道	桩3894m³/88根;反压护道6530m³	623	工期长,费用高
3	粉喷桩+多级反压护道	粉喷桩105810m³/8818根;土工格栅18330m²;砂砾垫层4240m³;反压护道66060m³	580	工期长,费用较高,施工场地受限制

4. 排水设计

地表排水:在原排水沟上侧补设山坡截水沟,防止坡面水直接从路堤与山坡坡面交接处渗入,从而降低滑面强度。

地下排水:在左侧靠山的排水沟及边沟下设置纵向渗沟,以拦截地下渗水,降低地下水位,提高路堤稳定的安全度。

5. 反压护道

由于路堤右侧7.0m处为宽9.0m的乡道,道路旁是良田且有多处民居,反压护道的设置不宜多占土地,设计中仅在K83+050~K83+230段右侧坡脚与乡道之间设置宽度为10.0m的反压护道。通过稳定验算,反压护道可提供370kN/m的抗滑力。

6. 抗滑桩结合预应力锚索

考虑软土地基不宜采用人工挖孔桩及施工工期较短等因素,抗滑桩设计中采用直径1.8m的钻孔灌注桩。在抗滑桩桩顶设置一根$1×0.85m$的方形横梁,将抗滑桩连成整体,并在每段横梁的中间设置一根8索锚索,锚索设计锚固力为800kN。通过计算,抗滑桩在设置锚索后,其受力状态得到了明显改善。单根锚索抗滑桩设计受力为530kN/m。

抗滑桩中心间距在K83+050~K83+130为4.0m,桩顶高程为10.0m,桩与路基中心线的水平距离为36.5m;在K83+130~K83+230为3.5m,桩顶高程为11.0m,桩与路基中心线的水平距离为38.5m;桩身及横梁均采用C25混凝土现浇。通过计算,钻孔灌注桩长度25.0m,为嵌岩桩,嵌岩深度约为6.0m。抗滑桩设置总根数为48根。

桩顶横梁的预应力锚索共46根,总长2300m,锚索孔径为φ150mm,下倾角为30°,采用8φ^j15.24高强度低松弛钢绞线,钢绞线标准强度不小于1860MPa;每孔设计荷载800kN,对应采用OVM15-8型锚具。

抗滑桩需采用跳桩法,必须隔两桩施工一桩,分三批施工,桩孔孔底沉渣不得大于5cm,滑桩桩头与横系梁应整体浇筑,在整体浇筑时预埋锚索孔(图1-37)。

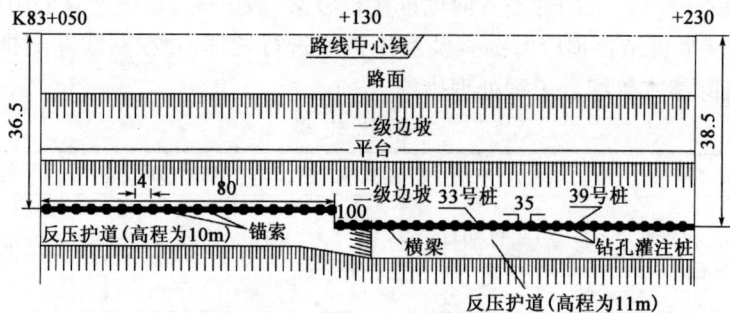

图 1-37　傍山软基高路堤加固处理平面示意图(尺寸单位:m)

四、监测

设计选取 K83+175.5、K83+196.5 作为现场监测断面,监测工作从 2003 年 6 月 14 日开始。

1. 施工稳定控制标准

路堤填土施工稳定控制标准为:沉降速率≤10mm/d,土体侧向水平位移速率≤3mm/d,抗滑桩及锚索所受应力小于设计要求。

2. 监测仪器布置与埋设

针对 K83+050～K83+230 段软土路基,K83+175.5、K83+196.5 现场监测断面布置与埋设情况如下:

测斜管:分别埋设在路中、路肩、边缘坡脚、抗滑桩内,共 4 处。

分层沉降管:分别埋设在路中、路肩边缘(每根分层沉降管安装沉降磁环 8 个),共 2 处。

沉降板:分别埋设在路中、路肩,共 2 处。

孔隙水压力计:分别埋设在路中(1 处)、路肩(2 处)、边缘坡脚(2 处),共 5 处。

钢筋计:抗滑桩内侧(11 处)、抗滑桩外侧(11 处),共 22 处。

锚力计:锚索的锚头内,共 1 处。

水位管:边缘坡脚外,共 1 处。

3. 监测成果

监测工作从 2003 年 6 月 14 日开始,到路面施工完成后 2 年。

4. 深层测斜观测成果

K83+175.5 断面:该断面路肩处的水平位移变形最大,累计水平位移最大值为 73.36mm,水平位移平均速率为 0.17mm/d(前 190d),位移方向向路堤右侧外边坡。33 号桩的水平位移最大值为 47.4mm[图 1-38a]。

K83+196.5 断面:该断面路肩处的累计水平位移最大值为 64.45mm,水平位移平均速率为 0.10mm/d(前 190d),位移方向向路堤右侧外边坡。对应 39 号桩的水平位移最大值为 36.09mm[图 1-38b]。

两个监测断面的时间与水平位移关系曲线说明在观测时间约 190d 后——路面完成施工后 1 个月左右,路基水平位移渐趋于平缓稳定。

a)K83+175.5断面

b)K83+196.5断面

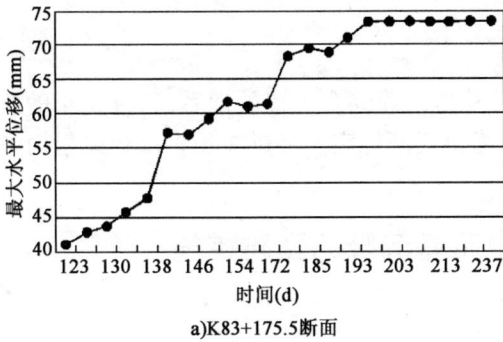

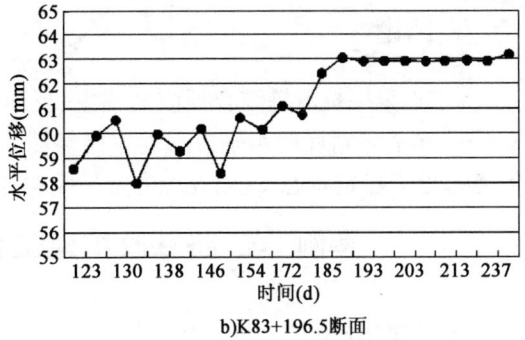

图1-38 时间与最大水平位移关系曲线(路肩)

5.沉降观测成果

K83 + 175.5 断面:该断面路肩沉降最大,累计沉降量 178.0mm,沉降平均速率为 0.21 mm/d(前 190d)(图 1-39)。

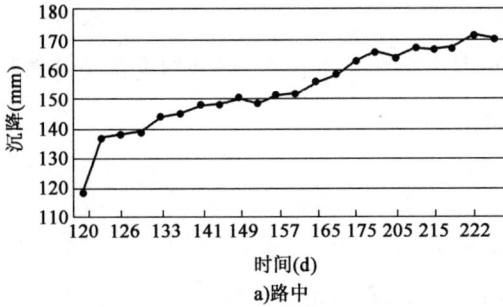

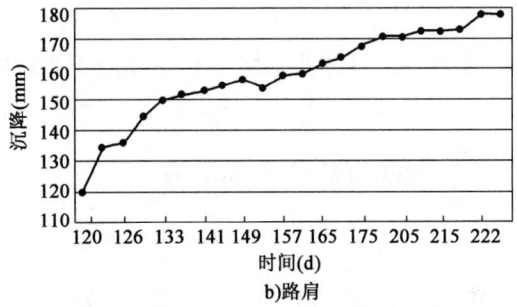

a)路中

b)路肩

图1-39 K83 + 175.5断面时间与沉降量关系曲线

K83 + 175.5 断面时间与沉降量关系曲线说明,该断面路肩处沉降较路中稍大,沉降速率在路面施工完成后趋于缓和,但沉降仍在继续。

K83 + 196.5 断面路肩沉降较路中大 30% 左右,累计沉降量 147.0mm,沉降平均速率为 0.17mm/d(前 190d)(图 1-40)。

K83 + 196.5 断面时间与沉降量关系曲线同样说明,该断面路肩处沉降较路中大,沉降速率在路面施工完成后趋于缓和,但沉降仍在继续。

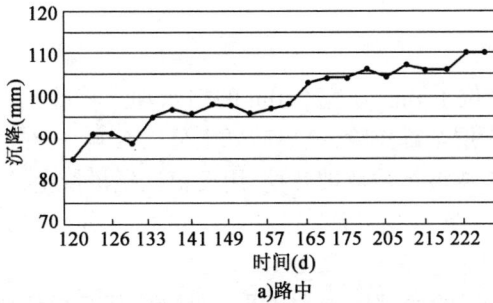

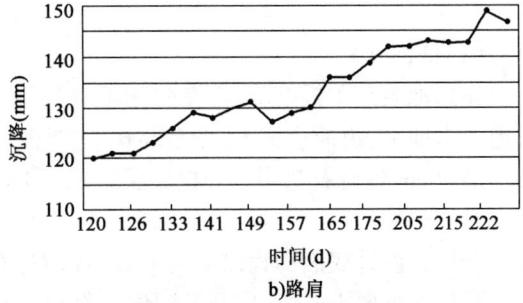

a)路中

b)路肩

图1-40 K83 + 196.5断面时间与沉降量关系曲线

五、结论

本工点采用抗滑桩结合预应力锚索、反压护道及排水等综合工程处理后,通过3年的监测,傍山软基高路堤的水平位移速率已经稳定,沉降也逐渐稳定。经过3年多次台风暴雨考验,路基处于稳定状态,说明处理方案是成功的。

案例1-2:路基改扩建工程中路基沉降的预防措施

一、工程概况

某一路线通过芦苇软基地段,由于区域内软土地基含水率较大,地下水位较高,路基加宽部分基底填前碾压要达到规定的压实度标准较为困难,极易出现路基加宽部位或改扩建新老路基部位引起的路基横向不均匀沉降病害,施工时必须采取清淤换填等地基处理方法。

二、病害成因分析

本场地出现的路基横向不均匀沉降病害主要是因为存在软土地基,路基加宽部位或改扩建新老路基部位与软土地基地段地基承载力差异较大。

三、预防沉降病害的措施

1.清表

受压实机械、设计标准的限制,在多年雨雪侵蚀下,老路的密实度一般小于规范要求;并且由于基底长年受到水的浸泡,边坡一定范围内路基的稳定性较差。所以要将距离边坡一定范围内的土体清理后再进行地基处理施工。清理工作包括在老路基两侧施工范围内伐树、挖根、除草等。

2.刷坡

从老路面与硬路肩交界处下挖至新路面底基层底面高程处,第一平台宽1.0m,然后对老路的边坡进行刷坡,再按1:1.5的边坡向下挖。避开有泄水槽的位置,以利于排水和保证老路基受降水冲刷时不坍塌。刷下来的填料一律废弃掉。

3.地基处理

(1)清淤换填

先将地表芦苇根挖除,再在两侧填筑高于常水位1.0m、顶宽5.0m的挡水坝。将施工地段地表水抽干,边抽边施工,将上部软土、淤泥、泥炭层全部挖除,换填砂砾土分层夯实,并在底部加铺50cm砂砾石垫层。开挖施工时采用1:1.5放坡系数放坡开挖,用反铲挖掘机挖土,配合自卸汽车外运至弃土场。当挖深小于4.0m时,一次开挖到底;超过4.0m时,应分两层开挖。开挖到设计底面高程以上约15cm厚时进行清底。

开挖深度要求:软土应开挖到原一级路砂砾垫层的底部的硬塑土层(即挖除芦苇根后硬塑土的高程)。

开挖宽度要求:硬路肩至加宽后路肩边缘向外2m以上。

换填厚度要求:下部50cm用大粒径砾石换填,其上用一般砂砾换填。填至基底后可加铺一层土工格栅。

换填宽度要求:底部50cm砂砾要与旧路接上,外侧宽出路基边缘200cm。

为确保新加宽路基工后沉降满足设计要求,应按照要求进行沉降观测。

(2)塑料板排水等办法处理软土路基

4.挖台阶

(1)老路面清表应从旧路面与硬路肩交接处下挖至新路面底基层底面高程处,向外留1.25m的平台(土工格栅宽度的一半),然后按1:1.5的边坡下挖。挖后须先清理边坡虚土,然后挖1.0m×1.5m的台阶,台阶底面向路中心的横坡为3%。

(2)对旧路边坡进行挖台阶作业,以防止新挖台阶受到雨水冲刷及完工后不均匀沉降。作业时要随路基的填筑施工分层进行,严禁一次性完成。

(3)已经完成挖台阶作业的施工段落,要立即组织填筑,防止新挖的台阶受到雨水冲刷。如在降雨来临前不能完成段落的填筑,要采用覆盖塑料薄膜的措施加以防护。

(4)结合挖台阶确定冲击碾压作业面。

(5)冲击碾压施工的层面台阶宽度原则上应大于1m,冲击碾压后的第一层填料厚度应控制在25cm。

5.填筑

(1)采用分层填筑,每层松铺厚度不超过30cm;并要注意新老路基结合部位的路基土含水率,含水率过高时,要经过晾晒处理。

(2)冲击碾压第一层填料后,按照不同的段落和处理方法埋设或加宽部分沉降观测仪,加强观测,以便给新路基填筑提供参考依据。

(3)新填筑的加宽路基必须使用级配良好的砂砾填筑。

(4)分层填筑、分层碾压,提高压实标准,各层的压实度比标准提高一个百分点。

(5)路床顶面以下80cm范围内填料的最大粒径不应大于10cm;路堤顶面以下80cm填料的最大粒径不应大于15cm。

(6)每段填料碾压完毕,可将上一层的填料堆放在已开挖的边坡处形成反压荷载,以稳定老路基,同时避免因边坡开挖面长时间暴露,受到雨水直接冲刷。特别在雨季施工时,施工段落不宜太长。为防止老边坡开挖后来不及填筑,除堆放反压材料外,还可用防雨布对暴露地段进行大面积遮盖,以防暴雨直接冲刷边坡,造成老路堤坍方,影响正常营运,甚至引发重特大交通事故。

(7)在新老路基结合部位,每填筑两层(压实厚度50cm)用冲击式压路机进行充分压实。在冲击碾压不到的部位用强夯进行处理。新老路基每填筑4层(压实厚度100cm)用冲击式压路机充分碾压全断面。

(8)新老路基结合处,除清表挖台阶外,可在表层铺设塑料土工格栅,增加连接能力。

(9)路基填筑宽度应比设计宽度超宽30cm,采用格栅法控制土料数量,填料的松铺厚度一般不宜大于30cm。由于施工作业场地狭窄,将局部路基适当加宽,设1~2个"错车台",便于施工车辆让道。

(10)为了减小新加宽路基的工后沉降,路基达到距路床顶25cm的高程后,采用冲击压路机补压,以提高路基的密实度、强度及均匀性。

6.检测

新老路基结合部的压实度检测频率要大于一般情况下路基填筑时的抽检频率,以保证结合部位达到良好的拼接效果。一般是平整后先稳压,然后重型振压,而后静压光面,最后进行压实度的检测工作。如此往复,直至完成路基填筑。应先铺筑试验段,待试验成功后,确定施工工艺控制松铺厚度和碾压遍数。

7.超载预压

为了加速新填路基的沉降,应对新填路基部分超载预压,其上堆积砂砾土,高度为2.0m,边坡1∶1。采用双曲线法进行沉降预测,当路基工后沉降小于20cm时,才可以进行路面工程施工。

四、施工参数与质量控制标准

由于现有的路基施工技术体系建立在普通细粒土基础之上,是否适用于砂砾石填料有待检验。根据已有的砂砾石填料施工经验,采用振动压路机和静压压路机进行了组合,从压路机的压实参数、砂砾石填料最大粒径及砂砾石填料颗粒级配三个方面进行了试验和分析。

1.振动压路机压实参数的确定

压实效果和振动压路机的吨位以及填筑层厚密切相关,例如13t的振动压路机振动与静止时的土中应力比可以达到5∶1。

(1)振动压路机振动频率的选择。

当外界激振力频率和物体的自振频率接近时,物体所受到的振动最大。因此,应调整压路机的激振频率和砂砾石填料的自振频率一致为佳,常见路堤填料自振频率见表1-3。对照表1-3,对于现场所采用的砂砾石填料,将振动压路机的频率调整到30Hz为宜。

常见路堤填料自振频率 表1-3

填 料 类 型	自振频率(Hz)	填 料 类 型	自振频率(Hz)
干黏土	22.5	砂卵石	24.7
砂砾	31	粗砾石	30
含黏土较多的微细砂~中砂	23.5~27.5		

(2)振动压路机振幅选择。

在其他条件一定的情况下,砂砾石填料所受到的压实作用随振幅的加大而显著提高。因此,应在机械允许范围内尽量增大振动压路机的振幅,但最大振幅受限于机械设计限制和使用寿命的要求,一般以调整到1.5~1.8mm为宜。

(3)振动压路机碾压速度。

考虑技术要求和经济合理性的统一:一方面,压路机行走速度越慢,故在单位时间内施加到砂砾石填料上的压实功越大;另一方面,过慢的速度会造成压路机工作效率的降低。因此,综合确定碾压速度为 2~4km/h。

对于砂砾石填料,宜采用振动压路机碾压施工。通过合理设定压路机的激振力、振动频率、振动幅度及碾压速度等参数,来实现较好的碾压效果。

2. 施工机械施工组合方案

(1)方案一:采用 12t 静压机进行初压,采用 50t 振动压路机施工至砂砾石填料碾压面无明显轨迹时为止,然后用 12t 静压机进行碾压,保证碾压面的平整度。

(2)方案二:采用 12t 静压机进行初压,采用 YZJ12 振动压路机施工至砂砾石填料碾压面无明显轨迹时为止,然后用 12t 静压机进行碾压,保证碾压面的平整度。

(3)方案三:仅简单采用 12t 静压机碾压,直至表面无沉降时为止。

3. 路堤碾压试验结果及分析

(1)压实干密度和压沉值指标。

按照上述施工机械组合方案进行试验段砂砾石填料的碾压试验,分别测定相应的压实干密度和压沉值,得到的试验结果见表 1-4 ~ 表 1-6。

层厚 30cm 压实检测结果(方案一)　　　　　　　　　　　表 1-4

碾压遍数	0~2	2~4	4~6	6~8
压沉值(mm)	11.3	3.1	2.1	2.2
压实干密度(g/cm³)	2.04	2.11	2.14	2.14

层厚 30cm 压实检测结果(方案二)　　　　　　　　　　　表 1-5

碾压遍数	0~2	2~4	4~6
压沉值(mm)	9.8	2.9	2.7
压实干密度(g/cm³)	1.97	2.06	2.07

层厚 30cm 压实检测结果(方案三)　　　　　　　　　　　表 1-6

碾压遍数	0~2	2~4	4~6	6~8
压沉值(mm)	6.1	3.1	2.9	2.5
压实干密度(g/cm³)	1.89	1.92	1.97	1.96

由试验段碾压测试结果可以看出:压实效果最好的是采用 50t 振动压路机下的施工,效果最差的为单独采用普通 12t 静压机进行的压实。从结果对比可以看出,普通静载压路机不适用于砂砾石填料的施工;在进行灌水法测定干密度试验开挖时,可以明显看到按照方案三施工后在路堤中存在较多的孔洞,同样说明了该施工机具是不适用的。

(2)碾压遍数的确定。

碾压遍数的确定,应以路堤填筑层表面不再出现明显轮迹(路堤顶面最后一遍碾压沉降量平均值在 3mm 以内),同时结合相应干密度综合考虑。

碾压遍数与压实干密度、压沉值的关系,分别如图1-41、图1-42所示。由图1-41、图1-42可得到如下结论:

碾压遍数的确定应该考虑现场施工机械组合,且其与压路机碾压参数、填筑层厚、最大粒径、压实标准密切相关。

压实干密度随碾压遍数的增加而增加,且各控制指标之间存在一定的相关性,其变化均为开始时增加较快,而后迅速地趋向于稳定。

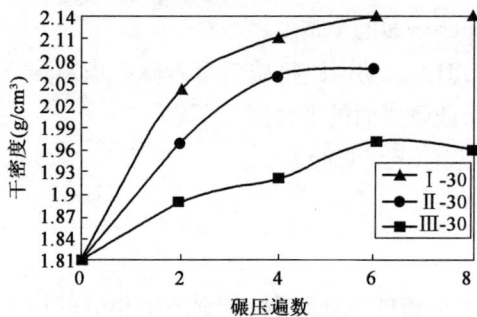

图1-41　碾压遍数与压实干密度关系

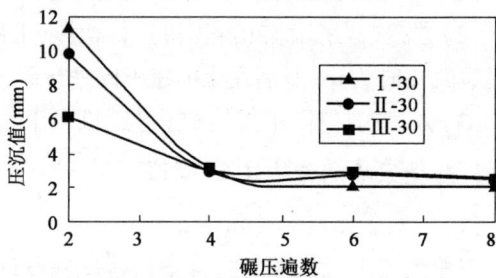

图1-42　碾压遍数与压沉值关系

在上述施工方案中,一般进行6~8次碾压后基本稳定,因此碾压遍数应不少于6遍。

思考与练习

一、选择题

1. 为减小路基横向不均匀沉降的影响,地面横坡大于(　　　)的路段,路堤填筑前地基按规定要求挖成台阶。

　　A.1:5　　　　　　　　　　　　　B.1:10

　　C.1:2　　　　　　　　　　　　　D.1:3

2. 为减小路基横向不均匀沉降的影响,路基施工必须分层填筑、分层碾压,一般路段压实厚度不得大于(　　)。

　　A.20cm　　　　　　　　　　　　B.30cm

　　C.40cm　　　　　　　　　　　　D.50cm

3. 填挖交界处是路基不均匀下沉及开裂病害多发点,要求(　　　)。

　　A.纵向填挖交界处台阶一定要挖到实处

　　B.施工便道等位置要一次性填筑及碾压到位

　　C.横向半填半挖处的临时堆土容易成为压实度不足的死角,要特别引起重视和处理到位

　　D.凡出现由于路基施工质量引起的路面开裂及路基下沉等病害,其路面的修复、路基的压浆等费用均由路基施工单位承担

4. 下列哪些是路基本身引起的路基横向不均匀沉降病害原因?(　　　)

A. 由路堤填料不均匀引起

B. 由路基填土压实不足引起

C. 半填半挖部位产生的不均匀沉降病害

D. 由路基边坡变形引起

二、填空题

1. 路桥过渡段桥头跳车的危害性：影响_____、影响_____、影响_____、影响_____。

2. 桥头跳车的直接原因是路基与桥台间的_____。

3. 消除或缓解桥头跳车关键是减少_____、延长_____、减缓_____，从而起到匀顺纵坡的目的。

三、判断题

1. 路基横向不均匀沉降发生的内因是车载、地下水及自重等作用。（　　）

2. 路基失稳主要表现为路基发生滑移，严重时甚至发生整体坍塌。（　　）

3. 路面损坏，主要表现为公路基层破碎、结合料松散、公路横坡改变等，严重时会产生沿结合面走向的纵向裂缝。（　　）

4. 桥头跳车是指桥梁、涵洞等构造物本身及台背填土由于行车荷载和自重的作用而继续沉降，导致台背与构造物连接处的路面出现台阶，从而出现高速行驶的车辆通过台背回填处产生颠簸、跳跃的现象。（　　）

四、名词解释

1. 桥头跳车

2. 灌浆法

3. 旋喷桩法

五、问答题

1. 路基横向不均匀沉降的原因有哪些？

2. 路基加宽病害的原因是什么？

3. 请阐述高等级公路改扩建路基加宽施工工艺。

4. 路桥过渡段路基病害的破坏方式有哪些？

项目2
PROJECT TWO
路基边坡病害处治

知识目标

掌握路基边坡的概念和病害的类型。

能力目标

能够判别路基边坡病害的类型。

一、路基边坡的概念

路基边坡是指路基横断面两侧与地面连接的斜面。有路堤边坡和路堑边坡之分,是影响路基稳定的重要因素。如图 2-1 所示为一典型边坡示意图。坡面与坡顶相交的部位称为坡肩,与坡底面相交的部位称为坡趾或坡脚;边坡与水平面的夹角称为坡面角或坡倾角;坡肩与坡脚间的高差称为坡高。路基边坡可分为路堤边坡(图 2-2)和路堑边坡(图 2-3)。

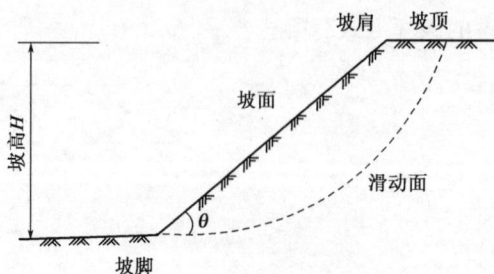

图 2-1　典型边坡示意图

图 2-2　路堤边坡

图 2-3　路堑边坡

二、路基边坡病害的类型

公路路基边坡受自然因素的影响较大。路基边坡在温差条件下将形成胀缩循环，该种循环可导致边坡强度衰减和剥蚀。此外，地表水流冲刷、地下水源浸入，可使岩土表层失稳，易造成或加剧路基边坡病害。常见的路基边坡病害类型有以下几种。

(一)崩塌

崩塌也称崩落、垮塌或塌方，是较陡斜坡上的岩土体在重力作用下突然脱离母体崩落、滚动、堆积在坡脚(或沟谷)的地质现象，如图 2-4 所示。崩塌的物质，称为崩塌体。崩塌体为土质者，称为土崩，如图 2-5 所示。崩塌体为岩质者，称为岩崩，如图 2-6 所示。大规模的岩崩，称为山崩。

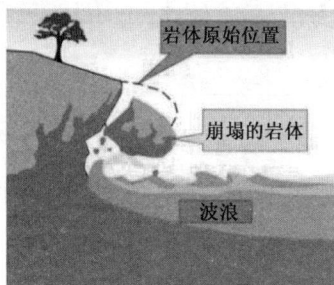

图 2-4　崩塌形成示意图　　　　图 2-5　土体崩塌　　　　图 2-6　岩体崩塌

崩塌是山区公路常见的一种突发性的病害现象，小的崩塌对行车安全及路基养护工作影响较大。大的崩塌不仅会破坏公路、桥梁，击毁行车，有时崩积物堵塞河道，易引起路基水毁，严重影响交通营运及安全，甚至会迫使放弃已有公路的使用。

1. 崩塌按其发生地层的物质分类

崩塌根据其发生地层的物质成分可分为黄土崩塌、黏性土崩塌、岩体崩塌三种。

2. 崩塌按形成机理分类

崩塌按形成机理分类，见表 2-1。

崩塌按形成机理分类　　　　　　　　　　　　表2-1

类　型	岩　性	结构面	地　貌	受力状态	起始运动形式
倾倒式崩塌	黄土、直立岩层	多为垂直节理、直立层面	峡谷、直立岸坡、悬崖	主要受倾覆力矩的作用	倾倒
滑移式崩塌	多为软硬相间的岩层	有倾向临空面的结构面	陡坡,通常大于55°	滑移面主要受剪切力	滑移
鼓胀式崩塌	黄土、黏土、坚硬岩层下有较厚软岩层	上部垂直节理,下部为近水平的结构面	陡坡	下部软岩受垂直挤压	鼓胀伴有下沉、滑移、倾倒
拉裂式崩塌	多见于软硬相间的岩层	多为风化裂隙和重力拉张裂隙	上部突出的悬崖	拉张	拉裂
错断式崩塌	坚硬岩层、黄土	垂直裂隙发育,通常无倾向临空面的结构面	大于45°的陡坡	自重引起的剪切力	错落

3.崩塌按其特征、规模及危害程度分类

根据崩塌的特征、规模及其危害程度,可划分为三类。

Ⅰ类崩塌:山高坡陡,岩层软硬相间,风化严重,岩体结构面发育,松弛且组合关系复杂,形成大量破碎带和分离体,山体不稳定,破坏力强,难以处理。

Ⅱ类崩塌:介于Ⅰ类和Ⅲ类之间。

Ⅲ类崩塌:山体较平缓,岩层单一,风化程度轻微,岩体结构面密闭且不发育或组合关系简单,无破碎带和危险切割面,山体稳定,斜坡仅有个别危石,破坏力小,易于处理。

(二) 滑坡

滑坡是指斜坡上的土体或者岩体,受河流冲刷、地下水活动、雨水浸泡、地震及人工切坡等因素影响,在重力作用下,沿着一定的软弱面或者软弱带,整体地或者分散地顺坡向下滑动的自然现象,俗称"走山""垮山""地滑"等,如图2-7所示。

图2-7　滑坡

1.滑坡的形成

滑坡的形成过程一般可分为四个阶段,如图2-8所示。

(1)蠕动变形阶段或滑坡孕育阶段。斜坡上部分岩(土)体在重力的长期作用下发生缓慢、匀速、持续的微量变形,并伴有局部拉张成剪切破坏,地表可见后缘出现拉裂缝并加宽加深,两侧翼出现断续剪切裂缝。

(2)急剧变形阶段。随着断续破裂(坏)面的发展和相互连通,岩(土)体的强度不断降低,岩(土)体变形速率不断加大,后缘拉裂面不断加深和展宽,前缘隆起,有时伴有鼓张裂缝,变形量也急剧加大。

(3)滑动阶段。当滑动面完全贯通,阻滑力显著降低时,滑动面以上的岩(土)体即沿滑动面滑出。

(4)逐渐稳定阶段。随着滑动能量的耗失,滑动速度逐渐降低,直至最后停止滑动,达到新的平衡。

图2-8 滑坡形成示意图

以上四个阶段是一个滑坡发展的典型过程,实际发生的滑坡中,四个阶段并不总是十分完备和典型。由于岩(土)体和滑动面的性质、促滑力的大小、运动方式、滑移体所具有的位能大小等不同,滑坡各阶段的表现形式及过程长短也有很大的差异。

2.滑坡的类型

依滑坡体物质组成、滑坡体厚度、滑动面与层面关系划分出下列几种类型,其分类见表2-2。

滑 坡 的 分 类   表2-2

分类依据	分类名称	特 征
滑坡体的物质组成	黄土滑坡	河谷两岸高阶地的前缘斜坡上,成群出现,且大多为中、深层滑坡,一般滑动速度很快,破坏力强,是崩塌性滑坡,黄土高原普遍发育
	黏土滑坡	久雨后发生,多为中、浅层滑坡。分布于云贵高原、四川东部、广西及鄂西、湘西等地

分类依据	分类名称	特征
滑坡体的物质组成	堆积层滑坡	发生于斜坡或坡脚处的堆积体中，物质成分多为崩积、坡积土及碎块石，滑坡结构以土石混杂为主。公路工程中最常见，多出现在河谷缓坡地带，规模有大有小
	岩层滑坡	顺层滑坡——发育在软弱岩层或具有软弱夹层的岩层中，滑动面为岩层的层面
		切层滑坡——发育在硬质岩层的陡倾面或结构面上
力学条件	牵引式滑坡	由于斜坡坡脚处任意挖方、切坡或流水冲刷，下部失去原有岩土的支撑而丧失其平衡引起的滑坡
	推移式滑坡	由于斜坡上方给以不恰当的加载（修建建筑物、填方、堆放重物等）使上部先滑动，挤压下部，因而使斜坡丧失平衡引起的滑坡
滑体厚度	浅层滑坡	滑体厚度 <6m
	中层滑坡	滑体厚度 6~20m
	深层滑坡	滑体厚度 >20m
滑坡体的规模	小型滑坡	滑坡体积小于 3 万 m^3
	中型滑坡	滑坡体积在 3 万~50 万 m^3
	大型滑坡	滑坡体积在 50 万~300 万 m^3
	巨型滑坡	滑坡体积大于 300 万 m^3

3. 滑坡的危害

滑坡是山区公路的主要病害之一。我国山地面积占比较大，是世界上滑坡最发育的国家之一，西南地区为我国滑坡分布的主要地区，该地区滑坡类型多、规模大、发生频繁、分布广泛、危害严重，已经成为影响国民经济发展和人身安全的制约因素之一。西北黄土高原地区，以黄土滑坡广泛分布为其显著特征。东南、中南的山岭、丘陵地区滑坡、崩塌也较多。在青藏高原和大兴安岭的多年冻土地区，也有不同类型的滑坡分布。滑坡的危害如图2-9~图2-11所示。

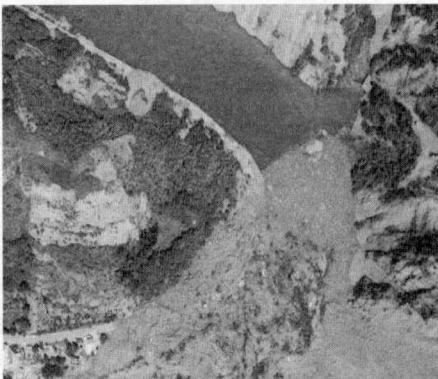

图2-9　阻塞河道

图2-10　掩埋房屋

(三)坡面冲刷

路基边坡坡面冲刷是指降雨形成的水流冲刷边坡坡面,并带走坡面表层土体的现象。坡面冲刷造成公路沿线水土流失,生态环境恶化,边坡退化和变陡。如果不及时处理,边坡冲刷进一步发展,可导致边坡产生崩塌或滑坡,如图2-12所示。

图2-11 摧毁交通设施

图2-12 坡面冲刷

1.按坡面冲刷发展阶段和冲蚀痕迹的形态特征划分

(1)溅蚀

溅蚀指在裸露的坡面上,雨滴直接打击坡面引起土颗粒分散和飞溅,或撞击地表薄层水流,形成水流的紊动,对坡面形成侵蚀。

(2)片蚀

片蚀是指由于分散的地表径流冲走坡面表层土粒的一种侵蚀现象,它是坡面侵蚀中最常见的一种形式。

(3)沟蚀

包括细沟侵蚀、浅沟冲蚀、冲沟冲蚀。

①细沟侵蚀:雨滴击溅及薄层坡面水流的共同作用,使坡面土体分散、飞溅、向下移动、坡面出现细小的坑洞及沟槽,坡面径流从这些轮廓清晰的坑洼和小沟槽中流过,时分时合,冲刷力不一致,形成多条细沟。细沟一般深度小于5cm,宽度小于10cm。

②浅沟冲蚀:坡面流由小股径流汇聚成大股流,既冲刷表土又沿细沟下切沟底,形成比细沟规模更大而且有一定深度和宽度的冲刷沟槽。浅沟一般深5~50cm,宽10~50cm。

③冲沟冲蚀:浅沟在集中地表径流作用强烈的冲刷侵蚀作用下继续加深、加宽和加长,当沟壑发展到不能为耕作所平复,沟深大于1m、沟宽1~2m时,则为冲沟。

(4)冲刷坍塌

冲沟两侧和上游沟壁物质由于强烈冲刷作用在自重力作用下失去平衡,产生掉块、泻溜和塌落,是冲沟发展到后期的一种高强度冲刷形式。

坡面冲刷发展阶段大致如下:溅蚀在一次降雨冲刷中最先发生,随后雨水形成的薄层水流对边坡坡面产生侵蚀作用,将表土冲走,冲刷进一步发展在坡面形成大大小小的冲刷沟槽,包括侵蚀细沟、冲蚀浅沟和冲蚀冲沟。当坡面冲刷十分强烈时,冲沟不断加深和加宽,最终导致边坡发生重力坍塌,包括泻溜、陷穴、崩塌、滑坡等多种形式。

2. 按坡面土体运移方式和特征划分

(1)推移型冲刷

在坡面径流作用下,坡面粒径较大的土颗粒沿坡面滚动、滑动、跃动,或呈层状沿坡面向下移动。土颗粒有时运动,有时静止,呈间歇性运动着的土粒与静止的土粒常常彼此交换,前进的速度比水流速度小。

(2)悬移型冲刷

坡面土体中比较细小的颗粒在水流中呈悬浮状前进,其顺水流运动的速度与坡面流基本相同,它受水流的紊动尺度和土粒的大小影响显著。当水流的紊动掺混作用产生的上浮力大于土粒的重力时,则使悬移质得以在水流中浮移前进。

(3)潜蚀性冲刷

潜蚀性冲刷是指坡面水流沿圬工护坡与坡面的接合部位或圬工护坡体裂缝破损处下渗和下灌,产生类似管涌作用,淘蚀护坡体内的土体,并将之带走,使圬工护坡工程坍塌、下陷和失效。

3. 按路基边坡有无防护工程措施划分

(1)裸坡,如图2-13所示。

(2)植物防护边坡,如图2-14所示。

图2-13　裸坡

图2-14　植物防护边坡

4. 按坡面冲刷量的大小划分

以单位面积和单位时段内边坡坡面被水流冲刷侵蚀并发生位移的土体质量来表示坡面冲刷侵蚀强度,按年平均冲刷侵蚀强度大小$[t/(km^2 \cdot a)]$可将坡面冲刷大致分为6种级别类型。

(1)微度冲刷:$<1000t/(km^2 \cdot a)$(分别指东北黑土区和北方土石山区,南方红壤丘陵区和西南土石山区,西北黄土高原区)。

(2)轻度冲刷:$1000 \sim 2500t/(km^2 \cdot a)$(地域界限同上)。

(3)中度冲刷:$2500 \sim 5000t/(km^2 \cdot a)$。

（4）强度冲刷：5000 ~ 8000t/（km² · a）。

（5）极强度冲刷：8000 ~ 15000t/（km² · a）。

（6）剧烈冲刷：>15000t/（km² · a）。

（四）剥落

剥落是指边坡表土层或风化岩表面，在湿热的作用下，表面发生胀缩的现象，从而引起零碎薄层从边坡上脱落下来，如图 2-15 所示。一般发生在路堑边坡下部，或构成边坡软硬互层的松软层，在节理发育的变质岩坡面尤为严重。受风化作用的影响显著，边坡表面破碎，呈薄片状或小颗粒状，沿坡面向下滚落。

a)　　　　　　　　　　　　　　　　　　b)

图 2-15　边坡剥落

任务 2-2　分析路基边坡病害成因

知识目标

熟悉影响路基边坡稳定性的因素。

能力目标

能分析路基边坡病害成因。

造成路基边坡病害的因素有很多，其中最主要的是边坡岩土的性质和结构、水文地质条件、风化、水的作用、地震及人类活动等。各种因素都从两个方面影响着边坡的稳定。一方面改变边坡的形状，使边坡应力状态发生变化，增大边坡的下滑力，如河流冲刷、人工开挖等；另一方面岩土体遭受风化、降雨入渗、地下水的作用等，使岩土体强度降低，削弱了抗滑力。边坡的下滑力增加或者抗滑力降低，影响了路基边坡的稳定性。

(一)气候因素

气候因素有气温、降水、风速、风向、最大冻土深度等。在典型的风化岩层剖面上,我们可以看到土壤层、强风化层、弱风化层、微风化层和未风化层(即新鲜岩石)岩层的层次特征。大面积裸露的土质或岩质坡面,由于温差对地表的影响,加上雨水直接冲刷坡面,很容易产生不同程度的风化,在一定深度以内形成一个相对的、低强度的破碎层或松散层。物理风化作用的结果,严重时能破坏边坡的稳定,产生自然削坡或自然剥落,而最终改变边坡的外形和坡度,导致边坡水土大量流失,或坡面产生裂缝,发生浅层溜方。

(二)水文地质因素

水文因素有地表水的排泄、河流常水位、洪水位,有无地表积水和积水时间长短及河岸淤积情况;水文地质因素有地下水埋深、移动规律,有无层间水、裂隙水、泉水等。水是引起路基边坡病害的一个主要因素,大量工程实践证明,大多数边坡的破坏和滑动都与水的活动有关。在冰雪解冻和降雨季节,滑坡事故一般较多。边坡中的水大部分是来自大气降水,在湿热地带,因大气降水频繁,地下水补给丰富,水对边坡稳定性的影响比干旱地区更为严重。在土质路基边坡上因受雨水冲刷导致表层坑洼积水,地表水顺裂缝向下渗透而浸泡边坡;在岩石边坡上,由于水对岩体的物理和化学作用,使岩体不断发生膨胀和收缩,导致岩体原有裂隙迅速开裂和分解,加速岩体松散和破碎。全封闭边坡防护层材料的水稳定性差,出露的地下水无法疏导使边坡内积水,或整个边坡结构排水不畅,引发边坡局部溜方和浅层滑坡。

(三)地质因素

沿线地质因素,如岩石的种类、成因、节理、风化程度和裂隙情况,岩石走向、倾向、倾角、层理和岩层厚度,有无夹层或遇水软化的夹层,以及有无断层或其不良地质现象。在人工开挖的岩质坡面,尽管山体本身稳定,但岩层节理发育,长时间日晒雨淋,表面风化严重,经常发生坡面剥落和零星掉石流碴。若边坡地层岩性为岩质较软的砂土、页岩和变质岩,且节理发育、风化严重,或黏性土层和蓄水的砂石层分层蕴藏,特别是有倾向路堑方向的斜坡层理存在时,易造成路堑滑坡。

(四)土质因素

土是建筑路基及边坡的基本材料,不同的土类具有不同的工程性质。砂粒土的强度构成以内摩擦为主,强度高,受水的影响小;黏性土的强度形成以黏聚力为主,强度随密实程度的不同变化较大,并随湿度的增大而降低;粉土毛细现象强烈,强度和承载力随着毛细水上升和湿度的增大而下降。对于黄土质砂黏土或其他黏土质土,因其透水性弱、崩解性强、经雨水浸泡后土体表层含水率达到饱和状态时,易使边坡失稳而溜方。若路堤填料不合格,又没有进行土质改良,将导致边坡结构层断裂破坏。

(五)人为因素

1.地质勘察不准确

对边坡土体地下水位的勘探不到位,未发现基岩面出露的地下水,引发边坡溜方;勘察获得的土体内摩擦角、黏聚力、密度及承载力等数据不准确,导致设计不合理,而引发坍塌滑坡。

2.边坡设计不合理

在设计中,为减少初期工程投入,忽视了气候及地质因素的长期影响,对干燥少雨地区、岩层节理发育的坡面未采取护坡措施,致使坡面发生风化剥落;缺乏对不同土的水稳定性的认识,选择防护设施不当,未设排水设施,引发流动水冲刷边坡;设计选择的边坡坡度过陡,而设计过程中对边坡稳定性的验算又不够准确,导致部分土体在重力作用下沿边坡内某一滑动面发生滑移。

3.施工方法不当

施工时未严格按照设计文件进行边坡开挖,未清除边坡基岩上面覆盖的黏性土层;或者未严格按照施工规范的要求进行路基填方,填土的层次安排不合理,密实度不够等。

任务2-3 认知路基边坡病害预防措施

知识目标

掌握路基边坡病害的防治措施。

能力目标

能进行路基边坡病害调查,以及评价边坡安全性,能合理选择路基边坡病害防治措施。

一、路基边坡病害调查及安全性评价

(一)路基边坡调查

根据路基边坡的稳定性及病害情况,常采用经常检查、定期检查和特殊检查三种调查方式。

经常检查采用目测的方法,配相机和直尺等简单工具,现场记录所检查项目的病害情况,估计病害范围,提出养护措施。

定期检查是在经常检查中发现重要部件达到较差状态时进行的检查。定期检查需配备专门仪器进行观测,必须接近各部件仔细观察并测量病害情况。在报告中提出病害处理措施,有无进行特殊检查的必要性及其理由。

对边坡稳定性处于极差和危险状态,及现场发现边坡灾害迹象、难以判明损坏原因及程度的情况,应进行特殊检查。

边坡调查工作主要以边坡的设计图及边坡的地质情况为依据,初步判断影响边坡稳定性的主要因素,从而观察与其相关的现象,综合表2-3的内容,制定相关调查内容表格。

路基边坡调查内容　　　　　　　　　　　　　　　　　　表2-3

检查项目	检查内容
坡面	(1)有无滑坡、滑塌、错落等产生;有无危岩、浮石滚落; (2)检查防护体流泥、流石、落石、碎落、裂缝、沉陷、异常渗水、滑落、表面风化、泄水孔堵塞、冲刷、鼓肚等情况,骨架是否存在开裂、脱落、起鼓等不良现象
挡土墙	检查是否出现裂缝、倾斜、鼓肚、滑动、下沉、表面风化、泄水孔不通、墙后积水、地基错台或空隙、砌体断裂或坍塌等情况,查明原因并观察其发展情况
边坡平台	检查裂缝、沉陷、错台、空隙、缺口等
排水设施	检查边沟与截水沟顺接、畅通情况,有无淤塞或长草现象,是否有裂缝,完整性状态

(二)路基边坡安全性评价

根据上述边坡病害调查内容及方法,及病害严重程度,将边坡安全性分为四个等级,见表2-4。根据边坡安全等级提出相应的养护措施。

边坡安全性等级划分　　　　　　　　　　　　　　　　表2-4

安全等级	安全状态	总体描述	维修加固规模
一类	完好状态	坡面、坡体稳定,支挡结构物稳定,各组成部分功能材料良好,排水系统顺畅	只需日常清洁保养
二类	良好状态	坡体稳定,局部坡面有剥落、侵蚀,支挡结构物稳定,排水系统顺畅,或有较少裂缝	需进行小修、保养
三类	较差状态	坡体整体稳定,但有浅层变形和局部破坏,支挡结构物有裂隙和变形,排水系统部分淤堵,或较多裂缝	需进行中修
四类	危险状态	坡体有较大规模的错落、滑坡和崩塌或有明显的滑动趋势,支挡结构物损坏,排水系统淤堵,或存在较大裂缝	需要大修

路基边坡日常养护作业内容见表2-5。

路基边坡日常养护作业内容　　　　　　　　　　　　　表2-5

项目	养护作业内容
边坡裂缝的修补	(1)路基上边坡、碎落台、坡顶、坡脚等出现裂缝,裂缝宽度小于0.5cm时,应及时用土进行填塞,填塞时采用钢钎等细长工具分次进行。 (2)路基上边坡、碎落台、坡顶、坡脚等出现裂缝,裂缝宽度大于0.5cm时,应及时进行处理,以防雨水渗入。处理时先沿裂缝挖宽、挖深,宽度以人工、机械方便操作为限,深度以挖到看不见裂缝为止。如裂缝较深,则至少挖深1.0m,开挖的沟槽两侧须坚实、平整。回填时须采用黏土回填,分层夯实,每层的松铺厚度不超过25cm,并在顶部做成鱼背形

续上表

项　　　目	养护作业内容
清除路基塌方	（1）塌方或滑坡情况发生时，应采取积极措施，防止病害的扩大影响公路安全，如危及行车安全，应及时设立交通安全标志，引导交通。 （2）路基塌方或滑坡造成路面或排水系统堵塞，应立即安排人员、机械进行清理，以保证排水畅通，行车安全畅顺。 （3）清理滑坡造成路面或排水系统堵塞时应注意，如果滑坡体尚未稳定，应在滑坡体外缘堆沙袋以阻止滑坡对路面造成更大的堵塞，清理沙袋外侧的泥土时，做临时边沟将水排出
填补路基冲沟、缺口	（1）路基边坡、碎落台由于雨水冲刷等原因形成冲沟、缺口、塌落等，应及时安排进行填补。 （2）冲沟、缺口、塌落部分修补时，应先对外壁进行修整，清除悬空及松散部分，保证外壁上下垂直。填补时采用黏结性良好的黏土修补拍实，填补时应挖成台阶，每层不超过50cm，按照原坡度分层填筑压实，并应与原坡面衔接平顺。填补完成后，根据实际需要补植绿化。 （3）路基冲沟、缺口、塌落等部分应根据实际情况完善排水设施
清理边坡浮石	（1）土石混合的路基边坡或石质边坡，在冲刷、腐蚀等自然条件的影响下，造成表面的石块松动等，影响公路行车及人员安全。 （2）一般情况下，对石质边坡采用表面的防护措施，如挂网喷射混凝土防护、植物防护、石砌边坡、设立防落墙、防落网等措施。 （3）清理表面松动的石块时，应切实做好安全措施。清理时应根据落石的影响范围，采用划定安全区域或封闭交通，设专人指挥，并设立防落排架或防落网。如果落石影响路面及其他结构物，应采取有效的防护措施，如在路面或结构物上覆盖沙土、草袋等

二、路基边坡病害的防治措施

（一）防治边坡剥落的主要措施

（1）做好边坡排水，不使地面或地下水侵蚀路基边坡，如图2-16所示。

（2）修整边坡，及时填补边坡的冲沟，及时清除可能碎落的土石方，保持边坡平顺，如图2-17所示。

图2-16　边坡排水

图2-17　修整边坡

（3）加固边坡，做好边坡的绿化防护，如图 2-18 所示。

（4）清除表面风化的软质岩层，用封面、喷浆法防护，如图 2-19 所示。

图 2-18　加固边坡

图 2-19　喷浆防护

（5）修建干砌或浆砌片石护面墙，如图 2-20 所示。

（6）采用土工合成材料结合绿化、封面或喷浆进行防护，如图 2-21 所示。

图 2-20　护面墙

图 2-21　三维土工网防护

（二）防治崩塌的主要措施

（1）路基上方的危岩及危石应及时检查清除，如图 2-22 所示，特别在雨季前要细致检查。如有威胁行车安全的路段，可根据地形和岩层情况，采用嵌补、支顶的方法予以加固。

（2）在小型崩塌或落石地段，应尽量采取全部清除的办法。如由于基岩破坏严重，崩塌、落石的物质来源丰富，则宜修建落石平台、落石槽等拦截构造物。

（3）由于存在软弱结构面而易引起崩塌的高边坡，可根据情况采用支挡墙或支护墙等措施，以支撑边坡，并防止软弱结构面的张开或扩大，如图 2-23 所示。

图 2-22　清除危石

图 2-23　支护墙

（4）对边坡坡脚，因受河水冲刷而易形成崩塌者，河岸要做防护工程，如图 2-24 所示。

（5）在可能发生崩塌的地段，必须做好地表排水，如图 2-25 所示。

图 2-24　河岸防护

图 2-25　地表排水

（6）采用柔性防护网进行防护，如图 2-26 所示。

图 2-26　柔性防护网防护

三、防治滑坡的主要措施

防治滑坡的措施应以排水疏导为主，再配合抗滑支撑措施，或上部减重，维持边坡平衡，其主要方法有以下几种。

1. 消除或减轻水的危害

（1）地表排水

排除地表水的目的在于拦截、旁引滑坡外的地表水，避免地表水流入滑坡区；或将滑坡范围内的雨水及泉水尽快排除，阻止雨水、泉水进入滑坡体内。

主要工程措施有：在滑坡体周围修截水沟；滑坡体上设置干枝排水系统汇集旁引坡面径流于滑坡体外排出，整平地表，填塞裂缝和夯实松动地面，筑隔渗层，减少地表水下渗并使其尽快汇入排水沟内，防止沟渠渗漏和溢流于沟外，如图 2-27、图 2-28 所示。

（2）地下排水

对于地下水，可疏而不可堵。其主要工程措施有：截水盲沟、渗沟用于拦截和旁引滑坡外围的地下水，如图 2-29、图 2-30 所示，支撑盲沟——兼具排水和支撑作用，仰斜孔群用近于水平的钻孔把地下水引出。此外还有盲洞、渗管、渗井、垂直钻孔等排除滑体内地下水的工程措施。

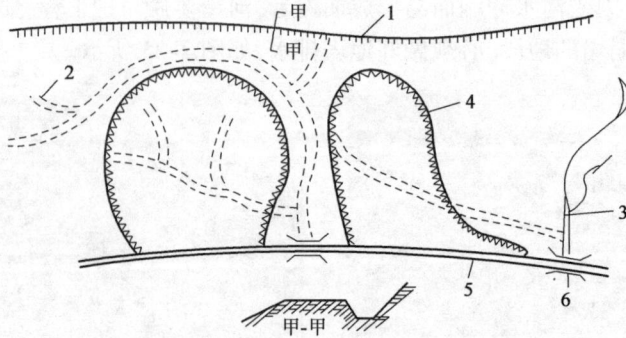

图 2-27 滑坡路段综合排水示意图
1-截水沟;2-排水沟;3-自然沟;4-滑坡土体边界;5-路线;6-涵洞

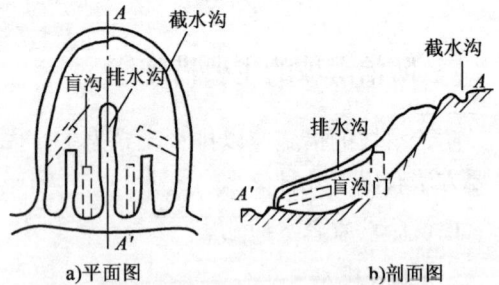

图 2-28 滑坡路段综合排水施工

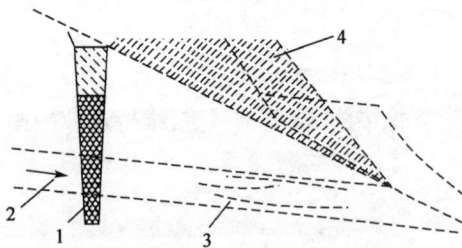

图 2-29 用渗沟拦截流向滑坡体的地下水
1-渗沟;2-地下水;3-自然沟;4-滑坡土体

图 2-30 排除滑坡地表水和地下水示意图

（3）冲刷防护

为了防止河水、水库水对滑坡体坡脚的冲刷,可采用护坡、护岸、护堤,在滑坡前缘抛石、铺设石笼等防护工程或导流构造物,如图 2-31 所示。

2.减重和反压

减重一般适用于滑坡床为上陡下缓、滑坡后壁及两侧有稳定的岩土体,不致因减重而引起滑坡向上和向两侧发展造成后患的情况。对于错落转变成的滑坡,采用减重使滑坡达到平衡,效果比较显著。

图 2-31   冲刷防护工程

在滑坡的抗滑段和滑坡体外前缘堆填土石加重,如做成堤、坝等,能增大抗滑力而稳定滑坡。但是必须注意只能在抗滑段加重反压,不能填于主滑地段。而且填方时,必须做好地下排水工程,不能因填土堵塞原有地下水出口,造成后患,如图 2-32 所示。

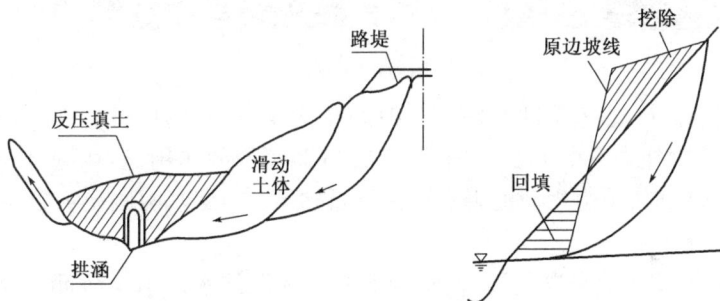

图 2-32   滑坡体上方减压和下方回填反压示意图

对于某些滑坡可根据设计计算,确定需减小的下滑力,同时在其上部进行部分减重和下部反压。减重和反压后,应检验滑面从残存的滑体薄弱部位及反压体底面滑出的可能性。

任务 2-4   制订路基边坡病害处治措施

知识目标

熟悉路基边坡病害处治的常用措施。

能力目标

能根据路基边坡病害类型,合理选择路基边坡病害的处治方法。

一、路基边坡病害处治措施

1.地面排水

地面排水设施包括设置边沟、截水沟、排水沟、跌水与急流槽。

(1)边沟设置在挖方路基的路肩外侧或矮路堤的坡脚外侧,多与路中心线平行,用于汇集和排除路面、边坡范围内以及流向路基的少量地面水,如图 2-33 所示。

图 2-33　边沟

(2)《公路路基设计规范》(JTG D30—2015)中规定,截水沟应设置在距路堑坡顶外缘不小于 5m,距路堤坡脚外缘不小于 2m 的位置。设置截水沟的作用是:当路基一侧或两侧受较大坡面面积汇水影响时,单边拦截汇集水流并予以排除。当路基两侧受水影响时,应两侧分别设置,如图 2-34 所示。

(3)排水沟主要用于把来自边沟、截水沟或其他水源的水流引至桥涵或路基范围以外的指定地点,如图 2-35 所示。

图 2-34　截水沟

图 2-35　排水沟

(4)跌水与急流槽是路基地面排水沟渠的特殊形式,用于陡坡地段,沟槽的纵坡可达 7%以上(跌水)或更陡(急流槽),是山区公路常见的路基排水结构物,如图 2-36 所示。

2.坡面防护

坡面防护主要是保护路基边坡表面免受雨水冲刷,防止和延缓软弱岩土表面的风化、剥落等演变过程,从而保护路基边坡的整体稳定性,并且还可兼顾到公路与环境的美化。坡面防护设施本身不承受外力作用,因此要求坡面岩土整体牢固。坡面防护技术主要分为植物防护、工程防护和骨架植物防护三种。

a)跌水

b)急流槽

图 2-36　跌水与急流槽

(1)植物防护

随着保护自然生态环境意识的增强和审美观念的提高,植物防护已经成为路基边坡防护的主要形式。其方法有植被防护,包括种草、铺草皮和植树,近年来,学习日本、美国及欧洲等发达国家和地区的先进经验,我国在植物防护工程设计和施工方法等方面采用了一系列的新方法,如植被防护、三维植被网防护、湿法喷播、客土喷播等技术。

植草防护:植草适用于边坡坡度不陡于 1:1,坡面冲刷轻微,且宜于草类生长的土质边坡。对不利于草类生长的土质,应在坡面先铺一层厚度不小于 100mm 的种植土再栽种或播种;暴雨强度较大的地区,可在坡面上铺设植生袋,将草籽、肥料和土均匀拌和并裹于土工织物内。草的品种,应适应当地的土壤和气候条件,最好是根系发达、茎秆低矮、枝叶茂盛、生长能力强的多年生草种,常用的有白茅草、毛鸭嘴、果圆、鼠尾草和小冠等,对生长在泥沼或砂砾土中的草不能选用,最好采用几种草籽混合播种,使之生成一个良好的覆盖层,如图 2-37 所示。

图 2-37　植草防护

铺草皮防护:铺草皮防护适用于坡面冲刷比较严重,坡度不陡于 1:1 的土质和强风化、全风化的岩石边坡。草皮可为天然草皮或人工培植的土工网草皮,应选用根系发达、茎矮叶茂的耐旱草种,如白茅草、假俭草等,干枯、腐朽及喜水草种不宜采用,严禁采用生长在泥沼地的草皮。当坡面冲刷比较严重,边坡较陡,径流速度大于 0.6m/s(容许最大速度为 1.8m/s)时,应根据具体条件(坡度与流速等),分别采用平铺(平行于坡面)、水平叠置、垂直坡面或与坡面成一半坡角的倾斜叠置草皮,还可采用片石铺砌成方格或拱式边框,方格或框内再铺草皮。经常性浸水和受流水影响的路堤边坡不宜采用铺草皮防护,如图2-38所示。

图2-38　铺草皮防护

铺草皮需预先备料,草皮可就近培育,切成整齐块状,然后移铺在坡面上。铺时应自下而上,并用竹木小桩将草皮钉在坡面上,使之稳固。草皮根部土应随草切割,坡面要预先整平,必要时还应加铺种植土,草皮应随挖随铺,注意相互贴紧。

植树防护:植树适用于坡度不陡于1:1.5或更缓的土质和全风化的岩石边坡。树种应为根系发达、枝叶茂盛、适合当地迅速生长的低矮灌木。常用灌木树种有紫穗槐、夹竹桃、黄荆、野蔷薇、山楂等。在公路弯道内侧边坡严禁栽植高大树木,如图2-39所示。

图2-39　植树防护

三维植被网防护:三维植被网以热塑树脂为原料,采用科学配方制成,其结构分为上下两层,下层为一个经双面拉伸的高模量基础层,强度足以防止植被网变形,上层由具有一定弹性的、规则的、凹凸不平的网包组成。网包能降低雨滴的冲蚀能量,并通过网包阻挡坡面雨水,同时网包能很好地固定充填物(土、营养土、草籽)使其不被雨水冲走,为植被生长创造良好条件。另外三维网固定在坡面上,直接对坡面起固筋作用。当植物生长茂盛后,根系与三维网盘错、连接、纠缠在一起,坡面和土相接,形成一个坚固的绿色复合防护整体,起到复合护坡的作用。三维植被网防护适用于砂性土、土夹石及风化岩石,且坡率缓于1:0.75的边坡;三维植被网中的回填土采用客土或土、肥料及含腐殖质土的混合物,如图2-40所示。

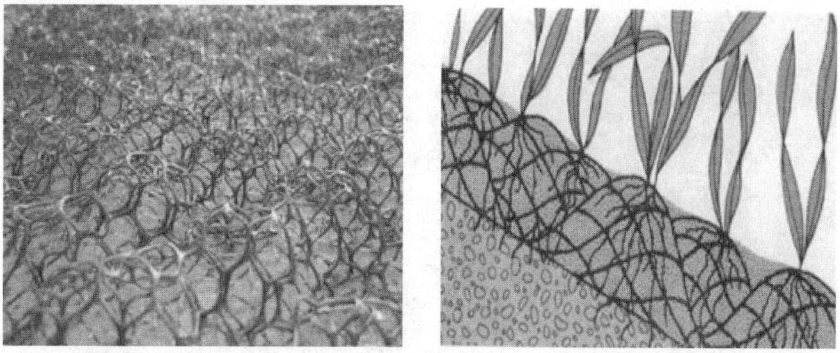

图 2-40　三维植被网防护

客土喷播技术:客土喷播技术是将客土(提供植物生长的基盘材料)、纤维(基盘辅助材料)、侵蚀防止剂、缓效肥料和种子按一定比例,加入专用设备中充分混合后,喷射到坡面,使植物获得必要的生长基础,达到快速绿化的目的。客土喷播适用于风化岩石、土壤较少的软质岩石、养分较少的土壤、硬质土壤、植物立地条件差的高大陡坡面和受侵蚀显著的坡面。当坡率陡于1:1时,宜设置挂网或混凝土框架,如图 2-41 所示。

图 2-41　客土喷播

液压喷播植草技术:液压喷播植草是将植物种子(草种、花种或树种)或植物体的一部分(芽、根、茎等)经过科学处理后,混入水中,并配以一定比例的专用配料(包括肥料、色素、木纤维覆盖物、纸浆、黏合剂、保水剂、土壤改良剂),通过喷植机的搅拌,利用高压泵体喷播在地面或坡面的现代化种植方法。种子在较短的时间内萌芽、生长成株、覆盖坡面,达到迅速绿化、稳固边坡的目的。液压喷播植草适用于土质边坡、土夹石边坡、严重风化岩石且坡率缓于1:0.5的路堑和路堤边坡及中央分隔带、立交区、服务区及弃土堆绿化防护。

喷播混凝土植生技术:为保证坡度大于2:1的边坡稳定,可采用喷播混凝土植生边坡防护技术,具体做法是:先在岩体上铺上铁丝或塑料网,并用锚钉和锚杆固定。将植被混凝土原料经搅拌后由常规喷锚设备喷射到岩石坡面,形成近 10cm 厚度的植被混凝土,喷射完毕后,覆盖一层无纺布防晒保湿水泥使植被混凝土形成具有一定强度的防护层,经过一段时间洒水养护,青草就会覆盖坡面,揭去无纺布,茂密的青草自然生长。喷播施工完成后经养护48h,植被混凝土就会产生一定的强度,6d 后就能抵抗暴雨冲刷。由于植被混凝土厚度和密度的控制渗漏性能较弱,有利于岩石坡面和植被混凝土之间的胶结,如图 2-42 所示。

图 2-42　喷播混凝土植生技术

喷播混凝土植生技术具有防护边坡和绿化两种功能,养护成功后的植被根系加固边坡,叶茎还能缓冲降水造成的边坡冲刷,保护路基,减少水土流失。该技术适用于我国大部分地区的气候条件,适合各种岩质边坡;施工效率高,施工完毕后不再需要人工管理,而且成本比较低。

(2)工程防护

当不宜使用植物防护或考虑就地取材时,采用砂石、水泥、石灰等矿质材料进行坡面防护是常用的防护形式。它主要有封面、捶面、喷护、挂网喷护、砌石护坡、浆砌片石护面墙等形式,可根据不同条件选用。

封面防护:封面防护适用于坡面较干燥、未经严重风化的各种易风化岩石边坡。但不适用于由煤系岩层及成岩作用很差的红色岩土组成的边坡。抹面防护的正常使用年限为 8～10 年,高速公路路基边坡不宜采用抹面防护。

施工前,应清理坡面、填坑补洞、洒水润湿。封面后应拍浆、抹平和养护。封面厚度不宜小于 30mm,表层可涂软化点稍高于当地气温的沥青保护层。

捶面:捶面防护适用于边坡坡率缓于 1：0.5,易受雨水冲刷的土质边坡或易风化剥落的岩石边坡。当地石料缺乏而炉渣来源较多时,也宜用捶面。常用的材料有水泥炉渣混合土、石灰炉渣三合土或四合土。捶面厚度宜为 100～150mm,一般采用等厚截面,当边坡较高时,可采用上薄下厚截面。捶面工程应经常检查维修,发现裂缝、开裂或脱落应及时灌浆修补。捶面的使用年限一般为 10～15 年,高速公路路基边坡不宜采用。

喷护防护:常用的喷护方法有喷掺砂水泥土、喷浆、喷射混凝土等。对于易受冲刷的土质路堑边坡,坡度不陡于 1：0.75,宜采用喷掺砂水泥土。其材料为砂、水泥、黏性土,厚度一般为 60～100mm。喷浆适用于易风化但未遭强风化、全风化的岩石挖方边坡,坡度不陡于 1：0.5。喷浆防护厚度不宜小于 50mm,采用的砂浆强度不应低于 M10。喷射混凝土适用于易风化但未遭强风化、全风化的岩石边坡,坡度不陡于 1：0.5。喷射混凝土防护厚度不宜小于 80mm,采用的混凝土强度不应低于 C15,混凝土中集料最大粒径不宜超过 15mm。喷浆防护和喷射混凝土防护均应设置伸缩缝,伸缩缝间距宜为 15～20m,间隔 2～3m 交错设置孔径为 100mm 的泄水孔,如图 2-43 所示。

勾缝与灌浆防护:勾缝用水泥砂浆或水泥石灰砂浆,勾在岩石缝隙不大且较浅的岩石边坡上,以防水渗入缝隙成害。灌浆用水泥砂浆灌注在岩石缝隙较大、较深的岩石边坡上,当裂缝很宽时,也可用水泥混凝土灌注。勾缝与灌浆适用于比较坚硬的岩石坡面。

挂网喷护:挂网喷护是在清挖浮土和松动碎石后,在露出的密实、稳定的新鲜坡面上钻孔、安装锚杆、灌浆,然后挂上钢丝网或纤维网,最后用高压泵喷射混凝土形成防护层,适用于风化破碎的岩石边坡防护,如图2-44所示。锚杆应采用精轧螺纹钢筋,其直径为14～22mm,间距为1.0～2.0m。锚杆应为全长黏结型锚杆,注浆材料根据设计确定,一般选用灰砂比为1∶1～1∶2,水灰比为0.38～0.45的水泥砂浆,注浆压力不低于0.2MPa。铁丝网宜采用直径为2mm的普通镀锌铁丝制成,网孔尺寸为200～250mm,也可用高强度聚合物土工格栅代替铁丝网。岩石破碎较为严重时,宜采用钢筋网,钢筋直径4～12mm,间距为150～300mm。钢筋保护层厚度不应小于20mm。钢筋网喷射混凝土支护厚度不应小于100mm,亦不应大于250mm。

图2-43 喷护防护

图2-44 挂网喷护

砌石护坡分为两种:干砌片石护坡(图2-45)和浆砌片石护坡(图2-46)。

图2-45 干砌片石护坡

图2-46 浆砌片石护坡

干砌片石护坡适用于易受水流侵蚀的土质边坡、严重剥落的软质岩石边坡、周期性浸水及受水流冲刷较轻(流速小于2～4m/s)的河岸或水库岸坡的坡面防护。边坡坡度不陡于1∶1.25。干砌片石护坡一般分为单层铺砌和双层铺砌。铺砌层厚度:单层为250～350mm,双层为400～600mm。铺砌层下应设置碎石或砂砾垫层,厚度100～150mm,当坡面土的粒径级配曲线上通过率为85%的颗粒粒径大于或等于0.074mm时,可以用反滤效果等效于砂砾垫层的土工织物代替。干砌片石护坡坡脚应修筑墁石铺砌式基础,埋置深度一般为1.5倍护坡厚度。用于冲刷防护时,基础应埋置在冲刷线以下0.5～1.0m。干砌片石应逐块嵌紧且错缝,护面厚度一般不小于

200mm,干砌要勾缝,必要时改用浆砌,护面顶部封闭,以防渗水。

浆砌片石护坡适用于防护流速较大(3~6m/s)、波浪作用较强、有流冰、漂浮物等撞击的边坡,对过分潮湿或冻害严重的土质边坡应先采取排水措施再行铺筑。浆砌片石护坡采用的砂浆强度不得低于 M5,护坡厚度宜为 250~500mm,当用于冲刷防护时,应按流速及波浪大小确定,不应小于350mm。护坡底面应设厚度为 100~150mm 的碎石或砂砾垫层,当坡面土的粒径分配曲线上通过率为 85% 的颗粒粒径大于或等于 0.074mm 时,可以用反滤效果等效于砂砾垫层的土工织物代替。浆砌片石护坡坡脚应修筑墱石基础,埋置深度一般为 1.5 倍护坡厚度。浆砌片石护坡还应设置20mm 宽伸缩缝,伸缩缝间距宜为 10~15m;同时,还应间隔 2~3m 交错设置泄水孔,孔径为 100mm。在地基土质变化处还应设置沉降缝。

护面墙防护:为了覆盖各种软质岩层和较破碎岩石的挖方边坡,免受大气因素影响而修建的墙称为护面墙。护面墙多用于易风化的云母片岩、绿泥片岩、泥质面岩、千枚岩及其他风化严重的软质岩层和较破碎的岩石地段。护面墙除自重外,不承受其他荷载,亦不承受墙背土压力,故所防护的边坡应符合极限稳定边坡的要求,一般不宜陡于 1:0.5。墙面要求紧贴坡面,表面砌平,厚度可不一。护面墙石料应符合规格。每隔 10~15m 应设置20mm 宽伸缩缝一道,并每隔 2~3m 交错设置泄水孔,孔径 100mm。墙高与厚度及路堑边坡的关系见表2-6。

护面墙的厚度 表2-6

护面墙 H(m)	路 堑 边 坡	护面墙厚度(m)	
		顶宽 b	底宽 d
≤2	1:0.5	0.40	0.40
≤6	陡于 1:0.5	0.40	0.40 + 0.10H
6 < H ≤ 10	1:0.5~1:0.75	0.40	0.40 + 0.05H
10 < H < 15	1:0.75~1:1	0.40	0.60 + 0.05H

护面墙分为实体式、窗孔式、拱式等类型,应根据边坡地质条件合理选用。实体式护面墙常用于一般土质及破碎岩石边坡,有等截面和变截面两种形式,等截面护面墙高度不宜超过6m,当坡度较缓时,不宜超过 10m。变截面护面墙,单级不宜超过 10m,超过时应设平台,分级砌筑,如图 2-47 所示。窗孔式护面墙防护的边坡不应陡于 1:0.75。窗孔内可采用干砌片石、植草等辅助防护措施,窗孔宜采用半圆拱形,高为 2.5~2.5m,宽为 2~3m,圆拱半径为 1.0~1.5m,如图 2-48 所示。拱式护面墙适用于边坡下部岩层较完整而需要防护上部边坡或跨过个别软弱地段的边坡。其拱圈可采用 M10 水泥砂浆砌块石,拱跨宜为 2~3m,拱高视边坡下面完整岩层的高度确定。拱跨大于 5m 时,拱圈应采用水泥混凝土结构。

护面墙基础应埋置在稳定的地基上,埋置深度应根据地质条件确定,冰冻地区应埋置在冰冻深度以下不小于250mm。护面墙前趾应低于边沟铺砌的底面。

(3)骨架植物防护

对于仅用植物防护不足以抵抗侵蚀冲刷的黏土路基或高填路段,受雨水侵蚀和风化严重易产生沟槽的路段,以及土质不适宜植物生长和周围环境需要绿化的路段,常采用骨架植物防护。骨架植物防护可分为浆砌片石或水泥混凝土骨架植物防护、多边形水泥混凝土空心块骨架植物防护和锚杆混凝土框架植物防护等形式。

图 2-47　实体式护面墙

图 2-48　窗孔式护面墙

浆砌片石或水泥混凝土骨架植草护坡适用于缓于 1:0.75 的土质和全风化的岩石边坡。当坡面受雨水冲刷严重或潮湿时,坡度不陡于 1:1,骨架宽度宜为 200~300mm,嵌入坡面深度应视边坡土质及当地气候条件确定,一般为 200~300mm。

框架可为方格形、拱形和人字形等,其大小应视边坡坡度、土质确定,并与周围景观相协调,主骨架间距一般为 2.0~4.0m。框架内铺种草皮或其他辅助防护措施。护坡四周需用与骨架部分相同的材料镶边加固,加固的宽度不小于 500mm,混凝土骨架视情况在节点处可加设锚杆,多雨地区骨架宜做成截水沟形式,如图 2-49、图 2-50 所示。

图 2-49　方格形骨架植物防护

图 2-50　拱形骨架植物防护

多边形水泥混凝土空心块植物护坡适用于坡度缓于 1:0.75 的土质边坡和全风化、强风化的岩石路堑边坡,并视需要设置浆砌片石或混凝土骨架。当有景观要求时,应采用六边形空心预制块植物护坡。预制块的混凝土强度不应低于 C20,厚度不应小于 150mm,宽度宜为 50mm,其边长宜为 150~200mm。空心预制块内应填充种植土,喷播植草,如图 2-51 所示。

锚杆混凝土框架植物防护适用于土质边坡和坡体中无不良结构面、风化破碎的岩石路堑边坡,如图 2-52 所示。锚杆采用非预应力的全长黏结型锚杆,锚杆间距、长度应根据边坡地质情况确定。锚杆保护层厚度不应小于 20mm。框架应采用钢筋混凝土,混凝土强度不低于 C20,框架几何尺寸应根据边坡高度和地质情况等确定,框架内宜种草。

上述防护方法,可以局部处治,综合使用,并与放缓边坡等方法加以比较,力求实用和经济。如果在坡面防护时着色或修饰,还有助于改善路容。

图2-51　六角形空心块植物防护

图2-52　锚杆混凝土框架植物防护

二、边坡的深层处治措施

1.排除深层地下水

排除深层地下水的主要措施有渗沟排水、渗水隧洞排水、平孔排水和集水井排水四种。

（1）渗沟排水

按其作用的不同可分为支撑渗沟、边坡渗沟及截水渗沟三种。

支撑渗沟：使用深度（高度）一般＜10m，宽度一般采用2～4m，用以支撑不稳定的边坡，兼起排除和疏干坡体内地下水的作用，其形式分为主干和分支两种：主干平行于可能滑动的方向，布置在地下水露头处或由土中水形成坍塌的地方；支沟应根据汇水情况合理布置，可与滑动方向成30°～45°，并可伸展到滑动范围以外，以拦截地下水，如图2-53所示。如滑坡推力大，范围广，可采用抗滑挡土墙与支撑渗沟相结合的结构形式，以支撑滑坡体。

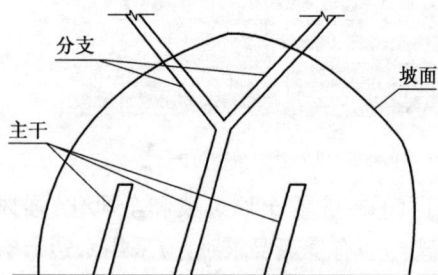

边坡渗沟：疏干潮湿的边坡和引排边坡上局部出露的泉水或上层滞水，支撑边坡，也能起到截阻坡面径流和减轻坡面冲刷的作用。边坡渗沟垂直嵌入坡体，其底埋入潮湿土层以下较干燥而稳定的土层内，做成有2%～4%泄水坡的阶梯式。基底一般都要铺砌防渗层。边坡渗沟的间距取决于地下水的分布、流量和边坡土质等因素，一般采用6～10m。边坡渗沟的宽度约1.2～1.5m，其深度视边坡潮湿土层的厚度而定。

图2-53　支撑渗沟示意图

边坡渗沟的平面形状有垂直的、分支的及拱形的。分支渗沟的主沟主要起支撑作用，而支沟则起疏干作用。分支渗沟可以互相连接成网状布置，如图2-54所示。

截水渗沟：当有丰富的深层地下水进入滑坡体时，可在垂直于地下水流的方向设置截水渗沟以拦截地下水，并将其排出滑坡体。截水渗沟一般深而长，为便于维修与疏通孔道，在直线段每隔30～50m或渗沟的转弯、边坡处应设置检查井，其井壁应设泄水孔，以排除附近的地下水，如图2-55所示。

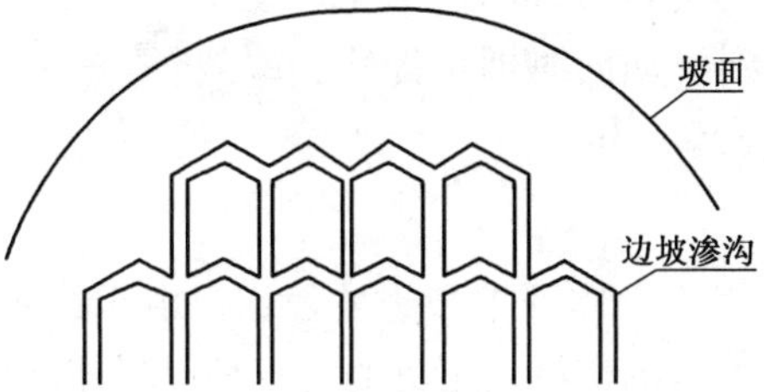

图 2-54　网状边坡渗沟

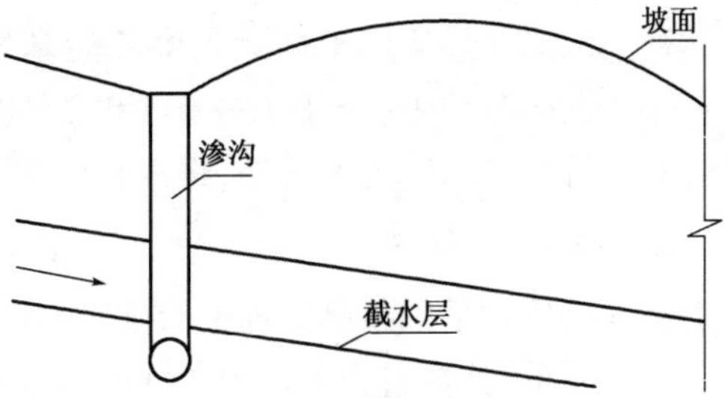

图 2-55　截水渗沟示意图

（2）渗水隧洞排水

渗水隧洞主要用于截排或引排集中于滑动带附近埋藏较深的地下水。隧洞断面不受地下水流量控制，主要取决于施工和养护维修的方便，并考虑节约投资，如图 2-56 所示。

图 2-56　渗水隧洞排水

（3）平孔排水

用平孔排除滑坡地下水，具有施工方便、工期较短、节约材料和劳动力的特点，是一种经济有效的措施。平孔的设置位置和数量应视地下水分布情况及地质条件而定。孔径大小一般不受流量控制，可由数十毫米至一百毫米以上。平孔的坡度应不小于 10%，平孔排水示意图如图 2-57 所示。

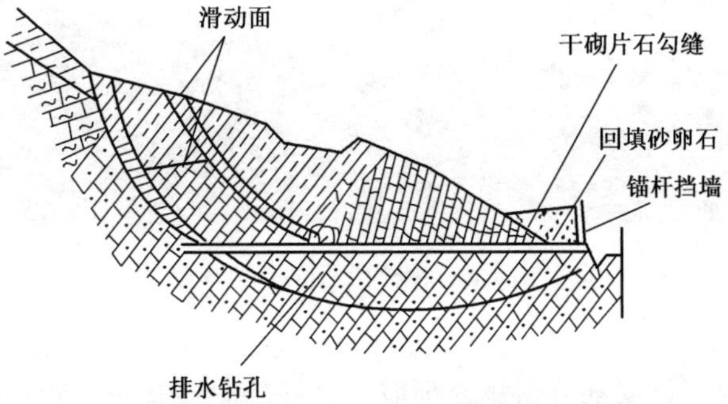

图 2-57　平孔排水示意图

(4)集水井排水

该种排水形式最适用于排除集中汇集基岩面上及其附近的地下水。集水井深度一般为 15～30m。在滑坡区内进行集水井施工时,深度达到滑动面时即可停止,并尽量缩短工期;在暂没滑动的滑坡区内或滑坡区外,集水井应深入基岩2～3m。

2. 土钉支护

土钉支护机理是以新奥法理论为基础,其支护用于土体开挖和边坡稳定。由于经济合理且施工技术简单,已在岩土工程中得到迅速推广和大范围应用。土钉的特点是以群体起作用,与周围土体形成一个组合体,在土体发生变形的条件下,通过与土体接触面上的黏结力或摩擦力使土钉被动受拉,并主要通过受拉工作以约束加固或使其稳定,如图2-58所示。

图 2-58　土钉支护

3. 锚固技术

岩土锚固是一种把受力拉杆埋入地层的技术,能充分发挥岩土能量,调用和提高岩土自身强度和自稳能力,大大减轻结构自重,节约工程材料,并确保施工安全和工程稳定,具有明显的经济和社会效益,广泛用于岩土工程加固,如图2-59所示。

图 2-59　预应力锚杆(索)结构

锚固技术按是否施加预应力分为预应力锚杆(索)和非预应力锚杆(索)。预应力锚杆(索)由锚头、杆体和锚固体三部分组成。预应力锚杆(索)在边坡工程中的应用主要包括边坡加固、斜坡挡土、锚固挡墙及滑坡防治。

三、两种路基边坡病害处治措施的介绍

(一)抗滑挡土墙

1.概述

在中小型滑坡整治工程中,抗滑挡土墙是应用最为广泛且较为有效的措施之一,如图 2-60 所示。挡墙的设置位置一般位于滑体的前缘,如滑坡为多级滑动,当推力太大,在坡脚一级支挡施工量较大时,可分级支挡,如图 2-61 和图 2-62 所示。

图 2-60　锚索(杆)抗滑挡土墙

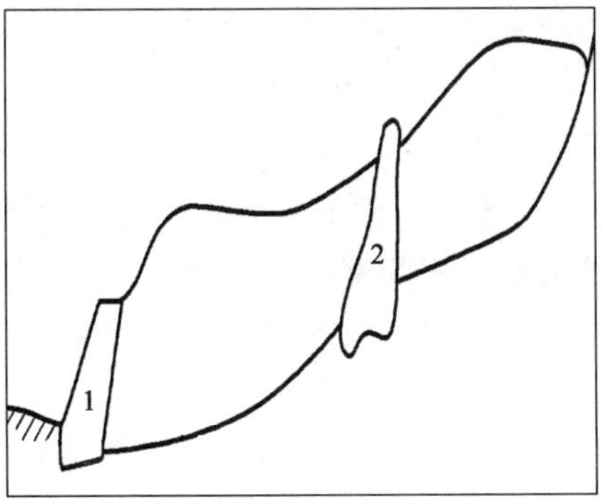

图 2-61　分级抗滑挡土墙示意图
1、2—两级挡土墙

图 2-62　分级抗滑挡土墙

挡土墙是一种能够抵抗侧向土压力,防止墙后土体崩塌和增加其稳定性的建筑物。在公路工程中,也可用以支撑路堤或路堑边坡、隧道洞口、防止水流冲刷路基,同时也常用于处理路基边坡滑坡崩坍等路基病害。

2.抗滑挡土墙的类型

根据滑坡的性质、类型和抗滑挡土墙的受力特点、材料和结构不同,抗滑挡土墙有重力式挡土墙、悬臂式挡土墙、扶壁式挡土墙、锚杆挡土墙、锚定板挡土墙、加筋土挡土墙、桩板式挡土墙等多种类型。

其中锚(杆)索挡土墙是近 30 年来发展起来的新型支挡结构,它可节约材料,成功代替了

庞大的混凝土挡墙。锚(杆)索挡墙,如图 2-63、图 2-64 所示,由锚(杆)索、肋柱和挡板三部分组成。滑坡推力作用在挡板上,由挡板将滑坡推力传于肋柱,再由肋柱传至锚杆上,最后通过锚(杆)索传到滑动面以下的稳定地层中,通过锚(杆)索的锚固来维持整个结构的稳定。

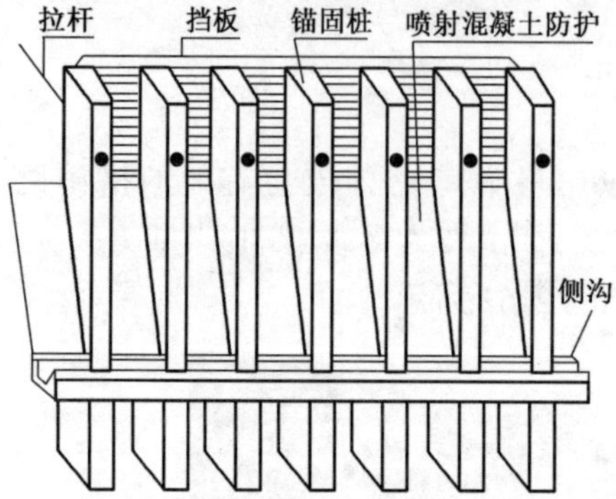

图 2-63　锚(杆)索抗滑挡土墙结构示意图

图 2-64　锚索抗滑挡土墙

锚(杆)索挡土墙墙身材料最好采用混凝土或钢筋混凝土,混凝土强度等级不宜低于 C20。对于预应力锚杆的锚固区域,其混凝土强度等级不宜低于 C30,锚固区域的大小应通过计算合理确定,防止施加预应力时锚固区域被压坏。

对于重力式抗滑挡土墙,墙身材料一般采用条石、块石、块石混凝土或素混凝土。条石或块石应质地坚实,未风化或风化程度弱,强度较高,一般应选择 MU30 以上的条石或块石;采用混凝土时,混凝土强度等级一般不低于 C15。

对于加筋土抗滑挡土墙,其墙身材料一般采用级配良好的砂卵石或碎石土作为加筋体部分的填料,筋带最好采用钢塑复合带,加筋挡土墙的面板宜采用钢筋混凝土面板。

3.适用条件

采用抗滑挡土墙整治滑坡时,对于小型滑坡,可直接在滑坡下部或前缘修建抗滑挡土墙;对于中、大型滑坡,抗滑挡土墙常与排水工程、削坡减重工程等整治措施联合使用,其优点是山体破坏少,稳定收效快。尤其对于因前缘崩塌而引起大规模滑坡的斜坡体,抗滑挡土墙会起到良好的整治效果。

原则上抗滑挡土墙应设置在滑坡体前缘的稳定基础上,以防止由于滑坡体前缘地基的过大变形而使抗滑挡土墙体变形、失效。在修建抗滑挡土墙时,应尽量避免或减少对滑坡体前缘的开挖,必要时可设置补偿抗滑挡土墙与滑坡体前缘土坡之间的填土。在修建抗滑挡土墙时,必须认真进行踏勘,调查滑坡的性质、滑体结构、滑移面层位和层数,以及基础的地质情况,合理确定滑坡体的推力大小。对于滑坡地段上的构筑物(如公路挡土墙),为使其在地基有一定程度变形的情况下也能保持其功能,最好采用柔性结构。对于深层体和正在滑移的滑动体,可能会因修建挡土墙进行基础开挖而加剧滑坡体的滑动。因此,这类滑坡不宜采用抗滑挡土墙,而宜采用其他抗滑整治措施(如抗滑桩等)。

(二)抗滑桩

1.概述

抗滑桩是承受侧向荷载、整治滑坡的支撑建筑物,可穿过滑体在滑床的一定深度处锚固,具有抵抗滑坡推力的作用。它具有布置灵活、施工简单、对边坡扰动小、开挖断面小、圬工体积少、承载能力大、施工速度快等优点。如图2-65、图2-66所示。

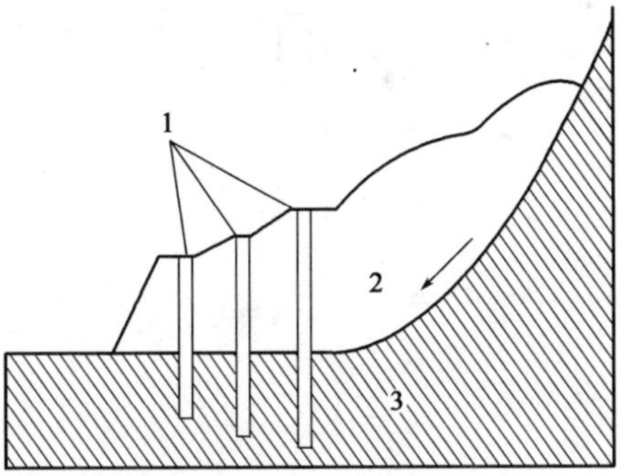

图2-65 抗滑桩示意图
1-抗滑桩;2-滑坡体;3-稳定土体

图2-66 抗滑桩

抗滑桩布置取决于滑体密实程度、滑坡推力大小及施工条件。在山区岩石边坡上,经常采用预应力锚索(杆)抗滑,如图2-67所示。

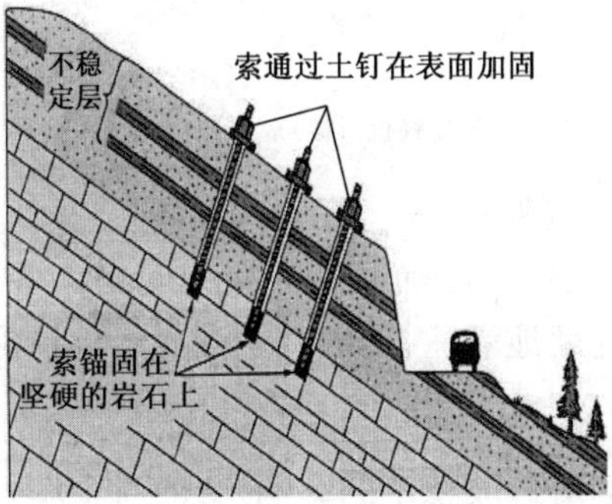

图2-67 预应力锚索抗滑桩

2.抗滑桩的类型

抗滑桩按材质可分为木桩、钢桩、钢筋混凝土桩和组合桩。抗滑桩按成桩工艺可分为打入桩、静压桩、就地灌注桩。就地灌注桩又分为沉管灌注桩、钻孔灌注桩两大类。常用的钻孔灌注桩又分为机械钻孔桩和人工挖孔桩。

抗滑桩按结构形式可分为单桩、排桩、群桩和有锚桩。常见的排桩形式有椅式桩墙、门式刚架桩墙、排架式抗滑桩墙,如图2-68所示;常见的锚桩形式有锚杆抗滑桩和锚索抗滑桩,锚杆抗滑桩有单锚抗滑桩和多锚抗滑桩,锚索抗滑桩多为单锚,如图2-69所示。

按桩身断面形式,抗滑桩可分为圆形桩、方形桩和矩形桩、工字形桩等。

木桩是最早采用的桩。其特点是就地取材、方便、易于施工,但桩长有限,桩身强度不高,一般用于浅层滑坡的治理、临时工程或抢险工程。

钢桩的强度高,施打容易、快速,接长方便,但受桩身断面尺寸限制,横向刚度较小,造价偏高。

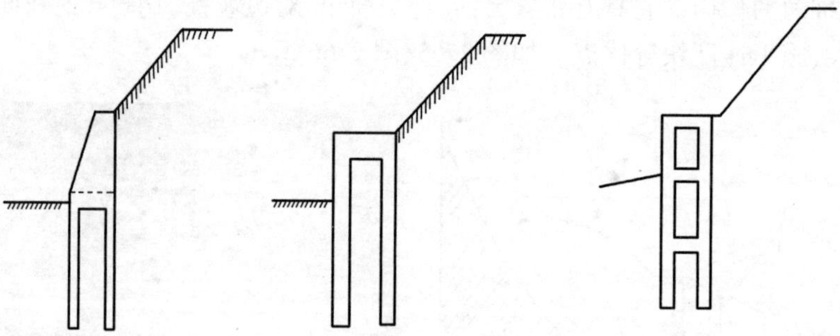

a)椅式　　　　　　b)门式　　　　　　c)排架式

图2-68　抗滑排桩形式

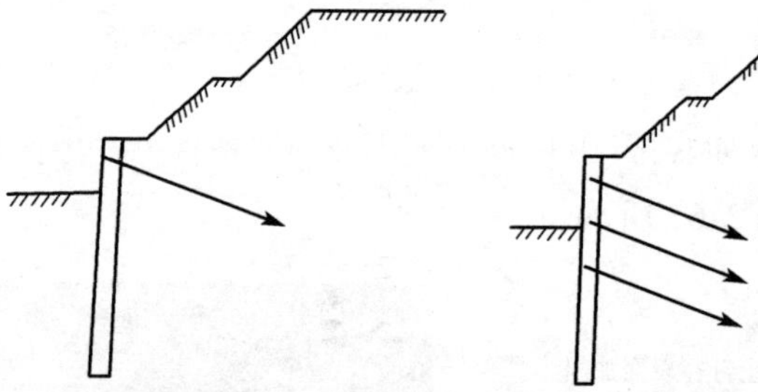

a)单锚抗滑桩　　　　　　b)多锚抗滑桩

图2-69　有锚抗滑桩

　　钢筋混凝土桩是边坡处治工程中广泛采用的桩材。其断面刚度大,抗弯能力强,施工方式多样,可打入、静压、机械钻孔就地灌注和人工成孔就地灌注,其缺点是混凝土抗拉能力有限。

　　3.适用条件

　　抗滑桩采用打入施工时,应充分考虑施工振动对边坡稳定的影响,一般对全埋式抗滑桩或填方边坡可采用,同时下卧地层应有可打性。施工中常用的抗滑桩是就地灌注桩,其机械钻孔速度快,桩径可大可小,适用于各种地质条件,但对地形较陡的边坡工程机械进入和架设难度较大;另外,钻孔时水对边坡的稳定也有影响。人工成孔的特点是方便、简单、经济,但速度较慢,劳动强度高,遇不良地层(流沙)时处理起来相当困难;另外,桩径较小时人工作业困难,桩径一般应在1m以上才适宜人工成孔。

　　单桩是抗滑桩的基本形式,也是常用的结构形式,其特点是简单、受力和作用明确。当边坡的推力较大,用单桩不足以承担其推力或使用单桩不经济时,可采用排桩。排桩的特点是转动惯量大、抗弯能力强、桩壁阻力较小、桩身应力较小,在软弱地层中有较明显的优越性。有锚桩的锚可用钢筋锚杆或预应力锚索,锚杆(索)和桩共同工作,改变桩的悬臂受力状况和桩完全靠侧向地基反力抵抗滑坡推力的机理,使桩身的应力状态和桩顶变位大大改善,是一种较为合理、经济的抗滑结构。但锚杆或锚索的锚固端需要有较好的地层或岩层,对锚索而言,更需要有较好的岩层以提供可靠的锚固力。

　　抗滑桩群一般指横向两排以上和纵向两列以上的组合抗滑结构,类似于墩台或承台结构。它能承担更大的滑坡推力,可用于特殊的滑坡治理工程或有特殊用途的边坡工程。

案例分析

案例：×××县城特大滑坡综合治理

一、工程概述

2011年×月×日，×××县城某广场发生一起特大型土质滑坡事故，大量松散土体堆积于体育场内，对道路、商铺、通信、给排水、电力设施造成严重毁坏。滑坡的平面形状为舌形，滑坡堆积体长度约210m，宽度为85～123m，厚度为4～15m，该滑坡共计发生7次规模不等的滑动，滑坡方量约18×10⁴m³。滑坡后侧形成了4～12m高的后壁，沿后壁顶部周围形成弧形的卸荷裂隙，最大宽度近50cm、垂直错距约20cm，滑坡现场如图2-70所示。

图2-70 滑坡现场

二、滑坡综合处治方案

×××县城特大滑坡治理贯彻"消除灾害隐患、土地整治开发、改善人居环境"的开发式治理模式。综合考虑县城区内发育的地质灾害的特点，以及分布特点，滑坡综合处治方案主要采取支挡、锚固、削方减载、排水等工程措施进行综合治理。图2-71为滑坡处治示意图。

图2-71 滑坡处治示意图

三、滑坡综合处治措施

1.后缘削坡减载

削方区在北部基本以环城路为界,西部以西大路为界,南部以东西大街为界,东部以城区山梁鞍部为界。东西最长 880m、南北最宽 396m。分层开挖削坡减载如图 2-72 所示。

图 2-72 分层开挖削坡减载

2.前缘固坡压脚

位于×××城区中心的冲沟(前沟),也就是目前的滑坡地段,冲沟切割很深,普遍达到 50m 以上,沟岸坡度又较大,一般都在 30°~40°,对前沟进行坡脚填土反压工程,填土区北至前沟人工边坡边缘,南到前沟人工土坝。南北最长 668m、东西最宽 340m,填方反压如图 2-73 所示。

图 2-73 填方反压

3.中段抗滑支挡

削坡区是今后城区的主要建设区域,加之此处马兰黄土与离石黄土的接触面为倾斜接触面,大量建筑加载,使之依然存在不稳定因素,为补充填土反压的不足,沿商贸一条街主要的裂缝密集带布设一排抗滑桩,共计 80 根。前沟西侧边坡稳定性较差,局部变形明显,修筑一排微型桩,提高坡体稳定性,抗滑桩施工如图 2-74 所示。

图 2-74　抗滑桩施工

4. 整体地表、地下排水

本次截排水设计的主要思路为：立体性地下、地表截排水。沿古沟道中心线设计地下集水廊道，并且在集水廊道两侧修筑截水盲沟，排导地下水；设计沿填方区环绕的地面截排水沟，用于将填土边坡汇集的水体排出工程区外，排水沟采用 M7.5 浆砌块石砌筑，断面为梯形。集水廊管施工如图 2-75 所示，地面排水沟施工如图 2-76 所示，地下盲沟施工如图 2-77 所示。

图 2-75　集水廊管施工

图 2-76　地面排水沟施工　　　　　　　　图 2-77　地下盲沟施工

5.锚杆格构护坡工程

对发育于县检察院、县福利院、县敬老院后侧的边坡及县清真寺地段的地质灾害及隐患点,由于建筑物较多,不便于采用其他处治措施,所以采用锚杆格构护坡措施,护坡总面积6195.2m²,锚杆639根,从而达到对整体边坡进行防护的目的,格构间可采用植草、种树等措施对边坡表层进行防护,以减少地表水入渗和冲刷等,同时也起到美化城区环境的作用,锚杆格构护坡施工如图2-78所示。

图2-78　锚杆格构护坡施工

四、滑坡综合处治效果

×××县城"特大地质灾害"治理是地质灾害开放式治理的典范工程。在消除隐患的同时也完成了县城建设用地整治,增加建设用地0.404km²,为×××县城灾后重建奠定了坚实的基础,同时为县域经济可持续发展注入了新的活力,治理后场景如图2-79所示。

图2-79　治理后场景

思考与练习

一、选择题

1.路基边坡病害不包括下列哪一项(　　)。
　　A.崩塌　　　　　　B.滑坡　　　　　　C.泥石流　　　　　　D.龟裂
2.边坡浅层治理常见方法包括地面排水、截水沟设计、坡面防护、(　　)。
　　A.边沟防护　　　　B.挡土墙防护　　　C.冲刷防护　　　　　D.土钉支护
3.边坡深层治理中的常见方法包括排除深层地下水、(　　)、锚固技术。
　　A.边沟防护　　　　B.土钉支护　　　　C.挡土墙防护　　　　D.冲刷防护
4.下列选项中,(　　)不是路基病害的成因。
　　A.气候因素　　　　B.水文地质因素　　C.地质因素　　　　　D.气候因素
5.边坡的深层治理不包括(　　)。
　　A.排除深层地下水　B.土钉支护　　　　C.锚固技术　　　　　D.抗滑桩

二、填空题

1.路基病害的成因分为_____、_____、_____、_____四种。
2.路基病害的处治分为_____和_____两种。
3.常用的支挡工程包括_____和_____。
4.排除深层地下水的主要措施有:_____、_____、_____和_____四种。
5.边坡的深层治理包括排除_____、_____、_____。

三、名词解释

1.崩塌
2.滑坡
3.坡面冲刷
4.剥落
5.抗滑桩

四、问答题

1.边坡和边坡工程的概念。
2.路基边坡病害有哪些?
3.路基边坡病害产生的原因有哪些?
4.防治边坡崩塌的措施有哪些?
5.防治边坡滑坡的措施有哪些?

项目3
PROJECT THREE
高路堤病害处治

任务 3-1 认知高路堤病害类型

知识目标

掌握高路堤的概念和病害类型。

能力目标

能判别高路堤病害的类型。

一、高路堤概念

《公路路基设计规范》（JTG D30—2015）规定：高路堤是指路基填土边坡高度大于 20m 的路堤（图 3-1）。高路堤的稳定性不仅与边坡高度有关，也与路基填料及其性质、边坡坡率、地基所处工程地质条件、路基施工质量等有关，在勘察设计阶段，高路堤路段应进行独立工点勘察设计，高路堤与陡坡路堤设计应贯彻综合设计和动态设计的原则。在充分掌握场地水文地质条件、填料来源及其性质的基础上，综合进行路堤断面、排水设施、边坡防护、地基及堤身处治等的设计，并且在施工过程中应根据实际情况变化，及时调整设计，保证路基稳定。

图 3-1　高路堤

二、高路堤主要病害类型

除了会出现一般填土路基的通用病害之外，

高路堤由于填土更高、密实固结需要更长时间、累计变形更大,还会出现具有其自身特点的病害。高路堤病害可归纳为以下两大类:

1. 沉降变形类病害

沉降变形类病害主要表现为路基整体或局部沉降以及由于路基不均匀沉降引起的路基(路面)纵横向开裂。

整体沉降一般发生在路基所处环境条件基本一致(如路线通过地形的水文地质变化不大,且路基施工采用的填料、机械设备、施工单位的管理水平和质量控制水平等方面无显著变化)的路段,一般不会造成路面破坏,也不会影响行车安全和观感效果。如果沉降值有局部差异,将会导致公路纵面线形不连续、路面起伏,影响视觉效果和行车舒适度。不均匀沉降一般发生在地形、水文地质、路基填料发生显著变化和填挖结合部处,会导致路面断裂、不平整以及构造物两侧路面产生错台,严重影响公路的质量和行车效果。

2. 稳定类病害

稳定类病害主要表现为路线沿线的路基边坡坍塌、滑移或路基整体失稳滑动等,如图 3-2和图 3-3 所示。

图 3-2　高路堤沉陷

图 3-3　高路堤边坡坍塌

稳定类病害可以视为沉降变形类病害的高级阶段。病害发生初期,往往形成诸如裂缝、沉陷等变形类病害,一旦变形位移超过某一限值后,路基就会出现垮塌、滑坡等急剧变形。

任务3-2　分析高路堤病害的成因

知识目标

掌握高路堤病害产生的成因。

能力目标

能分析高路堤病害产生的原因。

高路堤病害产生的主要原因如下：

1. 工程地质变化

公路是一条带状构造物,一条公路少则几十公里,多则上百公里,公路沿线的地质条件不尽相同;加之地基土和路基填料的工程性质不同,所表现出的强度、压缩沉降量亦不同。当路线通过不良地质地区,特别是在泥沼地段、流沙、垃圾以及其他劣质土地段填筑路堤,若填筑前未经换土或很好压实,则填筑完成后,原地面土易产生压缩下沉或挤压变形。

2. 地形变化

路基的填方高度随地形不同也会发生显著变化。当路线穿越冲沟、台地时,路基填方变化在零至几十米范围内,沟谷中心往往填土高度最大,向两端逐渐减低至零,不同的路基填方高度所发生的沉降不同,特别是在填挖交界处填筑土和原地面土具有不同密实度和不同的沉降量,在荷载作用下易出现不均匀沉降,使路基纵向呈马鞍形。当路线通过地形横坡较大的路段时,路基断面易为半填半挖断面,因填筑土和原地面土的密度不同,受施工作业面的限制容易导致填筑土和原地面土结合不良而使路基两侧发生不均匀沉降,表现为一侧高一侧低。

3. 水文与气候影响

地表水、地下水的影响是导致路基沉降的重要原因之一。黄土、粉土、湿陷性土等在干燥情况下土体结构性强,承载力大,路基稳定不变形;在受到水浸泡后,土体结构迅速破坏,承载力大大降低,导致路基变形破坏。如新疆地区属干旱荒漠区,年降水量少,一般几十毫米,但到6、7、8月份的降雨高峰期,易出现洪水冲蚀浸泡路基病害;农田灌溉、春季融雪也常造成局部路基受水浸泡,导致路基沉降病害。

4. 结构物差异

路桥过渡段和台背沉降是高路堤沉降的重要表现形式之一。由于桥涵结构物台背回填受到施工作业面的影响,该段路基压实往往不好,工后沉降大。且在台背处,台背一侧为刚性体,路基一侧为柔性体,结构差异性大,也易导致不均匀沉降。

5. 填料特殊

当路基填料采用红黏土、高液限土等特殊性土时,因其含水率较高,往往不容易被压实,呈现"弹簧土"现象。此时,路基填料的压实度不满足要求,运营期间,在车辆荷载的反复作用下,容易出现较大的沉降,从而引发路基沉陷,路面开裂。

任务 3-3 认知高路堤病害预防措施

知识目标

熟悉高路堤病害的预防措施。

能力目标

能依据相关规范采用合理措施进行高路堤病害的预防。

高路堤病害的预防可从设计、施工和养护三个阶段入手。总体而言,在设计时要详细调查拟建公路沿线地形、地貌,查明其工程地质和水文地质情况,制订有针对性的工程设计方案;在施工中要严格按照施工规范和设计要求,合理组织施工;在养护阶段,要正确认知高路堤病害,及时做好常规养护维修工作。

一、设计阶段采取的措施

(1)路线选线时,在坚持路线总体走向通过主要控制点的原则下,因地形、地质环境布设路线,尽量避让不良地质地段,不需要追求高指标的线形,努力做到线形指标搭配合理,即可取得良好的视觉效果。

(2)加强工程地质勘察。严格按照工程地质勘察规程开展工作,详细调查和探明拟建公路沿线工程地质和水文地质情况,对工程地质和水文地质情况有怀疑地段增加探坑数量;在设计外业验收中,将工程地质勘察作为重要的检查内容之一。

(3)对原地面明确提出压实度和地基承载力要求,其目的在于防止路基填方在自重和车辆荷载作用下,因地基承载力不足而产生沉降;对地基承载力低的路段应采取有效的工程处理措施。

(4)路线通过较陡的横坡及沟谷地段时,应按要求设置纵横向台阶,使填筑路基和原地面良好结合,同时宜放缓边坡。

(5)尽量避免高路堤和陡坡路堤设计,若难以避免,应按照路基设计规范要求进行设计,并提出工后沉降量要求。

(6)做好路基排水系统综合设计,使地表、地下水顺利排出路基以外或将地表水阻隔在路基以外,不能在路基范围内积水。涵洞、通道底铺砌设计中需考虑设置防水设施,避免积水浸泡基底而产生沉降变形。

(7)高路堤路桥过渡段要采取特殊设计,避免直接由柔性到刚性的路基设计结构,可以考虑采用半刚性的路基过渡。

(8)对软土、盐渍土等不良地质路段,要采取特殊设计,提高路基的承载能力和水稳性,同时需通过试验计算路基的压缩沉降量;设计中还需考虑超填厚度,使竣工后的沉降能维持路基设计高程。

二、施工阶段采取的措施

(1)做好路基施工的准备工作。

开工前施工单位、监理单位的工程技术人员要认真审阅设计文件,详细了解公路沿线地形地貌、工程地质、水文地质、路基填料、各段的填方数量和特殊路基分布等情况,并逐步核实设计文件中的资料,做到心中有数,若发现设计文件中的资料有误,应及时上报业主,妥善处理。

(2)施工组织设计是保证工程质量的前提。

路基施工也不例外,施工单位必须高度重视高路堤的施工组织设计,合理安排各施工段的先后顺序,明确构造物和路基的衔接关系,尤其对高填方段应优先安排施工,给高路堤留有足够的时间施工和沉降,从而有效防止高路堤工后产生过大的沉降。在施工中,以施工组织设计为依据,结合施工现场的实际情况,合理调配人员、设备,保证高填方路基施工质量。

(3)重视原地面处理。

路基填筑前必须彻底清除地表植被、树根、垃圾和种植土,加大原地面的压实力度。地表植被、树根、垃圾、不良土质暴露于自然环境下,相对比较松软,不易压实,有的特殊性土体易产生病害,如盐渍土、膨胀土等,因此必须予以清除。对地表土基进行压实后,土的塑性变形、渗透系数、毛细水作用及隔温性能等均有明显改善,因此施工中应注意对原地面的清表和压实。

在高路堤路段,活载对土基的影响随着深度的增加越来越小,而恒载对土基的影响将随路基高度的增加而增加。地基土的压实一般与土体类别、土中含水率、压实机具密切相关。在地基压实中,光轮压路机由于没有进行分层碾压,作用深度比较浅,压应力提供不足,一般采用大吨位振动压路机效果较好。

(4)路基填筑时,应做好路基的临时排水工作,做到临时排水系统与永久性排水系统有机结合。

施工过程中通过路基两侧纵横向排水系统及时疏散路基范围内的积水,避免路基受水浸泡。当地基土和路基填料为粉土、黄土、湿陷性土、黏土等细粒土时,在干燥状态下其结构性比较强,有较高的承载能力,一旦受水浸泡后其结构很快破坏,强度也很快降低,失去应有的承载能力,导致地基、路基沉降。因此,做好路基排水是保证路基稳定的前提条件。

(5)严格选取路基填料,并控制好填料质量。

高填方路基路段施工时,填料料场选择除检测液限、塑性指数、含水率和加州承载比(CBR)等指标外,还应根据填料的性质综合选择水稳性好、干密度人、承载能力高的砾石类土填筑路基。在路基填筑前必须将料场表土清除干净,防止树根、杂草、种植土等混填于路基之中。施工中严格控制填料含水率,严禁过湿的土填于路基之上;且要求不同土质分层填筑,剔除填料中的超大颗粒,以保证各点密实度均匀一致。

(6)严格控制路堤填筑工艺。

在高路堤填筑全面施工前,各施工单位必须根据不同填料、各种施工机械组合铺筑试验路段,以获得最佳机械组合方式、松铺厚度、碾压遍数和填料的施工含水率范围。路堤填筑方式应采用水平分层填筑,即按照横断面全宽分层逐层向上填筑;对于原地面纵坡大于12%的地段,宜采用纵向分层填筑施工,填筑至路基上部时,仍应采用水平分层法填筑。每层应保证层面平整,便于各点压实均匀一致。在路堤施工过程中要严格控制松铺厚度,根据不同的填料和场地选择不同的压实机具。一般情况下,轻型光轮压路机(6~8t)适用于各种填料的预压整平,重型光轮压路机(12~15t)适用于细粒土、砂类土和砾石土,重型轮胎压路机(30t以上)各种填料均适用,尤其是细粒土;羊足碾最适用于细粒土,但需要光轮压路机配合对被翻松表层进行补压;振动压路机具有滚压和振动的双重作用,用于砂类土、砾石土和巨砾土,其效果远远优于其他压实机具。在高填方路段,压实质量要求高,选用重型轮胎压路机和振动压路机效果比较好。

(7)路基特殊部位施工质量控制需满足规范要求。

如桥涵结构物台背回填、路桥过渡段填方以及填挖结合部这些条件特殊路段,施工难度大。台背、路桥过渡段往往是路基和桥台完工后而剩余的缺口,因此,有必要将该段作为路基施工的管理重点,抽调组成专门的回填施工队伍。台背处因大型设备不易工作而采用小型夯实机具时,填筑的分层厚度若太厚就很难压实,一般分层厚度宜控制在15cm左右,同时应加大抽检频率保证压实。对于填挖结合部,应彻底清除结合部的松散软弱土质,做好换土、排水和填前碾压工作,按规范要求施工,清除松方后逐层碾压,确保填挖结合部的整体施工质量。

(8)做好施工过程中的质量检测工作。

在压实过程中,施工单位自检人员应按规定的频率检查路基各层的压实度。

三、养护阶段采取的措施

为保证路基有完好的使用功能,路基养护工作必不可少。通过及时养护修补缺损,保证道路正常使用是养护工作的中心。在养护工作中应做好以下工作:

(1)加强对防水、排水构造物的养护工作,确保路基范围内纵横向排水设施畅通无阻。

(2)对地下水水位高的地段,需挖排水沟降低地下水水位。

(3)发现水毁地段应及时加固修补,避免路基遭遇水的浸泡。

(4)对有剥蚀的路基边坡,需及时修补加固,做好坡面植被防护,控制病害发展。

任务3-4　熟悉高路堤监测技术

知识目标

熟悉高路堤的常用监测技术。

能力目标

能依据相关规范及监测方案实施高路堤主要指标的监测。

以《公路路基设计规范》(JTG D30—2015)和《公路路基施工技术规范》(JTG F10—2019)中对高路堤等特殊路基稳定性提出的要求为依据,进行高路堤监测,可提前获得数据,预判病害的发生及发展趋势,可为施工阶段采取预防控制措施,或养护阶段制订处治方案提供依据。

一、监测项目

高路堤施工过程中要确定监测项目,以便布设相关监测设施。高路堤主要监测项目见表3-1。

高路堤监测项目 表 3-1

监 测 项 目	监测仪器设备	监 测 目 的
地表沉降	沉降板、水准仪	(1)监测地表沉降,控制加载速率; (2)预测沉降趋势,确定预压卸载时间; (3)提供施工期间沉降增加土方量的计算依据
地表水平位移	水平位移桩、测距仪、经纬仪、钢尺	监测地表水平位移及地表隆起情况,用于路堤施工过程中的稳定性控制
地基深层水平位移	测斜管、测斜仪	(1)监测地基深层土体水平位移,确定土体剪切破坏的位置,掌握潜在滑动面发展变化,评价地基稳定性; (2)用于路堤施工过程中的稳定性控制

施工期间,宜按路堤中心线地面沉降速率每昼夜不大于 $10 \sim 15mm$、坡脚水平位移速率每昼夜不大于 5mm 控制路堤稳定性。当沉降或位移超过标准时,应立即停止填筑路堤。

地表沉降监测断面在一般路段宜每 $100 \sim 200m$ 布设一处;软基处理路段桥头设置的监测断面不少于 1 个;在地基条件差、地形变化大的部位应加密设置监测断面。

二、监测方案

监测断面位置、布设项目、测点数量设计时,要兼顾断面布设科学性、合理性、规范性与经济性等方面。

1. 监测断面布设

(1)沉降钉监测点布设采取两种断面布设形式:一种是只布设于路基两侧路肩位置处;另一种是路基中心位置及两侧路肩处均布设。

(2)边桩监测点布设于路堤左右两侧距路基边沟 1.0m 位置处。

(3)测斜管布设方式:测斜管分别布设于两侧路堤坡脚位置处。高路堤每 $100 \sim 200m$ 布设不少于 1 个测斜管监测断面;且测斜监测断面宜布设于路堤厚度较深及稳定性较差路段。

2. 基桩埋设

基桩作为水平位移监测和高程监测的工作基点,宜设置在地基变形影响范围之外且土质坚硬便于长期保存和使用的位置,且距路堤坡趾应不得小于 20m。

基桩尽可能利用公路沿线控制桩。基桩采用边长为 150mm 钢筋混凝土预制方桩,并于基桩顶面用长 $L = 20cm$、$\phi = 8mm$ 的螺纹钢筋进行中心点标记,如图 3-4 所示。

基桩埋设采用开挖埋设方式,开挖断面尺寸不小于 $30cm \times 30cm$,开挖深度不得小于设计桩长($L = 150cm$);基桩埋设过程中,基桩底部及下部采用原开挖土回填至距原地面高度 $30 \sim 40cm$ 处,然后再用水泥混凝土进行浇筑以稳固桩体;基桩埋设后桩顶露出地面的高度不得大于 10cm,如图 3-5 所示。

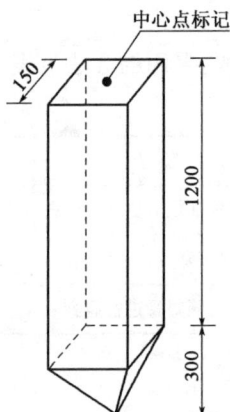

图 3-4 基桩大样图(尺寸单位:mm)

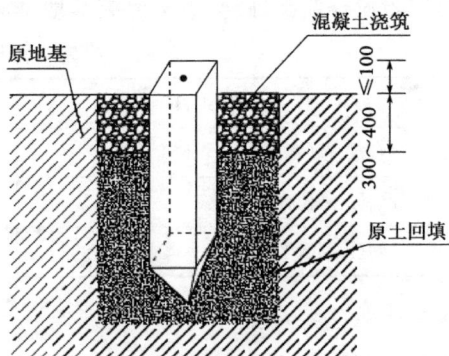

图 3-5 基桩埋设示意图(尺寸单位:mm)

3. 测斜管埋设

按测点布设方案,深层水平位移监测用测斜管埋设于路堤两侧边坡坡趾位置,同一断面测斜管埋设于同一监测断面上。

测斜管采用规格 $\phi65mm$ 的 PVC 测斜管,PVC 测斜管几何尺寸:外径 $\phi=65mm$、内径 $\phi=54mm$、十字形导槽宽度 $w=4.5mm$;测斜管弯曲性能应适应被测土体的位移变化情况,每节管长 $L=2.0m$。

测斜管采用钻孔埋设法,钻孔至设计深度后埋设测斜管;导孔的垂直偏差不大于 1.5%,设计深度为软基处理深度以下 2.0m,如图 3-6 和图 3-7 所示;埋设时测斜管内十字导槽必须对准路基的纵横方向;测斜管应高出地面 50cm,且测斜管管口加盖,避免杂物进入。

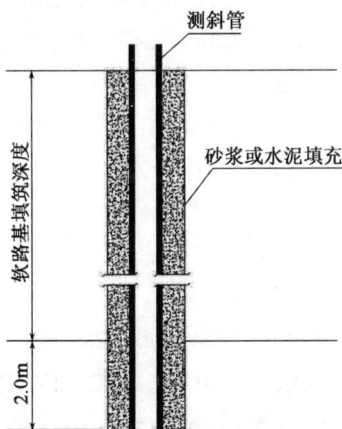

图 3-6 测斜管埋设纵断面示意图

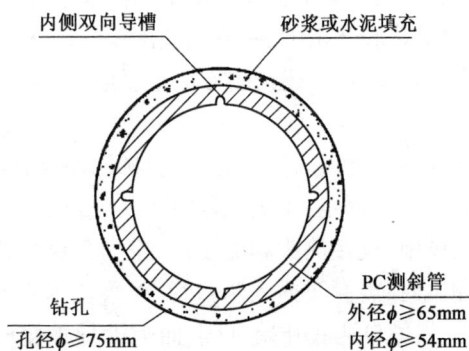

图 3-7 测斜管埋设横断面示意图

测斜管具体埋设步骤如下:

测点放样→钻机就位→钻孔→成孔质量检查→测斜管下管前检查→下管准备→下管→测斜管固定后检查→孔壁回填→孔口设置→埋设记录。

三、监测方法

针对地表位移监测、路基沉降监测及地基深层水平位移监测，采用的方法见表3-2。

高路堤监测方法   表3-2

序号	监测项目	监测方法
1	地表位移（水平位移、沉降）	采用全站仪、高精度水准仪对位移边桩进行监测
2	路基沉降位移	采用高精度水准仪对沉降点进行监测
3	地基深层水平位移	采用测斜管、测斜仪对测斜管进行监测

1. 地表位移监测方法

地表位移监测对象为位移边桩，监测其即时水平坐标和即时高程。地表位移监测必须待位移边桩及基桩埋设完成后，以基桩为工作基点，采用全站仪、水准仪测出各位移边桩的即时水平坐标和即时高程，作为初始水平坐标和初始高程，并记录于专用表格内；后期测量时采用全站仪、水准仪测出各位移边桩的即时坐标和即时高程，并记录于专用表格内，与初始坐标和初始高程相比较，计算出阶段水平位移和高程变化值及其变化趋势。

2. 路基沉降监测方法

路基沉降位移监测对象为监测钉。以基桩为工作基点，采用高精度水准仪配合水准尺对各沉降监测点进行初次高程监测，并记录于专用监测原始记录表格中；后期按监测频率要求及时完成各阶段监测工作。

3. 测斜管监测

测斜管埋设完毕后，将测斜仪探头放入测斜管（探头高轮指向路基方向），测试从孔底开始，自下而上沿测斜管导槽滑移，每0.5m在读数仪显示屏上读取相应数据一次，直至管顶位置；然后将测斜仪探头绕轴线在水平面内旋转180°（即探头低轮指向路基方向），插入同一对导槽中再次从孔底开始测试，取相应深度处两次读数数值绝对值的平均值作为初始监测值；后期按监测频率要求按上述监测方法重复监测并与上一次监测数据相比较。水位位移监测示例如图3-8所示。

为保护测斜管测头安全，提高测斜仪监测精度，操作要点如下：

（1）做到二个固定：①固定监测人员；②固定仪器；③固定测斜孔。

（2）测试前，连接测头和测读仪，检查密封装置、电池充电量、仪器是否正常工作。

（3）测试时，将测头插入测斜管，使滚轮卡在导槽上，缓慢下至孔底，放置一段时间，消除温差影响。测量自孔底开始，自下而上沿导槽全长每隔50cm距离测读一次，每次测量时，将测头稳定在某一位置上。

（4）整个高度测量完毕后，将测头旋转180°插入同一对导槽，按以上方法重复再测量一次，两次测量的各测点应在同一位置上，此时各测点的两次读数应数值接近、符号相反。

（5）及时做好记录，检查合格后方可收线，对测量数据有疑问时，应及时复测。

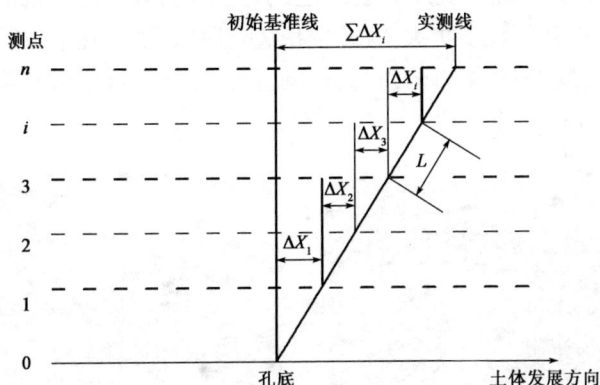

图 3-8 水平位移监测示例图

ΔX_i-第 i 个测点与前一个测点比较,该点产生的侧向位移量;$\sum \Delta X_i$-第 i 点总的侧向位移量;L-测斜标距,为 50cm

施工期高路堤沉降监测具体频率见表 3-3,监测频率可根据现场实际情况调整。

施工期高路堤沉降监测具体频率 表 3-3

监 测 阶 段		监 测 频 率
施工期	1 年	1~3 月,每月 3 次,共 9 次
		4~6 月,每月 2 次,共 6 次
		7 月~结束,每月 1 次

任务 3-5 制订高路堤病害处治措施

知识目标

掌握高路堤病害处治措施。

能力目标

能根据病害发生原因选择病害处治方案。

当路基病害已经发生时,为使路基处于良好的工作状态,阻止病害的继续发展或引发更严重的后果,必须采取行之有效的处理办法。在此介绍几种常见的路基病害处治措施。

一、挖除换填法

因填筑土质不符合要求,路基出现下沉但面积不大且深度较浅时,采用挖除换填方法,简便快捷。此法是将原路基出现病害部分的土挖去,更换为符合规范要求的土,一般采用级配较好的砂砾土。回填时,挖补面积要扩大,且逐层挖成台阶状;由下往上,逐层填筑,碾压密实,压实度以高出原路基压实度 1~2 个百分点为宜。此种方法只要求掌握好路基的填筑方法,没有复杂的技术要求(图3-9)。

图 3-9 挖除换填法

二、粉喷桩法

处理 10m 以内路基下沉病害时,采用粉喷桩加固技术是较为理想的一种方法。粉喷桩处理软基土是通过专门的机械将粉体固化剂喷出后在地基深处就地与软土强制搅拌,利用固化剂和软土之间新发生的一系列物理、化学反应,在原地基中形成强度与刚度较大的桩体,同时也使桩周土体性质得到改善,桩体与桩间土体形成复合地基共同承担外荷载(图 3-10、图 3-11)。

图 3-10 粉喷桩桩头

图 3-11 粉喷桩施工

粉喷桩加固前,应认真调查路基病害的情况,做好粉喷桩施工的设计(桩径、桩距、固化剂掺入量、桩身强度等)。

粉喷桩处理软基属隐蔽工程,通常是昼夜连续施工,因此必须做好粉喷桩的质量控制,内容包括桩距、桩位检查,逐桩控制喷粉量、桩长等;严格掌握固化剂掺入量、粉喷桩龄期、土样含水率、混合料搅拌的均匀性;严格按粉喷桩施工规范施工,掌握钻机的就位、钻进、停钻、提升、停喷、重复的工艺流程。

也可采用 CFG 桩、高压旋喷桩等其他复合地基法,相关处治措施可以查阅相关规范学习。

三、灌浆法

灌浆法是利用液压、气压或电化学原理,通过注浆管将浆液均匀注入地层中,浆液以充填、渗透和挤密等方式占据土粒间或岩石裂隙中的空间,经人工控制一定时间后,浆液将原来松散的土粒或裂隙胶结成一个整体,形成一个结构新、强度大、防水性能高和化学稳定性良好的"结合体"。

山区高速公路有较多高路堤,其填料多取自于路基附近的挖方段,常以碎石土为主。由于受多种因素的影响,高路堤路基边缘的压实度往往难以达到标准要求,随时间的增长势必影响路基的稳定性,继而影响行车安全。而灌浆法可使水泥浆液在适当压力下充分填充于路基孔隙,形成新的结合体,这对于提高路基的强度起到良好的作用。

1.灌浆法工作机理

由于浆液的扩散能力与灌浆压力的大小密切相关,对于采用不同填料及形态的路基用多大压力灌浆,主要取决于路基的密实度、强度和初始应力、钻孔深度、灌浆位置及灌浆顺序等因素。但是这些因素又难以准确预知,必须通过现场试验来确定。水泥浆液在不同地质条件和不同灌浆压力条件下,在地下流动的形式不同。当灌浆压力较低时,路基填料渗透性较好,水泥浆在中等浓度的情况下以渗流的方式渗入路基土的孔隙。这时认为路基原结构未受扰动和破坏,灌浆量及浆液扩散半径常用线性渗流理论计算。当压力逐渐加大,其他条件不变时,浆液的流动由线性转变为紊流。在紊流条件下的灌浆量与浆液扩散半径常用紊流理论计算。上述两种情况总称为渗流注浆法,适用于碎石土、砂卵土夯填的路基。

对于黏性土夯填的路基由于其渗透性很小,通过渗入灌浆法难以奏效。当灌浆压力提高到一定程度时,会发现单位时间注浆量明显上升,实际上黏性土路基已在注浆孔周围发生径向劈裂,浆液沿裂隙流入土体,并将土体切割成不规则的块体,在块体之间形成互相穿插的脉状水泥结合体,黏性土又受到充填浆液的压缩,形成一种复合型岩土,从而提高了路基的强度和刚度。这种方式被称为劈开式或胀裂灌浆。

用渗入式灌注碎石路基,灌注压力可由小到大,压力控制在 0.5 ~ 1.5MPa 即可。黏性土类路基适宜采用劈裂式,常用注浆压力范围为 1.0 ~ 4.0MPa。

2.灌浆法施工

公路灌浆法施工程序为布孔→成孔→注浆三个阶段。

(1)布孔原则与方法。

根据路基的强度要求,结合固结灌浆的特点、路基形态等因素考虑,遵循既要充分发挥灌浆孔的效率,又要保证浆液留在路基有效范围以内的原则,布孔时应视路基实际情况而定。若全幅灌浆,应采用等距离梅花方格网布孔,中间孔浅,边缘孔较深,孔间距以 2.0m 为宜。

(2)成孔钻机选型。

成孔必须是干法钻进,钻进时绝对不允许加水。因此应尽量选用小型潜孔钻,成孔较好,其优点是进尺快、易搬动、操作简单、钻进成本低。尤其对碎石类路基其效果更为显著,宜广泛推广。

（3）安装注浆花管。

首先选取适当的注浆管,注浆花管应根据钻机钻孔的孔径与孔深而定,根据简单易行的方法选用。一般来说,注浆结束后注浆花管很难拔出,如果强行拔出则会破坏路基。因此,注浆结束后将注浆花管作为非预应力锚杆留在路基内,可以起到管架的作用,对于提高路基强度有很大好处,尤其对高路堤边坡其稳定效果更佳。

注浆管底部预留 20~30cm 空隙,确保浆液的灌注流畅。钻孔口要密封,一般采用木塞填充膨胀水泥的方法,以保证浆液不从钻孔口溢出。

（4）灌浆施工方法

灌浆施工主要包括灌浆压力、浆液浓度、灌浆顺序等内容。如何选择和控制灌浆压力和浆液浓度等因素,是灌浆施工中首先要解决的问题。灌浆压力是保证灌浆质量的重要因素之一。如果压力过小,浆液射流达不到预计范围内,扩散半径小,易形成灌浆空白区;如果压力过大,则会破坏路基原结构,抬升路面或冲垮边坡,还会使浆液沿路基薄弱部位冲出路基,达不到灌浆的目的。因此,在大范围灌注前应先做试验,根据注浆段的路基类型结合单孔注浆量选择适宜的注浆压力。浆液浓度通常以水灰比(质量比)1:1 较为合适。在密实度较好的黏土路基中,可适当增大水量,使稀浆更易充分进入黏土路基中。

灌浆顺序是指灌浆孔的受注顺序。一般以三次灌注为好,事前应根据灌浆孔平面图设计好灌浆顺序。第1、2灌次以单孔注浆量为控制标准,第 3 灌次为加压灌注。灌浆结束应以设计的终孔压力和平均单孔注浆量为双重控制标准。单孔灌注量 = 排距×孔距×孔深×路基孔隙率。路基孔隙率根据路基压实度确定。

案例分析

案例 3-1：某高速公路高路堤沉降处治措施

一、工程概况

湖北省某高速公路跨越冲沟地貌,原设计为高架桥,后在桥梁桩基施工时发现,在路线左侧鸡爪状地形中的山脊上发育有一巨型滑坡,路线位于滑坡的中下部,桥梁桩基位于滑坡体内,滑坡处于蠕动变形状态,为治理滑坡,经专家评审,将此段桥梁改为高路堤,将此方案作为滑坡综合治理措施的一部分,对此滑坡进行反压。

由高路堤设计断面图(图3-12)可见,本段高路堤路基中心填高最高为51m,右侧最大边坡高度为95.0m,分七级填筑,自上而下,第一级(10m)坡率为1:1.5,设 2m 平台;第二级(10m)边坡坡率为1:1.75,设2m 平台;第三级(15m)坡率为1:2.0,平台宽度为 5~35m;第四级(20m)坡率为1:1.5,设 3m 平台;第五级(20m)坡率为1:1.75,设 3m 平台;第六级(20m)边坡坡率为1:2.0;第七级(10m)边坡坡率为1:2.0,坡底设护脚墙(墙高 4.0m)。

二、工程地质条件

项目区内地层岩性为上覆盖层第四系全新统崩坡积(Q_4^{cl+dl})和人工堆积(Q_4^{me})成因的粉

质黏土、黏土、碎石、角砾、块石,基岩为上三叠统沙镇溪组(T_3s)的强~中风化砂岩、粉砂质泥岩及中三叠统巴东组(T_2b)泥质粉砂岩。

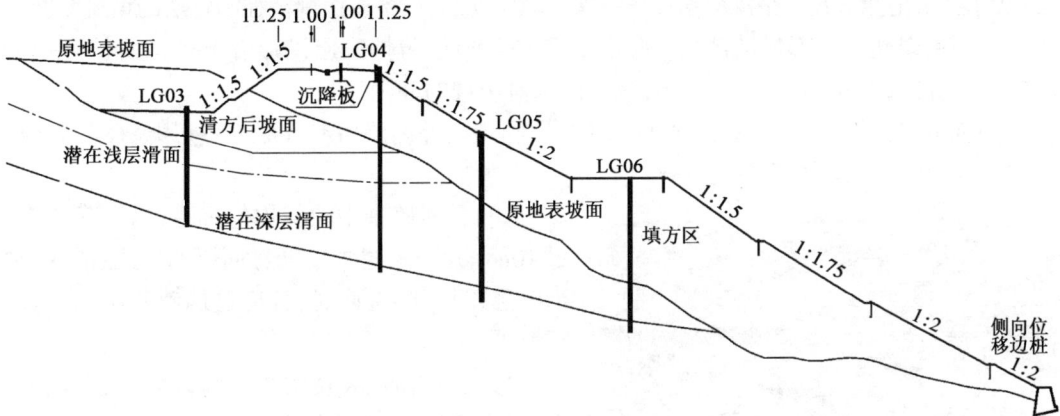

图 3-12 高路堤设计断面图(直径单位:mm,其余尺寸单位:m)

注:深部测斜孔布置了6孔,编号为LG-01~LG-06,采用测斜仪测读。沉降板采用钢板,布置了6孔,编号为CJB01~CJB06,采用水准仪测读。分层沉降孔布置了3孔,编号为CJK01~CJK03,采用分层沉降仪测读。

项目区属于亚热带季风气候区,处于鄂西暴雨中心范围,每年4~9月份为雨季,具有降雨连续集中、雨量丰富等特点。项目区内地表水系发育,大多汇集于冲沟地带,地表水流量受降雨量控制,部分沿裂隙面下渗补给地下水,地表径流排泄条件较好。高路堤上方冲沟有常年性地表流水,水量一般较小,在暴雨季节,水量较大,原滑坡体前缘常年有泉水渗出。

三、病害风险分析

由以上地质条件,结合高路堤所处路段基底检测结果,分析预测本段高路堤的病害主要会在路堤自身的沉降,且受大气降雨影响引发的路堤边坡垮塌。

四、处治措施

为了控制高路堤的不均匀沉降,避免路堤边部土体的压实度不足以及雨水的冲刷,相关单位在设计和施工阶段均采取大量的应对措施,主要措施如下:

(1)为确保高路堤基底的稳定及变形,清除原地表不符合承载力的粉质黏土和含碎石粉质黏土,填筑石料找平地面后进行强夯处理。

(2)为增强高路堤稳定性,对原地面进行挖大台阶,路基边坡采用缓坡率、宽平台填筑,并在路基边坡边部设置10m长的土工格栅。

(3)鉴于原冲沟内有地表流水,进行路基填筑时,在高路堤两端设置排水涵洞,涵洞基础设置在原状地基土上,沿路基上方边缘设置截水沟,顺冲沟方向设置引水沟,将雨水和地表水汇集通过涵洞排往线外。同时,为避免地下水影响,基底设置纵横向连通的盲沟,且在基底之上1.0m范围内采用渗水材料填筑。

(4)路基附近基岩为强~中风化砂岩、粉砂质泥岩,为中~软岩,基岩风化物是一种很好的路基填料。填筑时,严格遵循规范,严格控制好填料的粒径和碾压程序。

(5)对路基填方,采用重型振动压路机分层碾压填筑,每填筑 3m 强夯补强一次,每填高 1.2m(2 层)采用冲击式压路机增强补压一次。填筑期间,严格按照规范控制每层的填筑厚度。

(6)对路基边坡局部松散部位,采用人工夯实,边坡防护采用拱形骨架植草防护,平台上设置下沉式排水沟,两侧设置截水沟,减少雨水对边坡的冲刷。

(7)在养护阶段,针对路基边坡的局部垮塌和护栏外侧路肩局部脱空,采用浆砌片石或现浇混凝土嵌补,并加以人工夯实。

图 3-13 高路堤航拍图

(8)针对路基中的不均匀沉降,当沉降差不超过 10cm,可以通过加铺沥青面层的方式进行调平;当沉降差超过 10cm 时,宜通过加铺基层的方式进行调平。

(9)为监测高路堤的稳定和沉降,依据规范要求,对高路堤采用深孔位移计和沉降板进行长期监测。

工程 2014 年 12 月完成(图 3-13)。之后对本段高路堤和路基附近的滑坡进行了持续监测,结果显示,高路堤沉降变形缓慢发展趋于收敛,滑坡目前处于稳定状态。

案例 3-2:某高速公路高路堤失稳病害处治措施

一、工程概况

福建省某高速公路在跨越冲沟地段时,因为长大纵坡的原因,需设置避险车道,将原设计高架桥变更为高路堤(见平面图 3-14)。路基填料为附近路堑挖方,主要为砂土状云母片岩全风化层。

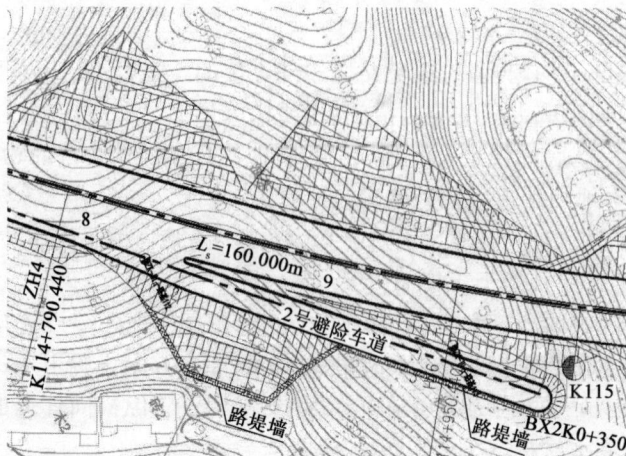

图 3-14 高路堤平面图

设计高路堤典型断面,如图 3-15 所示。路基右侧填方边坡高度为 27.0m,分三级填筑,第一级(8m)坡率为 1∶1.5,设 2m 平台;第二级(8m)边坡坡率为 1∶1.75,设 2m 平台;第二级以下设 16m 高路堤挡土墙,平台宽度为 2m。

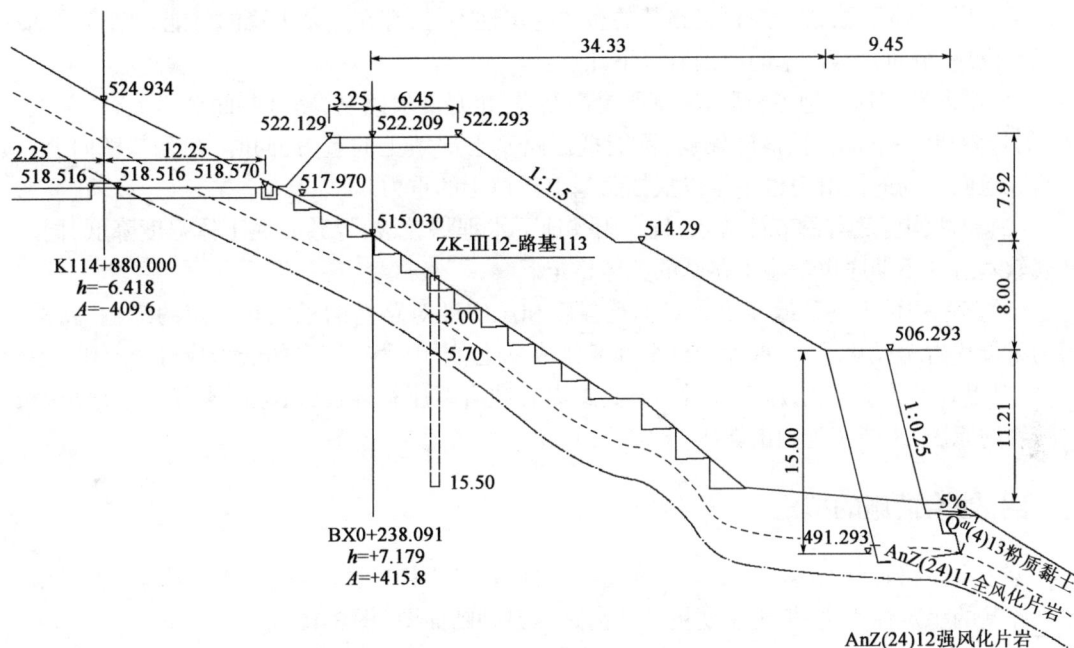

图 3-15　原设计高路堤断面图(尺寸单位:m;高程单位:m)

工程自 2014 年 12 月开始施工,至 2016 年 6 月,路基施工基本完毕。在 2016 年 9 月,施工方准备施工路面底基层时,高路堤右侧土路肩和边坡出现裂缝,裂缝出现在路基中部(横向填挖交界附近),右侧边坡上也出现裂缝,下部挡土墙出现滑移变形。

二、工程地质概况

1. 地形地貌

场地属于丘间谷地,地势较平坦,多辟为农田,沟谷东西走向,与线路成 44°相交,沟谷底部有一条季节性流水,水流量随季节动态变化明显。

2. 地层岩性

(1)粉质黏土(Q^{dl}):灰黄色,可塑,以黏性土为主,手搓有砂感,含少量中粗砂粒、砾粒等,主要分布于谷底,厚度 2~5m。

(2)残积黏性土(Q^{el}):褐红色,硬塑,稍湿,主要由黏粒和砂、粉粒组成,原岩结构基本已破坏,黏性一般,主要分布于山坡,厚度 3~5m。

(3)全风化云母片岩(AnZ):灰黄色,变晶结构,散体状,岩芯呈砂土状,少量碎块,厚 2~3m。

(4)强风化云母片岩(AnZ):灰黄色,青灰色,变晶结构,碎裂构造,裂隙发育,岩芯呈碎块状。

三、病害及原因分析

从工程现场反映的情况看，本段高路堤出现的病害为路基开裂失稳，属于稳定类的病害，其沉降变形并不明显，说明高路堤路基的整体稳定性不足，存在路基失稳的可能。结合前期地质勘察成果，分析病害产生的原因有以下几点：

（1）本段路基横向地形较陡，路基既是高路堤，也是陡坡路基，路基断面形式上有"头重脚轻"的趋势，路基下部支挡措施较弱，不能抵挡路基上部填土的重力；同时，在路基横向上，填土与原地面之间的抗滑力也不足以抵挡路基上部填土的重力。

（2）原冲沟沟底有季节性流水，且在雨季地下水埋深较浅，导致基底土体强度降低，同时，基底软基清理不彻底也影响了路基的整体稳定。

（3）路基边坡上的裂缝显示路基填土强度和压实度对路基的稳定有一定的影响，路基填料为云母片岩全风化层，云母片岩已全部风化成黏土，土中含有较多的云母成分，土体液限较高，填料相对不便于压实，原设计对本段高路堤有冲击碾压补强设计，但因本段路基地形及长度较短的原因，未能实施冲击碾压。

四、处治措施的拟定

鉴于本段路基已发生明显的裂缝和变形，可以定义为稳定类的路基滑坡，因而处治措施以提高路基的稳定性为主，拟定了变更设计高路堤典型断面图（图3-16）。

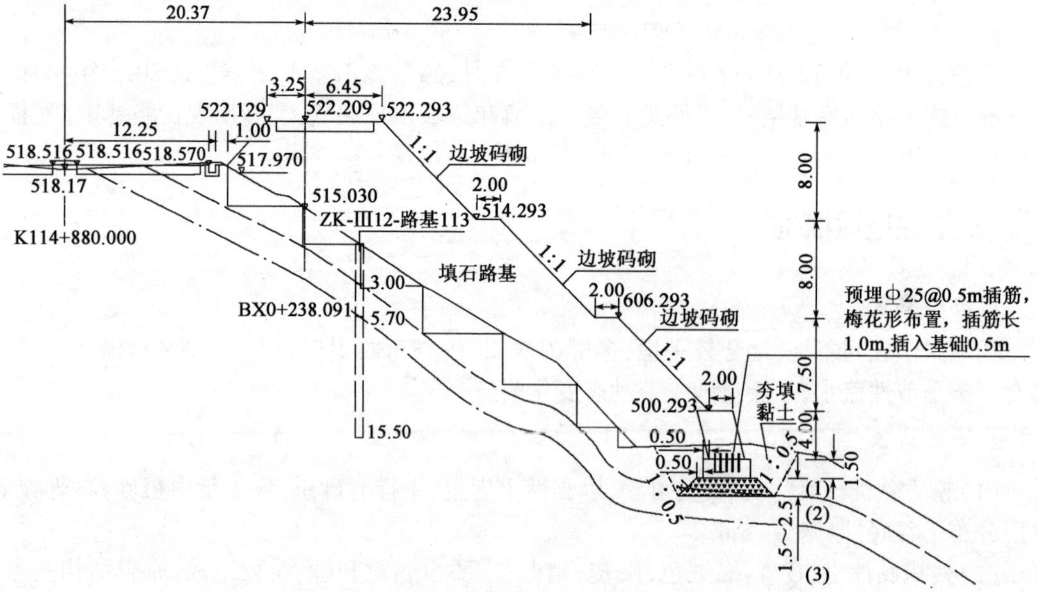

图3-16　变更设计高路堤典型断面图（尺寸单位：m；高程单位：m）

主要施工措施如下：

（1）对已产生裂缝的填土进行反开挖重新填筑，路基填料变更为填石路基，路基边部采用人工码砌（码砌厚度为2.0m），第1~3级边坡坡率均为1：1，坡脚设6.0m高的路堤墙。

（2）对原地面挖大台阶处理，大台阶按高度4.0m控制，水平方向按4%内倾控制；路基底部 Q^{dl} 的灰黄色软塑～可塑状粉质黏土进行清除换填。

(3)坡脚路堤挡土墙基底采用扩大基础和换填级配碎石,确保基础置于基岩全风化层之上。

(4)完善路基的排水设施,防治地表水渗入路基。

变更设计的施工在 2016 年 12 月底结束。至今路基未发生明显的变形,现场的地表位移监测也显示路基处于稳定状态,路基填料变更和反开挖后的大台阶处治分别提高了路基填料和填料与原地面之间的抗剪强度,均有利于提高路基稳定。填石路基边坡坡率采用 1∶1,降低了高挡墙的施工和支挡风险。说明处治措施是合适的。

思考与练习

一、选择题

1.因填筑土质不符合要求,路基出现下沉但面积不大且深度较浅时,采用(   )法,简便快捷。

　　A.灌浆法　　　　　　B.固化剂　　　　　　C.换土复填　　　　　D.粉喷桩法

2.用(   )使水泥浆液在适当压力下充分填充于路基孔隙,形成新的结石体,这对于提高路基的强度将起到良好的作用。

　　A.粉喷桩法　　　　　B.固化剂　　　　　　C.换土复填　　　　　D.灌浆法

二、填空题

1.高路堤的常见病害有:_____、_____、_____。

2.高路堤的沉降主要表现为_____沉降和_____沉降。

3.均匀沉降一般发生在路基所处环境条件_____的路段。

4.不均匀沉降一般发生在_____、_____、路基填料发生显著变化和_____结合部处。

5.路基的不均匀沉降,必然导致路面_____、_____以及构造物两侧路面_____,严重影响公路的质量和行车效果。

6.高路堤沉降原因有:_____方面原因、_____方面原因、_____原因。

7.高路堤沉降预防措施:_____应采取的合理措施,_____应采取的有效措施,加强_____技术。

8.高填方路基病害常见的处治措施:_____法、_____法、_____法、_____法。

三、名词解释

1.换土复填法

2.粉喷桩法

3.灌浆法

四、问答题

1. 什么是高路堤？
2. 高路堤的主要病害有哪些？
3. 高路堤沉降的部位有哪些？
4. 高路堤沉降的原因有哪些？
5. 请简述高路堤病害的预防措施。
6. 请简述高路堤病害的处治技术有哪些。

项目4
PROJECT FOUR

软土路基病害处治

任务 4-1 认知软土路基病害

知识目标

掌握软土的概念及鉴别方法。

能力目标

能判别软土造成的路基病害类型。

一、软土的概念及鉴别

软土是第四纪全新世形成的近代沉积物，其地质年龄一般为 10000～15000 年，其定义为"滨海、湖沼、谷地、河滩沉积的天然含水率高、孔隙比大、压缩性高、抗剪强度低的细粒土"。其鉴定标准见表 4-1。

软 土 鉴 别 表 表 4-1

特征指标名称	天然含水率(%)	天然孔隙比	十字板剪切强度(kPa)
指标值	≥35 或液限	≥1.0	<35

(一)软土类型

软土按沉积环境分类主要有下列几种：

1. 滨海沉积

(1)滨海相：常与由于海浪岸流及潮汐的水动力作用形成的较粗颗粒(粗、中、细砂)相掺杂，使其不均匀和极松软，增强了淤泥的透水性能，易于压缩固结[图 4-1a)]。

(2)潟湖相：颗粒微细、孔隙比大、强度低、分布范围较宽阔,常形成海滨平原。在潟湖边缘,表层常有厚约0.3~2.0m的泥炭堆积。底部含有贝壳和生物残骸碎屑[图4-1b)]。

(3)溺谷相：孔隙比大、结构松软、含水率高,有时甚于潟湖相。分布范围略窄,在其边缘表层也常有泥炭沉积[图4-1c)]。

(4)三角洲相：由于河及海潮的复杂交替作用,而使淤泥与薄层砂交错沉积,受海流与波浪的破坏,分选程度差,结构不稳定,多交错成不规则的尖灭层或透镜体夹层,结构疏松,颗粒细小[图4-1d)]。

a)滨海相

b)潟湖相

c)溺谷相

d)三角洲相

图4-1　滨海沉积

2.湖泊沉积

湖泊沉积是近代淡水盆地和咸水盆地的沉积(图4-2)。沉积物中夹有粉砂颗粒,呈现明显的层理。淤泥结构松软,呈暗灰、灰绿或暗黑色,厚度一般在10m左右,最厚者可达25m。

图4-2　湖泊沉积

3.河滩沉积

主要包括河漫滩相[图4-3a)]和牛轭湖相[图4-3b)]。成层情况较为复杂,成分不均一,走向和厚度变化大,平面分布不规则。一般常呈带状或透镜状,间与砂或泥炭互层,其厚度不大,一般小于10m。

| a)河漫滩相 | b)牛轭湖相 |

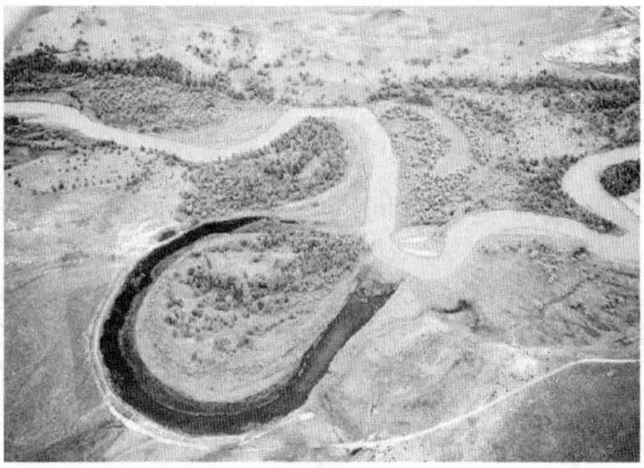

图4-3　河滩沉积

4.沼泽沉积

分布在地下水、地表水排泄不畅的低洼地带,多以泥炭为主,且常出露于地表,下部分布有淤泥层或底部与泥炭互层(图4-4)。

图4-4　沼泽沉积

由于沉积年代、环境的差异,成因的不同,软土的成层情况、粒度组成、矿物成分有所差别,使工程性质有所不同。

以滨海相沉积为主的软土层,如湛江、香港、厦门、温州湾、舟山、宁波、连云港、天津塘沽、大连湾等地的软土层;潟湖相沉积的软土以温州、宁波地区为代表;溺谷相软土在福州、泉州一带;三角洲相软土如长江下游的上海地区、珠江下游的广州地区;河漫滩相沉积软土在长江中下游、珠江下游、淮河平原、松辽平原等地区。内陆软土主要为湖相沉积,如洞庭湖、洪泽湖、太湖、鄱阳湖四周和古云梦泽地区边缘地带,以及昆明的滇池地区等。

（二）软土工程特性

（1）颜色以深色为主,粒度成分以细粒为主,有机质含量高。

（2）天然含水率高,重度小,天然含水率大于液限,一般为 50% ~ 70% 之间,液限一般为 40% ~ 60% 。

（3）天然孔隙比大,一般大于 1.0 。

（4）渗透系数小,一般在 1×10^{-8} ~ 1×10^{-4} cm/s 之间。沉降速度慢,固结完成所需时间长。而大部分淤泥和淤泥质土地区,由于该土层中夹有数量不等的薄层或极薄层粉砂、细砂、粉土等,故在垂直方向的渗透性比水平方向要小。

（5）压缩性高,淤泥和淤泥质的压缩系数一般为 0.7 ~ 1.5MPa^{-1},最大达 4.5MPa^{-1},且随着土的液限和天然含水率的增大而增高。

（6）抗剪强度低,软土的快剪黏聚力小于10kPa,快剪内摩擦角小于5°,固结快剪的强度略高,黏聚力小于15kPa,内摩擦角小于10°。

（7）软土的灵敏度高,灵敏度一般在 2 ~ 10 之间,有时大于 10,并具有显著的流变特性。

不同沉积类型的软土,有时其物理性质指标虽然较为相似,但工程性质并不很接近,所以软土的力学性质参数应通过现场原位测试取得,不应随意借用。

二、软土路基病害类型

软土路基是指公路穿过软土区域修建的路基。由于软土具有含水率高、孔隙比大、渗透性小、抗剪强度低等不利的工程性质,地基承载力往往不能满足工程设计的要求。另外,软土区域路基修筑时多在两侧就近取土,难免填料不当,引发相关病害。

1.路基沉陷

当填料选择不当、填筑方法不合理、压实不足时,在自重、荷载和水温综合作用下,路基本身出现沉降,导致路桥沉降差;当软土地基承载力不足时,路基易出现明显沉陷。

因路基中心荷载集度远大于两侧边坡部分,可能发生盆形沉降。中心沉降过大、与边缘部分存在沉降差,会引发涵管弯曲损坏等问题。

2.路基开裂失稳

具有高触变性的软土在振动荷载或自重力的作用下,强度下降,表现出很强的流变性,软土层侧向滑动挤出,在剪切和拉裂作用下,路基路面相继开裂,不断发展,并不断贯通。主要表现为路堤侧向整体滑动,边坡外侧土体隆起;靠边坡的车道发生剪裂凸起或沉陷;严重时局部路基整体失稳破坏。

3.边坡坍塌

这里限指路基沉陷、开裂等问题伴生的边坡损坏。根据边坡土质类别、破坏原因和规模的不同,可分为两类:

（1）由于路基边坡坡度变化，少量土体在重力作用下向下移动所形成的溜方。

（2）由于路基结构破坏，一部分土体沿路堤的某一滑动面滑动而引起的滑坡。

任务 4-2　分析软土路基病害成因

知识目标

熟悉软土路基病害成因。

能力目标

能分析软土路基病害产生原因。

在公路工程建设中，不可避免地会遇到软土路基病害问题。为采取有针对性的处理措施，除要了解地质水文等客观影响因素之外，还应重点分析设计、施工方面的原因。

1. 设计方面

（1）勘察不准确，导致对应该做软基处理的地段未做处理设计。

（2）已知是软土地基，但地基勘测资料不全，钻孔或静力触探布点不足，局部沟塘、地基软土分布及深度变化不清，设计依据不充分，使得选择软基处理方法不当或处理深度不够。

2. 施工方面

（1）路基填料不合要求

按照《公路路基施工技术规范》（JTG T 3610—2019），泥炭土、淤泥、冻土、强膨胀土、有机质土，不得用于直接填筑路基，确需使用时，应采取技术措施进行处理。如未对软土进行换填或加固处理，或填料中混入了种植土、腐殖土等劣质土，或土中含有未经打碎的大块土或冻土块，都容易引发路基塑性变形和沉陷破坏。

（2）软基处理控制不严

软基处理时，由于填筑顺序不当或填筑厚度不符合规定，或填土压实度不足，或施工过程中未注意排水，遇雨天时，有的积水进入路基内部，软土地基透水性差，长期无法自行排出，造成隐患；软基处理后，填土加载过快，尤其当接近或超过临界高度时仍快速填筑，未能仔细进行沉降动态观测控制，致使路堤失稳；施工过程中由于质量把关不严，选择的塑料排水板型号和长度、粉喷桩、喷粉量、处理深度和搅拌等要求不满足设计要求，也将产生路基沉陷等病害。

任务 4-3　认知软土路基病害防治预防措施

知识目标

认知软土路基病害防治措施的类别。

能力目标

熟悉软土路基加固原理及适用范围。

如前所述,软土路基下承层是软土,病害的源头就在地基。由于软土地基较为软弱,不能满足承载公路荷载的强度、变形和稳定性时,必须经过人工处理再造以达到要求,这种地基加固称为地基处理。

近几十年来,地基处理的方法多样化,地基处理的新技术、新工艺不断涌现并日趋完善。根据地基处理方法的基本原理,可如表 4-2 所示进行分类。合理选用这些方法,既能有效预防路基病害的产生,也能对因地基处理不到位已经发生的路基病害,进行有效控制与处治。

地基处理方法的分类　　　　　　　　　　　　　　　　表 4-2

物 理 处 理				化 学 处 理		热 学 处 理	
置换	排水	挤密	加筋	搅拌	灌浆	热加固	冻结

地基处理的主要方法、加固原理及适用范围,见表 4-3。

地基处理的主要方法、加固原理和适用范围　　　　　　　表 4-3

分类	方 法	加 固 原 理	适 用 范 围
置换	换填垫层法	采用开挖后换好土回填的方法;对于厚度较小的淤泥质土层,亦可采用抛石挤淤法。地基浅层性能良好的垫层,与下卧层形成双层地基。垫层可有效地扩散基底压力,提高地基承载力和减小沉降量	各种浅层的软弱土地基
	振冲置换法	利用振冲器在高压水的作用下边振、边冲,在地基中成孔,在孔内回填碎石料且振密成碎石桩。碎石桩柱体与桩间土形成复合地基,提高承载力,减小沉降量	c_u <20kPa 的黏性土、松散粉土和人工填土、湿陷性黄土地基等
	强夯置换法	采用强夯时,分坑内回填块石、碎石挤淤置换的方法,形成碎石墩柱体,以提高地基承载力和减小沉降量	浅层软弱土层较薄的地基
	碎石桩法	采用沉管法或其他技术,在软土中设置砂或碎石桩柱体,置换后形成复合地基,可提高地基承载力,降低地基沉降。同时,砂、石柱体在软黏土中形成排水通道,加速固结	一般软土地基
	石灰桩法	在软弱土中成孔后,填入生石灰或其他混合料,形成竖向石灰桩柱体,通过生石灰的吸水膨胀、放热以及离子交换作用,改善桩柱体周围土体的性质,形成石灰桩复合地基,以提高地基承载力,减小沉降量	人工填土、软土地基

续上表

分类	方法	加固原理	适用范围
置换	EPS轻填法	发泡聚苯乙烯(EPS)重度只有土的1/100~1/50,具有较高的强度和低压缩性,用于填土料,可有效减小作用于地基的荷载,且根据需要用于地基的浅层置换	软弱土地基上的填方工程
排水	加载预压法	在预压荷载作用下,通过一定的预压时间,天然地基被压缩、固结,地基土的强度提高,压缩性降低。在达到设计要求后,卸去预压荷载,再建造上部结构,以保证地基稳定,使变形满足要求。当天然土层的渗透性较低时,为了缩短渗透固结的时间,加速固结速率,可在地基中设置竖向排水通道,如砂井、排水板等。加载预压的荷载,一般有建筑物自身荷载、堆载或真空预压等	软土、粉土、杂填土、冲填土等
	超载预压法	基本原理同加载预压法,但预压荷载超过上部结构的荷载。一般在保证地基稳定的前提下,超载预压法的效果更好,特别是对降低地基次固结沉降十分有效	淤泥质黏性土和粉土
振密	强夯法	采用重力100~400kN的夯锤,从高处自由落下,在强烈的冲击力和振动力作用下,地基土密实,可以提高承载力,减小沉降量	松散碎石土、砂土,低饱和度粉土和黏性土,湿陷性黄土、杂填土和素填土地基
	振冲密实法	振冲器的强力振动,使得饱和砂层发生液化,砂粒重新排列,孔隙率降低;同时,利用振冲器的水平振冲力,回填碎石料使得砂层挤密,达到提高地基承载力,降低沉降的目的	黏粒含量少于10%的松散砂土地基
	挤密碎(砂)石桩法	施工方法与排水中的碎(砂)石桩相同,但是,沉管过程中的排土和振动作用,将桩柱体之间土体挤密,并形成碎(砂)石桩柱体复合地基,达到提高地基承载力和减少地基沉降的目的	松散砂土、杂填土、非饱和黏性土地基、黄土地基
	土、灰土桩法	采用沉管等技术,在地基中成孔,回填土或灰土形成竖向加固体,施工过程中排土和振动作用,挤密土体,并形成复合地基,提高地基承载力,减小沉降量	地下水位以上的湿陷性黄土、杂填土、素填土地基
加筋	加筋土法	在土体中加入起抗拉作用的筋材,例如土工合成材料、金属材料等,通过筋间作用,达到减小或抵抗土压力,调整基底接触应力的目的。可用于支挡结构或浅层地基处理	浅层软弱土地基处理、挡土墙结构
	锚固法	主要有土钉和土锚法,土钉加固作用依赖于土钉与其周围土间的相互作用;土锚则依赖于锚杆另一端的锚固作用。两者主要功能是减少或承受水平向作用力	边坡加固,土锚技术应用中,必须有可以锚固的土层、岩层或构筑物
	竖向加固体复合地基法	在地基中设置小直径刚性桩、低等级混凝土桩等竖向加固体,例如CFG桩、二灰混凝土桩等,形成复合地基,提高地基承载力,减小沉降量	各类软弱土地基,尤其是较深厚的软土地基

续上表

分类	方法	加固原理	适用范围
化学	深层搅拌法	利用深层搅拌机械,将固化剂(一般的无机固化剂为水泥、石灰、粉煤灰等)在原位与软弱土搅拌成桩柱体,可以形成桩柱体复合地基、格栅状或连续墙支挡结构。作为复合地基,可以提高地基承载力和减少变形;基坑开挖时,可以用作重力式支挡结构,或深基坑的止水帷幕。水泥系深层搅拌法,一般有两大类方法,即喷浆搅拌法和喷粉搅拌法	饱和软黏土地基,对于有机质较高的泥炭质土或泥炭、含水率很高的淤泥和淤泥质土,适用性宜通过试验确定
	灌浆或注浆法	有渗透灌浆、劈裂灌浆、压密灌浆及高压注浆等多种工法,浆液的种类较多	软弱土地基、岩石地基加固,建筑物纠偏等加固处理

注意:

(1)很多地基处理方法都具有多重加固处理的功能,例如碎石桩具有置换、挤密、排水和加筋的多重功能,而石灰桩则具有挤密、吸水和置换等多重功能。

(2)各类地基处理方法均有各自的特点和作用机理,在不同的土类中产生不同的加固效果,同时也存在局限性。为增强处理的效果,可采用两种或两种以上组合方法处治软基,即软土的综合处理方法。

任务4-4　制订软土路基病害处治措施

知识目标

掌握浅层处治技术、排水固结处治技术、粉喷桩加固技术、土工合成材料加固技术。

能力目标

根据不同的工程条件确定合适的软土路基病害处治方法,并能够按相应技术组织施工。

软土地基处治的方法很多,各种方法都有它的适用范围。具体工程的地质条件千变万化,对地基处理的要求不尽一致,而且施工部门采用的机具、当地的材料都会不同,因此必须从地基条件、处理要求、处理范围、工程进度、材料机具等方面进行综合考虑,以确定合适的处治方法。

以下介绍部分常用的处治技术。

一、浅层处治技术

(一)换填垫层法

当软土地基的承载力和变形不能满足设计要求,而软土层的厚度又不是很大时,将路基底面下处理范围内的软弱土层部分或全部挖去,然后分层换填强度较大的砂(碎石、素土、灰土、二灰土等)或其他强度较高、性能稳定、无侵蚀性的材料,并用人工或机械方法压(夯、振)实至要求的密实度为止,这种地基处理的方法称为换填垫层法(图4-5)。

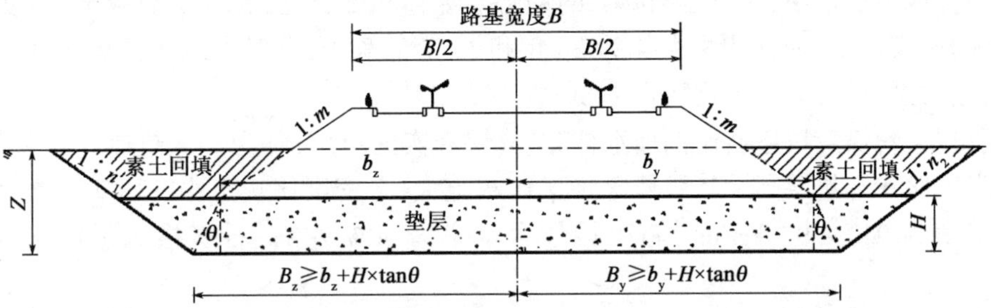

图4-5　换填垫层法示意图

换填垫层法的处理深度通常宜控制在3m以内,也不宜小于0.5m,因为垫层太薄,换土垫层的作用也不显著。

1. 垫层材料的选择

(1)砂和砂石垫层材料

用砂和砂石料作为垫层材料时,应选用颗粒级配良好、质地坚硬的中、粗砂为佳,可掺入一定数量的碎(卵)石,但要分布均匀,颗粒的不均匀系数最好不小于10。砂垫层的用料虽然不是很严格,但含泥量一般不超过5%,也不得含有植物残体、垃圾等有机杂质。如用作排水固结地基的砂、石材料,含泥量不应大于3%,并且不应夹有过大的石块或碎石(粒径<50mm),因为碎石过大会导致垫层本身的不均匀沉降。

(2)素土垫层材料

素土可采用施工过程中挖出的黏性土,土料中有机质含量不得超过5%,也不得含有冻土或膨胀土。当含有碎石时,其粒径不宜大于50mm。素土垫层材料不应采用地表耕植土、淤泥及淤泥质土、杂填土等。

(3)灰土垫层材料

灰土垫层是将路基底面下一定范围内的软弱土层挖去,用按一定体积配合比的灰土在最佳含水率条件下分层回填夯实或压实,适用于处理厚度小于4m的软弱土层。

①石灰。

在施工现场用作灰土的熟石灰应过筛,其粒径不得大于5mm。熟石灰中不得夹有未熟化的生石灰,也不得含有过多的水分。

石灰的性质取决于其活性物质(氧化钙、氧化镁)的含量,石灰中氧化钙、氧化镁含量越高,其活性越大,胶结力越强。一般常用的熟石灰粉末质量应符合Ⅲ级以上的标准,活性氧化钙、氧化镁含量不得低于50%;如拌制强度较高的灰土,应选用Ⅰ、Ⅱ级石灰。

②土料。

灰土中的土料不仅作为填料,而且参与化学反应,尤其是土中的黏粒具有一定的活性和胶结性,含量越多,则灰土的强度也越高。工程施工时常采用施工中挖出的不含有机质的黏性土或塑性指数大于4的粉土拌制灰土,不得使用表面耕植土、冻土、膨胀土以及有机质含量超过

8%的土料。土料应过筛,其粒径不得大于15mm。

③石灰用量对灰土强度的影响。

灰土中石灰用量在一定范围内,其强度随用灰量的增加而提高;但石灰用量超过一定限值后,灰土强度就增加很小,并有逐渐降低的趋势。如体积配合比为1:9的灰土,强度很低,只能改善土的压实性能;而体积配合比为2:8和3:7的灰土,一般为最佳含灰率,但与石灰的等级有直接关系,通常应以氧化物含量8%左右为最佳。

采用石灰、粉煤灰按适当比例加水拌和、分层夯实的垫层,称为二灰垫层。它和灰土垫层相似,但强度比灰土垫层高。其最佳含水率比灰土大,干密度比灰土小。压实系数为0.94～0.97,干密度为940～970kg/m³,施工最佳含水率为50%左右,石灰掺入量以15%～20%为宜。

(4)碎石和矿渣垫层材料

碎石垫层用的碎石粒径,一般为5～40mm的自然级配碎石,含泥量不大于5%。

矿渣垫层应根据工程的具体条件选用矿渣垫层材料。大面积填铺时,多采用不经筛分的不分级高炉混合矿渣,最大粒径不大于200mm或不大于碾压分层松铺层厚的2/3;小面积垫层采用20～60mm分级矿渣。采用的矿渣应符合下列技术条件:①质地坚硬,稳定性合格,无侵蚀性;②松散密度不小于$1.1×10^3$kg/m³,压碎指标不大于13%,含硫量不大于1.5%,铁矿含量不大于1%;③泥土与有机杂质含量不大于5%。

在碎石和钢渣垫层的底部,为防止基坑表层软弱土发生局部破坏而产生过量沉降,一般应设置一层15～30mm厚的砂垫层,砂料应采用中、粗砂,然后再铺筑碎石或钢渣垫层。

2.垫层施工方法

(1)当地基表层具有一定厚度的硬壳层,其承载力较好,能承载一般运输机械时,一般采用机械分堆摊铺法,即先堆成若干砂堆,然后用机械或人工摊平。

(2)当硬壳层承载力不足时,一般采用顺序推进摊铺法。

(3)当软土地基表面很软,如新沉积或新吹填不久的超软地基,首先要改善地基表面的持力条件,使其能够承载施工人员和轻型运输工具。工程上常采用如下措施:

①地基表面铺荆笆(图4-6)。搭接处用铅丝绑扎,以承受垫层等荷载引起的拉力,搭接长度取决于地基土的性质,一般搭接长20cm。当采用两层荆笆时,应将搭接处错开,错开距离以搭缝之间间距的一半为宜。此方法看似原始,但就地取材,有利于环保。

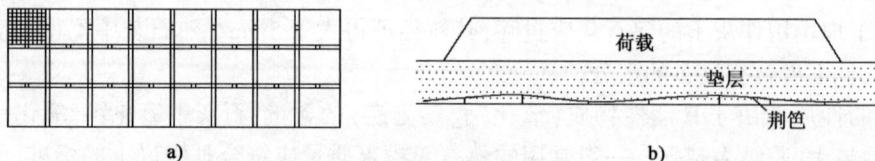

图4-6　荆笆铺设示意图

②表面铺设塑料编织网(图4-7)、尼龙纺织网或土工合成材料,其上再施作砂垫层,也可根据当地材料来源,选择具有一定抗拉强度、断面小的材料。但应注意:a.饱水后材料要有足够的抗压强度;b.当被加固地基处在边坡位置或将来有水平力作用时,由于材料腐烂而形成软弱夹层,给加固后地基的稳定性带来潜在影响。

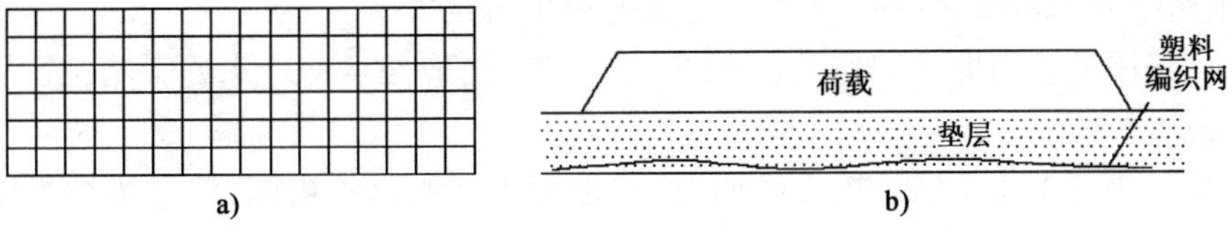

图 4-7　塑料纺织网铺设示意图

尽管对超软路基表面采取了加强措施,但持力条件仍然很差,一般轻型机械上不去,在这种情况下,通常采用人工或轻便机械顺序推进铺设,常用的有两种方式:用人力手推车运砂铺设和用轻型小翻斗车铺垫。

无论采用何种施工方法,在排水垫层的施工过程中都应避免对软土表层的过大扰动,以免造成砂和淤泥混合,影响垫层的排水效果。

3.施工中的主要事项

(1)换填垫层法施工的关键是将垫层材料压实到设计要求的压实度。压实的方法常用的有机械碾压法、重锤夯实法和振动压实法。这些方法要求垫层材料分层铺设,然后逐层振密或压实。

①机械碾压法是采用压路机、推土机、羊足碾或其他压实机械,利用机械自重压实地基土。施工时先将一定深度内的软弱土挖去,开挖的深度和宽度应根据设计的具体要求确定。

②重锤夯实法是用起重机械将夯锤提升到一定高度,自由落锤,以重锤自由下落的冲击能来夯实浅层地基和垫层填土。

重锤夯实的现场试验应确定最少夯击遍数、最后 2 遍平均夯沉量和有效夯实深度等。夯实遍数一般为 8 ~ 12 遍,一般重锤夯实的有效深度可达 1m 左右,并可消除 1.0 ~ 1.5m 厚的土层的沉陷性。

③振动压实法是用振动压实机械在地基表面施加振动力,以振实浅层松散土的地基处理和垫层压实的方法。

(2)以黏性土为主的软弱土,宜采用平碾或羊足碾;对杂填土可用平碾;对砂土、砂石土、碎石土和杂填土宜采用振动碾或振动压实机;对于狭窄场地、边角及接触带可用蛙式夯实机。压实效果、分层铺填厚度、压实遍数、最优含水率等,应根据具体施工方法及施工机具通过现场试验确定。

(3)垫层施工前必须对下卧地基进行检验,如发现局部软弱土层,应予挖除,用素土或灰土填平夯实。

(4)严禁扰动垫层下卧的软土,为防止践踏、受冻、浸泡或暴晒过久,坑底可保留 200mm 厚土层暂不挖去,待铺砂石料前再挖至设计高程。

(5)砂石垫层的底面宜铺设在同一高程上,如深度不同,基底土层面应挖成阶梯或斜坡搭接,各分层搭接位置应错开 0.5 ~ 1.0m 距离,搭接处注意捣实,施工应按先深后浅的顺序进行。垫层竣工后,应及时施工上层路面。

(6)垫层施工应注意控制分层铺填厚度,每层压实遍数宜通过试验确定。分层松铺厚度,可按采用的压实机具现场试验来确定,一般情况下松铺30cm,分层压实厚度为20cm。为保证分层压实质量应控制机械碾压速度,一般平碾碾压速度为 2km/h,羊足碾碾压速度为 3km/h,

振动碾碾压速度为2km/h,振动压实机碾压速度为0.5km/h。

(7)人工级配的砂石应拌和均匀。用细砂作填料时,应注意地下水的影响,且不宜使用平振法、插振法和水振法。

(8)当施工中地下水位高于挖土底面时,宜采用排水或降水措施,注意边坡稳定,以防止坍土混入砂石垫层中。

(9)压实后的灰土、二灰土应采取排水措施,3d内不得受水浸泡。

(二)抛石挤淤法

抛石挤淤法是借助换填材料的自重或利用其他外力,如压载、振动、爆炸、强夯等,使软弱层遭受破坏后被强制挤出而进行的换填处理(图4-8)。采用这种施工方法,不用抽水、挖淤,施工简单,一般用于厚度小于30m,其软层位于水下、表层无硬壳、软土液性指数大、呈流动状态的泥沼及软土。一般来说,抛石挤淤比较经济,但技术上缺少把握,当淤泥较厚时须慎重使用。

图4-8　抛石挤淤法

抛石挤淤应采用不易风化的石料,片石大小随软土稠度而定。对于容易流动的泥炭或淤泥,片石宜稍小些,但不宜小于30cm,且小于30cm的粒料含量不得超过20%。

抛石时应自路堤中部开始,逐次向两旁展开,使淤泥向两旁挤出。在片石露出水面后,应用较小石块填塞垫平,用重型机械碾压紧密,然后在其上铺设反滤层再进行填土。

下卧岩层面横坡陡于1∶10时,抛石时应从下卧层高的一侧向低的一侧扩展,并使低侧适当高度范围内多抛一些,并在低侧边堆筑约有2m宽的平台顶面,以增加其稳定性(图4-9)。

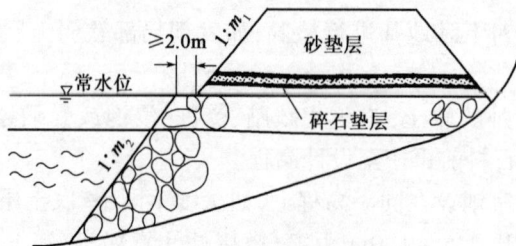

图4-9　抛片石挤淤示意图

(三)反压护道法

反压护道法是指在路堤两侧填筑一定宽度和高度的护道,使路堤下的淤泥或泥炭向两侧隆起的趋势得到平衡,从而保证路堤的稳定性(图4-10)。采用反压护道加固地基,不需特殊的机具设备和材料,施工简单,但占地多、用土量大、后期沉降大、养护工作量大。

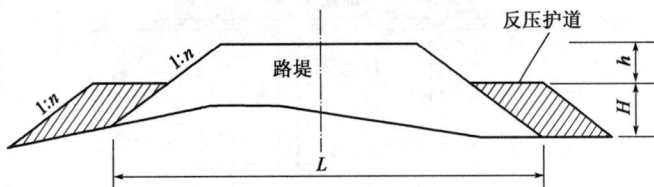

图4-10 反压护道法示意图

反压护道法适用于非耕作区取土不困难的地区和路堤高度不大于1.7~2倍极限高度的情况。

反压护道法的设计及施工要点:

(1)反压护道一般采用单级形式,因为多级式护道增加的稳定力矩较小,作用不大。

(2)反压护道高度一般为路基高度的1/3~1/2。为保证护道本身的稳定,其高度不得超过天然地基所容许的极限高度。

(3)反压护道宽度一般采用圆弧稳定分析法通过稳定性验算确定。在验算中,软土或泥沼地基的强度指标采用快剪法测定,或用无侧限抗压强度的1/2,或用十字板现场剪力试验所测得的强度。

(4)两侧反压护道应与路堤同时填筑。

(5)当软土层或泥沼土层较薄,且其下卧硬层具有明显的横向坡度时,应采用两侧不同宽的反压护道,横坡下方的护道应较横坡上方的护道宽一些。

二、排水固结处治技术

该技术的原理是饱和软黏土地基在荷载作用下,孔隙中的水慢慢排出,孔隙体积慢慢减小,地基发生固结变形。同时,随着超静孔隙水压力逐渐消散,有效应力逐渐提高,地基土的强度逐渐增长。

为缩短地基孔隙水的排水距离、加速软土地基的固结过程,对软土地基采用垂直设置砂井、袋装砂井、塑料排水板及其他排水土工合成材料形成的排水柱体。这些方法都是通过预压荷载,有效应力增加,使被加固土体中的空隙水排出,土体空隙体积减小,密度加大,土体强度得到提高,从而达到减少地基施工后沉降和提高地基承载力的目的。下面分别介绍普通砂井法、袋装砂井法和塑料排水板法。

(一)普通砂井法

砂井处理法是在软土地基中,钻一定直径的孔眼,灌以粗砂或中砂,利用上部荷载作用,加速软土排水固结(图4-11)。

1. 砂井适用范围

砂井排水法适用于软土层较厚、路堤较高的路基段,特别是水平排水大于垂直排水的天然土层,或软土层中有薄层粉细砂夹层时,采用砂井的效果更好。

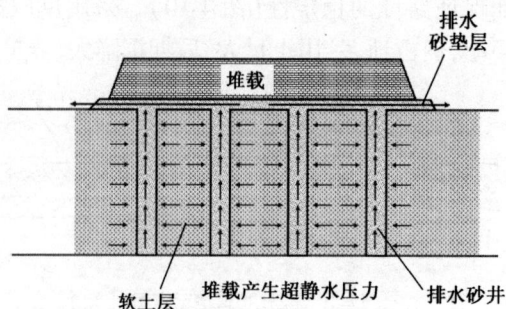

图 4-11　排水固结处治原理示意图

2. 砂井设计要点

砂井设计,首先考虑砂井的直径、间距、布置形状和固结速率之间的关系。通常砂井直径、间距和长度的选择,应满足在预压过程中,在不太长的时间内,地基能达到80%以上的固结度。

(1)砂井的直径和间距。

砂井的直径一般采用20～30cm,井距为井径的8～10倍,常用2～4m。砂井平面布置一般采用三角形或正方形(图4-12),其中以三角形排列较紧凑、有效。砂井的等效排水范围:

正方形布置:$d_e = 1.128S$。

正三角形布置:$d_e = 1.05S$。

a)正方形排列　　　　b)三角形排列

图 4-12　砂井平面布置图

(2)砂井的深度。

砂井的深度,视软土层的情况和路堤高度而定。当软土层较薄,或底层为透水层时,砂井应贯穿整个软土层。当软土层的层厚很大时,不一定要打穿整个受压层。

(3)砂垫层和砂沟的布置。

为了把砂井中的水分排到路堤坡脚外,在路堤底部应铺设砂垫层。若缺乏砂砾时,也可采用砂沟或垫层,即横向每排砂井顶部设置一条砂沟,纵向以数条砂沟将横向砂沟连接。

纵向砂沟采用中间密、两旁疏的布置方法。砂沟的宽度可为砂井直径的2倍,高度为0.4～0.5m。

3. 砂井施工要点

砂井施工工艺的选择主要考虑3个问题:①保证砂井连续、密实,并且不出现颈缩现象;②施工时尽量减小对周围土的扰动;③施工后砂井的长度、直径和间距应满足设计要求。

对于砂井施工,常采用以下几种方法:

(1)套管法。

该方法是将带有活瓣管尖或套有混凝土端靴的套管沉到预定深度,然后在管内灌砂,拔出套管形成砂井。

(2)水冲成孔法。

该法是通过专用喷头,在水压力作用下冲孔,成孔后经清孔,再向孔内灌砂成形。

水冲成孔工艺,对土质较好且均匀的黏性土地基是较适用的,但对于淤泥,因成孔和灌砂过程中容易缩孔,很难保证砂井的直径和连续性。对于夹有粉砂薄层的软土地基,若压力控制不严,冲水成孔时易出现串孔,对地基扰动比较大,应引起注意。

水冲成孔法设备比较简单,对土的扰动较小,但易出现塌孔、颈缩、串孔等现象;同时,在泥浆排放和灌砂质量方面还存在一定的问题。

(3)螺旋钻成孔工艺。

该法以动力螺旋钻钻孔,提钻后向孔内灌砂成形。

以上砂井施工的各种方法,均有其自身的特点、适用范围和存在的问题,因此,在选用砂井施工工艺时,应根据加固软土地基的特性、施工环境以及本地区的经验,在确保砂井质量的前提下,全面分析,审慎确定。

4. 施工质量控制

(1)桩管拔起速度不能太快,拔管速度为 $2m/min$。

(2)控制每段砂的灌砂量。一般应按桩孔体积和砂在中密状态下的干密度计算灌砂量。实际灌砂量(不包括水量)不得小于计算值的 95%。每根砂桩单位长度内的灌砂量可按式(4-1)计算:

$$g = GA_p\rho_w(1 + 0.01w_1)L(1 + e_p) \tag{4-1}$$

式中:g——单位长度计算灌砂量;

w_1——砂的含水率(%);

A_p——单根砂桩的横断面面积;

ρ_w——水的密度,取 $1t/m^3$;

e_p——砂桩的孔隙比;

L——砂桩的长度。

(3)逐步沉管中,每段拔起高度和留振时间由现场试验确定,经过工艺试桩,确定每段拔起高度,振动时间控制在 $20 \sim 30s$。

(4)向桩管内灌砂的同时,应向桩管内灌水,以利于砂排出桩管。

(5)在砂桩施工过程中,要做好施工记录,施工中有专人负责记录桩长、灌砂量、施工情况,作为控制施工质量的重要辅助手段。

5. 砂井法的不足

一般砂井的施工常采用沉管法,井径通常为 $30 \sim 40cm$;若砂井的直径太细,施工时不能保证砂井灌砂的密实和连续,而间距太小则对周围土扰动较大,反而降低了土的强度和渗透性,影响加深效果。为了克服砂井的一些弊端,逐步出现了袋装砂井法和塑料排水板法,这样可以使得砂井的直径和间距大大缩小,加快地基的固结。

(二)袋装砂井法

袋装砂井法是指事先把砂装入长条形透水性好的编织袋中,然后用专门的机具设备打入软土地基内以代替普通大直径砂井(图4-13)。袋装砂井直径小,材料消耗少,工程造价低,施工速度快,设备轻型。因此袋装砂井法是一种简便、有效而又普遍的软基处理形式,在公路、机场、铁路、堤防、港口等工程中得到了广泛的应用。

图4-13　袋装砂井

另外,袋装砂井法装砂用的砂袋一般由化纤织物制成,具有较大的拉伸强度,在施工加载时竖向砂袋正好处在与土体滑动带相交的位置,它能起到竖向加筋和抗滑作用,对土体抗滑较为有利。

1. 袋装砂井适用范围

一般情况下,当泥沼或软土层厚度超过5m,且路堤高度的自重静压超过天然地基承载力很多,特别是地基土水平位移较大时,采用袋装砂井效果更好。

2. 袋装砂井设计要点

(1)袋装砂井的直径和间距。

缩小砂井间距比增大砂井直径加固效果更好。设计中尽量采用细而密的布孔方案。一般采用7~12cm的直径,井距1~2m,相当于井径比为15~30。

(2)袋装砂井长度。

袋装砂井的长度主要取决于软土层排水固结效果。一般当软土层较薄或其底层为透水层时,砂井应贯穿软土层;当软土层较厚时,砂井深度由地基稳定和容许工后沉降计算来确定,一般在12~15m。

(3)袋装砂井的平面布置及砂垫层。

平面布置一般采用等边三角形较多,这种布置比正方形排列更为紧凑、有效。为保证袋装砂井内渗出的水能够顺利排出,一般在砂井的顶部铺设30cm厚的砂垫层,砂井的上部外露部分应埋在该层内。

3. 袋装砂井施工要点

(1)材料要求。

①砂袋。

砂袋可采用聚丙烯、聚乙烯、聚酯等适用的编织材料制成,其抗拉强度应能保证承受砂袋自重,装砂后砂袋的渗透系数应不小于砂的渗透系数。目前,普遍采用的是聚丙烯编织袋,它具有足够的抗拉强度,耐腐蚀,便于制作,对人体无害,价格低廉;缺点是其抗老化能力差。

②砂。

采用渗水率较高的中、粗砂。大于0.5mm的砂的含量宜占总质量的50%以上,含泥量不能大于3%,渗透系数不应小于5×10^{-3}cm/s。除此之外,砂应保持干燥,不宜潮湿,以免砂干燥后体积减小砂井的长度变短。

(2)施工机械。

主要机具为导管式振动打桩机,在行进方式上普遍采用有轨道门架式、履带臂架式、起重机导架式等。

(3)施工工艺。

施工工艺流程(图4-14):排除地表水→整平原地面→铺设下垫砂层→测设放样→机具定位→打入套管→沉入砂袋→拔出套管→机具移位→埋砂袋头→摊铺上层砂垫层。

a)打入套管

b)沉入砂袋

c)拔出套管

d)机具移位

图4-14 袋装砂井施工工艺

①在整平地面后,视软土地基情况,铺设厚20~30cm的砂垫层,用压路机或推土机稳压3~4遍;在桩管垂直定位后,将可开闭底盖的套管一直打到设计深度,准备一个比砂井设计长度长2m左右的砂袋,下端放入厚度20~30cm的砂作为压重,将砂袋放入套管中,并使之沉到要求深度,把袋子固定到装砂用的出料口,由漏斗将砂装入袋中。装满砂后取下袋子,拧紧套管上盖,然后一边把压缩空气送进套管,以免将砂袋带上来,一边提升导管。提升完后一个袋装砂井就完成了,注意要及时将砂井头埋置好。

②另一种方法是先将砂袋装好备用,待成孔后沉入砂袋。沉入砂袋时,原则上应用桩架将

砂袋垂直吊起沉入。当受桩架高度限制(袋装砂井长度超过桩架高度)时,可采用两节套管,砂袋沉入方式为人工沉入,管口装设滚轮,拔出导管时为避免将砂袋带出,也可采取向管内注水的办法。

(4)施工质量控制。

袋装砂井在施工过程中要严格控制各材料、工序等的施工质量,因为一旦施工完成,对成品的质量检查将非常困难。因此,施工质量控制应符合以下规定:

①砂袋灌砂率(r)按式(4-2)计算:

$$r = \frac{m_{sd}}{0.78d^2L\rho_d} \times 100\% \tag{4-2}$$

式中:m_{sd}——实际灌入砂的质量(kg);

d、L——井径、井深(m);

ρ_d——中、粗砂的干密度(kg/m³)。

袋装砂井施工允许偏差应符合表4-4的规定。

袋装砂井施工允许偏差 表4-4

项次	项目	单位	标　准	允许偏差	检查方法和频率
1	井距	cm	符合设计规定	15	抽查2%
2	井深	cm	符合设计规定	不小于设计值	查施工记录
3	井径	mm	符合设计规定	+10、0	挖验2%
4	竖直度	%	铅直	±1.5	查施工记录
5	灌砂率	%	符合设计规定	+5	查施工记录

②砂袋灌入砂后,露天堆放要有遮盖,切忌长时间暴晒,以免砂袋老化。

③砂井可用锤击法或振动法施工,导轨应垂直,钢套管不得弯曲,沉桩时应用经纬仪或重锤控制垂直度。

④为控制砂井的设计入土深度,在钢套管上应画出标尺,以确保井底高程符合设计要求。

⑤用桩架吊起砂袋入井时,应确保砂袋垂直下井,防止砂袋发生扭结、缩颈、断裂和砂袋磨损。

⑥拔钢套管时,应注意垂直起吊,以防带出或磨损砂袋。

⑦砂袋留出孔口长度应保证伸入砂垫层至少30cm,并且不能卧倒。

4. 袋装砂井的质量检测

袋装砂井施工质量的好坏直接关系到软基处理的效果。因此,除施工部门要严格遵照施工工艺和施工质量控制的要求操作外,质检、监督部门也要进行抽查。各项指标均应符合表4-5的要求。但是井径和井深在施工完成后检测相对比较困难,下面介绍几种常用的检测方法。

(1)挖验法就是对施工完成的袋装砂井进行大开挖检验。这种方法的优点是能够直观看出砂井的质量,检测精度高;缺点是费时、费力,对现场破坏较大,且挖验深度受限,对于井深大的不适用。

(2)拔桩法。

拔桩法就是用机械将袋装砂井整体拔出,进行检验。这种方法也比较直观,但是受拔桩机械的限制较大,并且很容易出现断井现象。

（3）工程钻探法。

工程钻探法的原理是利用钻机对砂井进行钻进，套管取芯样。这种方法相对以上两种方法来说比较容易，且费用较低，对施工现场的破坏较小；缺点是需要使用专门钻机，且受钻杆垂直度和砂井垂直度影响较大，垂直度差时，钻杆易偏离砂井，无法进行准确的测定。

（4）挖、拔结合法。

挖、拔结合法就是先挖除砂井上部的软土层（尤其是黏土层），减小土体对砂井的握裹力，然后再拔出砂井。

（5）冲水拔袋法。

冲水拔袋法的工作原理是用高压水冲袋装砂井内的砂，砂在高压水作用下，泛出地面造成空井，减小土对砂井的握裹力；然后拔出砂袋，测定井深。

（三）塑料排水板法

塑料排水板法是一种利用塑料排水板作为竖向排水材料，通过排水预压达到提高地基承载力的一种先进加固软土地基的方法（图4-15）。与袋装砂井法相比，具有施工速度快、效率高、施工机械轻便、工程费用低、对土的扰动小等优点。因此，近年来在公路、铁路、水电、港口、机场、建筑等工程中得到广泛应用，大有取代普通砂井法和袋装砂井法的趋势。

图4-15 塑料排水板

1. 塑料排水板的类型

塑料排水板是由芯体和滤膜组成的复合体，或是由单种材料制成的多孔管道板带。芯板是由聚丙烯和聚乙烯塑料加工而成，且两面有间隔沟槽内，土层中固结渗流水通过滤膜渗入沟槽内，并通过沟槽从排水垫层中排出。塑料排水板由于所用材料不同，结构也各异（图4-16）。

2. 塑料排水板适用范围

与袋装砂井法相同，一般用于泥炭饱和淤泥地段或土基松软地下水位较高的地段，最大有效处理深度达18m。

塑料排水板法的施工机具主要是插板机，也可与袋装砂井打设机具共用，一般对均匀的软基振动锤击力可参照表4-5选用。

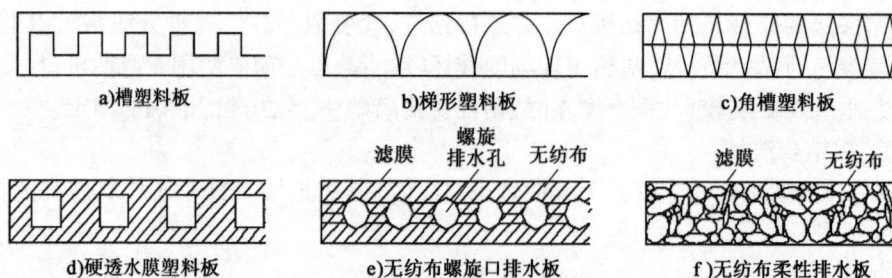

a)槽塑料板　　　　　　b)梯形塑料板　　　　　　c)角槽塑料板

d)硬透水膜塑料板　　　e)无纺布螺旋口排水板　　　f)无纺布柔性排水板

图 4-16　塑料排水板的结构

振动锤击力参考值　　　　　　　　　　　　　表 4-5

长度(cm)	导管直径(cm)	振动锤击力(kN)	
		单管	双管
>10	130～146	40	80
10～20	130～146	80	120～160
>20	130～146	120	160～220

3.施工机械

由挖掘机改装的插板机,在使用过程中可以灵活操作,而且可以将排水板打设到各部位,尤其是在边角处。

履带式插板机行走方便,可在现场组装,比挖掘机改装的插板机接地面积大,一般地基在稍做处理后即可承受。

门式轨道插板机可进行自行拼装,比较适合公路等带状的软基处理。

4.施工工艺

塑料排水板施工前要对软基进行预先处理,与袋装砂井处理方法一样,首先整平场地,铺设砂垫层,具体工艺(图 4-17)如下:

清除表土、淤泥→铺设下层砂砾垫层→稳压→放样定位→插板机就位→塑料排水板穿靴→插入套管→拔出套管→割断排水板→检查并记录板位等情况→机具移位→铺设上层砂垫层。

关键工序控制如下:

(1)施工准备工作。

路基施工范围内清除 10～20cm 厚耕植土、树根杂物及淤泥,整平复测地面高程,清表宽度比设计路基填筑宽度每侧加宽 100cm。

(2)铺设砂砾垫层。

在清表范围内铺设 50cm 厚的砂砾垫层。砂砾垫层的作用在于将塑料排水板排出的地下孔隙水通过外侧排水沟排出路堤外,因此要选用天然级配良好的砂砾,含泥量 3%～5%,最大粒径 50～100mm。

a)插板机就位

b)塑料排水板穿靴

c)插入套管

d)拔出套管

e)割断排水板

f)机具移位

图4-17 塑料排水板施工工艺

由于地基较弱、含水率高,铺设砂砾垫层施工时一次性填筑50cm厚砂砾,以利于机械作业。铺设后用平地机械整平;采用压路机稳压2~3遍,以保证插板机施工时不产生大的位移、拥包和沉陷。稳压后测量垫层高程,对于因压实造成砂砾陷入地基中而产生的缺料处,要进行补料、稳压;垫层高程要高于两边原地面高程30cm以上。

(3)放样定位要准确。

根据设计间距对排水板位置进行放样定位。插板机就位,调整导架垂直度,空心套管中穿入塑料排水板,对正桩位。

（4）穿靴。

将塑料排水板端部穿过靴头固定架,用长约10cm的对折带子固定连接,然后将靴头套在套管底部。

（5）沉入。

开动机器,通过传动链转动将套管和排水板沉入地下至设计深度。

（6）拔起。

开动机器,通过传动链转动将套管拔出,排水板自动脱离留在地下。当套管下口露出垫层约50cm后,将排水板带割断。插板机移位进行下一个桩位施工。

（7）埋设板头。

将板头一侧砂砾垫层挖开约20cm深,将板头倒折埋入砂砾垫层中,回填砂砾补平。全部排水板施工完毕后,再对垫层进行一次整平、稳压。

5. 现场质量控制要点

（1）塑料排水板施工允许偏差为15cm,竖直度偏差小于1.5%,板长要求不小于设计长度。

（2）塑料排水板透水滤套不得被撕破、划裂及污染,如发生上述现象,须将破损段裁掉,以免影响排水板的有效工作性能。

（3）塑料排水板搭接采用滤套内平接的方法,芯板对扣,凸凹对齐,搭接长度不小于20cm;滤套包裹后用绑丝或针线缝接牢靠。

（4）插入过程中导轨要垂直,钢套管不得弯曲。每次施工前要检查套管中有无泥土杂物进入,一旦发现要及时清除,防止插入及拔出过程中污染排水板或划裂滤套。

（5）排水板与靴头固定架要连接牢固,防止拔出套管时发生跟带现象。如排水板跟带大于50cm,则应在旁边重新补打。

（6）插板施工完毕后,要注意及时将板头埋入砂砾垫层中,防止机械及车辆碾压损坏外露板头。

6. 施工中常出现问题及解决方法

（1）施工中常出现的问题

①插板施工中,套管为圆形时,距井口一定范围内插孔易缩孔。

②提拔导管时宜发生"跟带"现象。

③泥水易进入套管污染排水板。

④遇到较干硬的黏土层时,进度较缓慢。

（2）解决方法

①插孔易缩孔。施工中,一是尽量采用尽可能细的套管或采用扁状套管;二是用中、粗砂填灌插孔,这样就在塑料排水板的上端形成砂井与塑料排水板的复合体。

②提拔导管时发生的"跟带"现象。这与套管端头结构、施工工艺和地层土质有关,其中套管端头结构占主要因素,因此导管顶部在保证刚度的前提下尽可能细小,使得拔管时土层能尽快将排水板夹住。

③泥水进入套管除增加上拔时的"跟带"现象外,还造成排水板的污染,因此应经常使用

清水清洗导管。

④遇到干硬的黏土层进度缓慢时，可以选用功率较大的液压振动打桩机进行打设，也可以在导管中加入少量的清水，增加润滑，减少摩擦。

三、粉喷桩加固技术

粉喷桩属于深层搅拌法加固地基的一种形式。粉喷桩法通过专用的施工机械，将搅拌钻头下沉到孔底后，用压缩空气将固化剂(生石灰或水泥粉体材料)以雾状喷入加固部位的地基土，凭借钻头和叶片旋转搅拌，使原位土与固化剂均匀混合并发生一系列物理、化学反应，使软土硬结成具有整体相互影响、共同作用承担上部荷载的粉喷桩复合地基，可提高地基承载力，减少沉降。粉喷桩具有施工工期短、施工过程无噪声、无污染、对相邻建筑无不利影响等优点。

(一)粉喷桩的加固机理

粉喷桩法的加固机理因加固材料的不同而稍有不同。采用石灰粉体喷搅加固软黏土的原理，与公路常用的石灰加固土基本相同。石灰与软土主要发生如下作用：石灰的吸水、发热、膨胀作用，离子交换作用，碳酸化作用(化学胶结反应)，火山灰作用(化学凝胶作用)，结晶作用。当采用水泥作为固化剂材料时，其加固软黏土的原理是在加固过程中发生水泥的水解和水化反应(水泥水化成氢氧化钙、含水硅酸钙、含水铝酸钙及含水铁铝酸钙等化合物，在水中和空气中逐渐硬化)、黏土颗粒与水泥水化物的相互作用(水泥水化生成钙离子与土中粒中的钠、钾离子交换使土粒形成较大团粒的硬凝反应)和碳酸化作用(水泥水化物中游离的氢氧化钙吸收二氧化碳生成不溶于水的碳酸钙)三个过程。这些反应使土颗粒形成凝胶体和较大颗粒，颗粒间形成蜂窝状结构，生成稳定的不溶于水的结晶化合物，从而提高软土强度。

(二)粉喷桩的适用范围

(1)适用于强度低、压缩性高、排水性能差的软土，尤其是20m深度范围内无理想持力层的软土路基，软土层厚度不少于3m。

(2)水泥土桩适用于含砂量较大的软土，主要用于地基承载力小于80kPa，特别是小于40kPa的软土地基，石灰土桩适用于含砂量较小、没有滞水砂层的软土。

(3)高液限土不宜使用水泥粉喷桩。

(三)粉喷桩的设计要点

进行粉喷桩设计时，所要确定的基本参数为桩径、固化剂的掺入比、桩距、桩长、桩的布置形式(图4-18)等。

1. 桩径

粉喷桩的桩径通常是按粉喷钻机确定的，目前常采用的粉喷机的钻孔直径为0.5m。

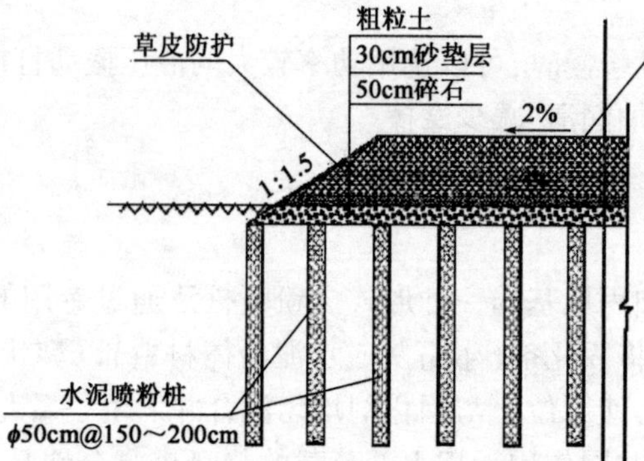

图 4-18　粉喷桩布置示意图

2. 固化剂掺入比

固化剂掺入量通常为被搅拌土质量的 7% ～ 15%，可根据具体土质通过试验确定。

3. 桩距

粉喷桩的桩距一般为 1.0 ～ 1.5m。当已确定单桩承担的加固面积时，可根据下式确定桩距：

$$a = \sqrt{A_c} \tag{4-3}$$

式中：a——桩距（m），适用于正方形和等边三角形，当采用长方形布桩时，可由 A_c 值试算确定两个方向的 a_1 和 a_2；

　　　　A_c——一根桩承担的处理面积，一般取 1 ～ 2m²。

通常桩距 a 和一个桩承担的面积 A_c 要进行互相试算和调整后确定。

4. 桩长

确定桩长可采用以下几种方法：

(1)当因地质条件及施工因素限制桩长，或根据土层结构情况可以定出桩底高程时，应先按实际情况定出桩长。

(2)当搅拌桩的加固深度不受限制时，应先通过室内试验选定固化剂掺入比和试验的无侧限抗压强度，求出单桩承载力，并计算出桩长。

(3)根据总荷载和总桩数，先选定单桩承载力，然后求出桩长。

(四)粉喷桩的施工

1. 材料要求

可采用水泥、生石灰粉、粉煤灰等作为固化剂，其质量规格应符合设计要求。

(1)生石灰

生石灰最大粒径应小于 2mm，石灰中应无杂质，氧化钙、氧化镁含量不应小于 85%，其中氧化钙含量不应低于 80%。

(2)水泥

水泥采用的普通水泥或矿渣水泥，应是国家免检产品，严禁使用过期、受潮、结块、变质的劣质水泥。

（3）粉煤灰

粉煤灰化学成分中，要求二氧化硅和三氧化铝的含量应大于 70%，烧失量应小于 10%。也可采用石膏粉作为添加剂，以利于强度的提高。

2. 施工机械

水泥粉喷桩的施工机械设备主要由钻机、粉体输送设备、动力设备三部分组成。

3. 施工准备

施工准备主要是进场道路准备、施工工作准备和备料准备。

4. 施工作业顺序

粉喷桩施工作业顺序如图 4-19 所示。

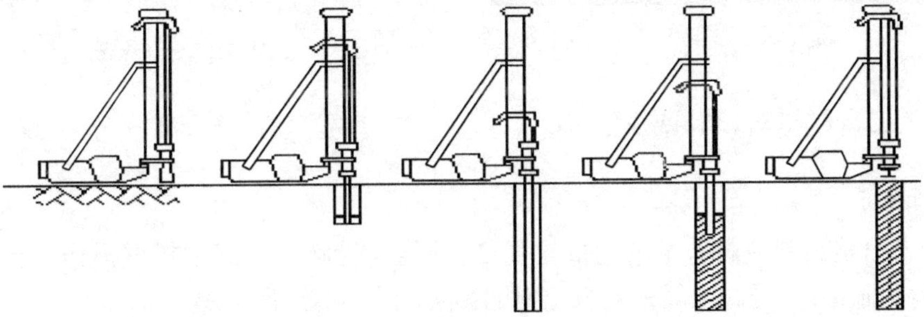

| a)搅拌机就位 | b)下钻 | c)钻进结束 | d)提升喷射搅拌 | e)提升结束 |

图 4-19　粉喷桩施工作业顺序

5. 质量检验

施工结束后，对加固的地基应作质量检验，包括标准贯入试验、取芯抗压试验、荷载试验等。桩柱体的强度、压缩模量、搅拌均匀性及尺寸均应符合设计要求。

四、土工合成材料加固技术

土工合成材料是以人工合成的聚化物为原料制成的各种类型产品（图 4-20、图 4-21），可置于岩土或其他工程结构内部、表面或各结构层之间，具有过滤、防渗、隔离、排水、加筋和防护等各种功能，发挥加强、保护岩土或其他结构功能的一种新型岩土工程材料。土工合成材料可分为土工织物、土工膜、特种土工合成材料和复合型土工合成材料等类型。

（一）土工合成材料的应用

在软土地基上修筑路堤或结构物时，往往是由于地基抗剪强度不够引起路堤侧向整体滑动，边坡外侧土体隆起。若将土工织物、土工网、土工格栅铺设于软土地基和路堤之间，对软基路堤加筋，可以保证路堤的稳定性。在基坑底部和碎石垫层顶部分别铺设土工网，处理软土地基上小型构造物基础，以提高地基承载力和减少地基不均匀沉降造成的构造物破坏。土工格栅处理软基,是通过格栅上部填料的垂直变形向水平方向扩散,使其上部填料的抗剪变形能力得以充分发挥,使软土地基表面的承载区大大增加,表面压强相应减小,以达到提高地基承载力的目的。同时由于格栅纵横相连,能防止填料的局部下陷,最大限度地减小地基的不均匀沉降。

图4-20 土工布

图4-21 土工格栅

(二)土工合成材料设计要点

1. 材料要求

(1)土工合成材料应具有足够的抗拉强度,并能经受施工荷载和机械损伤。土工格栅和土工网均为网眼结构,受施工场地填方土料的影响较小,可不予考虑。

(2)加筋路堤填料应选择易于压实、能与土工合成材料产生较大摩擦力的土料。

2. 结构形式

(1)土工合成材料不宜直接铺设于原地面表面上,应在原地表设置30~50cm厚的砂垫层或其他透水性好的均质土料后,再铺设土工合成材料,且尽量设置于路堤底部。

(2)多层土工合成材料加筋的路堤,各层土工合成材料之间的间距不宜小于一层填土最小压实厚度,且不宜大于60cm。

(三)土工合成材料的施工

土工合成材料加筋路堤的施工,主要在于保证合成材料能充分发挥作用(图4-22)。

图4-22 土工格栅施工

1. 施工注意事项

(1)目前国产土工合成材料纵、横两个方向的强度并不一致,一般纵向强度较高。而作为路堤,其边坡坍滑多表现为侧向移动,此时将强度高的方向置于垂直于路堤轴线方向,则更有利于发挥其强度优势。

(2)土工合材料的连接有绑扎、缝合、黏合等方法。一般对土工格栅及土工网采用绑扎方法,而对土工织物多采用缝合法和黏合法。

（3）土工合成材料在铺设时，如有褶皱，将不利于强度的发挥。在工程中为保证土工合成材料的铺设质量，常采用插钉等固定方法。

（4）铺设土工合成材料的土层表面如有坚硬凸出物，则易穿破土工合成材料，从而使单位宽度土工合成材料强度降低。因此在铺设土工合成材料前，应先将场地整平好。在距离土工合成材料8cm以内路堤填料，其最大粒径不得大于6cm。

（5）土工合成材料加筋路堤，应保证其土体填筑质量。

（6）土工合成材料上的第一层填土摊铺宜采用轻型推土机或前置式装载机。

（7）对于软土地基，应采用后卸式卡车沿加筋材料两侧倾卸填料，以形成运土的交通便道，并利于土工合成材料张紧。

2.质量检验

（1）基本要求。

土工合成材料质量应符合设计要求，在平整的下承层上全断面铺设，土工合成材料应拉直并平顺，紧贴下承层；锚固端施工应符合设计要求；接缝搭接黏合度应符合要求；上下层土工合成材料应错开。

（2）实测项目。

土工合成材料施工质量应符合表4-6的要求。

土工合成材料施工质量要求　　　　　　　　　　　表4-6

项 次	项 目	允 许 偏 差	检查方法和频率
1	下承层平整度、拱度	符合设计施工要求	每200m检查4处
2	搭接宽度（mm）	+50,0	抽查2%
3	搭接缝错开距离（mm）	符合设计施工要求	抽查2%
4	锚固长度（mm）	符合设计施工要求	抽查2%

案例分析

案例4-1：砂桩与CFG桩联合加固软基

一、工程概况

某高速公路K4+465~K4+603路段，长138m、宽约39 m，该段地质条件较差，根据钻探及试验结果，地质层从上而下依次如下。

（1）表土：土黄色，表面含植物根系，呈硬塑状，厚度约0.9m。

（2）淤泥：深灰色，含腐殖物和少量贝壳碎屑，饱和，流塑状，层厚6.4~7.2m，含水率66.1%，孔隙比1.78，塑性指数28.31%，压缩系数2.02MPa^{-1}，固结系数7.2×10^{-3}cm²/s。

（3）淤泥夹细砂二者互层：深灰色，含腐殖物和少量贝壳碎屑，饱和，流塑状，细砂松散状，层厚5~6m。

（4）中细砂：黄色，石英质粒度较均匀，局部夹薄层淤泥，饱和，稍密状。

二、砂桩、CFG 桩设计要点

该段软基设计平均填土高度 4m，平均处理宽度 39m，平均处理深度 15m，石屑垫层厚 0.3m，垫层顶铺土工格栅。CFG 桩和砂桩均按平行四边形布置，桩径 0.4m。CFG 桩体强度不小于 12MPa，桩间距 3m，桩长要求穿过淤泥层至持力层 0.5m 以下。土工格栅采用 SS20 双向格栅，延伸率不大于 11%，抗拉强度 20kN/m。土工格栅对称于路中线布设，布设范围为 30m。

三、CFG 桩和砂桩的施工

先打砂桩，砂桩全部施工完毕后再施打 CFG 桩，CFG 桩施工顺序横向从路中心向两侧施工，纵向从新水闸向两侧施工，且必须隔桩跳打。

1. 砂桩的施工

（1）材料：土体对砂桩的约束力小，宜选用砂和角砾混合料，以增大桩体的摩擦角，但不宜含有大于 50mm 的颗粒，且含泥量不大于 5%，以免影响砂桩的排水性能。

（2）机械：采用振动砂桩机，激振力为 230～260kN。

（3）质量控制：

①桩管拔起速度不能太快，拔管速度 2m/min。

②控制每段砂桩的灌砂量，一般应按桩孔体积和砂在中密状态的干密度计算。

③逐步沉管法中，每段拔起高度和留振时间由现场试验确定，经过工艺试桩，确定每段拔起高度为 0.5m，振动时间控制在 20～30s。

④向桩管内灌砂的同时，应向桩管内灌水，以利于砂排出桩管。

⑤在砂桩施工过程中，要做好施工记录。施工中有专人负责记录桩长、灌砂量和施工情况，作为控制施工质量的重要辅助手段。

2. CFG 桩施工

（1）机械：采用振动沉管机，沉管与地面垂直，确保垂直度偏差不大于 1%。

（2）质量控制：在饱和含水砂层施工，为防止桩管内进水造成混合料离析，桩管未入该层前先向桩管内灌 1.0～1.5m³ 的混合料，打到预定深度后，在 1～2m 范围内复打 1～2 次，可保证桩底成孔效果更好。混合料配比应严格按设计要求，一般控制充盈系数不小于 1.2，混合料碎石和石屑含杂质不大于 5%，坍落度 30～50mm，沉管每上拔 1m 振动 5s。混合料制桩完毕后桩顶浮浆厚度不超过 200mm。隔离桩必在强度达到 50% 后才能施工。

（3）工艺研究。

①拔管速率：拔管速率过快会造成桩径偏小或缩颈，甚至断桩；太慢可能造成浮浆，使桩端石子与水泥浆离析，导致桩身强度降低。经现场试验，拔管速率为 1.4m/min。

②施工顺序：施工顺序一般有连续施打和间隔跳打。在软土中连续施工可能造成缩颈，宜采用间隔跳打。试验采用间隔跳打，地表隆起不明显，桩身连续完整。

③混合料坍落度：现场试验混合料坍落度为 3～5cm。

四、现场测试成果分析

1. 试验段观测点

监测仪器包括表面沉降板、孔隙水压力计、测斜仪。

试验段共设 3 个监测断面。每个监测断面布设 4 块沉降板,3 个监测断面上孔隙水压力计的埋置深度分别为 5.2m、11.3m、13.6m。1 个深层测斜仪深度 16m,在路基中线靠近新水闸一侧。

2. 成果分析

(1)表面沉降:在制桩过程中,桩间土隆起在 16~30mm 之间;若采用间隔跳打,桩顶隆起在 6~9mm 之间,地表隆起不明显,断桩可能性最小。

(2)孔隙水压力:在制桩过程中,孔隙水压力测头距桩 1m 时的最大孔隙水压力 $\Delta u = 6.03$kPa;孔隙水压力测头距桩 2.4m 时的最大孔隙水压力 $\Delta u = 0$。从结果来看,在制桩过程中距桩 2.4m 范围内引起孔隙水压力上升。

(3)侧向位移:在制桩过程中侧向位移最大速率 0.42mm/d,累计位移 3.87mm,对构造物的侧向挤压较小,而且侧向位移收敛较快,3d 左右即趋于稳定,水闸安全。

五、加固效果检验

1. 静力触探

经砂桩、CFG 桩处理后的地层贯入阻力,由原来的 0.31MPa,增加到 0.65MPa;强度增长为单桩的 109.7%,随着时间延长,强度还会提高。

2. 静载试验

为检验砂桩、CFG 桩联合加固软基处理的效果,本试验对 CFG 桩单桩、砂桩单桩复合地基进行现场静载试验。

(1)ϕ0.4m CFG 桩单桩静载试验:单桩容许承载力为 160kN。

(2)砂桩单桩复合地基静载试验:砂桩单桩复合地基静载试验荷载板规格为 ϕ1.5m,换算成砂桩单桩复合地基的承载力标准为 113.9kPa。

3. 复合地基承载力验算

由于 CFG 桩与砂桩组成复合地基中的主要加筋体是 CFG 桩,砂桩的设置可加速土体的固结,提高土体的抗剪强度,因而可将砂桩与天然地基作为 CFG 桩的复合桩间土,复合桩间土与 CFG 桩共同构成复合地基来承担上部荷载。复合地基的承载力 $f_{sp,k} = 132.8$kPa > 100kPa,满足设计要求。

案例 4-2:塑料排水板与土工格栅法处治软基

一、工程概况

某公路全长 78.720km,双向六车道,设计速度为 80~100km/h。由于沿线地理环境及选线条件的限制,路线途经多处不良地质路段。K24 + 841.9 ~ K31 + 037.7 路段,全段长仅 7.1845km,但共穿越 3 处、累积长度达 2km 左右、厚度 10 ~ 28m 不等的深软土地段。该地段表面硬壳层的标贯锤击数为 3 ~ 5 击,容许承载力为 60 ~ 150kPa。淤泥质土层的含水率 $w = 60\% ~ 85\%$,密度 $\rho = 1.57 ~ 1.73\mathrm{g/cm^3}$,孔隙比 $e = 1.3 ~ 2.3$,液限 $w_\mathrm{L} = 44\% ~ 53\%$,塑性指数 $I_\mathrm{P} = 20 ~ 25$,压缩系数 $a_{0.1 ~ 0.2} = 0.85 ~ 2.20\mathrm{MPa}^{-1}$,不排水抗剪强度 $C_\mathrm{u} = 10 ~ 19\mathrm{kPa}$,固结系数 $C_\mathrm{v} = 0.5 \times 10^{-3} ~ 1.0 \times 10^{-3}\mathrm{cm/s}$。

二、处治措施

塑料排水板与土工格栅综合法对软土地基进行处理的原理:利用插设在软土地基中的塑料排水板建立起竖向排水系统,再在塑料排水板的上部铺设一层砂垫层,加土工格栅建立起横向排水系统,通过其上的填土和预压系统建立起加压系统,使软土中的孔隙水产生压差而渗出,进而达到固结软土、提高地基土强度的目的。

三、施工工艺及注意事项

根据本工程的实际情况,确定其施工工艺流程如下:施工准备→敷设下层水平排水体系→插设塑料排水板→真空预压→摊铺上层砂垫层与土工格栅→填筑路堤等。

1. 施工准备

施工时,首先将场地上的耕植土挖除,将不利于施工的大石块和树根等障碍物清除,并对场地进行整平。

2. 敷设下层水平排水体系

在压实的回填土层上开挖横断面尺寸为 30cm × 30cm,纵向坡度为 0.1% 的纵、横向排水砂沟,再用级配良好、透水性高、不含有机物质和杂质的砂砾料予以回填。其中,砂粒应为含泥量小于 5% 的中、粗砂,砂砾料的最大粒径应不大于 5cm、强度大于 4 级、渗透系数一般不低于 $2 \times 10^{-2}\mathrm{cm/s}$,并能起到一定的反滤作用。

3. 插设塑料排水板

(1) 塑料排水板

本工程所用的塑料排水板为 SPB-1B 型,其性能参数见表4-7。

SPB-1B 型塑料排水板性能参数　　　　表 4-7

项　　目	单　　位	性能参数	备　　注
截面尺寸	mm	100 ± 2	
	mm	>4.0	
纵向透水量	m/s	25×10^{-6}	侧压 350kN/m
复合体抗拉强度	kN/cm²	>1.3	延伸率10%时
复合体延伸率	%	<10	拉力为 1kN/10cm
每卷长度	m	200	

（2）插板机

插板机为 UB-16 型,其性能参数见表 4-8。

UB-16 型插板机性能参数　表 4-8

项　　目	性 能 参 数	项　　目	性 能 参 数
工作方式	液压步履式行走,电力-液压驱动振动下沉	总质量(t)	15
		液压卡夹紧力(kN)	160
外形尺寸(mm × mm × mm)	7600 × 5300 × 15000	插板深度(m)	10
接地压力(kPa)	50	插设间距(m)	1.6 ~ 13.3
振动锤功率(kW)	30	插设深度(m/min)	11
激振力(kN)	80160	拔出速度(m/min)	8
频率(r/min)	670	效率(根/h)	约 18

（3）插设塑料排水板

用插板机将塑料排水板插设在砂沟中,其插设间距为 1.5m,彼此间呈等边三角形布置。

①定位:插板机就位后,调整导架的垂直度,使其呈铅垂状,再将塑料排水板穿入空心套管中,对中桩位。

②穿靴:将塑料排水板端部穿过预制靴头(铁制或混凝土)固定架,对折带子长约 10cm 后固定连接,再将靴头套在空心套管端部,固定塑料排水板,并使其在下沉过程中能阻止泥砂进入套管。

③插设:松开卷扬机,将套管和塑料排水板通过激振,插入地下至设计深度后关机。其 1 号和 2 号断面塑料排水板的插设深度分别为 11.5m 和 16.12m。

④套管拔起:启动卷扬机,拔出套管口露出地面时即可移位,同时将带子剪断。

（4）注意事项

①塑料排水板从出厂到使用的时间间隔不宜超过 30d,阳光照射的时间不得超过 5d。

②塑料排水板的插设深度应达到软土层的底层。当软土层较厚时,至少应穿过土体稳定计算的弧形滑动面以下 2m;留出孔口长度应保证伸入砂垫层不小于 50cm,使其与砂垫层贯通,同时应防止其在施工中受损。

③插设过程中透水滤套不得被撕破和受到污染,排水板底部应有可靠的锚固措施,以免拔出套管时将芯板带出;同时,应防止泥土等杂物进入套管内,一旦杂物进入须及时清除。

④塑料排水板搭接应采用滤套内平接的方法,其芯板的对扣应凹凸对齐,搭接长度不少于 20cm,并将滤套包裹固定。

⑤在边坡地段上施工时,为了保证边坡的稳定,应采取静压的方式进行施工。

⑥塑料排水板施工精度应符合表 4-9 的规定,否则应重插。

塑料排水板施工允许偏差　表 4-9

项目	单　　位	允 许 偏 差	项目	单　　位	允 许 偏 差
板距	cm	±15	竖直度	%	1.5
板长	cm	≥设计板长	带出长度	cm	50

4. 真空预压

加载预压过程是地基排水固结和强度增长的过程。因真空预压的荷载可一次加至设计荷载,无须分级加载,从而本工程选择了真空预压的方法。进行真空预压时,应保持真空系统的压力长期稳定在 80 ~ 85kPa,射流泵泵体真空度维持在 90 ~ 95kPa。如地基土层中有与外界相连通的砂层或砂透气体时,应采取相应的阻隔措施及监控措施。

真空预压的施工工艺流程如下:观测设备埋置→埋设真空分布管→铺设密封膜→真空泵安装管路连接→抽真空→观测→效果检验等。

用于观测的仪器设备主要有沉降盘、分层沉降管、测斜管和钢弦式孔隙水压力计等。它们分别用于总沉降、分层沉降、侧向位移和孔隙水压力等的测量,为今后路堤的填筑提供可靠的理论与实际控制依据。

5. 摊铺上层砂垫层与土工格栅

(1)摊铺砂垫层。

根据实际情况,砂垫层可用人工或机械进行摊铺,并分层压实,每层的压实厚度一般为15 ~ 20cm,设计总厚度为 0.6m 砂垫层的摊铺宽度,每侧应超出路基边坡坡角 0.5 ~ 1.0m,且两侧端部应用片石进行铺砌或采取其他措施予以防护,以免砂料流失。在实际施工中,由于用作砂垫层的粗、中砂严重不足,而当地的细碎石又极其丰富,所以提出用细碎石代替粗、中砂的方案,并对原设计作了适当修改。

用细碎石代替粗、中砂时,其粒径应控制在 0.5 ~ 4mm,且垫层的厚度应相应减小,本工程的实际厚度为30cm。

(2)敷设土工格栅。

土工格栅敷设在上层砂垫层上,共有 2 层,彼此间距在 30 ~ 50cm。为了保证真空预压系统的塑料薄膜在真空吸力作用下不被碎石顶破,该工程在碎石垫层与塑料薄膜之间增设了一层土工格栅。

土工格栅应紧贴下承层敷设,敷设宽度为路堤的断面宽度。进行土工格栅敷设时,应将其拉直,避免出现扭曲、折皱、重叠等现象,同时在路堤的每边应预留 1 ~ 2 m,并将其回折,裹覆在压实的填料之上,然后再在其外侧用土加以覆盖。为了保证土工格栅的整体性,搭接时应将其重叠 30 ~ 90cm,且上、下两层接缝之间应错开至少 50cm。

本工程中所用的土工格栅沿宽度和长度的抗拉强度分别是 36.2 N/m 和 17.0N/m。

6. 填筑路堤

进行路堤填筑时,除了填料必须符合规定要求外,还须对其填筑速度加以控制,保证其填筑速度与软土地基的固结速度、沉降速度相适应。一般来说,每填筑一层,应对地基的沉降量和水平位移进行一次观测。当两次填筑时间较长时,每 3d 至少应观测一次。在路堤填筑完成后的预压期内,根据实际情况,每隔15d 或一个月应观测一次,直至预压期结束为止。其观测精度为:地基沉降误差为 ±1 mm;水平位移测距误差为 ±5mm;水平角测角误差为 ±2.5°。

在实际工作中,沉降增量是随荷载增量的变化而变化的。当填土荷载增量小于 10kN/d时,彼此间呈直线关系变化;当填土荷载增量大于 10kN/d 时,地基的沉降速度会加快,路堤也极可能出现局部破坏。根据经验,当填土的平均沉降率为0.0199m/kN,卸载的回弹率为

0.0068m/kN 时,其变形的恢复量约为总沉降量的30%。

当地基下沉时,路堤外两侧的地面将会向上隆起,并产生一定的水平位移,其隆起量一般为0.3 m 左右,少数可达0.6m。一般来说,当填土荷载增量小于10kN/d 时,其水平位移增量应控制在10mm/d 以内;使用土工格栅后,其水平位移增量也应控制在15mm/d 以内,极限值为25mm/d。

为了保证软土地基的有效固结,当路堤的填筑高度达到设计高程后,应放置不少于6个月左右的时间,然后才可进行下道工序的施工。本工程填筑完工时,其1 号、2 号断面的地基固结度均为63.9%,放置3 个月后的固结度分别为89.5% 和88%,放置6 个月后的固结度分别为95.5% 和95%,与其相对应的路中心实测沉降量分别为98.5cm 和97.8cm、134.5cm 和114.4cm、137.2cm 和116.5cm(预压160d)。

思考与练习

一、选择题

1.换填垫层法的处理深度宜控制在(   )。
  A.0.5~3m   B.小于0.5m   C.大于3m   D.任意深度

2.普通砂井法井距一般为井径的(   )倍。
  A.3   B.6   C.10   D.12

3.20m 深度范围的软土路基适用(   )进行处治。
  A.普通砂井法   B.换填垫层法   C.粉喷桩加固   D.反压护道法

二、填空题

1.软土造成的路基病害有_____、_____、_____、_____四大类型。

2.软土地基处理要从_____、_____、_____、_____、_____等方面考虑。

3.浅层处治技术有_____、_____、_____三种。

4.竖向排水固结处治技术有_____、_____、_____三种。

5.粉喷桩设计确定的基本参数为_____、_____、_____、_____。

6.土工合成材料可分为_____、_____、_____、_____等类型。

三、名词解释

1.软土
2.换填垫层法
3.袋装砂井法

四、问答题

1.软土具有哪些工程特性?

2. 使用换填垫层法时软土地基很软，应采取什么措施来改善地基地面持力条件？

3. 普通砂井法有哪些不足之处？

4. 简述袋装砂井法施工工艺。

5. 简述塑料排水板法施工中常见问题和解决方法。

6. 简述粉喷桩的适用范围。

7. 简述土工合成材料的设计要点。

项目5
PROJECT FIVE

特殊地质地区路基病害处治

任务5-1   认识膨胀土地区路基病害

知识目标

掌握膨胀土的形成及特性;熟悉膨胀土地区路基的主要病害特征及成因,并能对膨胀土地区路基病害选择正确的处治方法。

能力目标

能判别膨胀土地区路基病害类型;能对膨胀土地区路基病害进行分析及提出处治方案。

一、膨胀土地区路基的特点及主要病害

膨胀土是一种土中黏粒成分主要由亲水性矿物组成,具有较大的吸水膨胀、失水收缩性能和强度衰减性的土。在我国湖北、安徽、四川、河南、山东等20多个省(区、市)180多个市县发现了膨胀土。

膨胀土分布十分广泛,在世界五大洲中的40多个国家都有分布。胀缩特性的内在因素主要有矿物成分及微观结构两方面。经试验证明,膨胀土含大量的活性黏土矿物,如蒙脱石和伊利石,尤其是蒙脱石,比表面积大,在低含水率时对水有巨大的吸力。土中蒙脱石含量的多少直接决定土的胀缩性质的大小。除了矿物成分因素外,这些矿物成分在空间上的联结状态也影响其胀缩性质。水分的迁移是控制土胀缩特性的关键外在因素。只有土中存在着可能产生水分迁移的梯度和进行水分迁移的途径,才有可能引起土的膨胀或收缩(图5-1)。

在自然条件下,膨胀土一般呈黄、褐、棕及灰绿、灰白等色(图5-2~图5-5),土体发育有各种特定形态的裂隙,常见光滑面和擦痕,裂缝随气候变化张开和闭合,并具有反复胀缩的特性;

膨胀土多出露于二级及二级以上的阶地、山前丘陵和盆地边缘，一般地形平缓,无明显自然陡坎。

图 5-1　膨胀土失水收缩

图 5-2　黄色膨胀土

图 5-3　褐色膨胀土

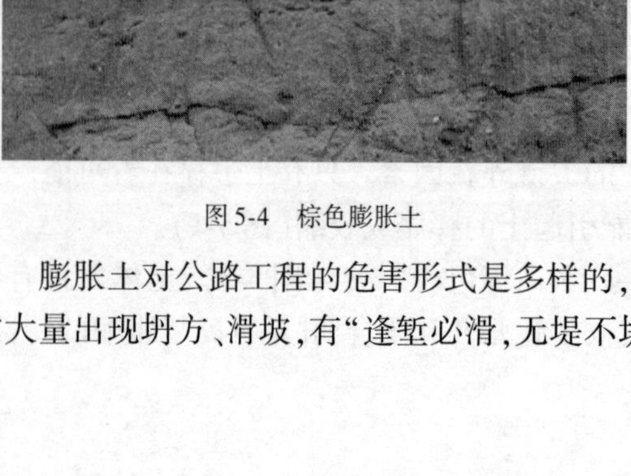

图 5-4　棕色膨胀土

图 5-5　棕黄色粉质黏土

膨胀土对公路工程的危害形式是多样的,变形破坏具有反复性。在膨胀土地区,路基边坡常大量出现坍方、滑坡,有"逢堑必滑,无堤不坍"之说。膨胀土路基病害有以下几种类型。

1.路堑病害

(1)剥落

剥落是路堑边坡表层受物理风化作用,使土块碎解成细粒状、鳞片状,在重力作用下沿坡面滚落的现象。剥落主要发生在旱季,旱季越长,蒸发越强烈,剥落越严重。一般强膨胀土比弱膨胀土剥落更严重,阳坡比阴坡剥落严重。剥落物堆积于边坡坡脚或边沟内常造成边沟堵塞。

(2)冲蚀

冲蚀是坡面松散土层在降雨或地表径流的集中水流冲刷侵蚀作用下,沿坡面形成沟状冲蚀的现象(图5-6、图5-7)。冲蚀沟深0.1~0.5m,深者可达1.0m。冲蚀的发展使边坡变得支离破碎。冲蚀主要发生在雨季,特别是大雨或暴雨季节。冲蚀既破坏了坡面的完整性,也不利于植物的生长。

图5-6 膨胀土裸坡冲蚀

图5-7 膨胀土植物防护边坡冲蚀

(3)泥流

泥流是坡面松散土粒与坡脚剥落堆积物在雨季被水流裹带搬运形成的。一般在膨胀土长大坡面、风化剥落严重且地表径流集中处最易形成。泥流常造成边沟或涵洞堵塞,严重者可冲毁路基、淹埋路面。

(4)溜塌

边坡表层强风化层内的土体,吸水过饱和,在重力与渗透压力作用下,沿坡面向下产生塑流状塌移的现象,称为溜塌(图5-8)。溜塌是膨胀土边坡表层最普遍的一种病害,常发生在雨季,并比降雨稍有滞后,可在边坡的任何部位发生,与边坡坡度无关。溜塌上方有弧形小坎,无明显裂缝与滑面,塌体移动距离较短,且很快自行稳定于坡面。溜塌厚度受强风化层控制,大多在1.0m以内,不超过1.5m。

(5)坍滑

边坡浅层膨胀土体,在湿胀干缩效应与内化作用影响下,由于裂隙切割以及水的作用,土体强度衰减,丧失稳定,沿一定滑面整体滑移并伴有局部坍落的现象,称为坍滑(图5-9)。坍滑常发生在雨季,并比降雨稍有滞后。滑面清晰且有擦痕,滑体裂隙密布,多在坡脚或软弱的夹层处滑出,破裂面上陡下缓,滑面含水富集,明显高于滑体。坍滑若继续发展,可牵引形成滑坡。坍滑厚度一般在风化作用层内,多为1.0~3.0m。

图 5-8 膨胀土溜塌

图 5-9 膨胀土坍滑

（6）滑坡

滑坡具有弧形外貌，有明显的滑床，滑床后壁陡直，前缘比较平缓，主要受裂隙控制。滑坡多呈牵引式出现，具叠瓦状，成群发生，滑体呈纵长式，有的滑坡从坡脚可一直牵引到边坡顶部，有很大的破坏性（图 5-10）。滑体厚度大多具有浅层性，一般为 1.0 ~ 3.0m，多数小于6.0m，与大气风化作用层深度密切相关。膨胀土滑坡主要与土的类型和土体结构关系密切，与边坡高度和坡度并无明显关系。因此，试图以放缓边坡来防治滑坡几乎是徒劳的，必须采取其他有效的防护加固措施。

2. 路堤病害

（1）沉陷

膨胀土初期结构强度较高，在施工时不易被粉碎，也不易被压实。在路堤填筑后，由于大气物理风化作用和湿胀干缩效应，土块崩解，在上部路面、路基自重与汽车荷载的作用下，路堤易产生不均匀下沉，如伴随有土的软化挤出，则可产生很大的沉陷量。路堤越高，沉陷量越大，沉陷越普遍，尤其以桥头填土的不均匀下沉更为严重。不均匀下沉导致路面的平整度下降，严重时可使路面变形破坏，甚至屡修屡坏（图 5-11）。

图 5-10 膨胀土滑坡

图 5-11 膨胀土路基沉陷使路面变形

（2）纵向开裂

路肩部位常因机械碾压不到，使填土达不到要求的压实度，因而后期沉降相对较大。同时因路肩临空，对大气物理作用特别敏感，干湿交替频繁，肩部土体失水收缩远大于堤身，故在路肩顺路线方向常产生纵向开裂（图5-12），形成长数十米甚至上百米的张开裂缝。缝宽2～4cm，大多距外缘0.5～1.0m。

（3）坍肩

路堤肩部土体压实不够，又处于两面临空部位，易受风化影响使强度衰减，当有雨水渗入时，特别是当有路肩纵向裂缝（图5-13）时，容易产生坍塌。塌壁高多在1m以内，严重者大于1m。

图5-12 膨胀土路基纵向开裂

图5-13 膨胀土路堤肩部变形

（4）溜塌

与路堑边坡表层溜塌相似，但路堤边坡溜塌多与边坡表面压实不够有关。溜塌多发生在路堤的坡腰或坡脚附近。

（5）坍滑

膨胀土路堤填筑后，边坡表层与内部填土的初期强度基本一致。但是随着通车时间的延续，路堤经受反复收缩与膨胀作用后，表层填土风化加剧，裂隙发展，当有水渗入时，膨胀软化，强度降低，导致边坡坍滑发生。

（6）滑坡

路堤滑坡与填筑膨胀土的类别、性质、填筑质量以及基底条件等有关。若用灰白色强膨胀土填筑堤身，则形成人为的软弱面（带）；填筑质量差，土块未按要求打碎；基底有水或淤泥未清除，处理不彻底；边坡防护工程施工不及时；边坡表层破坏未及时整治等。这些因素都有可能引发滑坡。因此，膨胀土路堤有从堤身滑动的，也有从基底滑动的（图5-14、图5-15）。

二、膨胀土路基病害处治

1.完善路基排水设施

完善路基排水设施对于膨胀土路基的稳定具有重要意义。对病害区段的所有排水设施均应检查并完善，以使危害路基稳定的地面水、地下水能顺畅地排走，防止积水浸泡路基、地下水浸入路基。为此，应注意以下几点：

图 5-14　膨胀土路基滑坡

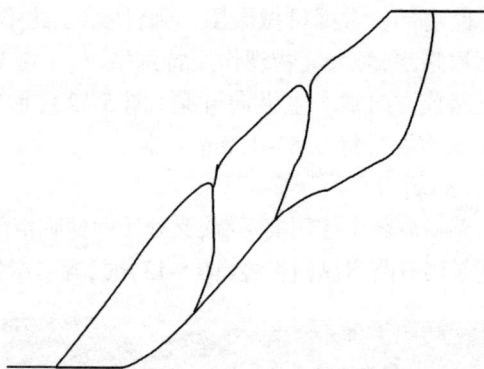

图 5-15　膨胀土路基滑坡图示

(1)所有地面排水沟渠,特别是近路沟渠,均应铺砌和加固,以防冲、防渗。

(2)边沟应较一般地区适当加宽、加深。路堑边沟外侧应设平台,以保护坡脚免遭水浸,并防止剥落物堵塞边沟。

(3)堑顶设截水沟,以防水流冲蚀坡面和渗入坡体。边坡坡顶与截水沟之间应封闭,不得让雨水渗入。截水沟纵坡宜以岗脊为顶点向两侧排水。

(4)台阶式高边坡,应在每一级平台内侧设截水沟,以截排上部坡面水,并宜在截水沟与坡脚之间设一定宽度的平台,以利坡脚稳定。

(5)在填挖交界处和已采用膨胀土作路堤填料的路段增设盲沟排水。

2.膨胀土地基处理

(1)换土

将主要胀缩变形层内的膨胀土全部或部分挖掉(图 5-16),填以非膨胀土(砂、砾石、灰土等),以消除或减小地基的胀缩变形量。换土厚度应由计算确定,使剩余部分土的胀缩变形量在容许范围内。

图 5-16　膨胀土部分挖除

(2)化学改性

化学改性是指利用在膨胀土中加入某些物质,使它们与膨胀土中的固体颗粒发生某种化学反应,从而达到减弱膨胀土的胀缩能力及膨胀力的目的。通常采用石灰和水泥等,对膨胀土进行化学稳定处理,从而达到改良土的性质的目的。

①石灰改性(图5-17和图5-18)。

采用"一灰三土"方式进行填筑,即一层灰土加三层素土。路肩边坡采用厚度不小于2m的石灰土进行包边,防止雨水入渗及内部土壤水分的变化。灰土的石灰掺量为5%,其含水率宜控制在最佳含水率的±4%以内。

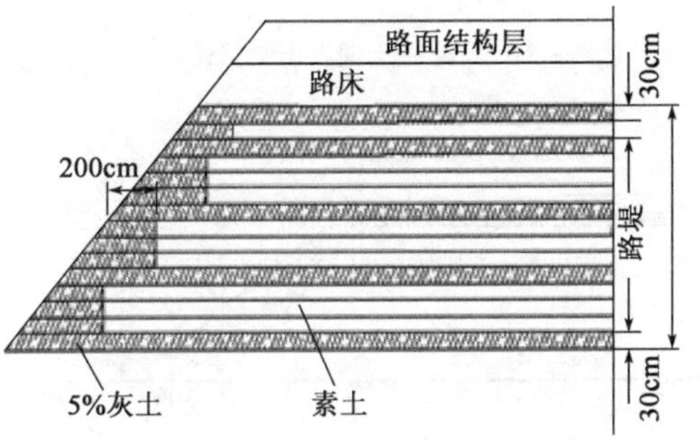

图5-17 一灰三土填筑示意图

图5-18 膨胀土石灰改性

②铺设土工布。

路基填筑75cm铺设一层土工布(图5-19和图5-20),抗拉强度不小于20kN/m,幅宽不小于4m,顶破强度大于1.5kN;防渗土工布(复合土工膜)强度大于40kN/m,幅宽不小于4m,顶破强度大于2kN,渗透系数小于10cm/s。

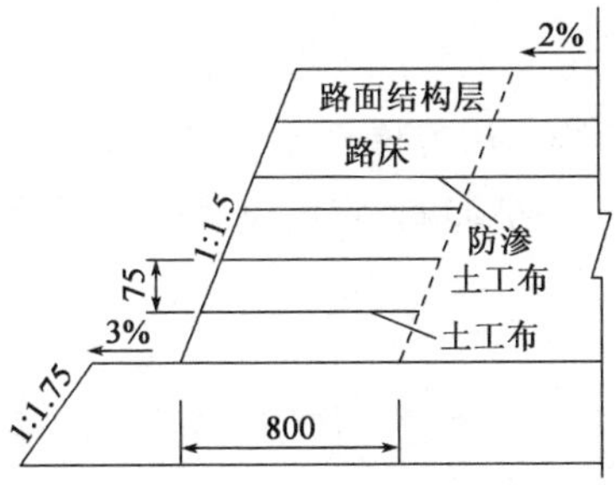

图5-19 铺设土工布示意图(尺寸单位:cm)

图5-20 膨胀土铺设土工布

③铺设土工格栅。

路基填筑50cm铺设一层土工格栅(图5-21和图5-22)。

④改性碎石土包边。

采用改性碎石土对路堤进行包边处理(图5-23)。碎石的掺入量控制在15%左右,粒径一般取2~3cm,松铺厚度控制在30cm左右。

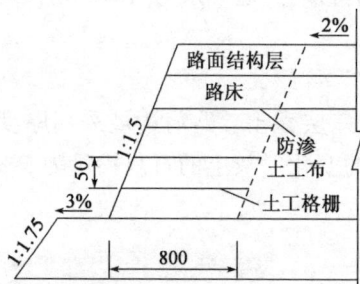

图 5-21 铺设土工格栅示意图(尺寸单位:cm)

图 5-22 膨胀土铺设土工格栅

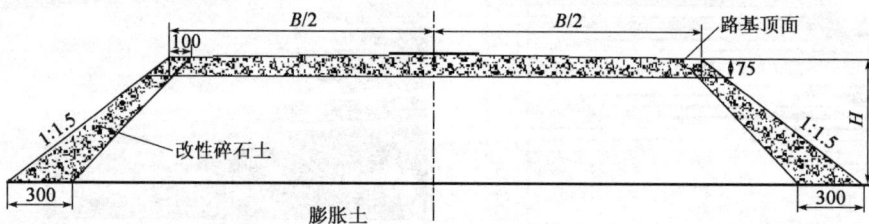

图 5-23 改性碎石土包边处理(尺寸单位:cm)

B-路基宽

3. 坡面防护加固

膨胀土边坡因开挖而产生的施工效应特别明显,挖方使原来处于稳定的膨胀土裸露在边坡表面,大大降低了上覆压力。由于膨胀土边坡比其他土质边坡更易风化、胀缩变形,由此引起的边坡变形危害就更加普遍而严重。坡面防护加固的类型很多,主要应根据边坡膨胀土类别及风化程度等特性合理选择。

(1)铺植草皮

适用于边坡高度不高的土质边坡。植被生长能够保持土壤温度和水分的相对稳定,减少膨胀土干缩湿胀现象的发生。但由于植物根系一般较浅,易被冲刷,宜增设浆砌片石骨架支撑土体。

(2)骨架护坡

主要是用以防止坡面表土风化,同时加强风化层土体的支撑稳固作用,实际上这是一种将长大坡面分割为由若干骨架支撑的小块土坡,进行分而治之的有效措施。在膨胀土边坡防护加固中,常用的骨架护坡形式主要有方格架护坡和拱形骨架护坡(图5-24),此外还有人字形骨架护坡等。骨架护坡施工工序如图5-25~图5-28所示。

①框架梁防护。

用浆砌片石或预制块做成格式或拱式形状的护坡(图5-29),得到大量应用,它具有规则的几何形状,当中间的草长起来时,绿白相间很好看,和它相比,满铺式则稍显单调。骨架的作用在于支撑和分割坡面,消除坡面较大范围内的相互渐变牵引的影响,骨架的宽度及其间距,可视坡体土质调整,常用的骨架宽度为0.5m,间距2m或3m。骨架嵌入坡体表面的深度是确保其防护能力的关键,一般不应小于0.5m,即应该嵌固在表层松土或强风化层以下较坚实的土层上,如埋置较浅的骨架,其隆起变形往往从坡中开始,逐渐牵引而上,导致整个骨架的破坏。

a)防护前

b)防护后

图 5-24 膨胀土边坡骨架护坡前后对比

图 5-25 刻槽施工

图 5-26 开挖

图 5-27 放钢筋笼

图 5-28 浇筑混凝土

图 5-29　框架梁防护

②柔性边坡防护。

柔性设计采用锚杆与挂网联合防护形式,达到了浅层防护作用;肋梁间距 3m,提高了边坡整体抗滑能力(图 5-30、图 5-31)。

图 5-30　柔性边坡防护施工

图 5-31　柔性边坡防护成形后

(3)片石护坡

大多用于边坡土体产生局部塌滑后的整治加固。片石护坡可分为干砌片石护坡和浆砌片石护坡两类。

①干砌片石护坡。

边坡产生局部溜塌变形后,可以及时清除溜塌体,用片石嵌补,以迅速恢复坡面的完整,同时,对受溜塌牵动影响的局部土体,可以起到一定的支护作用;对于调整坡面表土胀缩作用、承受变形,均有一定的效果。

②浆砌片石护坡。

由于浆砌片石护坡整体强度较高,自重较大,对于边坡土体可以起到反压和部分支挡作用。同时,可以及时封闭坡面,防止土体继续风化。因此,采用浆砌片石护坡可以增加边坡稳定性,在路堑与路堤边坡加固中均有使用。

(4)水泥土护坡

水泥土是无机土按比例掺入硅酸盐水泥和水,均匀搅拌,捶实成形,经适当养护硬化而成的一种新型建筑材料(图5-32),用以对强膨胀土和中等膨胀土边坡进行全封闭。

图 5-32　水泥土护坡

工程实践证明,水泥土的变形和强度、耐久性、抗干湿循环、抗渗性、抗冲耐磨性等都能达到工程要求。

4. 包盖法

已出现纵向裂缝的路堤应采用非膨胀土或浆砌片石封闭堤身,用非膨胀土包盖时厚度不得少于1m(图5-33)。同时灌浆封闭裂缝,有条件的地方则换填石灰土改良。

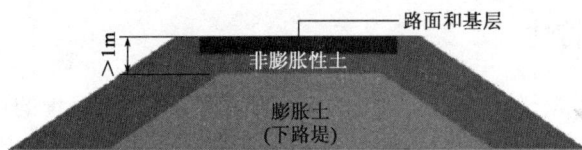

图 5-33　包盖法封闭路堤

5. 支挡结构

支挡结构是防止边坡坍塌失稳,确保边坡稳定的构筑物。其主要作用:对于开挖的强膨胀土或中等膨胀土的边坡作为预防支挡措施,可防止滑坡的发生;对于已发生滑动的边坡作为治理支挡措施,可使工程正常运行。支挡结构物的类型,根据边坡计算滑动推力和滑动面或软弱结构的位置确定。

挡土墙是一种常用的支挡结构。由于膨胀土膨胀性能较强,计算挡墙土压力时需考虑膨胀力的影响。在膨胀土地区修建挡土墙,必须先对松散的坡体进行处理,清除膨胀性能较强的土,回填优良填料或用石灰(石灰剂量6%~8%)对其进行改良,逐层压实。对开裂的坡体,应回填非膨胀土夯塞紧密,防止地表水下渗,挡土墙则采用强度较高的混凝土,其模具可起到临时支撑作用。

若路堑边坡已产生滑动,采用多级抗滑挡墙无法阻止,或因施工困难,如挖基很深,边挖边塌,并能造成更大的滑动趋势者,应酌情考虑改用抗滑桩。用抗滑桩来阻抗边坡土体下滑,具有破坏滑体少、施工方便、工期短、省工省料等优点,是治理深层滑坡的有效方法。抗滑桩一般采用钢筋混凝土钻孔桩或人工挖孔桩,断面直径500~1000mm,桩的间距一般为桩直径的3~

5 倍,桩深入滑动面以下深度为桩长的 1/2。抗滑桩一般布置 2～3 排,呈梅花形布置,以免滑体从桩间滑出。

6.调整坡度

如果用地条件允许,可考虑将边坡适度放缓,坡度须符合《公路路基设计规范》(JTG D30—2015)对膨胀土路堤的相关规定。

任务 5-2　认识黄土地区路基病害

知识目标

掌握黄土的工程特性;熟悉黄土地区路基的主要病害特征及成因分析;掌握黄土地区路基病害的处治方法。

能力目标

能判别黄土地区路基病害类型;能对黄土地区路基病害进行分析及提出处治方案。

一、黄土的工程特性

黄土是在第四纪干燥气候条件下形成的具有多孔性、有垂直节理的黄色粉状性土,有湿陷性,即黄土受水浸湿后会产生较大的沉陷,属低液限黏土,$w_L < 40\%$。其主要特征为:颜色以黄色为主,有灰黄、褐黄等色;含有大量粉粒,一般在 55% 以上;具有肉眼可见的大孔隙,孔隙比在 1 左右;富含碳酸钙成分及其结核;无层理。其中无层理导致黄土地区的路基容易产生各种特有的工程地质问题和病害。

黄土是一种分布较广的特殊土(图 5-34),在我国广泛分布在黄河中游的河南西部、山西、陕西和甘肃大部分地区,以及青海、宁夏、内蒙古的部分地区,而以黄土高原最为集中,这些地区的黄土分布厚度大,地层全面而连续,发育亦较典型。此外,在河北、山东、新疆以及东北三省亦有分布。

图 5-34　黄土

黄土因沉积地质时代的不同,在性质上有很大的差别。黄土的工程分类见表5-1。

黄土的工程分类 表5-1

分类名称	地层名称	地质符号	地质年代	按成因划分类型
新黄土	马兰黄土2	Q_{IV}	全新世(近代)	1. 风积; 2. 冲积或洪积; 3. 坡积
	马兰黄土1	Q_{III}	晚更新世(新第四纪)	
老黄土	离石黄土上部	Q_{III}^2	中更新世(中第四纪)	洪积
	离石黄土下部	Q_{II}^1		
红色黄土	午城黄土	Q_1	早更新世(新第四纪)	冲积

1. 黄土的结构与构造

(1)黄土的结构(图5-35)

黄土的颗粒组成以粉粒(0.05～0.005mm)为主,可达50%以上,其中粗粉粒(0.01～0.05mm)含量又大于细粉粒(0.01～0.005mm)含量

干旱或半干旱气候条件下,土中水分蒸发可溶盐浓缩沉淀形成胶结物;受水浸湿时,结合水联结消失,胶结物溶于水中,结构破坏,发生湿陷。

(2)黄土的多孔隙性

黄土结构中的孔隙可分为如下3类。

①大孔隙:基本上是肉眼可见的,直径0.5～1.0mm。

②细孔隙:是架空结构中大颗粒的粒间孔隙,肉眼看不见,可在双目放大镜下观察。

③毛细孔隙:由大颗粒与附在其表面上的小颗粒所形成的粒间孔隙,肉眼看不见。

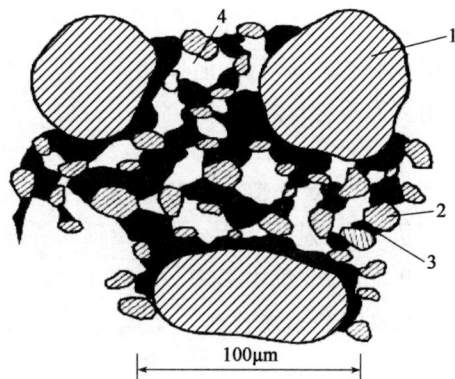

图5-35 黄土结构示意图
1-砂粒;2-粗粉粒;3-胶结物;4-大孔隙

这3种孔隙形成了黄土的高孔隙度,故又称黄土为"大孔土"。

黄土的孔隙率在35%～60%,有沿深度逐渐减少的趋势;在地理分布上则有着自东向西、自南向北孔隙率增大的规律。

黄土中的孔隙呈垂直或倾斜的管状,以垂直为主,上下贯通,其内壁附有白色的碳酸钙薄膜;碳酸钙的胶结对黄土起着加固的作用。

(3)黄土节理

黄土节理以垂直为主(图5-36)。一般在干燥而固结的黄土层中比较发育,土层上部较下部发育,有时在黄土层中也发现有斜节理。由流水不断地沿黄土垂直节理进行侵蚀和潜蚀以及黄土的崩塌作用形成黄土柱(图5-37),有圆柱状、尖塔形,高度一般为几米到十几米。

图 5-36 黄土垂直节理   图 5-37 黄土柱

2. 黄土分区工程特征

根据黄土高原地区黄土分布的特点,黄河中游黄土可分为如下四个区。

Ⅰ东南区:介于吕梁山与太行山之间。本区黄土多分布成零星小块,厚约 50m,由西向东逐渐减薄。黄土主要分布在盆地边缘或河谷阶地上,下伏基岩地形起伏较大,山顶与谷底相对高差一般在 300m 以上,地形不够开阔。

Ⅱ中部区:介于六盘山与吕梁山之间。黄土在整个地区连续覆盖,仅在沟底部及少数山顶才有基岩出露。黄土厚度一般为 100~150m,中间地区最厚。黄土的沉积覆盖了原基岩地形,起伏地形已不易辨认,但仔细分析黄土地貌,可观察到黄土塬的下伏基岩仍比较平坦,梁、峁以下则多为基岩丘陵。

Ⅲ西部区:介于乌鞘岭与六盘山之间。除较高的山顶、大河河谷及深切沟谷下部有基岩出露外,大都为黄土覆盖。黄土厚度一般为 50~100m,以新黄土为主,并由东向西逐渐减薄。本区下伏基岩的起伏较大,基岩山顶和谷底的相对高差大都在 300m 以上,有时可达 500m。

Ⅳ北部区:位于上述三区的北部。北接沙漠,气候干旱,多分布有沙黄土。

3. 黄土的水理特性

(1)渗水性

由于黄土具有大孔隙及垂直节理等特殊构造,其垂直方向的渗透性较水平方向为大。黄土经压实后大孔构造被破坏,其透水性也大大降低。此外,黏粒的含量也会影响黄土的渗透性,黏粒含量较多的埋藏土及红色黄土,经常成为透水不良或不透水的土层。

(2)收缩和膨胀

黄土遇水膨胀,干燥后又收缩,多次反复形成裂缝及剥落。由于黄土在堆积过程中,土的自重作用使粉粒在垂直方向的粒间距离变小,所以具有天然湿度的黄土在干燥后,水平方向的收缩比垂直方向的收缩大,一般大 50%~100%。

(3)崩解性

各类黄土的崩解性相差很大,新黄土浸入水中后,很快就全部崩解;老黄土则要经过一段时间才能崩解;红色黄土浸水后不崩解。

4. 黄土的抗剪强度

一般黄土的内摩擦角为 15°~25°,黏聚力为 30~40kPa,抗剪强度中等。

5.黄土的湿陷性

黄土受水浸湿后,土的结构受到破坏,在外荷载或土的自重作用下,发生显著的下沉现象,称为湿陷。黄土受水浸湿后在土的自重压力下发生湿陷的黄土,称为自重湿陷性黄土;在自重压力下浸湿不发生沉陷,但在附加压力下发生湿陷的黄土,称为非自重湿陷性黄土。

二、黄土路基主要病害

1.边坡变形

黄土地区公路边坡病害破坏形式可归结为两种基本类型,即坡面破坏、坡体破坏。坡面破坏,包括剥落和冲刷等;坡体破坏,包括崩坍、坡脚坍塌、滑坡和流泥等。

(1)坡面剥落

坡面剥落是黄土边坡变形的一种普遍现象,会发生在各种黄土层中(图5-38)。剥落与边坡所处的位置、土质、易溶盐含量有关。一般阳坡比阴坡剥落严重;黏粒含量多的土易剥落;易溶盐含量越大,剥落越严重;易溶盐含量在0.12%以下时,边坡剥落现象较少。虽然这种边坡变形不是坡体整体变形,但对路堑边沟危害极大,会引起其他更严重的边坡变形或破坏,处理也十分困难。

图5-38 黄土边坡坡面剥落

剥落按其形态一般有以下4类:

①鱼鳞状剥落:这种变形易发生在含易溶盐多(一般在1%～2%)的地区,即新第四系风积黄土和冲积洪积黄土中。

②片状剥落:主要发生在新第四系风积和近代坡积的均质黄土层中。这种土层的较陡峻边坡表面,常形成一层厚3～4cm的硬壳,这层硬壳在营力作用下呈大块片状剥落。

③层状剥落:主要发生在洪积冲积黄土互层中,这类黄土多由黏土、砂黏土及砂等互层构成。由于各层的岩性、含水率及含易溶盐情况不同,使得风化的快慢和强烈程度也不尽相同。一般黏粒含量高者,剥落快而严重,相比较而言,粉土粒和砂粒含量高者剥落较轻、较慢,因而形成层状或带状的剥落现象。

④混合状剥落:边坡破面剥落并非如上面那样类型单一,有时几种剥蚀类型同时出现。这

是由于黄土表层的剥落,直接同黄土的岩性有关,因而在同一坡上可能同时出现几种类型剥落现象的混合状剥落。

(2)坡面冲刷

坡面冲刷是常见的公路边坡变形,会引起大量的水土流失。坡面冲刷使坡面呈沟状或洞穴状,一般形成坡肩冲刷坍塌、坡面冲刷串沟、坡面冲刷跌水、坡脚冲刷掏空、坡面冲刷沟穴、岩石接触的冲刷沟穴等。黄土边坡坡面冲刷与土层、岩性、微地貌条件、水文条件等有密切的关系。

(3)坡体崩坍

边坡崩坍是黄土土体沿节理面倒坍和下错的斜坡动力地质现象,是多种自然因素及人为因素综合作用的结果(图5-39)。主要影响因素有地层岩性、地质构造、降水、气温变化、人为因素或地质运动等。对黄土而言,土层节理发育,边坡陡峻,在风化和水的冲蚀、浸润作用下,坡脚严重冲刷,往往会使坡体崩坍。

(4)坡脚坍塌

坡脚坍塌易在湿陷性新黄土中发生。因其结构松散,坡脚松软受水浸湿或冲刷会发生坡脚局部坍塌(图5-40),一般规模较小,但较普遍。坡脚坍塌是产生滑坡的前提,也有可能诱发规模更大的坍塌。

图5-39　坡面崩坍

图5-40　坡脚坍塌

(5)滑坡

滑坡是土体沿着明显的滑动带或滑动面下滑,滑动面呈上陡下缓的圆弧状(图5-41、图5-42)。其产生原因,主要是黄土的强度下降引起的土体稳定性平衡破坏。大型滑坡常发生在松散结构或黄色湿陷性黄土层中,在新黄土中也会出现小型滑坡。滑坡多发生在老黄土和岩土间出现不整合倾斜接触面处,此处的黄土本身稳定性差,遇水作用或其他条件如地震、大爆破等作用下,极易产生土体滑移和崩坍。

(6)流泥

呈斜坡状的黄土如果土质松散,且具有渗水性较小的下卧层时,地下水或在地下水与地表水相互作用下浸润黄土土体,使土饱和形成塑性流动,称之为流泥。它可能诱发其他病害,使边坡出现崩坍或滑坡等更严重的破坏。

图 5-41 黄土滑坡危害

图 5-42 黄土古滑坡

2. 公路地基沉(湿)陷

黄土地基在不利的水环境下,受新建路基的重量作用,极易发生湿陷,导致路基发生不同程度的变形。

3. 陷穴

陷穴是黄土路基病害的一种主要形式(图 5-43、图 5-44)。

图 5-43 陷穴

图 5-44 扩大陷穴

黄土地区修筑的路基,在雨季时大面积汇集的雨水,沿着黄土的垂直节理和大孔隙向路基内部渗透、潜流,溶解了黄土中的易溶盐,破坏了黄土结构,土体不断崩解,水流带走黄土颗粒,形成暗穴,在水的浸泡和冲刷作用下,洞壁坍塌,逐渐扩大形成更大的暗穴或出露于地表的其他形态的陷穴。特别是在地形起伏多变、地表径流容易汇集的地方易形成陷穴,土质松散、垂直节理较多的新黄土中最易形成陷穴。

从地貌看,在黄土塬的边缘、河谷阶地的边缘、冲沟两岸及河床中都常有陷穴分布。阶地边缘、河谷两侧多为坡积的松散黄土,易被冲蚀,因而距离阶地斜坡和沟谷斜坡越近,陷穴越多。阶地高差越大,沟谷越深,由于地表水通过阶地边缘斜坡地带和沟谷斜坡地带时下渗越严重,因而陷穴也越深,有的可深达二十余米。从地层上看,在疏松的新黄土层中,尤其是现代上层湿陷性黄土地层,陷穴越多越明显。地层越早,陷穴发育越受到限制。

三、黄土路基病害处治

1.边坡变形的处治

边坡变形后,一般都先要清除松散土体,必要时在边坡处理面设置台阶,然后逐层填补、压实,最终恢复原设计坡面。因新旧土体的联结效果显著,土工材料在实践中已被广泛使用。

对边坡病害的控制,防护是重中之重。目前,在黄土地区常用的边坡防护方法有直接植草防护、拱式砌石或3m×3m浆砌片石结合植草防护、六角形预制块边坡防护及土工网植被防护等,各有利弊。

2.公路地基湿陷的处治

公路地基湿陷的处理方法应根据公路构造部位、地基处治的厚度、施工环境条件、施工工期和当地材料来源,并经技术经济比较确定。近几年在湿陷性黄土地基处理方面,传统的土垫层法、重夯法等仍在广泛采用;而新兴的地基处理技术,如冲击压实、强夯法、孔内深层强夯技术(DDC)等也开始大规模使用,并取得良好的技术经济效果。强夯法则主要用于Ⅲ级以上厚层自重湿陷性黄土地基、非饱和高压缩性新近堆积黄土地基和人工松填黄土(素填黄土)地基的加固处理,有效处理深度一般不大于8m。DDC主要适用于加固较大面积的厚层高压缩性湿陷性黄土或厚层饱和湿软黄土地基以及深层有采空洞穴或软弱下卧层的不良地基。

(1)冲击压实法

冲击压实机是用三角形或五角形"轮子"来产生集中的冲击能量达到压实土石填料的目的。冲击压实技术应用于大面积湿陷性黄土地基浅层加固处理和黄土路基的补强加固时具有快速高效的技术优势(图5-45、图5-46)。

图5-45　冲击压实机 　　　　　　　　图5-46　冲击压实处理黄土

冲击压实法冲压补强黄土路基,即是用冲击压实机补压经过常规分层振动碾压后已达标的路床,或在高路堤的填筑过程中每间隔一定厚度对高路堤的常规压实层分层冲碾补压。工程实践表明,冲压补强不仅能够有效提高黄土路基的整体强度,减少工后沉降和差异沉降,而且能及时检测普通碾压机具施工中留下的隐蔽缺陷。

(2)强夯法

强夯法冲击能量巨大,它能使深层土体产生冲切变形,从而达到动力密实的目的,因此,它属于深层动力密实法的一种,可以消除较深层黄土的湿陷性,并提高地基承载力,主要用于轻微和中等湿陷等级的厚层自重湿陷性黄土地基、非饱和高压缩性新近堆积黄土地基和人工松填黄土地基的加固处理,有效处理深度一般不大于8m(图5-47和图5-48)。

图5-47 强夯机

图5-48 强夯处理黄土

（3）孔内深层强夯技术（DDC）

DDC是通过机具成孔(螺旋钻钻孔或特制夯锤冲孔)（图5-49），然后通过孔道在地基处理的深层部位进行填料,用具有高动能的特制重力夯锤进行冲、砸、挤压的高压强、强挤密的夯击作业。其不仅使桩体十分密实,而且对桩间土进行挤密,从而提高复合地基承载力,使地基湿陷性得以完全消除。

根据DDC的作用机理和技术特点,该技术可应用在:较大面积的厚层高压缩性湿陷性黄土或厚层饱和湿软黄土地基处理、深层有采空洞穴或软弱下卧层不良地基的处理、高填黄土路堤以及构造物台后填土的加固处理。

图5-49 孔内深层强夯技术处理黄土

3. 黄土陷穴的治理

黄土陷穴对路基的危害甚大,一般均须进行治理,其根治的方法有下列几种:

（1）灌砂。小面积的陷穴,可用砂灌实,用黏土封顶夯实,并改变微地貌,防止雨水流入陷穴的地方。

（2）灌泥浆。洞身不大,但洞壁曲面不直且距路基中线较远的小陷穴,可用水、黏土、砂拌和后进行反复多次灌注。有时为了封闭水道,也可用水泥砂浆。同时也应改变微地貌,防止雨水流入陷穴的地方。

（3）开挖夯填。这是最直观、最可靠的方法,根据洞穴的具体情况,可直接开挖回填,并用黄土分层夯实。

（4）开挖导洞或竖井进行回填。洞穴深,若明挖工程数量较大,可采用开挖导洞方法,由洞内向洞外逐步回填密实。回填前应将洞穴内的尘土清除干净,接近地面0.5m厚时,则改用黏土回填夯实(这里所指的黏土可用红黄土或者黄土)。

任务 5-3 认识盐渍土地区路基病害

✍ **知识目标**

掌握盐渍土特性及分类；熟悉盐渍土地区路基的主要病害特征及成因分析；熟悉盐渍土地区路基病害的处治方法。

✍ **能力目标**

能判别盐渍土地区路基病害类型；能对盐渍土地区路基病害进行分析及提出处治方案。

一、盐渍土的特性及盐渍土地区路基的主要病害

盐渍土是包括盐土和碱土在内的以及不同程度盐化、碱化土壤的统称。在公路工程中指地表全层深度 1m 以内易溶盐类含量平均达到 0.3% 以上的土壤。易溶盐的基本性质见表 5-2。

表 5-2

易溶盐的基本性质

盐 类 名 称	基 本 性 质
氯化物盐类 （$CaCl_2$、$MgCl_2$、KCl、$NaCl$）	（1）溶解度大； （2）有明显的吸湿性，如氯化钙的晶体能从空气中吸收超过本身重量 4~5 倍的水分，且吸湿水分蒸发缓慢； （3）从溶液中结晶时，体积不发生变化； （4）能使冰点显著下降
硫酸盐类 （Na_2SO_4、$MgSO_4$）	（1）没有吸湿性，但在结晶时有结合一定数量水分子的能力； （2）硫酸钠从溶液中沉淀重结晶时，可结合 10 个水分子形成芒硝（$Na_2SO_4 \cdot 10H_2O$）而使体积增大，在 32.4℃时芒硝放出水分，又成为无水芒硝，体积变小； （3）硫酸镁结晶时，结合 7 个水分子，形成结晶水化物（$MgSO_4 \cdot 7H_2O$），体积亦增大，在脱水时，逐渐变为无水分子的结晶化合物，体积随之减小； （4）硫酸钠温度在 32.4℃以下时，溶解度随温度增加而急剧增加，在 32.4℃时溶解度最大，在 32.4℃以上时，溶解度反而下降
碳酸盐类 （Na_2CO_3、$NaHCO_3$）	（1）水溶液有很剧烈的碱性反应； （2）能分散黏土胶体颗粒

（一）盐渍土的分类与分布

1. 盐渍土的分类

按盐渍土的形成条件分类：

（1）盐土

以含有氯盐及硫酸盐为主的盐渍土称为盐土（图 5-50）。盐土通常是在矿化了的地下水水位很高的低地内形成的，盐分由于毛细管作用，经过蒸发而聚集在土的表层。在海滨由于海

水浸渍也可形成盐土。盐土也在草原和荒漠中的洼地内形成,由于带有盐分的地表水流入洼地,经过蒸发,而形成盐土,干旱季节时,盐土表面常有盐霜或盐壳出现(图5-51)。

图5-50　盐土

图5-51　盐渍土地区地表盐霜

(2)碱土

碱土的特点是在表土层中含有少量的碳酸钠和碳酸氢钠,不含或仅含微量的其他易溶盐类,黏土胶体部分为吸附性钠离子所饱和(图5-52)。碱土通常具有明显的层次,表层为层状结构的淋溶层,下层为柱状结构的沉淀层。在深度40~60cm的土层内含易溶盐最多,同时也聚积碳酸钙和石膏。碱土可由盐土因地下水位降低而形成,或由地表水的渗入多于土中水的蒸发时形成。

(3)胶碱土(龟裂黏土)

胶碱土生成于荒漠或半荒漠地形低洼处,大部分是黏性土或粉性土,表面平坦,不长植物。干燥时非常坚硬,干裂成多角形(图5-53)。潮湿时立即膨胀,裂缝挤紧,成为不透水层,非常泥泞。胶碱土的整个剖面内,易溶盐的含量均较少,盐类被淋溶至0.5m以下的地层内,而表层往往含有吸附性的钠离子。

图5-52　碱土

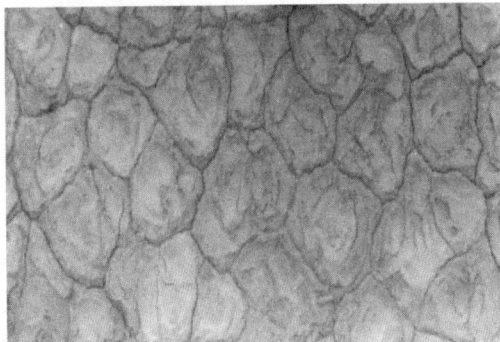

图5-53　胶碱土

2.盐渍土的分布

盐渍土在我国分布面积较广,占全国可利用土地面积的4.88%,新疆、青海、甘肃、内蒙古、宁夏等省(区)分布较多,陕西、辽宁、吉林、黑龙江、河北、河南、山东、江苏等省也有分布。其中新疆盐渍土面积最大,占可利用土地面积的19.25%,占全国盐渍土面积的36.8%。其含盐量通常为 5% ~20% ,有的甚至高达 60% ~70% 。

按地理分布区域,我国盐渍土,可分为两个大区和三个亚区:

$$盐渍土分布\begin{cases}沿海盐渍土区——沿海盐渍土亚区\\内陆盐渍土区——\begin{cases}半干旱与干旱盐渍土亚区\\过干盐渍土亚区\end{cases}\end{cases}$$

各区盐渍土区的特点如下:

(1)沿海盐渍土区。

图 5-54　沿海盐渍土

包括辽宁、河北、山东、江苏等省沿海地区,盐渍土主要是由海水浸渍或海岸退移形成的(图 5-54)。盐渍化类型主要是氯盐渍土,一般含盐量在 5% 以下。该区气候比较湿润,地下水位较高,水对这些地区的盐渍土的稳定性影响最大。

(2)内陆盐渍土区。

①半干旱与干旱盐渍土亚区。

包括新疆、青海、甘肃、内蒙古、宁夏、陕西、河北、河南、山东、辽宁、吉林、黑龙江等省(区)的荒漠、半荒漠地区和部分草原、森林草原地区,其界限大致为:$0.05 < 潮湿系数 K < 0.75$。这一地区的盐渍土常常出现在某些河道附近与平原低洼地带,以及一些灌区附近(图 5-55)。盐渍化主要是水中矿化度高,地下水或地面水经过蒸发后,盐分沉积于土中形成的。这一亚区面积最大,盐渍化类型多种多样,盐渍化程度相差悬殊,气候、地质条件也各不相同。因此,水作用对这一亚区盐渍土稳定性的影响也有很大的差别。

②过干盐渍土亚区。

包括新疆、青海、甘肃、内蒙古等省(区)中最干旱的一些荒漠地区,主要有塔里木盆地、柴达木盆地、阿拉善荒漠等。这一地区的界限大致确定为:年降水量小于 100mm,潮湿系数 K 小于 0.5。这一亚区有最大程度的盐渍化和最丰富的盐类(图 5-56)。可以看到各种类型的盐渍土甚至纯盐的形态。盐类虽然以氯化物为主,但是各种碳酸盐和硫酸盐也都存在,还可遇到在其他地区少见的硝酸盐和硼酸盐。由于过干盐渍土亚区气候非常干燥,在这一地区水对盐渍土的稳定性的影响最小。

图 5-55　半干旱与干旱盐渍土

图 5-56　过干盐渍土(新疆地区盐渍土)

(二)盐渍土路基的主要病害

盐渍土路基病害的主要原因就是盐渍土中的盐分在土中的活动。在干旱季节和干旱地区盐类的胶结和吸湿保湿作用,有利于路基稳定。但当温度下降,或空气相对湿度增加,或受水浸时,导致道路产生湿(溶)陷、盐胀、冻胀、翻浆等病害现象。

1.湿(溶)陷

湿(溶)陷是氯化物盐渍土地区道路的主要病害之一。湿(溶)陷产生的原因是道路盐渍土地基或结构层在淡水作用下,盐分溶解并被水分带走,导致土体强度逐渐丧失。在荷载或自重作用下,盐渍土地基或结构层出现沉陷、孔洞等破坏,并逐渐反映至面层,有的盐渍土地区路面由于湿陷会产生溶洞、坍塌等路基病害,给行车带来危险隐患。

2.盐胀

路基土盐胀的形成是土体内硫酸钠迁移聚积、结晶体膨胀和土体膨胀3个过程的综合结果,土体毛细水上升、水汽蒸发和低温作用而促使盐水向上迁聚是基本条件(图5-57)。在寒冷季节,土中的硫酸钠溶解度急剧降低,多余硫酸钠吸收的分子水不断析出,形成芒硝结晶体,从而使路基土体积增大。盐胀的反复作用,使得路基土体的结构遭到破坏,引起路基整体强度和稳定性下降,产生不均匀沉陷,使路面不平、鼓包、开裂,这是盐渍土地区公路最突出的病害。路基边坡及路肩表层,在昼夜温度变化所引起的盐胀反复作用下,会变得疏松、多孔,易遭风蚀,并易陷车。

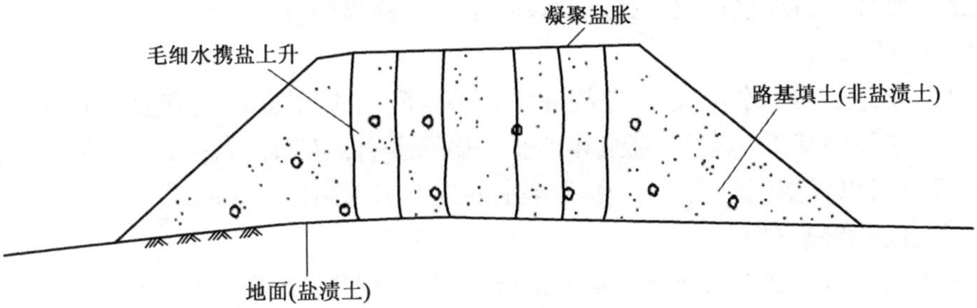

图5-57 盐胀破坏

3.冻胀

当氯盐渍土含盐量在一定范围内时,由于冰点降低、水分聚流时间加长,可加重冻胀;但含盐量更多时,由于冰点降低多,路基将不冻结或减少冻结,从而不产生冻胀或只产生轻冻胀。

硫酸盐渍土对冻胀具有和氯盐渍土类似的作用,但冰点降低不如氯盐渍土多,因此影响不如氯盐渍土显著。

碳酸盐渍土由于其透水性差,所以可减轻冻胀。

4.翻浆

盐渍土地区既具有一般公路翻浆的共性,又有自身的特点。在干燥状态时,盐类呈晶体,地基土有较高的强度,但盐类浸水易溶解,呈液态后土的强度快速降低,强度损失可能超过50%,压缩性增大。含盐量越多,土的液塑限越低,可在较低的含水率时达到液性状态,抗剪强度降低到接近于零。

氯盐渍土有明显的保湿性,使土壤长期处于潮湿、饱水状态,易产生"液化"现象。当含盐量到一定范围内时,不仅可加重冻胀,而且可加重翻浆,主要因为氯盐渍土不仅聚冰多,而且液、塑限低,蒸发缓慢;当含盐量更多时,因其不冻结或减少冻结而不翻浆或减轻翻浆。

硫酸盐渍土具有松胀性,当温度下降时吸收结晶水,体积变大,温度升高时失去结晶水,体积变小,如此不断循环作用,从而使土体变松。松胀现象一般出现在地表下大约为0.3m。

碳酸盐渍土中存在大量的吸附性钠离子,遇水时即发生强烈的膨胀作用,使土的透水性减弱,密度减小,导致地基稳定性及强度降低。由于透水性差,可减轻冻胀,也可减轻翻浆。

二、盐渍土路基病害处治

对盐渍土地区路基病害的防治主要采取完善排水设施、加固结构、去除盐分等方法。

1.保持排水良好

盐渍土受到雨水和冰雪融化的影响,含水率骤增,可能会出现湿化坍塌、溶陷、路基发软、强度降低等现象,以致失去承载力。因此,保持良好排水显得尤为重要。

排水沟需保持0.5%~1%的纵坡;在低矮平坦、排水困难的地段,应加宽加深边沟,或在边沟外增设横向排水沟,其间距不宜大于500m,沟底应有向外倾斜2%~3%的横坡。

对加深加宽边沟的弃土,可堆筑在边沟外缘,形成护堤,以保护路基不被水淹。

还可采用水分隔断措施,隔断毛细水的上升,防止水分和盐分进入路基上部,从而避免路基或路面遭受破坏。措施包括提高路基及设置土工布隔离层。

(1)提高路基高度。

有些盐渍土地区地下水位较高,路堤除了有再盐渍化的问题外,还有会产生冻融和翻浆病害的问题。为了使路基不受冻害、翻浆和再盐渍化的影响,应将路堤高度控制在不再盐化的最小高度,该高度可以根据试验确定,一般为丰水期地下水位高加0.5m。

(2)设置土工布隔离层。

采用土工布割断毛细水和地下渗水也是行之有效的方法,如图5-58所示。土工布可以设置为单层,也可以设置为双层。选择土工布时应根据使用位置和目的,对渗透系数、顶破系数、耐冻性和耐久性等提出具体要求。用于盐渍土地区的土工布,还应具有对硫酸盐、氯盐等盐类的长期抗腐蚀性,阻断毛细水上升的土工布,一般设置在路基和垫层之间,双层时设置在路基和垫层之间以及路基和路面结构面层之间。此外在路基和垫层之间设置一定厚度的滤水层也是行之有效的方法。

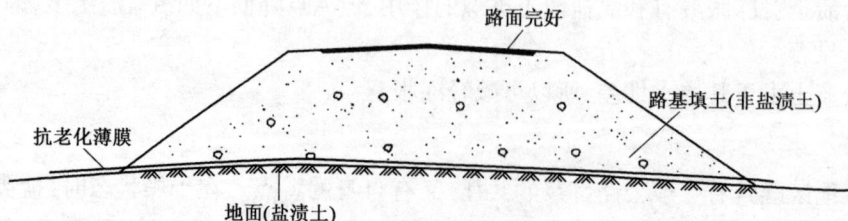

图5-58　土工布隔离层示意图

2.加固结构

加固结构的方法有许多种,如强夯法、浸水预溶加强夯法、挤密桩加固地基法等。对有些地区,除了对地基进行加固外,还应对路肩和边坡进行加固。

(1)路肩加固。

在过盐渍土(含盐量大于8%)地区,需对公路路肩进行加固,加固方法有以下几种:

①用粗粒渗水材料封闭路肩表层;

②用沥青材料封闭路肩;

③就地取材,用15cm厚的盐壳加固。

(2)边坡加固。

为防止边坡水土流失,应结合当地的植物生长情况,种植一些耐盐性的树木或草本植物(如红杨、甘草、白茨之类),以增强边坡稳定性。

对硫酸盐渍土路基,根据需要宜采用卵石、砾石、黏土、废砖头或盐壳平铺在路堤边坡上,以防因边坡疏松、风蚀和人畜踩踏而破坏。

3.去除盐分

盐分是导致盐渍土具有湿(溶)陷、盐胀、冻胀、加重翻浆等特性的根源。因此,去除盐分或者将有害盐分转化成无害或者危害较小的盐分,则同样可以达到处治盐渍土病害的目的。

去除盐分的方法包括换填法、浸水预溶法和化学处理法等。其中化学处理法使用 $BaCl_2$、$CaCl_2$ 掺加剂效果明显。化学反应式如下:

$$Na_2SO_4 + BaCl_2 \longrightarrow BaSO_4 + 2NaCl$$

$$Na_2SO_4 + CaCl_2 \longrightarrow CaSO_4 + 2NaCl$$

由于施工较复杂、费用较高,化学处理法在公路上目前应用较少,尚处于试验阶段。

任务5-4 认识多年冻土地区路基病害

✦ 知识目标

掌握多年冻土地区的路基特性;熟悉多年冻土地区路基的主要病害特征及成因;熟悉多年冻土地区路基病害的处治方法。

✦ 能力目标

能判别多年冻土地区路基病害类型;能对多年冻土地区路基病害进行分析并提出处治方案。

一、多年冻土地区路基的特点及主要病害

温度为0℃或负温,含有冰且与土颗粒呈胶结状态的土称为冻土(图5-59、图5-60)。根据

冻土冻结延续时间,可分为季节性冻土和多年冻土两大类。土层冬季冻结,夏季全部融化,冻结延续时间一般不超过一个季节,称为季节性冻土层,其下边界线称为冻深线或冻结线;土层冻结延续时间在3年或3年以上称为多年冻土。多年冻土主要分布在黑龙江的大小兴安岭一带、内蒙古纬度较大地区,青藏高原部分地区与甘肃、新疆的高山区,其厚度从不足一米到几十米。

图 5-59 冻土

图 5-60 土层中的冰

通过多年冻土地区的公路将改变其原来的水热平衡状态。表层开挖将引起多年冻土的融化和冻土上限下降,土中冰融化为水,使基底承载力大大降低而造成地表沉陷,影响路基的稳定(图 5-61);当修建沥青路面时,由于路面大量吸热,使路基下冻土地温升高引起上限下降,造成热融沉陷变形,有的路段呈反拱状态,从而导致路面破坏;路堤填筑也可能造成冻土上限的升高,以及施工对地表破坏所引起的不良后果等。

在多年冻土地区修筑公路,由于冻土土质、温度、水及荷载的作用引起应力的变化和重分布,从而导致所修筑的路基、路面翻浆、冻胀、融沉。

1. 翻浆

在多年冻土地区,由于在土壤冻结过程中汇聚了过多的水分,且土质状态不好,到春暖化冻时水分不能及时排出,从而造成土基软弱,强度降低。在车辆荷载的作用下,路面发生弹簧、裂纹、鼓包、车辙、唧泥等现象,统称为翻浆(图 5-62)。

图 5-61 路基沉陷

图 5-62 翻浆

2. 冻胀

高寒不良土质中所含的水分在负温下结晶,生成各种形状的冰侵入体而导致土体体积的增大,主要表现是土层表面不均匀的升高,极易引起道路破坏(图5-63、图5-64)。

图5-63　冻胀

图5-64　冻胀丘

3. 融沉

在多年冻土地区,由于地下冰层埋藏较浅,在施工及运营过程中,各种因素使多年冻土局部融化,上覆土层在土体自重和外力作用下产生沉陷,从而造成路基严重变形。主要表现为路基沉降(图5-65),路堤向阳侧路肩及边坡开裂、下滑,路堑边坡热融滑塌(图5-66、图5-67)等。融沉病害多发生在低路堤地段。

图5-65　路堤融沉

图5-66　路堑边坡开挖引起的热融滑塌

路基管涵的融沉变形(图5-68)有助于理解这一破坏的特点。

4. 冰害

冰害主要是指路堤上方出露地表的溪水、泉水在隆冬季节随流成冰,形成积冰掩埋路基面的现象。冰害会造成车轮打滑,危及行车安全。

图 5-67　草包袋覆盖处理热融滑塌后缘

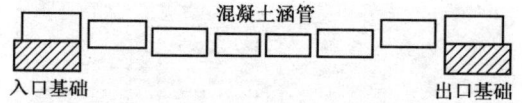

图 5-68　路基管涵融沉变形示意图

二、多年冻土路基病害处治

处理多年冻土路基病害,应根据具体情况,分别采取保护或破坏多年冻土的原则。

在饱冰冻土和含土冰层地段,应采取保护多年冻土的原则,如设置保温层、保温护道、铺筑浅色路面等措施。

在富冰冻土地段,当含水率较高且公路等级较高时,宜采取保护多年冻土的原则;当含水率低,融化后不致发生过量沉陷时,方能考虑破坏多年冻土。

在少冰冻土和多冰冻土地段,允许破坏多年冻土,并按一般路基进行处理。

针对病害的不同情况,可以采取以下措施:

1. 采取"保护冻土"的原则进行路基维护

(1)防雪设施应维护原状态,对被毁残损的设施,应修理加固或补充,使其发挥防雪作用。

(2)在多年冻土地区,地面水无法下渗,容易形成地表潮湿或积水,应将积水引向路基以外排出,避免危害路基。

(3)疏浚边沟、排水沟,防止破坏冻层。若导致冻土融化,将产生边坡坍塌。养路用土或砂石材料,不宜在路堤坡脚或路堑坡顶20m以内采掘,防止破坏冰土,影响路基稳定,采掘时,应分点采掘。

2. 采取导温措施

(1)路基基底保温措施。

基底铺设隔温层,可以补偿路堤基底因表层植被及泥炭受到压缩变薄及压实而导致的热传导性能增加,亦可减少填土蓄热对基底的散热影响,起到保温效果(图5-69)。关于隔温材料的种类,国外有采用泡沫塑料隔热板材的,但造价较高。东北大小兴安岭地表生长的塔头草及泥炭层为良好的保温材料,可就地取材,造价低且施工简便。隔温层铺设厚度一般为0.4~0.6m,上铺0.2m黏土层保护。

铺设防冻层(图5-70、图5-71),也可更换底层土为一定厚度的保温材料,如炉渣等,以调整路基冻结深度,减少路基上冻土的水分聚流现象,同时炉渣具有吸附薄膜水的功能,同时有较好的排水性能,可以使融期路基干燥。炉渣保温层厚度可通过冻渗理论计算,一般不小于0.4m。

a)铺泡沫塑料隔热板

b)隔热板上填土

图 5-69 路堤采用泡沫塑料隔热板保温措施

图 5-70 铺设防冻层

图 5-71 防冻层顶面铺设土工布保温层

当用夯填泥炭、草皮或夯填黏土、草皮铺砌坡面时(图 5-72、图 5-73),边坡坡度采用1∶2 ~ 1∶1.5;当用叠砌草皮、反扣塔头铺砌坡面时,坡度采用1∶1.5 ~ 1∶1。

图 5-72 青藏公路边坡采用的草皮护坡

图 5-73 青藏公路边坡采用的土工网植草防护

(2)冻土层降温措施。

当环境气温稍微上升时,冻土层就会融化,其上路基将产生塌陷;当温度降低时,冻土膨胀,就会把建在冻土上面的路基顶起来而产生病害。在工程中通常采用技术手段将冻土层的温度降下来,即通过"冷却路基"解决冻土对路基稳定性影响的问题。

①在寒季由于气温低于路基内温度,导致路基外密度大的冷空气置换路基内密度小的热空气,使路基内温度降低;在暖季由于气温高于路基内温度,片块石路基可起到抑制对流热传导作用,产生热量屏蔽,使得路基内部保持低温。因此片块石路基能稳定冻土,从而保持路基稳定(图5-74、图5-75)。

图5-74 填筑施工片块石路基

图5-75 填筑成型片块石路基

②在多年冻土地区采用的通风管路基,是一种积极保护冻土的工程措施。其工作原理是:在寒冷季节,有较大密度的冷空气在自重和风的作用下将通风管中的热空气挤出,并不断将周围路基土体中的热量带走,达到保护地基土冻结状态的目的(图5-76、图5-77)。通风管路基主要由路基土体和通风管构成(图5-78、图5-79)。

图5-76 片块石填筑路基热量交换示意图(排出热量降低土层温度)

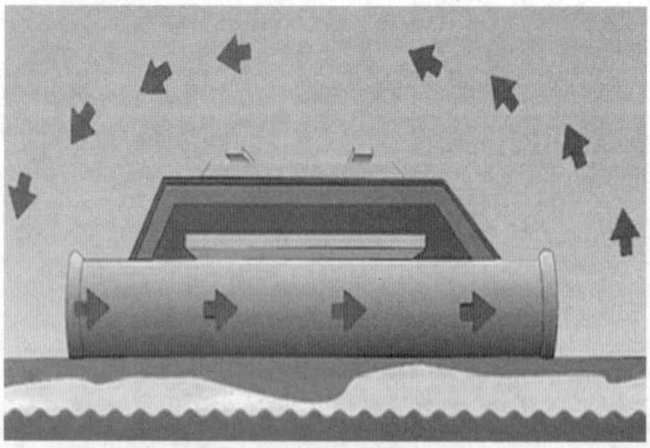

图5-77 通风管路基工作原理示意图

③通过热棒技术降低土层温度,达到稳定路基的目的(图5-80)。热棒埋入地下的部分称为蒸发段,地上的部分称为冷凝段。在冬季,由于地温比气温高,蒸发段吸热后使得底部的液态氨蒸发上升,然后在顶端被冷却后从外层的内管壁流下,如此循环往复,将土体中的热量带出,从而实现土体的降温(图5-81、图5-82)。

图 5-78 通风管路基

图 5-79 通风管风门

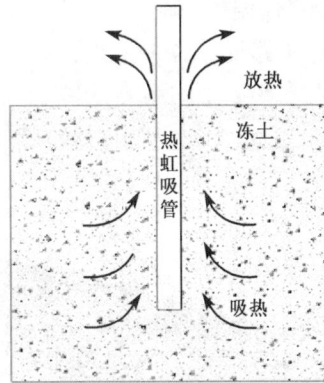

图 5-80 热棒工作原理示意图

a)坡脚设置的热棒

b)坡顶设置的热棒

图 5-81 路堑设置的热棒

图 5-82　路堤设置的热棒

（3）导温盲沟。

导温盲沟也称为冷暖盲沟，是由炉渣横向暖沟与卵石纵向冷沟联合组成的。其原理为：通过在路基基底间隔设置的横向暖沟，使土基冻结滞后，而在路基两侧设置的纵向冷沟，由于其填料的温度传导系数大且通风良好，使其周围的路基土先行冻结，因而，路基土中的水分必然向冷沟附近的冷却区聚集。春融时，冷沟附近冻土及冻体先行融化，土中水由纵向盲沟中排出。这样，整个基床土分期融冻，分期冻结，路基湿度大大降低，整体承载力得到提高。实践中曾采用40～200mm粒径的卵石用土工布包裹代替反滤层，效果较好。

（4）设置保温护道。

多年冻土路堤的另一保温措施是设置保温护道（图 5-83 和图 5-84），用以减少及削弱热传导作用对多年冻土的影响，用黏性土填筑的保温护道可阻挡和减少路堤坡脚处地表水渗入基底，防止基底冻土融化。护道材料宜根据"就地取材，方便施工"的原则，并结合防水综合考虑。

图 5-83　路基保温护道

图 5-84　采用碎石护坡保温

（5）土工布、EPS 导温垫床。

土工布具有隔离、渗滤、排水、加固和强化土体的作用，在整治一般翻浆中已广泛应用。EPS 是一种新型防冻土工聚合材料，呈泡沫状。通过可发性聚苯乙烯储存、预发泡、成熟处理及模制过程加工而成。

3. 提高路堤且保证路堤的最小高度

确定路堤的最小高度，需要考虑多种因素。它既与区域气候密切相关，又与填料类别、地表下泥炭层厚度，及其以下的冻土介质特性和采取的保温措施（图 5-85）有关，但最主要因素是区域气候。

当路堤填土高度达不到最小填高要求时，或在饱冰冻土及厚层地下冰地段用细粒土填筑的路堤高度达不到最小填高要求时，应进行基底处理。

图5-85　遮阳棚路基

（1）基底的天然覆盖，如塔头草、泥炭等不应挖除，并且应从路基坡脚20m外挖取塔头草填于基底塔头草空隙，使之成为良好的隔温层。

（2）当冻土层上的覆盖层较薄时，可以将饱冰冻土或地下冰全部换填。如饱冰冻土或地下冰埋藏较厚，也可部分换填，但换填厚度和路堤填高之和应不小于路堤最小高度。换填材料以粗颗粒土为宜，或选用水稳定性较好的细颗粒土，并做好地表排水。

（3）路堤底部设置毛细隔断层，其厚度一般不小于0.5m，以避免地下水上升至路堤内部。为防止隔断层受污染而阻塞失效，在其上部应铺一层反滤层（草皮或土工织物）。

（4）设置保温护道和护脚。在饱冰冻土及地下冰地段填筑路堤，当靠近基底仍有饱冰冻土层或地下冰层，并有可能融化时，在填方坡脚一侧或两侧设置保温护道或护脚。

4. 路堑段的治理

细颗粒土和多年冻土地段路堑，由于开挖引起冻土融化，黏性土呈可塑状态，砂性土呈潮湿状态，一般不影响基底稳定，可不换填，对黏性土基底可适当加深边沟及加大纵坡。为防止冻土融化而产生边坡滑坍，路堑边坡应适当放缓至1∶1.12~1∶1.5，或考虑用草皮加固。对于富冰冻土地段的路堑，除放缓边坡外，基底尚应换填不小于0.5m厚度的渗水性土。

饱冰冻土及地下冰地段的路堑，为避免冻土融化产生边坡滑坍及基底松软，应采用边坡保温措施（图5-86）及基底换填措施（图5-87）。

图5-86　边坡设置遮阳板

路堑坡顶避免设置截水沟(图5-88),宜修挡水埝并与坡顶距离不小于6.0m。

图5-87　路堑底部铺设保温材料

图5-88　坡顶铺设隔水土工布

5. 冻害路基的治理

(1)将路基上侧的泉水,夹层、透水层的渗水,从保温暗沟导流出路外。若含水层尚有不冻结的下层含水层,可将上层水导入下层含水层中排出。

(2)提高溪旁路基的高度,使其高于涎流冰面50cm以上。涎流冰是指在寒冷气候条件下,地下水或地面水漫溢到地面或路面上,自下而上逐层冻结,形成涎流冰(图5-89),东北地区常称为"冰湖"。因受地形或纵坡限制,不能提高路基高度时,可在临水一侧路外缘点,或在路侧溪流初结冰后,从中凿开一道沟,用树枝杂草覆盖,加铺土或雪保温,使水流沿水沟流动,避免溢流上路;也可将溪流改至远离公路的地方通过。

图5-89　涎流冰

(3)在多年冻土区,可在公路上侧远处开挖与路线相平行的深沟,以截断活动层泉流。在冬季使涎流冰聚集在公路较远处,保障公路不受涎流冰的影响。

(4)根据涎流冰的数量,在公路外侧修筑储水池。

6. 保护地表植被及泥炭层

地表应多为活地被植物及泥炭层所覆盖,这些活地被植物及泥炭层是多年冻土良好的保温层。因为植物介于大气层和地层之间,积极参与两者之间的热量交换,对土的冻结和融化均有很大影响。尤其是夏季,植物能遮挡太阳的强热辐射,减弱地表的受热程度,减少进入土中的热量,减缓冻土的融化速度,减少冻土的融化深度。冬季,植被使土中的热量不易散发,减缓土的冷却速度。植物根系具有保持一定水分的能力,若为苔藓及泥炭,吸水能力更强。

任务 5-5 认识沙漠地区路基病害

知识目标

掌握沙漠地区路基的特点;熟悉沙漠地区路基的主要病害特征及成因;熟悉沙漠地区路基病害的处治方法。

能力目标

能判别沙漠地区路基病害类型;能对沙漠地区路基病害进行分析,并提出处治方案。

一、沙漠地区的特点及沙漠地区路基主要病害

地球上荒漠面积约占地球陆地总面积的 15%,主要分布在南北纬 15°~35°、亚热带高气压控制的范围,以及温带的大陆中心。在这些沙漠地区,气候干燥,雨量稀少,年降水量在 250mm 以下,有些沙漠地区的年降水量甚至在 10mm 以下。

我国的主要沙漠有新疆塔里木盆地的塔克拉玛干沙漠和准噶尔盆地的古尔班通古特沙漠、内蒙古阿拉善高原的巴丹吉林沙漠、腾格里沙漠和库布齐沙漠、内蒙古东部高原的混善达克沙地和呼伦贝尔沙地、鄂尔多斯高原的库布齐沙漠和毛乌素沙地、青海柴达木盆地的柴达木沙漠,形成一条西起塔里木盆地东至松嫩平原西部,东西长约 4500km、南北宽约 600km 的沙漠带。新疆塔克拉玛干沙漠如图 5-90 所示。

图 5-90　新疆塔克拉玛干沙漠(流动沙丘)

中国沙漠分布区气候干旱,降水稀少,年降雨量自东向西递减,东部沙区年降雨量可达
250～500mm,内蒙古中部及宁夏一带沙区年降雨量在150～250mm,阿拉善地区及新疆的沙区
年降雨量均在150mm以下,其中塔克拉玛干沙漠东部及中部年降雨量不及25mm。沙漠地区
全年日照时间一般为2500～3000h,无霜期一般为120～130d,10℃以上活动积温,除内蒙古
东部一些沙区外一般多在3000～5000℃。气温变化很大,年均温差为30～50℃,日温差变
化更为显著。风季风速可达5～6级,风沙日数也在20～100d,个别地区可占全年天数的
1/3。

(一)沙漠地区路基的主要病害

沙漠地区由于气候比较干燥,风沙大,地表植被均较稀疏、低矮,容易发生边坡或路肩风
蚀,或整个路基被风带积沙掩埋;沙漠地区虽然降雨量小,但一般降雨均为暴雨,易造成水毁
病害。

沙漠路基的主要病害是沙害,沙害分为沙埋和风蚀。

1. 沙埋

(1)沙埋原因。

公路沙埋主要有两种:一是风沙流通过路基时,由于风速减弱,导致沙粒沉落、堆积,掩埋
路基;二是沙丘移动而掩埋路基(图5-91)。

图5-91 沙埋

(2)沙埋类型。

①片状沙埋:片状沙埋的面积较大,形成也较迅速,主要发生在风沙流活动的地区。初期
积沙较薄,通过养护尚能维持通车,若沙源丰富、积沙日益增厚,则会阻断交通。

②舌状沙埋:在流动沙丘地区,当路线横切沙丘走向时,或在风沙流活动地区,当路基
上风侧有障碍物时,均可形成舌状沙埋。舌状沙埋形成迅速,厚度较大,一场大风即可使交
通中断。

③堆状沙埋:主要发生在流动、半流动沙丘地区,沙丘前移上路,造成大量的沙子堆积,形
成堆状沙埋。堆状沙埋的发展需要一定的时间,能够预测和预防,但一经形成,因积沙量大,危
害严重,处理比较困难。

2. 风蚀

在风沙的直接冲击下,路基上的沙粒或土颗粒被风吹走,出现路基高度削低、掏空和坍塌等现象,从而引起路基的宽度和高度的减小。风蚀的程度与风力、风向、路基形式、填料组成及防护措施等有关。

(1)路堤

当主导风向与路基处于正交时,迎风侧路肩及边坡上部风蚀较严重,背风侧则较轻。当主导风向平行路基时,两侧路肩及边坡上部均易遭受风蚀。

(2)路堑

路堑边坡的风蚀一般均较严重,风蚀程度则随路线与主导风向的交角而有所不同。当风向与路线平行时,两侧坡面被多风蚀成条沟状;当风向与路线正交时,迎风坡面的局部地方则易被掏空呈犬牙状。通过放缓边坡降低对风沙的阻挡(图5-92)。

图5-92 放缓边坡(路堑边坡坡率1:4)

(二)沙害路段的维护

(1)掌握风沙运动规律,加强并坚持风季时沙漠公路的巡逻检查,维护路基周围一切防沙设施的完好性,对路基两侧原有的沙障、石笼、风力加速堤或用黏土覆盖的植被、防沙栅栏及砌石护坡或草格防沙设施(图5-93~图5-98)进行维护。

图5-93 编织布方格固沙

图5-94 沙袋方格固沙

图 5-95　稻草方格固沙带

图 5-96　芦苇立式栅栏阻沙带(地面以上高度130cm)

a)

b)

图 5-97　芦苇行固沙带

图 5-98　沙漠公路棉花秆防护

（2）采取阻、导沙相结合的方法，通过立式侧导栅栏或阻沙栅栏，将移动的沙丘或沙丘链转化成风沙流通过公路。

（3）维护路基两侧现有植物的正常生长，并有计划地补植防沙树木和防护林（图5-99）。

图5-99　植物防风固沙

（4）路基边坡上出现的风蚀、空洞、坍缺应予填实，尽快恢复路基原有形状，并加做护坡。

（5）路肩上严禁堆置任何材料或杂物，以免造成沙丘。公路上的积沙，应及时清除，并运到路基下风侧20m以外的地形宽阔处摊铺平顺。

二、沙漠地区病害处治

沙漠地区病害处治的基本方法有以下几种。

1. 柴草类防护

（1）层铺防护：采用麦草、稻草（图5-100）、芦苇、沙蒿、野麻或其他草类，将其基杆砍成30～50cm短节，从坡脚开始向上每层按5～10cm厚度层铺、灌沙、拍实。如采用沙蒿等带有根系的野生植物时，可将其根茎劈开，并使根系向外，按上述方法进行层铺。沙蒿可用10年以上，其他多为3～5年，材料用量大。

图5-100　路堤边坡层铺稻草防护

（2）平铺植物束成笆块：采用各种枝条、芦苇、芨芨草等，扎成直径5～10cm的束把，或编织成笆块,沿路基坡脚向上平铺,以桩钉固定,可用5~10年,但材料用量大。

(3)平铺或叠铺草皮:以40cm×50cm为挖取一块草皮的尺寸,其厚度10~15cm,沿路基坡脚向上错缝平铺或叠铺,一般可用3~5年,如能成活,可起永久稳固边坡的作用。

2.土类防护

采用塑性指数大于7的黏性土掺砾石防护,或将盐盖打碎为5cm的碎块平铺黏性土封闭防护如图5-101所示。

3.砾、卵石防护

(1)平铺卵石防护。平铺卵石并夯实(图5-102~图5-104)。

图5-101 黏性土封闭防护

图5-102 路堑边坡采用平铺碎砾石

图5-103 路肩平铺碎砾石

图5-104 平铺碎砾石夯实

(2)格状砾卵石防护。用10cm以上的卵石在边坡上做成尺寸1m×1m或2m×2m并与路肩边缘成45°的方格,格内平铺粒径较小的砾石。

4.沥青防护

(1)平铺沥青砂。采用10%~20%热沥青与80%~90%的风积沙混合后平铺拍实。

(2)直接喷洒沥青或渣油。采用低标号沥青或渣油,加热后洒在边坡上,然后撒一薄层风积沙。

任务5-6   认识山区路基病害

知识目标

熟悉山区路基的主要病害特征及成因;熟悉山区路基病害的处治方法。

能力目标

掌握山区公路水毁的成因及病害特点;能对山区公路水毁病害进行分析,并提出处治方案。

一、山区路基的特点及主要病害

我国是一个多山的国家,西部地区地域辽阔,山川纵横,气候多变,自然地质条件复杂。在自然风化、水冲击、自重力的作用下,物料易松散,稳定性差,易导致公路路基病害。边坡病害是山区公路最基本的病害类型,包括土质边坡的坡面冲刷、坍塌、剥落,石质路堑的崩塌、落石,以及我们熟知的滑坡、泥石流等。在本书边坡病害处治已有论述。本节主要介绍山区公路另一典型病害——水毁。

(一)路基水毁的形式

山区公路的水毁,形形色色,各式各样,有水毁滑坡、泥石流,有坡面冲沟、坍塌,也有淤塞涵洞、掏挖路基、冲垮桥梁等。本节主要介绍路基的水毁。

路基水毁的具体表现形式有:

(1)路基上方山体的坡积层较厚,未采用支挡结构物进行支挡,在强大的山洪作用及水对土的浸润作用下,使坡积层与支撑面之间的抗滑力下降,导致整个路基整体下滑(图5-105)。

(2)路基的上侧边坡塌方、滑坡,加重路基负荷,造成路基滑移。

(3)沿河路基对岸山坡出现塌方、滑坡或泥石流等,造成河道淤塞,从而改变水流方向,导致强大的冲刷作用力冲刷路基坡脚或冲击路基防护结构,使得路基边坡失稳、塌方。

(4)填方路基浸水挡墙(驳岸)、防护结构的基础埋深不够,或无防护加固措施,引起路基水毁(图5-106)。

(5)路基因水浸泡和出现沉陷导致路面开裂沉降。

(二)路基水毁的成因

造成水毁的原因错综复杂,但可以简单归纳为两个方面:自然因素和人为因素。

1.自然因素

引发或诱导路基水毁的自然因素,主要有以下三个方面:

图 5-105　路基整体下滑

图 5-106　浸水挡墙冲塌导致路基水毁

（1）地质原因。

公路水害的成因和活跃程度受地质构造的影响。对于断裂构造,存在一定的构造带且风化强烈,为泥石流、塌方、滑坡等灾害提供了充分的固体物质。泥岩、页岩经强烈风化后,又为这些灾害提供了细颗粒的物质,从而造成桥涵淤塞、河床抬高,引发路基垮塌等多种病害发生。

（2）地形、地貌原因。

公路地形高低悬殊,山坡陡峭,在重力和水力作用下,松散、稳定性差的物料易导致垮塌和水土流失,为各种公路水害的产生和发展提供了条件。如山体植被稀少,自然横坡较大,局部性暴雨强度较大、频率高,河床比降大,则公路水毁损害程度较大。

（3）气象原因。

雨季降雨集中,一次降雨量大,易为公路水害的形成提供丰富充足的水分条件;松散的固体堆积物在强降雨的作用下,含水率达到饱和时,黏结性、黏聚力迅速降低;在强降雨形成的地面径流冲击下,固体堆积物力的平衡很快被破坏,各种塌方、滑坡、泥石流等水害便发生,从而导致或诱使水毁发生。因此,气候因素也是水毁发生的原因之一。

2. 人为因素

人为因素实际是指人对环境的破坏,是公路水害产生的直接原因。公路沿线的经济建设,沿线土地开发和不合理的人类活动破坏了自然生态平衡,破坏了山体的稳定性。在设计、施工中可能导致水毁的问题主要有:

（1）在路基上侧山坡有不稳定的坡积地段,未设置山坡挡土墙或设置方式不合理。

（2）对汇水面积和降雨强度大的路堑上方山坡未设置截水沟、未进行植物防护或设置方案不合理。

（3）对于路基附近的滑坡体未采取处治措施。

（4）对于有可能发生泥石流的地段,或发生过泥石流的地段,未采取拦挡、导流措施,或措施不力。

（5）对山区地面横坡或河床纵坡、水流流速估计不足,实际水流对道路边坡及防护加固结构物本身和基础冲击作用力过大,造成严重冲刷。

（6）路基上、下边坡未设置加固措施,或防护、加固措施不得力。

（7）沿河路基浸水挡墙（或驳岸）、护坡等断面尺寸小,基础埋深不够或施工砌筑质量差,整体性不足。

二、山区路基水毁的处治措施

路基水毁较轻时,并不影响车辆通行,可待水毁结束后及时采取相应措施进行处治。但当水毁严重导致交通阻断时,必须立即采取措施控制损失和修复道路,及早恢复通行。

1. 水毁的临时修复

（1）抢修工作原则。

①保证重点,照顾全面。

②先干线,后支线。

③先修通,后恢复,抢修与恢复相结合。

④先路基、桥涵,后路面工程。

⑤干线公路应随毁随修,力争水退路通,待雨季过后再进行恢复。

（2）修复措施。

公路水毁抢修,要因地制宜,就地取材。对于路基水毁,可以分析水毁原因,按照有关养护修理的要求进行修复。如路基发生坍陷,应迅速使用已备好的土料进行修补;如路基行车部分已泥泞难行,应将稀泥挖出,撒铺砂粒料维持通车;对靠近河流、湖塘及洼地的路基,因洪水猛涨并不断冲刷路基,使路基发生塌陷时,可以根据具体情况,适当采用下面几种方法进行抢修:

①在受水冲刷的部分抛石埠、砂袋、土袋等。

②洪水冲刷,并有波浪冲向路基时,可在受水浪冲击的部分,用绳索挂满芦苇编成的芦排或带树头的柳树,以防水浪冲打路基。

③如果路基边坡已大部分塌陷,可以在毁坏部分,顺路方向每米打一根木桩,桩旁铺设秸料或树枝,并填土挡水（图 5-107）,或用草袋装上砂石、黏土等材料填筑。

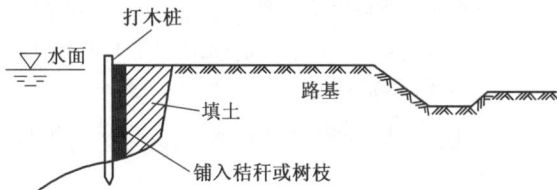

图 5-107　打桩护路基

④当路堤有被洪水淹没危险时,可在临河一面的路肩上,用草袋或黏土筑成土埂临时挡水。根据漫水的深度、路基宽窄、材料取运难易,可采用下面几种方法:

a. 填土赶水法。

路基漫水长度不大,漫水深度在 0.3m 以下时,可以直接从两头填土把水排出,填土厚度要比现有水面再高出 0.3 ~ 0.5m。填土后先将表层夯实维持通车,或采用砂砾、碎砖、炉渣等矿料填筑,提高路基,以维持通车。

b. 打土堤排水法。

如路基漫水较长,漫水深度在0.5m以下时,可在漫水路段的两侧路肩上,用草袋装土堆起两道土堤,先把路基上面的水围起来,然后将土堤里面的水排出,露出原路面后,有的可以直接通车,如土壤较湿软时,可以再撒铺一层砂或碎砖、炉渣后再通车,如图5-108所示。如果路基浸水深度在1m左右时,可打桩筑堤。每道堤必须先打两行木桩,间距和行距都是1m左右,木桩直径一般为10~15cm,打好木桩后,在桩里面铺秸料,然后在中间填土踏实,做到堤不漏水,以后再把围起来的水从路上排出,并在原路上铺一层砂料、碎砖等维持通车。

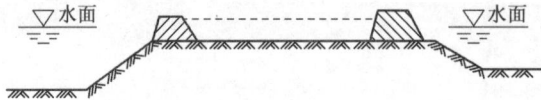

图5-108　打土堤排水

⑤某段路基被冲毁时,须立即抢修便道便桥,作为维持通车的临时设施,但需保证使用期间的行车安全。便桥可打桩或用石笼作桥墩,不宜过高,以免增加施工难度、费用和拖延时间。

2. 水毁后的修复

(1)一般水毁之后,应及时采取相应措施进行彻底修复。

(2)路基或构造物出现大型水毁事故后,应在分析水毁原因的基础上制订方案,进行测量、设计,编制概预算,上报省(区、市)公路部门审批。根据批准的方案和实施计划,严格按操作规程和工程质量要求进行施工。

3. 水毁的预防

大多数水毁导致的后果较为严重,往往会阻断交通,且修复十分困难。极少数路段遭遇严重水毁后,即使全力抢修,当年都无法恢复通车,造成了巨大的经济损失和不良的社会影响。所以,预防水毁发生才是最为经济和有效的途径。预防水毁的主要措施如下:

(1)路线设计尊重自然、注重生态环境的保护。

在公路建设过程中,一定要尊重自然规律,建立和维护人与自然相对平衡的关系。在设计阶段,尽可能避免切割自然界的走向和延续,保持自然的完整性;公路选线时应力求避免经过地质水文不良地段,降低公路建设对原始地形、地貌的自然性和稳定性的影响,减少对原生态环境的破坏。

(2)重视水文调查和水力计算。

路线经过泥石流区或山区小河时,公路、桥梁在选线时应尽量采用横穿。沿溪线浸水路堤及护岸基础埋置深度应进行冲刷计算,特别是对位于河流中泓线一侧、河流弯道凹岸一侧的基础埋深,更应特别注意计算结果是否正确、可靠。

(3)完善道路排水设施。

排水设计的标准应与公路的重要性以及对毗邻设施产生的危害相适应。因此,应高度重视路基排水系统(包括边沟、截水沟、急流槽跌水井以及沿溪线调治构筑物等)的设计,完善路面排水(路肩排水、中央分割带排水)设计。各种排水设施的尺寸和形式要根据降雨量、汇水面积等实际情况灵活选择。排水设施应自然、系统、完善,要保证路界内的地表水迅速、快捷地排出路界以外。养护部门汛前应认真检查排水设施畅通情况,由过去以汛期水毁抢修为主转变为以预防为主。

(4)采用合适的防护结构工程。

路基防护应贯彻协调、自然的原则,遵循"因地制宜、就地取材、以防为主、防治结合"的方针。在边坡稳定性不足地段,充分考虑边坡岩土性质、环境气候条件、排水条件等多种因素的影响,灵活运用工程防护和植被防护,达到加固和防护兼顾、刚柔相济的效果,防止边坡冲蚀破坏,使路基不致因地表水流和气候变化而失稳。

①对于沿河路堤、河滩路堤需进行冲刷防护,可采用一些直接措施,如石砌防护、抛石与石笼防护等。

石砌防护,与路基边坡坡面防护基本类同,但堤岸的水毁主要原因是洪水急流,水位变化不定,水流速度较大,相应的要求更高。盛产石料的地区,当水流速度达到3.0m/s或更高,石砌防护无效时,可采用抛石防护。当水流速度达到或超过5.0m/s时,则改用石笼防护,也可就地取材,用竹笼或梢料防护,必要时可以采用土工织物软体沉排护坡或设置支挡结构物(驳岸等)。

②可以采取一些间接的冲刷防护措施,如设置导治结构物或实施改河工程。

导治结构物主要采取设坝形式,按其与河道的相对位置,一般可分为丁坝、顺坝或格坝。顺坝大致与堤岸平行,主要作用为导流、束水、调整流水曲度、改善流态。格坝在平面上成网格状,设于顺坝与堤岸之间,防止高水位时水流溢入冲刷坝内岸坡和坡脚,并促进格间的淤积。丁坝大致与堤岸垂直或斜交,将水流挑离堤岸,束河归槽,改善流态。顺坝也称为导流坝,丁坝也称为挑水坝。

公路工程中用于防护堤岸的改移河道,主要目的是:将直接冲刷路基的水流引向旁处;路基占用河槽后,需要拓宽河道;挖滩改河,清除孤石,改移河道,以保护路基;裁弯取直,有利布置路线或桥涵。这些措施,如经过论证可行,确有必要且效益高时,方可通过设计计算,最后实施。

案例分析

案例5-1:新疆塔克拉玛干沙漠公路的综合防护措施

塔里木沙漠公路横穿世界上最大的流动性沙漠——塔克拉玛干沙漠,在绿化带建成前经常受到流沙侵蚀路基路面和沙丘压埋公路的影响。沙漠公路顺着沙丘间低地起伏延伸,路面最大起伏可达25m,如不采取防护措施,则路面随时会被流沙吞噬。

1994年起,首先进行防沙绿化先导试验,利用地下水造林,并筛选出柽柳、沙拐枣、梭梭草等一批适应沙漠环境的造林树种。1999年完成生物防沙试验工程,2001年建成防护林生态示范工程,为实现沙漠公路的全线绿化奠定了基础。工程技术人员采取了配套完备的防护设施,全线形成"阻、固、输、导、控"相结合的完整防沙体系,仅北段公路(共219km)编扎的芦苇草方格面积就达2000万m²,草方格外侧竖立由尼龙网、芦苇排建造的阻沙栅栏长446km。草方格为正方形,边长 1m,其设防根据公路两侧沙丘和风信情况而定,一般宽度在 20~100m。2003年7月,总投资 2.2 亿元的沙漠公路绿化工程开工建设。沙漠公路沿线将利用沙漠地下水,栽种红柳、沙枣等耐旱沙生植物,并将在公路两侧营造六条绿色林带。

沙漠公路的路堤防护有四层防护网:

一、阻沙栅栏

阻沙栅栏高 1.3m、厚 8cm,位于公路两侧 150m 以外,每隔 20m 左右打一根胡杨木立柱,两立柱间用芦苇束制成栅栏,其作用是阻止远处的风沙大量涌入沙漠公路,并且每隔一定距离留一 20m 左右的通道,作为野生动物的通道。如图 5-109 和图 5-110 所示。

图 5-109 沙漠公路阻沙栅栏

图 5-110 芦苇墙阻沙栅栏

二、高沙障防护

高沙障是一种坚韧的土工布,在一定间距的立柱间拉高沙障土工布,高沙障底面被埋在沙子里,其作用也是防止风沙进入沙漠公路(图 5-111)。

图 5-111 沙漠公路高沙障防护

三、草方格防护

草方格有两种:一是用芦苇制成方格,方格为正方形,边长为 1.0m;二是棉花秆防护,人工将棉花秆用铁丝绑扎好,然后扎入沙漠(图 5-112、图 5-113)。

图 5-112　用铁丝绑扎棉花秆

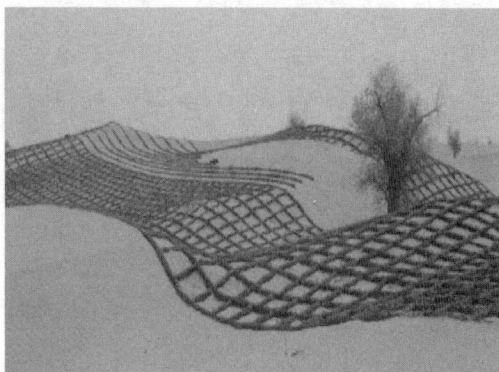

图 5-113　棉花秆防护

棉花是新疆的特产,其种植面积广,棉秆在沙漠公路中的应用,也是公路建设就地取材的典范。

四、红柳及梭梭草等植物防护

在前三种防护措施的实施基础上,还需要植物防护,红柳和梭梭草是沙漠里最耐旱的植物,被大量应用在沙漠公路防护上(图 5-114)。红柳和梭梭草这条绿化带的建成,使得塔里木盆地的野生动物也开始沿着这条绿色通道迁移和繁殖。

红柳丛已长得郁郁葱葱,400 万亩的植物防护像两条绿色的长龙,伴随着沙漠公路一路前行(图 5-115)。

图 5-114　滴灌技术保证红柳成活

图 5-115　植物防护让沙漠公路做到了人进沙退

塔里木沙漠公路采用沙基振动干压实和土工布加固沙基的方法修筑路基(图 5-116、图 5-117),以及砂砾石基层和沥青碎石面层的路面结构形式。首先将沙基振动干压实后全幅铺筑土工布,每铺层土工布夹铺一层砂,同时加入固结剂,然后分层碾压,像将砂放到了一个巨大的"袋子"里,保证了砂基的强度及压实度;然后在修筑的路基上再铺筑砂砾石基层;最后摊铺沥青碎石面层(图 5-118 ~ 图 5-121)。

图 5-116　铺土工布

图 5-117　全幅铺设土工布

图 5-118　铺砂石材料

图 5-119　整平砂石层并压实

图 5-120　摊铺沥青路面

图 5-121　沥青路面压实

思考与练习

一、选择题

1. 以下属于膨胀土地区路堑病害的是(　　　)。

A. 剥落　　　　　　　B. 冲蚀　　　　　　　C. 滑坡　　　　　　　D. 深陷

2.多年冻土路基的主要病害是(   )。

  A. 翻浆   B. 滑坡   C. 冻胀   D. 冰害

3.盐渍土地区路基排水沟要保持(   )的纵坡。

  A.0.5%~1% B.1%~1.5% C.1.5%~2% D.2%~2.5%

二、填空题

1.去除盐渍土地区盐分包括_____、_____、_____三种处理方法。

2.温度为_____或含有_____且呈_____的土称为冻土。

3.沙害分为_____和_____。

4.黄土地区公路边坡病害破坏形式可归结为两种基本类型,即_____、_____。

5.风蚀的程度与_____、_____、_____及_____等有关。

三、名词解释

1.盐渍土

2.水毁

3.草格栅防护

四、问答题

1.抗滑桩的处治要点及适用范围有哪些?

2.黄土的湿陷性原因是什么?

3.多年冻土常产生哪些病害?

4.沙漠地区防护的处治要点有哪些?

5.简述盐渍土地区去盐化的主要方法。

6.山区水毁的处治方法有哪些?

7.黄土地区边坡变形的处治方法有哪些?

项目6
PROJECT SIX

防护工程和排水设施的病害处治

知识目标

掌握防护工程和排水设施病害类型。

能力目标

能判别防护工程和排水设施病害类型。

一、认知防护工程病害

路基防护工程可分为坡面防护工程与支挡工程两类。坡面防护工程是防止路基被冲刷和风化,主要起隔离作用的设施。支挡工程是防止路基或山体因重力作用而滑塌,主要起支承作用的结构。常见病害类型如下:

1. 坡面防护工程病害

(1)植物防护工程出现缺损;

(2)锚杆挂网喷浆防护工程出现破损、裂缝、掉块露筋、局部脱落、坍塌、鼓胀;

(3)主动式柔性防护网的锚钉出现锈蚀,被动式柔性防护网出现紧固部位锚栓松动或立网变形;

(4)冲刷防护工程受洪水、波浪或流水冲击出现坡脚破坏甚至冲毁等。

2. 支挡工程病害

(1)支挡结构表面风化破损、泄水孔堵塞等;

(2)结构局部损坏,出现墙身开裂、滑移、墙身鼓出,发生基础下沉、错台等;

（3）结构严重破坏，出现滑动、整体失稳、倾覆、倒塌、严重开裂等。

二、认知排水设施病害

排水设施主要分为地面排水设施和地下排水设施，养护应及时有效。

地表水和地下水对路基都会造成危害。地表水包括雨水、雪水及大小河沟、溪水等，这是路基排水的主要对象，也是对路基造成危害的主要水源。地下水包括饱气带水、潜流水及层间水等，其对路基土体的浸湿、饱和和冲蚀，是使路基失去稳定、丧失强度的重要原因。常见病害类型如下：

1. 地面排水设施病害

沟渠断面形状改变，线形衔接不顺；沟内有淤积淤塞或长草现象，流水不畅通；沟壁开裂破损、沟底断裂漏水。

以部分地面排水设施为例，具体病害表现为：

（1）边沟主要病害有沟渠淤积、溢流冲刷、盖板断裂、沟渠加固面破坏等。

（2）排水沟主要病害有沟渠淤积、溢流冲刷、沟渠加固面破坏及出水口冲刷等。

（3）截水沟主要病害有沟渠淤积、沟渠冲刷、基础失稳、溢流冲刷等。

（4）急流槽主要病害有溢流冲刷、出水口冲刷等。

2. 地下排水设施病害

堵塞、淤积、结构损坏。

任务6-2　分析防护工程和排水设施的病害成因

知识目标

掌握防护工程和排水设施病害成因。

能力目标

能分析各种防护工程和排水设施病害形成原因。

一、防护工程的病害成因

公路路基坡面防护工程病害主要有植物防护病害、骨架防护病害、圬工防护病害、支挡工程勾缝脱落、表面破损、裂缝、泄水孔堵塞、沉降缝、伸缩缝破损变形、基础冲刷淘空、墙体破坏等，成因分述如下：

1. 植物防护病害

植物防护病害成因主要是草皮死亡、树木缺株导致植物防护失效，以及坡面水流冲刷使得植物冲毁。

植物防护作为土质边坡的常用防护手段,在植物防护施工初期,由于植物根系尚未完全扎入边坡稳固层,在受到外界因素扰动时,边坡会产生滑动或者其他形式的破坏,或者扰动较大、超过植物防护作用时,植物防护并不能起到预期的加固效果,导致植物防护出现各种形式的破坏。

2. 骨架防护病害

骨架防护一般用于防护土质或风化岩石边坡。由于土质或风化岩石边坡其强度低,在水流、重力等因素作用下,会导致骨架防护的骨架结构与土体分离,或是在土压力作用下,骨架断裂或整体倾倒,从而使得骨架防护失去防护作用(图6-1)。

3. 圬工防护病害

圬工防护常用在风化、软弱或破碎围岩边坡工程中,以圬工结构抵抗边坡土压力,将边坡岩土体与外界环境隔离,用以保护边坡岩土体,在沿河滨水位置圬工防护还能起到防止水流冲刷的作用。圬工结构产生破坏(图6-2),一般是环境影响和圬工结构本身强度与耐久性不足所致。

图6-1　骨架防护病害

图6-2　圬工防护病害

4. 勾缝脱落

勾缝抹面能强化浆砌防护工程。勾缝砂浆易在雨水表面径流作用下冲刷散失,导致勾缝脱落。除环境影响外,与勾缝料强度、施工质量控制也有关。

图6-3　表面破损

5. 表面破损

表面破损主要是指浆砌片(块)石或预制块破碎松动、砂浆脱落(图6-3)。主要是因为勾缝损坏出现后,维修不及时,雨水冲刷下渗,发展为大面积散失、脱空和剥落。

6. 裂缝

防护工程裂缝通常有两种:一是在坡顶有错台的裂缝,主要因为路基发生不均匀沉陷;二是坡面有错台的裂缝,通常伴随坡面表面不平整,主要由砌体背侧填料滑动引起。

7. 泄水孔堵塞

浆砌护坡和挡土墙设置的泄水孔堵塞,不利于排除背侧填土积水,会增大台背土压力。堵塞的主要原因有:施工过程中泄水孔被杂物堵塞;建成后泄水孔入口反滤材料被堵塞、反滤材料含泥量大或填土进入了反滤层。

8. 沉降缝、伸缩缝破损变形

支挡工程沉降缝、伸缩缝出现破损变形,一般是由于结构不均匀沉降,或者是沉降缝、伸缩缝被颗粒材料填充、变形量不足以适应热胀冷缩的影响,而被挤裂或拉开。

9. 基础冲刷淘空

在临河、冲沟地段的防护与支挡工程,常因雨水急速冲刷基础,使底部材料被形成的涡流冲蚀、卷起带走。随着冲刷深度和范围的增大,导致基础脱空,如不及时处理则会进一步导致结构物失稳破坏(图6-4)。

出现此类病害,主要是对冲刷估计不足,基础的设计埋深较浅,或基础上游采挖干扰水流等原因导致。

10. 墙体破坏

浆砌护坡和挡土墙墙体破坏,多为背侧土压力作用造成,如图6-5所示。

图6-4 挡墙基础冲刷

图6-5 墙体破坏

11. 导流构造物的损坏

导流构造物的损坏主要是受水流作用,基础被淘空,构造物自身被冲刷,洪水期受到波浪、漂流物等冲击,使构造物本身开裂、移到或被冲毁。

二、排水设施病害成因

路基排水设施病害主要是因为暴雨引起的地面径流、积水及毛细水上升。成因分述如下:

1. 排水设施淤积

成因主要有:

(1)挖方坡面土体在雨水冲刷的作用下,滑溜并堆积在边沟或截水沟内造成淤积。

(2)挖方路段碎落台宽度不足,部分风化物掉落堆积在边沟内造成边沟淤塞(图6-6)。

图6-6　边沟淤塞

（3）边沟出水口间距过长，泥沙等在水流输送过程中沉淀堆积。

（4）水流流速小于防淤流速。

2.排水设施沟渠冲刷

沟渠冲刷成因主要有：

（1）排水设施未进行加固或加固后达不到防冲刷要求，有些排水设施铺底未采用砂浆抹面。

（2）在风化、冻融的长期作用下很容易发生冲刷破坏。

（3）排水设施连续长度过长，沿程不断有水流汇入，从上游到下游流量不断增加，水深也不断增加，当水流流速大于防冲刷流速后就可能造成对沟渠的冲刷。

3.排水设施基础失稳、沉陷

（1）截水沟靠坡外侧土体松散，降雨渗流造成滑塌，如图6-7所示。

（2）沟渠基底未进行处理或基底压实强度不足，致使地基不均匀沉陷，造成沟渠断裂，如图6-8所示。

（3）沟渠渗水引起基底土体沉陷，从而使沟渠失去支撑而断裂。

图6-7　平台截水沟破坏

图6-8　截水沟破坏

4.排水设施溢流冲刷

成因主要有：

（1）设计过水断面过小，不能满足泄水能力要求。

（2）坡面沟渠转弯处，水流在离心力的作用下溢出沟渠，引起冲刷。

（3）沟渠淤积致使有效过水断面减小，造成水流溢出沟渠，引起冲刷。

（4）急流槽底消能设施设置不当，使得水流外溅溢出，冲刷外坡面土体，产生病害。

5. 边沟盖板断裂

车辆在行驶过程中偶尔碾压到盖板，或车辆临时停放在边沟盖板上，致使盖板破裂。

6. 出水口冲刷

成因主要有：

（1）急流槽直接接入天然沟渠时，虽然在衔接处一般设有消力池，但往往会在消力池后产生冲刷坑。若冲刷深度超过消力池的埋置深度，消力池底部就会被径流水掏空，消力池整体结构失去支撑下沉并导致急流槽出水口破坏。

（2）出水口处未设置消能设施，在流水冲刷的作用下使出水口周围坡地形成冲沟。随着冲沟不断发展，沟渠出口处形成一个冲刷坑，坑内的泥沙不断被带往下游，就会造成出口悬空、坍塌。出水口破坏后还会不断向上游发展，引起上游沟渠坍塌；沟渠破坏长度越大，形成的冲沟越长，任其发展，最终可能危及整个路基的安全。

7. 排水设施加固面的破坏

成因主要有：

（1）浆砌块（片）石沟渠勾缝不饱满、抹面不密实。

（2）预制板边沟加固，接缝料脱落或接缝有裂隙，水分透过缝隙进入板后，在流水的作用下带走填料。

任务 6-3　制订防护工程和排水设施病害处治措施

知识目标

掌握防护工程和排水设施病害处治措施。

能力目标

能够制订合理的防护工程和排水设施病害处治措施。

一、防护工程病害处治

（一）植物防护病害处治

植物防护的树种应选择适合当地土质、气候，生长迅速、根系发达、枝叶茂盛、成活率高的乔木类或耐水淹的灌木类。植树宜在春、秋季或雨季进行。如在干燥季节植树,应注意浇水,直至树成活为止,并应检查植树成活情况,如有缺株应及时补种。

植物防护病害处治主要是植物的养护,对草和树木应适时浇水、施肥和除虫,保障植物正常生长。为了达到美化的效果,应适时进行修剪、整形。对于草皮死亡、树木缺株,应进行补植。由于水流作用,植物根部被冲空,坡面及坡顶裂缝、隆起,坡面局部冲沟时,应进行维护,或改变防护形式。如由于水流速度大,植物被冲毁,可改为抛石、护岸等防护形式。对于因坡面水流作用使坡面植物受损的,可针对坡面大小、水流情况,在坡面上设置截、排水沟引导水流,防止地表水过度冲刷植被;因植被阻塞地下水出口,引起坡面隆起、边坡失稳,应根据地下水出露情况,设法引导地下水流出路基外。

(二)工程防护与支挡工程病害处治

应分析工程防护与支挡工程病害原因,并观察其发展趋势,根据结构类型及破损情况,采取合理的养护加固措施。

1.泄水孔堵塞,墙后积水

(1)泄水孔内被杂物堵塞,排水不畅,应清除孔内堵塞物。

(2)泄水孔进水口处反滤材料被堵塞、填土进入反滤层,如条件许可,可开挖墙后填土,重新填筑反滤材料。

(3)泄水孔设置位置不当,不起排水作用。应针对水情增设泄水孔,同时还应加做墙后排水设施,防止降雨积水引起土压力增加或冻胀,挤坏挡土墙。

2.砖石、混凝土或钢筋混凝土挡墙裂缝、断裂

对裂缝、断裂进行观察,如已停止发展,应及时进行修理、加固,其方法是将裂缝缝隙凿平,用水泥砂浆填塞;对混凝土挡墙裂缝,可采用环氧树脂凝固;对裂缝较宽、较深,墙内形成空洞的,可先用细混凝土封堵裂缝外围,预留孔洞,然后进行压浆处理。

3.挡土墙倾斜、局部鼓出、滑动、下沉、坍塌

(1)锚固法加固。

锚固法加固适用于水泥混凝土或钢筋混凝土挡土墙(图6-9、图6-10)。采用直径在25mm以上的高强钢筋作锚杆(螺纹钢),穿入预先钻好的孔道内,用环氧水泥砂浆压注灌满孔道(扩孔后的岩体部分)固定锚杆,等砂浆达到一定强度,对锚杆进行强拉后用锚头固结。

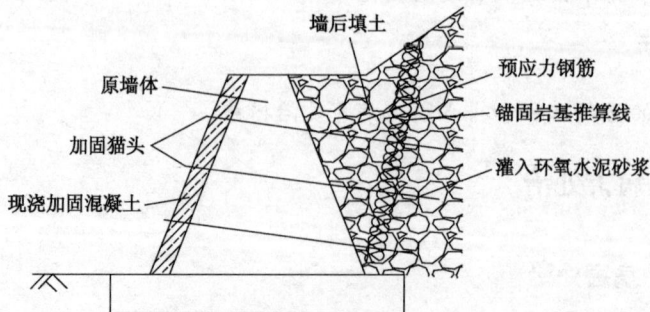

图6-9　锚固法加固挡土墙示意图

（2）增建支撑墙加固法。

在挡土墙的外侧，每隔一定距离，增建支撑挡土墙。支撑挡墙土尺寸和间距应通过计算确定。支撑墙加固法加固挡土墙，如图6-11所示。

图6-10 锚固法加固挡土墙示意图

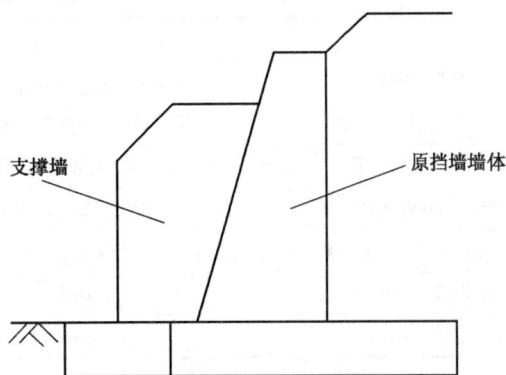

图6-11 支撑墙加固法加固挡土墙示意图

4.砖石、混凝土或钢筋混凝土挡土墙表面风化剥落

应将风化表层凿除、喷涂水泥砂浆保护层，防止剥落恶化。当风化剥落严重时，应将风化部分拆除重砌。

5.添建或接长挡土墙

应与路线或原挡土墙协调，与挡土墙两端连接的土边坡若被水流冲成沟槽或缺口，应及时填补、夯实，恢复原状。

6.坡面防护工程病害处治

（1）坡面防护工程出现局部松动、脱落、损坏、隆起、裂缝等病害时，应按原防护形式及时修复。

（2）坡面防护工程出现大面积脱落、严重变形时，应及时拆除重建。

（3）植物防护工程出现缺损时，应及时补栽修复。

（4）当锚杆挂网喷浆防护工程出现破损、裂缝、掉块露筋时，应及时喷浆修补；出现局部脱落、坍塌、鼓胀时，应清理坡面，重新挂网喷浆处治。

（5）当主动式柔性防护网的锚钉出现锈蚀时，应进行防腐处理；防护网内出现落石汇集时，应及时清理；防护网出现破损时，应及时修补；对于被动式柔性防护网，当出现紧固部位锚栓松动或立网变形时，应及时更换或增设。

7.冲刷防护工程病害处治

（1）冲刷防护工程受到洪水、波浪或流水冲击，坡脚发生局部破坏时，应及时采取抛压片石防护、石笼压盖等措施进行处治。

（2）冲刷防护工程发生冲毁时，应调查冲毁的原因，对既有构造物进行评估，根据受损情况及时进行维修加固或重建。

8. 支挡工程病害处治

(1)支挡工程出现表观损坏时,可结合日常养护进行处治。

(2)支挡工程病害处治措施可参照表6-1选用。

支挡工程病害处治

表6-1

支挡工程类型	处 治 措 施	
	局部损坏(含墙身开裂、滑移、墙身鼓肚、承载力不足等)	结构失稳(含整体失稳、倾覆、倒塌、严重开裂等)
重力式挡土墙	支撑墙、锚固、加大截面	支撑墙、抗滑桩加固、拆除重建
悬臂式、扶壁式挡土墙	加大截面、支撑墙	支撑墙、抗滑桩加固、拆除重建
锚定板、加筋挡土墙	支撑墙、锚固	支撑墙、抗滑桩加固、拆除重建
板桩式挡土墙	锚固	抗滑桩加固
锚杆挡土墙	锚固	抗滑桩加固

(3)发生倾覆、坍塌等结构失效情况时,应查明原因,及时进行加固或拆除重建。

(4)挡土墙基础尺寸或地基承载力不满足要求时,宜采用加大截面法、注浆加固法、截排水加固法等。

(5)挡土墙基础嵌固段外侧岩土体的水平抗力不满足要求时,可采用增设锚杆、抗滑桩以及注浆加固等措施。

(6)挡土墙的泄水孔堵塞时,应及时疏通;无法疏通时,应选择适当位置增设泄水孔,或在挡土墙背后增设排水设施。

(7)采用锚固法加固时,挡土墙应符合下列规定:

①应合理确定新增锚杆的位置及预应力值,使挡土墙和加固构件受力合理。

②进行新增锚杆预应力设计时,应考虑原支护体系锚杆锚固力值;新增锚杆锁定预应力值宜与既有锚杆预应力一致,以利于新旧锚杆共同发挥锚固作用。

③锚杆外锚固部分与原支护结构间应设传力构件;当已有挡土墙挡板不满足加固锚杆的传力时,可设格构梁、肋或增厚挡板;格构梁应设置伸缩缝,设置间距为 10～25m,缝宽 2～3cm,并填塞沥青麻筋、沥青木板或其他新材料。

④钻孔时应合理选择钻孔机具,维持挡土墙整体稳定,并采取措施,减少钻孔对原挡土墙的扰动。

⑤在锚固条件较差的岩土层中,锚固法注浆宜采用分层多次高压注浆。

(8)采用加大截面法加固挡土墙时,应符合下列规定:

①应考虑墙身加大截面后对地基基础的不利影响;土质地基加大截面部分基础宜采用钢筋混凝土板式基础。

②加固后的支护结构应按复合结构进行整体计算。

③新增墙体应采用分段跳槽的实施方案,稳定性较高的部位应优先施工,必要时可采用削方减载等措施,保证施工安全。

④挡土墙或基础采用钢筋混凝土时,加大截面部分浇筑混凝土前,应采取凿毛、植入连接钢筋等措施,保证新、旧混凝土结合为整体。植筋锚固长度宜为(10～20)d(d 为钢筋直径)。

⑤挡土墙为砌体材料时,应先剔除原结构表面疏松部分,对不饱满的灰缝进行处理,加固部位采取设水平齿槽或锚筋等措施,保证新加混凝土与挡土墙结合为整体。

(9)采用抗滑桩加固挡土墙时,应符合下列规定:

①抗滑桩宜设置在挡土墙的外侧。

②抗滑桩加固锚杆挡土墙宜设于肋柱中间。

③抗滑桩加固桩板式挡土墙宜设于桩的中间,等距布置,且新增抗滑桩与原有桩中心距不宜小于二者桩径较大者的 2 倍。

④抗滑桩宜紧贴挡土墙现浇,或在抗滑桩与挡土墙面之间增设传力构件。

⑤抗滑桩护壁设计时应考虑挡土墙传来的土压力作用。

⑥边坡稳定性较差时,抗滑桩施工应间隔开挖,及时浇筑混凝土,并应防止抗滑桩施工对原支护结构安全造成不利影响。

(10)挡土墙拆除重建施工应符合下列规定:

①挡土墙应分段拆除,拆除时应采取措施,保证墙后填土的稳定。

②应处理好新旧墙的结合,保证新墙与原挡土墙结合成为整体。

③墙背回填时,应恢复原排水设施。

9. 锚固结构病害处治

(1)锚固结构发生严重应力松弛时,宜采用预应力锚索(杆)二次补张拉或新增锚索(杆)补强法进行维修加固;发生锚固结构断裂或内锚固端失效滑移时,应在邻近位置增设新的锚固结构。

(2)新增锚固结构应符合下列规定:

①锚索(杆)应结合原支护体系中的锚索(杆)间距错开布置,且应合理布置内锚固段位置,必要时改变锚索(杆)的倾角。

②锚索(杆)锚固段应穿过已有滑裂面或潜在滑裂面不小于 2m,且满足边坡稳定性要求。

(3)锚固结构发生锚头严重锈蚀、封锚混凝土破坏时,应及时进行锚头防腐处理,修复封锚混凝土。

(4)发生地梁、框架脱空、开裂时,宜采用浅层注浆法、加大截面法、新增框架结构或预应力锚索(杆)进行维修加固。

10. 抗滑桩病害处治

(1)抗滑桩表面出现蜂窝、麻面、露筋、裂缝等表观破损以及混凝土局部压溃造成钢筋保护层剥落等病害时,应根据具体情况采用填充修补、注浆、表面封闭等方法进行养护处治。

(2)抗滑桩发生结构性拉裂、侧向稳定性不足时,可采用增加预应力锚索方法进行补强。

(3)出现抗滑桩倾斜、滑移时,应及时增设预应力锚索框架或补桩。

(4)发生混凝土或钢筋被剪断或折断等结构性破坏,或对原有的抗滑桩采用结构补强后不能恢复至设计要求的抗滑能力时,可采用增设钢筋混凝土抗滑桩或钢管抗滑桩、注浆、增设预应力锚索(杆)等措施进行加固处治。

二、排水设施病害处治

对地面、地下各种排水设施应加强日常养护,排除堵塞,疏导水流,保持水流通畅。检查发现有破损等病害应及时采取措施修复。

（一）地面排水设施修复

对于各类地表排水沟渠,应保证设计断面形状、尺寸和纵坡满足排水要求。沟内有淤积、沟壁损坏、边坡松散滑塌,造成沟渠断面形状改变时,应及时清淤和修复。雨季前应及时清理盖板边沟、更换破损的盖板,盖板设置不得影响路面的排水功能。

泄水槽损坏时应及时修复,防止水集中冲刷涵洞。超高路段排水设施应及时疏通,避免水下渗至路基。

跌水和急流槽病害处治应符合下列规定:

（1）进出口冲刷现象严重时,进水口应进行防护加固,出水口应进行加固或设置消力池。

（2）基底不稳定时,急流槽底可设置防滑平台,或设置凸榫嵌入基底中。

（3）急流槽较长时,应分段铺砌,且每段长度不宜超过 10m。连接处应用防水材料填塞,密实无空隙。

（二）地下排水设施修复

当地下排水设施堵塞、淤积、损坏时,应及时清理维修。

（1）对暗沟应经常进行检查,如发现堵塞、淤积,应进行冲洗清除。

（2）发现渗沟沟口长草、堵塞,应及时进行清理和冲洗。如碎（砾）石层淤塞,起不到排水作用时,则应翻修,并剔除其中颗粒较小的砂石,以保持空隙,利于排水。如位置不当,则应根据情况另行修建。

（3）对排水暗管进行疏通、改建时,应符合下列规定:

①暗管堵塞时,宜采用刮擦法、冲洗法、真空吸附法等方法进行疏通。

②暗管排水进出口应定期清除杂草和淤积物。检查井和竖井式暗管门应盖严,发现损坏或丢失应及时换补。

③暗管排水量达不到排水要求时,应进行改建,暗管的直径应根据排水量确定。

（4）边沟排水暗管由于边坡位移等原因发生变形开裂时,应及时采取加固或更换措施。

（5）反滤层和顶部封闭层失效时,应及时翻修。

（6）渗井、渗水隧洞病害处治应符合下列规定:

①应加强渗井、渗水隧洞出水口的除草、清淤和坑洼填平等工作。寒冷地区保温设施失效时,应及时更换或维修。

②渗井周围路基发生渗漏时,应进行防渗处理,井内的淤泥应及时清除。发现渗井设置不合理或功能失效时,应及时改造。

③宜对渗水隧洞内部进行人工检查,及时排除淤堵,保证排水畅通。

（三）进出水口处理

各种排水构造物的进水口必须与水流方向一致,使水有来路。小桥涵进口必须铺砌硬化,并有适当的导流和消能构造物。在地形特殊易滞水的地段,若土质湿陷,有陷坑时,应重点处理,采用深开挖、分层回填夯实,引水入涵,不让流水下渗,避免造成路基沉陷、塌陷。

（四）增设必要设施

对雨水冲刷作用较强、原设计中未设置足够拦排水设施的病害部位,应根据水流来源、水量大小增设必要的拦排水设施,减少降雨对路基的侵蚀。又如,涵洞、急流槽、排水沟等出口冲刷病害非常普遍,应对出水口进行加固,必要时设置消力池,根据现场调查,结合地形、地质等特点,可采用挑流或射流出口、消力池减冲等措施。

案例分析

案例 6-1：挡土墙病害处治

一、病害概况

某高速公路护坡工程采用重力式砌石挡土墙护坡结构。挡土墙石材为高速公路沿线开挖的不规则块石,最大直径约为 1.2m、最小直径约为 0.3m。挡土墙高度约4.5m,长度约14.3m。挡土墙建成 6 年后,开始出现较小的裂隙,逐渐发展成为较大的裂隙。出于保证高速公路运营安全角度考虑,开始对挡土墙结构侧向位移进行监测。

由图 6-12 现场测试结果可知:随时间增加,挡土墙侧向位移逐渐增加,且前期增加缓慢,后期增加快速,侧向变形未呈现收敛趋势,挡土墙侧向变形持续增加。因此,需要采用加固措施,保证其变形控制在稳定的工作性能之内。

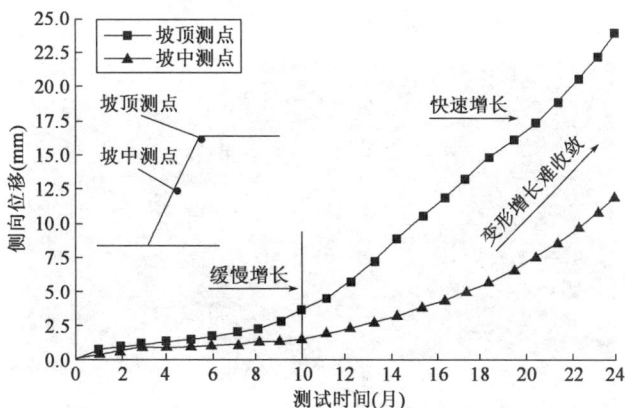

图 6-12　挡土墙侧向位移随时间变化曲线

二、病害原因分析

重力式砌石挡土墙自身承载能力弱是其发生侧向变形的根本原因。但是结合现场调研资料可知,砌石结构面材料逐年劣化,以及排水系统堵塞是挡土墙发生裂缝不可忽略的因素。同时山区多雨,挡土墙一侧土体的干湿循环对挡土墙结构的破坏不可忽略。

三、治理措施

高速公路沿线护坡结构距离路线 8~15m,加固施工场地受限,难以使用大型施工机械,为保证高速公路的正常运营,故宜采用"格构梁"方案。施工过程中,格构梁钢筋笼可以由加工工厂制作完成后运至现场,而梁所需混凝土可采用小型机械现场搅拌。

加固"格构梁"的主要参数:格构梁采用正方形布置,轴线间距 2.5m;格构尺寸(宽×高)为 250mm×300mm;格构梁主筋采用上下各两根直径为 16mm 的钢筋,箍筋直径为 8mm,箍筋间距为 200mm,主筋和箍筋钢筋均为 HRB400;为便于固定,在格构梁十字交点中心布置锚杆,锚杆采用直径 25mm 钢筋,锚杆进入岩层的长度不小于 5m,入射角 10°,采用 M30 纯水泥浆压力注浆填充;混凝土强度等级不小于 C30。

四、病害治理关键技术措施

1. 施工准备

按照要求对所需材料进行检查及抽检;准备施工脚手架;按照施工图纸对简支梁位置进行定位;定出钻孔水平坐标和钻孔方位,做出标识,搭设脚手架操作平台,安设钻机等施工设施;钻机就位后重新复核孔位,定位误差不宜大于 20mm,同时定钻孔方向,确保钻孔偏斜度不大于 5%;设置施工安全现场指挥部,保障施工期间车辆安全通行及施工人员作业安全。

2. 格构梁施工

考虑加固施工场地受限,钢筋笼场外制作后运送至施工现场。在钢筋笼制作过程中,严把质量关,同时注意运送过程中确保钢筋笼不变形。现场搅拌混凝土应取样测试其抗压强度,必须满足设计要求。格构梁施工现场如图 6-13 所示。

图 6-13　格构梁施工现场图片

3.锚杆施工

当有垮孔、掉块等情况发生时,可适当跟管钻进,或采取其他措施防止垮孔。钻孔达到设计深度后清除沉渣,进行成孔质量检查。锚孔轴线平直,实际孔深应大于设计孔深500mm以上。锚杆入孔前应先用与锚杆直径相同的探头探孔,确认钻孔畅通及确定孔深;下锚中途如果受阻,须将锚杆退出来,用钻机扫孔,待畅通后再下锚杆。

五、病害治理效果

病害治理效果是衡量加固措施好坏的重要指标。基于此,结合现场测试数据,对挡土墙采用"格构梁"加固的控制效果进行分析,治理后挡土墙侧向位移随时间变化曲线如图6-14所示。

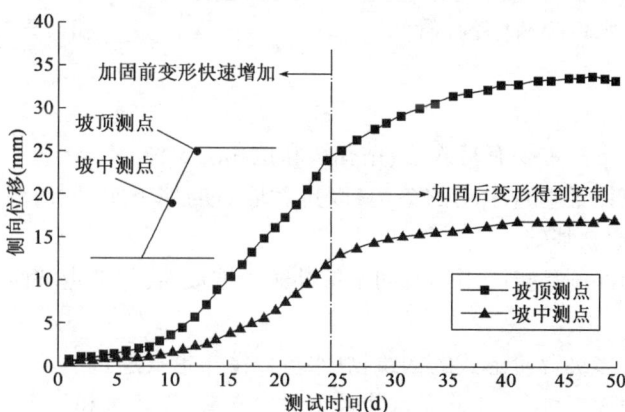

图6-14　治理后挡土墙侧向位移随时间变化曲线

加固前挡土墙坡顶和坡中侧向位移随时间快速增长,无收敛趋势;采取加固措施后,挡土墙坡顶和坡中侧向位移随时间增长速率降低,位移曲线变缓,在加固后约10d,侧向位移得到控制。

测试结果表明,施工采用"格构梁"加固方案后,挡土墙侧向位移得到有效控制,验证了加固方案的有效性。

思考与练习

一、选择题

1.一般设置在路基坡脚的外侧,用以汇集和排除路幅和外坡范围内的地表水的排水设施称为(　　)。

    A.天沟　　　　　　B.截水沟　　　　　　C.排水沟　　　　　　D.边沟

2.(　　)是用来支撑天然边坡或人工填土边坡,以保障土体稳定的建筑物。

    A.抗滑桩　　　　　B.抹面　　　　　　C.挡土墙　　　　　D.浆砌块(片)石

3.(　　)主要用于防护水下部分的边坡和坡脚,避免或减少水流对护坡的冲刷及淘刷,也可用于防止河床冲刷。

    A. 抛石防护   B. 抗滑桩   C. 挡土墙   D. 混凝土格栅

    4. 用于防护河岸或路堤边坡，同时可作为加陡边坡、减少路基占地宽度，以及加固河床、减少淘刷的措施是（   ）。

    A. 锚固防护   B. 锚喷防护   C. 石笼防护   D. 抗滑桩防护

二、填空题

    1. 路基防护工程的主要内容包括_____和_____。

    2. 公路路基排水设施是拦截、疏干或排除公路_____和_____的一系列设施。

    3. 路基排水设施包括_____和_____两大类。

    4. 坡面防护裂缝通常有两种：_____和_____。

    5. 路基地下水排水设施有暗沟（管）、_____、_____和检查井。

三、判断题

    1. 抗滑桩的施工方法主要有打入法、钻孔法和挖孔法3种。   （   ）

    2. 挡土墙背后应设置垂直于墙的渗沟，以排除墙后的地下水，同时在墙上还应设置泄水孔，以防止墙后积水泡软基础。   （   ）

    3. 路基边坡坡面冲刷是指降雨形成的水流冲刷边坡坡面，并带走坡面表层土体的现象。

        （   ）

    4. 跌水是单级或多级台阶形式的构筑物，水流以瀑布形式通过。   （   ）

    5. 暗沟埋设在地面下，用来排除泉水或地下集中水流，无渗水和汇水的功能。   （   ）

四、问答题

    1. 对雨水冲刷作用较强、原设计中未设置足够拦排水设施的病害部位，根据水流来源、水量大小，以"近接远送"为原则，增设必要的拦排水设施，减少降雨对路基的侵蚀，通常所用的排水设施有哪些？

    2. 在路基防护工程中挡土墙出现倾斜、局部鼓出、滑动、下沉、坍塌病害时，应采取的处治方法有哪些？

    3. 沟渠基础失稳、沉陷的原因是什么？

    4. 路基排水设施主要病害类型有几种？

项目7
PROJECT SEVEN

水泥混凝土路面病害处治

任务 7-1　认知水泥混凝土路面病害类型

知识目标

掌握水泥混凝土路面病害类型及分级;理解水泥混凝土路面病害产生的原因。

能力目标

能够判别水泥混凝土路面病害类型,进行水泥混凝土路面病害调查。

一、水泥混凝土路面病害类型

水泥混凝土路面具有承载力大、稳定性好、日常养护费用低等优点,是我国公路路面的主要类型之一。水泥混凝土路面的病害通常用类型、轻重程度和发生范围三方面属性来描述。由于造成病害的影响因素错综复杂,表现的形态多样,因而有必要对各种病害进行科学的分类,赋予明确的定义,以便有统一的调查和描述结果。病害的产生和发展有一个过程,而不同发展过程对路面的使用性能有不同程度的影响,因此对各种病害按其特点和影响程度分别划分为 2 ~ 3 个轻重程度等级。

《公路技术状况评定标准》(JTG 5210—2018)中将水泥混凝土路面的病害,按损坏的特征和范围分为破碎板、裂缝、板角断裂、错台、拱起、边角剥落、接缝料损坏、坑洞、唧泥、露骨和修补等类型。其中,修补应为各种损坏的修复,修补范围内再次发生的损坏,应按新的损坏类型计算。

1.破碎板

在进行路面技术状况评定时,破碎板(图 7-1)按板块面积计算,其损坏程度分 2 个轻重程

度等级,按以下标准判断:

(1)轻度:板块被裂缝分为3块及以上,破碎板未发生松动和沉陷。

(2)重度:板块被裂缝分为3块及以上,破碎板有松动、沉陷和唧泥等现象。

混凝土路面板出现贯穿全厚的断裂裂缝,板被分割成数块,从而破坏了面层结构的整体性,降低了路面结构的承载能力。

2. 裂缝(纵向、横向或斜向裂缝)

裂缝为板块上只有一条裂缝的情况(图7-2)。在进行路面技术状况评定时,损坏程度按以下标准判断:

(1)轻度:缝隙宽度小于3mm,一般为未贯通裂缝。

(2)中度:裂缝宽度在3~10mm。

(3)重度:裂缝宽度大于10mm。

图7-1　破碎板

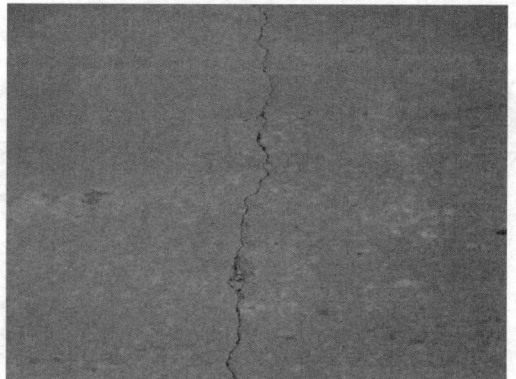

图7-2　裂缝

根据《公路水泥混凝土路面设计规范》(JTG D40—2011)的规定,连续配筋水泥混凝土路面上平均间距不大于1.8m的连续横向裂缝不计入路面损坏,干缩缝和施工缝不计入路面损坏。

纵向裂缝大多出现在不均匀沉降的路基路段。横向或斜向裂缝通常由重载反复作用、温度或湿度梯度产生的翘曲应力或者干缩应力等因素单独或综合作用引起。而在开放交通前出现的横向或斜向裂缝,则主要由施工期间锯切缝的时间安排不当造成。

3. 板角断裂(交叉裂缝和角隅断裂)

板角断裂应为裂缝与纵横接缝相交,且交点距板角小于或等于板边长度一半的损坏(图7-3)。在进行路面技术状况评定时,其损坏程度按以下标准判断:

(1)轻度:裂缝宽度小于3mm。

(2)中度:裂缝宽度在3~10mm。

(3)重度:裂缝宽度大于10mm。

板角断裂通常由表面水侵入、地基承载力降低、接缝处出现唧泥、板底形成脱空、接缝传荷能力差、重载反复作用等综合作用引起。有裂缝的板在基层和路基浸水软化及重载反复作用下进一步断裂,便形成交叉裂缝和破碎板。

4. 错台

错台病害,即接缝两边出现的高差(图7-4)。按相邻板边缘的高差大小,错台可分为以下2个轻重程度等级:

(1)轻度:接缝两侧高差在5~10mm。

(2)重度:错台量大于或等于10mm。

图7-3　板角断裂

图7-4　错台

在进行水泥路面技术状况评定时,应统计错台长度,并按长度乘以影响宽度(1.0m)换算成损坏面积。

5. 拱起

拱起病害,即横缝两侧板体出现大于10mm的抬高(图7-5)。对公路进行养护设计时,拱起轻重程度分级与水泥混凝土路面竖向位移类病害相同;但在进行水泥混凝土路面技术状况评定时,不分级,按拱起涉及的板块面积计算。

拱起病害通常发生在春季和炎热夏季,横向接缝或裂缝处板块由于膨胀受阻而出现突发性的向上隆起,有时还伴随出现邻近板块的横向断裂。

6. 边角剥落

边角剥落应为沿接缝方向上出现的碎裂和脱落(图7-6),裂缝面与板面成一定角度。在进行路面技术状况评定时,应统计剥落长度(m),并按长度乘以影响宽度(1.0m)换算成损坏面积。其损坏程度按以下标准判断:

图7-5　拱起

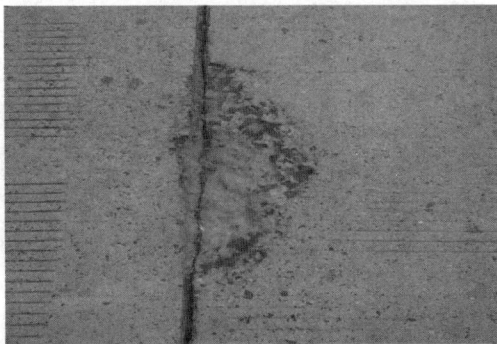

图7-6　边角剥落

(1)轻度:板边上的碎裂和脱落。

(2)中度:板边上的碎裂和脱落,接缝附近水泥混凝土有开裂。

(3)重度:板边上的碎裂和脱落,接缝附近水泥混凝土有多处开裂,开裂深度超过接缝槽底部。

7. 接缝料损坏

按接缝出现老化、挤出、缺损的情况(图7-7),接缝料损坏可分为2个轻重程度等级。

(1)轻度:填料老化,不密水,尚未剥落脱空,未被砂、石、土等填塞。

(2)重度:1/3以上的接缝出现空缝或被砂、石、土等填塞。

在进行技术状况评定时,应统计接缝料损坏长度,并按长度乘以影响宽度(1.0m)换算成损坏面积。

接缝是水泥混凝土路面的薄弱环节,出现病害的概率高,类型也多。由于施工不当或养护不及时,而出现唧泥、错台、拱起、接缝碎裂、填缝料失效等病害。接缝类病害的发生范围虽然是局部的,但往往会引起板块出现断裂而使使用寿命迅速降低。

8. 坑洞

坑洞为板面出现直径大于30mm、深度大于10mm的坑槽(图7-8),坑洞损坏应按坑洞或坑洞群的包络面积计算。

图7-7 接缝料损坏

图7-8 坑洞

图7-9 唧泥

9. 唧泥

唧泥是指板接(裂)缝或板边缘的基层细粒料被渗入缝下并积滞在板底的有压水从缝中或边缘处唧出,并由此造成板底面与基层顶面出现局部范围的脱空和板底脱空病害(图7-9)。在进行技术状况评定时,不进行轻重程度分级,统计损坏长度,并按长度乘以影响宽度(1.0m)换算成损坏面积。

接缝填缝料失效、基层材料不耐冲刷、基层施工质量较差、接缝传荷能力差、重载反复作用、雨水下渗和路面排水不良是引起唧泥的主要原因。唧泥发生和发展过程中,基层顶面受冲刷,细料被有压水冲积,导致基层承载力下降,使接缝或裂缝两侧板面出现高程差,便形成错台病害。

10. 露骨

露骨为板面表面细集料散失、粗集料暴露或表层疏松剥落的病害。该损坏应按面积计算(图7-10)。

露骨主要是由行车荷载反复作用造成的,施工质量及材料性质也是影响混凝土耐磨性的重要因素。如水泥种类和砂石材料中的含泥量及砂颗粒都会影响混凝土耐磨性。混凝土路面表面水泥砂浆在车轮反复作用下被逐渐磨损,沿轮迹带出现微凹的表面,长期磨损使表层砂浆几乎全部磨去,粗集料外露,并且部分粗集料被磨光。

11. 修补

修补应为裂缝、板角断裂、边角剥落和坑洞等损坏的修复(图7-11)。块状修补应按面积计算,裂缝类的条状修补应按长度(m)乘以0.2m的影响宽度计算。长度大于5m的整车道修复不计入路面修补损坏。

图7-10　露骨

图7-11　水泥路面修补

二、水泥混凝土路面病害发生的原因

水泥混凝土路面的病害,往往有设计、施工或养护的原因,并在行车状况和各种自然环境因素的综合作用下形成。

(一)自然环境的影响

在自然环境中对路面性能影响最大的因素是水,包括地表水和地下水。在行车作用下,水泥路面板块间相互挤压,接缝的填缝料老化剥落破损。路面的雨水通过接缝渗入基层,造成基层软化。另外,低洼地排水不畅时,公路两侧产生积水,积水向路基渗透,通过毛细作用逐渐向上,使路基上部土层变湿。在车辆荷载的重复作用下,出现基层承载力不足、地基不均匀下沉,继而产生唧泥将基层细料冲走,导致板端脱空、路面板块松动、错台、板角冒浆,最后发展为断板破碎。

（二）车辆超载的影响

部分运输户只顾眼前经济利益,对货车进行非法改装,超载现象普遍存在。实际超过路面设计荷载,造成混凝土板块疲劳,形成水泥混凝土板断裂、破碎,大大降低了路面的正常使用年限。

（三）设计因素的影响

设计时对交通量预测不足,实际交通量迅速增长,但设计当量轴载按标准车型额定载重进行换算,与实际不符,因此基层、面层设计厚度偏薄,这样会大大影响水泥混凝土路面的寿命。

（四）施工因素的影响

路基压实度不足易造成不均匀沉降,特别是在路基填挖交界、高填方路段、路面与桥涵等构造物交接处。路基不均匀沉降会直接影响到路面的受力状况,在行车荷载下造成错台、脱空、唧泥,继而引发水泥混凝土路面破损。路面材料质量控制不佳、配合比达不到要求、拌和不均匀、振捣不实等施工原因,会降低混凝土路面的强度。在荷载的作用下,混凝土路面无法承受竖向剪切力,而导致破损。

（五）养护因素的影响

当路面出现病害时,应及时进行处理。养护不及时,雨水渗入,将破坏基层和垫层,造成水泥混凝土路面板接缝处的变形和破损。应做好水泥混凝土路面预防性、经常性养护,通过经常的巡视检查,及早发现缺陷,查清原因,采取适当措施,保持路面状况良好。

任务 7-2　调查与评定水泥混凝土路面路况

知识目标

熟悉水泥混凝土路面病害类型的判别、病害调查、路面技术状况评定以及病害处治措施和方法。

能力目标

能调查水泥混凝土路面病害,判别病害类型,对路面进行技术状况评定。

一、水泥混凝土路面路况检测与调查

现行的技术规范中,确定路面损坏状况的方法基本一致,但略有区别。《公路技术状况评定标准》(JTG 5210—2018)的规定是调查路面破损率(DR),通过路面破损率计算出路面损坏状况指数(PCI),以评定路面损坏状况;《公路水泥混凝土路面设计规范》(JTG D40—2011)采用断板率和平均错台量评定路面损坏状况;《公路水泥混凝土路面养护技术规范》(JTJ D73.1—

2001)采用路面损坏状况指数(PCI)和断板率(DBL)评定路面损坏状况。

为了解路况现状,选择合适的养护措施,需要进行路况调查。按调查需求和路面状况的不同,分别选择不同的调查内容和调查深度或细度,采用不同的评定指标和标准。水泥混凝土路面状况调查和评定包含路面损坏、路面平整度、路面跳车、路面磨耗和路面抗滑性能5个方面的内容。

现有条件下,大规模、高频率的路面结构强度检测有技术难度,相关单位应根据路面养护的需要,科学规划公路网路面结构强度检测比例和检测路线,准确掌握公路网的路面结构性能,年度最低检测规模不应小于养护里程的20%,每2~5年应完成一次整个公路网所有路线路面结构强度的全面检测。公路技术状况检测与调查应按上行(桩号递增方向)和下行(桩号递减方向)两个方向分别实施,二、三、四级公路可不分上下行检测与调查。

调查工作采用目测和仪器量测方法,至少每年进行一次。为确定养护措施或为路面改建设计提供依据而进行的调查,应沿整个路段逐块板进行;为了解和评定路面现状对使用要求的适应程度,以制定养护政策,分配养护资金,规划养护工程项目,编制养护计划进行的调查,可采用抽样调查方法,按每千米选取100m,或者每个路段选取10%的子路段长度进行抽样。对结构承载能力调查测定,采用无破损试验和破损试验相结合的方式进行。

定期对水泥混凝土路面的基本技术状况进行全面检查。检查频率见表7-1。

最低检测与调查频率   表 7-1

检测内容			路面损坏状况指数(PCI)	路面平整度状况指数(RQI)	路面跳车状况指数(PBI)	路面磨耗状况指数(PWI)	抗滑性能状况指数(SRI)
路面技术状况指数(PQI)	水泥混凝土路面	高速公路、一级公路	1年1次	1年1次	1年1次	1年1次	2年1次
		二、三、四级公路	1年1次	1年1次			

二、水泥混凝土路面路况检测要求

不具备自动化检测条件的路线或路段可采用人工调查方式,路面损坏人工调查应满足下列要求:

(1)同一位置存在多类路面损坏时,应计权重最大的损坏,水泥混凝土路面损坏类型及权重见表7-2。

水泥混凝土路面损坏类型、权重和换算系数   表 7-2

类型 i	损坏名称	损坏程度	计量单位(m^2)	权重 W_i(人工调查)	换算系数 w_i(自动检测)
1	破碎板	轻	面积	0.8	1.0
2		重		1.0	
3	裂缝	轻	长度×1.0m	0.6	10
4		中		0.8	
5		重		1.0	

续上表

类型 i	损坏名称	损坏程度	计量单位 （m²）	权重 W_i （人工调查）	换算系数 w_i （自动检测）
6	板角断裂	轻	面积	0.6	1.0
7		中		0.8	
8		重		1.0	
9	错台	轻	长度×1.0m	0.6	10
10		重		1.0	
11	拱起		面积	1.0	1.0
12	边角剥落	轻	长度×1.0m	0.6	10
13		中		0.8	
14		重		1.0	
15	接缝料损坏	轻	长度×1.0m	0.4	6
16		重		0.6	
17	坑洞		面积	1.0	1.0
18	唧泥		长度×1.0m	1.0	10
19	露骨		面积	0.3	0.3
20	修补		面积，或长度×0.2m	0.1	0.1(0.2)

注：1. 人工调查时，应将条状修补的调查长度(m)乘以宽度(0.2m)换算成面积。

　　2. 自动化检测时，块状修补的换算系数 w_i 为 0.1，条状修补的换算系数 w_i 为 0.2。

（2）各类路面损坏应以100m为单位，按损坏程度，每100m计1个损坏，每一个调查单元计算1个累计损坏面积。

（3）路面损坏人工调查对象应包含所有行车道，紧急停车带应按路肩处理。水泥混凝土路面损坏调查表格式见表7-3。

水泥混凝土路面损坏调查表 表 7-3

路线名称：		调查方向：		调查时间：		调查人员：								
调查内容	程度	权重 W_i	单位	起点桩号： 路段长度：				终点桩号： 路面宽度：						累计损坏
				1	2	3	4	5	6	7	8	9	10	
破碎板	轻	0.8	m²											
	重	1.0												
裂缝	轻	0.6	m											
	中	0.8												
	重	1.0												
板角断裂	轻	0.6	m²											
	中	0.8												
	重	1.0												

续上表

路线名称:	调查方向:			调查时间:			调查人员:							累计损坏
调查内容	程度	权重 W_i	单位	起点桩号: 路段长度:				终点桩号: 路面宽度:						累计损坏
				1	2	3	4	5	6	7	8	9	10	
错台	轻	0.6	m											
	重	1.0												
拱起		1.0	m²											
边角剥落	轻	0.6	m											
	中	0.8												
	重	1.0												
接缝料损坏	轻	0.4	m											
	重	0.6												
坑洞		1.0	m²											
唧泥		1.0	m											
露骨		0.3	m²											
修补		0.1	块状,m²											
			条状,m											

评定结果:	计算方法:
DR = % PCI =	$PCI = 100 - a_0 DR^{a_1}$ $a_0 = 10.66$ $a_1 = 0.461$

当采用自动化检测时,应满足下列要求:

(1)自动化检测应符合现行《多功能路况快速检测设备》(GB/T 26764)和《公路路面技术状况自动化检测规程》(JTG/T E61)的规定;每个检测方向至少检测一个主要行车道,二、三、四级公路宜选择技术状况相对较差的方向。

(2)自动化检测指标应包括路面破损率(DR)、国际平整度指数(IRI)、路面车辙深度(RD)、路面跳车(PB)、路面构造深度(MPD)、横向力系数(SFC)和路面弯沉值(l_0),其中,路面构造深度(MPD)和横向力系数(SFC)应为二选一指标。

(3)路面损坏自动化检测应满足2个要求:①检测指标应为路面破损率DR,每10m应计算1个统计值;②路面损坏应连续检测,横向检测宽度不应小于车道宽度的70%。检测设备应能分辨1mm的路面裂缝,检测数据宜采用机器自动识别,识别准确率应达到90%以上。

(4)路面平整度自动化检测应满足3个要求:①应采用断面类检测设备;②检测指标应为国际平整度指数(IRI),每10m应计算1个统计值;③超出设备有效检测速度或有效减速范围的数据应为无效数据。

(5)路面车辙自动化检测应满足3个要求:①应采用断面类检测设备;②检测指标应为路面车辙深度(RD),每10m应计算1个统计值;③当横断面数据出现异常或横断面数据不完整时,该检测断面应为无效数据。

(6)路面跳车自动化检测应满足2个要求:①应采用断面类检测设备;②检测指标应为路面跳车(PB),每10m应计算1个统计值。

(7)路面磨耗自动化检测应满足2个要求:①应采用断面类检测设备;②检测位置应为车道的左、右轮迹带和无磨损的车道中线;③检测指标应为路面构造深度(MPD),每10m应计算1个统计值。

(8)路面抗滑性能自动化检测应满足2个要求:①应采用横向力系数检测设备或其他具有有效相关关系的自动化检测设备,相关系数不应小于0.95;②检测指标应为横向力系数(SFC),每10m应计算1个统计值。

三、水泥混凝土路面技术状况评定

水泥混凝土路面技术状况评定应包括路面损坏、路面平整度、路面跳车、路面磨耗和路面抗滑性能五项内容。

路面技术状况采用路面技术状况指数(PQI)评价。路面技术状况指数(PQI)按式(7-1)计算。

$$PQI = w_{PCI}PCI + w_{RQI}RQI + w_{RDI}RDI + w_{PBI}PBI + w_{PWI}PWI + w_{SRI}SRI + w_{PSSI}PSSI \qquad (7-1)$$

式中:w_{PCI}——PCI(路面损坏状况指数)在PQI中的权重;

　　　w_{RQI}——RQI(路面行驶质量指数)在PQI中的权重;

　　　w_{RDI}——RDI(路面车辙深度指数)在PQI中的权重;

　　　w_{PBI}——PBI(路面跳车指数)在PQI中的权重;

　　　w_{SRI}——SRI(路面抗滑性能指数)在PQI中的权重;

　　　w_{PSSI}——PSSI(路面结构强度指数)在PQI中的权重。

式(7-1)中参数的权重取值见表7-4。

PQI 分项指标权重　　　　　　　　　　　　　　　　表7-4

路面类型	权　　重	高速公路、一级公路	二、三、四级公路
水泥混凝土路面	w_{PCI}	0.50	0.60
	w_{RQI}	0.30	0.40
	w_{PBI}	0.10	0.40
	$w_{SRI(PWI)}$	0.10	—

注:采用式(7-1)计算 PQI 时,路面抗滑性能指数(SRI)和路面磨耗指数(PWI)应二者取一;路面结构强度指数不参与
　　PQI 评定。

路面损坏状况用路面损坏状况指数(PCI)评价。PCI 按式(7-2)和式(7-3)计算。

$$PCI = 100 - a_0 DR^{a_1} \qquad (7-2)$$

$$DR = 100 \times \frac{\sum_{i=1}^{i_0} w_i A_i}{A} \qquad (7-3)$$

式中:DR——路面破损率,为各种损坏的折合损坏面积之和与路面调查面积百分比(%);

A_i——第 i 类路面损坏的面积(m^2);

A——调查的路面面积(m^2),即调查长度与有效路面宽度之积;

w_i——第 i 类路面损坏的权重,水泥混凝土路面按表7-5取值;

a_0——水泥混凝土路面取用10.66;

a_1——水泥混凝土路面取用0.461;

i——考虑损坏程度(轻、中、重)的第 i 项路面损坏类型(表7-5);

i_0——包含损坏程度(轻、中、重)的损坏类型总数,水泥混凝土路面取20。

PQI 分项指标权重 表7-5

类别(i)	跳 车 程 度	计 量 单 位	扣　　分
1	轻度		0
2	中度	处	25
3	重度		50

自动化检测时,A_i 应按式(7-4)计算:

$$A_i = 0.01 \times GN_i \tag{7-4}$$

式中:GN_i——含有第 i 类路面损坏的网格数;

0.01——面积换算系数,一个网格的标准尺寸为 $0.1m \times 0.1m$。

路面平整度用路面行驶质量指数(RQI)评价。RQI 按式(7-5)计算。

$$RQI = \frac{100}{1 + a_0 e^{a_1} IRI} \tag{7-5}$$

式中:IRI——国际平整度指数(m/km);

a_0——高速公路和一级公路采用0.026,其他等级公路采用0.0185;

a_1——高速公路和一级公路采用0.65,其他等级公路采用0.58。

路面跳车指数(PBI)评价。PBI 按式(7-6)计算。

$$PBI = 100 - \sum_{i=1}^{i_0} a_i PB_i \tag{7-6}$$

式中:PB_i——第 i 类程度的路面跳车数。[路面跳车计算方法见《公路技术状况评定标准》(JTG 5210—2018)附录B];

a_i——第 i 类程度的路面跳车单位扣分,按表7-5的规定取值;

i——路面跳车程度;

i_0——路面跳车程度总数,取3。

路面磨耗指数(PWI)评价。PWI 按式(7-7)、式(7-8)计算。

$$PWI = 100 - a_0 WR^{a_1} \tag{7-7}$$

$$WR = 100 \times \frac{MPD_C - \min\{MPD_L, MPD_R\}}{MPD_C} \tag{7-8}$$

式中:WR——路面磨耗率(%);

　　　a_0——模型参数,取1.696;

　　　a_1——模型参数,取0.785;

　　MPD$_C$——路面构造深度基准值,采用无磨损的车道中线路面构造深度(mm);

　　MPD$_L$——左轮迹带的路面构造深度(mm)。

　　路面抗滑性能用路面抗滑性能指数(SRI)评价。SRI按式(7-9)计算。

$$SRI = \frac{100SRI_{min}}{1 + a_0 e^{a_1 SRI} min} + SRI_{min} \tag{7-9}$$

式中:SRI$_{min}$——标定参数,取35.0;

　　　a_0——模型参数,取28.6;

　　　a_1——模型参数,取 -0.105。

　　路面结构强度用路面结构强度指数(PSSI)评价。PSSI按式(7-10)和式(7-11)计算。

$$PSSI = \frac{100}{1 + a_0 e^{a_1 SSI}} \tag{7-10}$$

$$SSI = \frac{l_R}{l_0} \tag{7-11}$$

式中:SSI——路面结构强度系数,为路面设计弯沉与实测代表弯沉之比;

　　　l_R——路面容许弯沉(mm),计算方法详见《公路技术状况评定标准》(JTG 5210—
　　　　　2018)附录C;

　　　l_0——实测代表弯沉(mm);

　　　a_0——模型参数,取15.71;

　　　a_1——模型参数,取 -5.19。

四、路况评价结果应用

　　水泥混凝土路面技术状况指数(PQI)可分为"优、良、中、次、差"5个等级。对水泥混凝土路面技术状况指数(PQI)及其各分项指标均评价为"优、良"的路段,可进行日常养护、预防养护或修复养护。对任一分项指标评价为"中"及"中"以下的路段,应安排修复养护。根据水泥混凝土路面技术状况指数(PQI)及其各分项指标的评价结果,宜进行长期使用性能跟踪观测,研究使用性能变化规律,合理制订现场病害处治和养护工程技术方案。

　　公路网级水泥混凝土路面养护规划与年度计划,应根据公路网级水泥混凝土路面技术状况指数(PQI)的评定结果进行编制。具体路段的水泥混凝土路面日常养护生产计划应根据水泥混凝土路面损坏状况指数(PCI)的调查与评价结果进行制订。养护工程计划及养护对策应根据水泥混凝土路面技术状况指数(PQI)各分项权重的调查与评价结果进行制订。

任务 7-3   制订水泥混凝土路面病害处治措施

知识目标

掌握水泥混凝土路面病害处理措施和方法;熟悉常见水泥混凝土路面病害处治方法,熟悉水泥混凝土路面再生利用方法。

能力目标

能合理选择水泥混凝土路面病害处治措施,并完成常见水泥混凝土路面病害处治。

一、水泥混凝土路面破损处治

水泥混凝土路面局部破损处治的一般要求:

(1)对各种路面病害的处理,应找准其产生的原因,并根据路面的结构类型、龄期、维修季节、气温等实际情况,采取相应措施。

(2)为防止病害发展和破损面积扩大,对路面病害的处理应及时,宜早不宜迟。

(3)高速公路和一级公路路面病害的维修宜采用机械作业,其他等级公路也应尽量提高维修作业的机械化水平。

(4)对病害的维修事先应有周密的计划,做好材料准备,保证工序之间的衔接。凡需将原路面挖除后开展机械修补作业的,宜当日开挖当日修补。

(5)修补面积应大于病害的实际面积,修补范围的轮廓线应与路面中心线平行或垂直并在病害以外 10～15cm。应采取措施使修补部分与原路面连接紧密。

(6)在病害的处治中,凡需挖除原路面面层后重新铺设面层的,其技术要求应符合《公路水泥混凝土路面施工技术细则》(JTG/T F30—2014)的规定;凡需挖除原路面后重做基层的,其技术要求应符合《公路路面基层施工技术细则》(JTG/T F20—2015)的规定。如果病害不是由面层或基层材料的性质、结构层或级配类型引起,重做时所采用的材料、结构及级配类型等宜与原路面相同。

(7)在维修作业时,为了保证施工安全,应设置封闭交通及限制交通标志,设置安全显示器及锥形柱。

(一)水泥混凝土路面裂缝维修

1.裂缝的成因

水泥混凝土路面的裂缝情况比较复杂,产生的主要原因有:

(1)路基基层承载力不足或基层强度不均匀;

(2)接缝设置不当;

（3）混凝土板设计厚度不足或基层平整度较差,使混凝土板厚不均匀;

（4）地基不均匀沉降;

（5）混凝土质量不佳等。

水泥混凝土路面维修时应根据裂缝产生的原因和具体情况,采用不同的材料和相应的维修措施。

2. 裂缝的维修材料

维修材料根据功能可分为密封材料和补强材料。当水泥混凝土路面出现裂缝或贯穿裂缝而板面强度仍能满足使用要求时,应选用密封维修材料;当路面由于裂缝和断裂造成强度不足时,应选用补强材料。密封材料宜选用聚氨酯、聚硫环氧树脂(聚硫橡胶 + 环氧树脂)等高分子工程材料,其材料灌入稠度、拉伸强度、黏结强度和断裂伸长率等技术指标应符合相关要求。

3. 裂缝的处理方法

路面裂缝的维修可采用直接灌浆法、扩缝灌浆法、条带罩面补缝、全深度补块等方法。

（1）直接灌浆法。

对于宽度小于3mm 且边缘无碎裂的轻微裂缝,可采取直接灌缝措施进行处治(图 7-12)。其修补工艺为:

①清缝。将缝内泥土、杂质清除干净,确保缝内无水、干燥。

②涂刷底胶。在缝两边约3mm 的路面上及缝内涂刷一层聚氨酯底胶层,厚度为 0.3mm ± 0.1mm,底胶用量为 0.15kg/m^2。

③配料灌缝。填缝料由环氧树脂(胶结剂)、二甲苯(稀释剂)、邻苯二甲酸二丁酯(增稠剂)、乙二胺(固化剂)、水泥或滑石粉(填料)组成。填缝料配合比为胶结剂:稀释剂:增稠剂:固化剂:填料 = 100:40:10:8:(200 ~ 400 目)填料,按比例配制好,搅拌均匀后直接灌入缝内,养护 2 ~ 4h,即可开放交通。

图7-12　水泥路面灌缝修补

（2）扩缝灌浆法。

宽度小于3mm 的表面裂缝且边缘有碎裂的裂缝时,可采取扩缝灌浆法。其修补工艺分为以下几个部分:

①扩缝。顺着裂缝用冲击电钻将缝口扩宽成 1.5 ~ 2cm 沟槽,槽深根据裂缝深度确定,最大深度不得超过 2/3 板厚。

②清缝填料。清除混凝土碎屑,用压缩空气吹净灰尘,填入粒径 0.3 ~ 0.6cm 的清洁石屑。

③配料灌缝。采用聚硫橡胶∶环氧树脂 = 16∶(2 ~ 16),配成聚硫环氧树脂灌缝料,混合均匀并倒入灌浆器中,再灌入扩缝内。

④加热增强。灌缝材料需要加热增加强度时,宜用红外线灯或装 60W 灯泡的长条线灯罩加热,温度控制在 50 ~ 60℃,加热 1 ~ 2h 即可通车。

(3)条带罩面补缝。

对贯穿全厚的宽 3 ~ 15mm 的中等裂缝,宜采用条带罩面进行补缝(图 7-13)。其工艺如下:

①切缝。顺裂缝两侧各约 15cm,且平行于缩缝切 7cm 深的两条横缝。

②凿除混凝土。在两条横缝内侧用风镐或液压镐等凿除混凝土,深度以 7cm 为宜。

③打钯钉孔。沿裂缝两侧每隔 50cm 钻一对钯钉孔,其直径各大于钯钉的直径 2 ~ 4mm,并在两钯钉之间打一与钯钉孔直径相一致的钯钉槽。钯钉宜采用 ϕ16mm 螺纹钢筋,钯钉长度不小于 20cm,弯钩长 7cm。

④安装。将孔槽内填满快凝砂浆,把除过锈的钯钉插入钯钉孔内安装。

⑤将切割的缝内壁凿毛,清除松动的混凝土碎块及表面松动的裸石。

⑥将修补混凝土毛面上刷一层黏结砂浆。

⑦浇筑快凝混凝土,并及时振捣密实,抹光并喷洒养护剂。其喷洒面应延伸到相邻旧混凝土面板 20cm 以上。

⑧在修补块的面板两侧,用切缝机加深缩缝,并灌注填缝料。

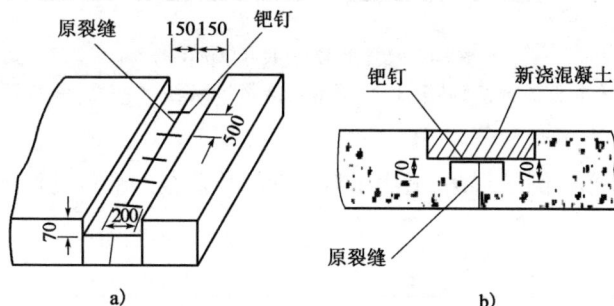

图 7-13 条带罩面补缝(尺寸单位:mm)

(4)全深度补块。

对宽度大于 15mm 的严重裂缝,宜采用全深度水泥混凝土补块。全深度水泥混凝土补块可以恢复裂缝传递板块之间荷载的能力,并可最大限度地减少垂直变形。一般而言,处于动态中的正在张开的和正在发生弯沉的中度和重度损坏的裂缝,需做全深度补块,以建立一条能提供适当荷载传递的工作缝。没有裂开或仅显现出细小裂缝的轻度破坏,一般不需要进行全深度修补。全深度补块分集料嵌锁法、刨挖法、设置传力杆法。

①集料嵌锁法。

集料嵌锁法(图7-14)适用于二级公路无筋混凝土路面交错的接缝,且接缝的间隔小于300~400cm,不适用于寒冷气候和承受重型交通荷载下的刚性路面。其修补工艺为:

a.画线、切割。将修补的混凝土路面沿面板平行于纵缝画线,并沿画线用切割机进行全深度切割,在全深度补块的外侧锯宽4cm、深5cm的缝。

b.破碎、凿毛。用风镐破碎路面板,并清除旧混凝土,将全深锯口和半锯口之间的4cm宽条混凝土垂直面凿成毛面。

c.处理基层。使基层强度符合规范要求,应整平基层,若低于规范要求应予以补强,并严格整平;若基层全部损坏或松软,可用C15贫混凝土填平,振捣密实。

d.混凝土拌和。新的混凝土配合比应与原混凝土材料一致。若采用JK系列混凝土快速修补材料,水灰比以0.30~0.40为宜,坍落度宜控制在2cm内。混凝土24h的弯拉强度应不低于3.0MPa。

e.混凝土摊铺。混凝土应在搅拌开始以后30~40min内卸到补块区内摊铺,采用有效的插入式振捣器及平板振捣器振实混凝土,确保传力杆周围和板边充分振实。浇筑的混凝土面层应与相邻路面的横断面高程一致。补块的表面纹理应与原路面相同。

f.养护。补块宜采用养护剂养护,养护剂用量根据养护剂材料性能确定。

g.接缝处理。做接缝时,将板中间的各缩缝锯切至1/4板厚处,并将接缝材料填入缩缝内。

h.浇筑混凝土达到通车强度后,即可开放交通。

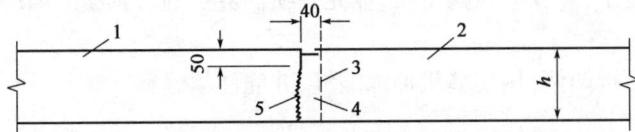

图7-14 集料嵌锁法(尺寸单位:cm)

1-保留板;2-全深度补块;3-全深度锯缝;4-凿除混凝土;5-缩缝交错接面

②刨挖法。

刨挖法(图7-15)亦称倒T形法,适用于对接缝间传荷很差部位的修补。施工要求和步骤同集料嵌锁法。

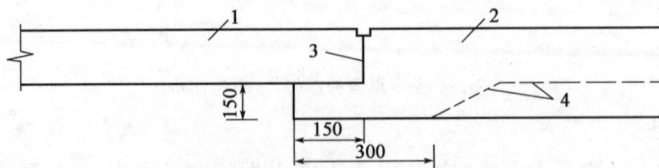

图7-15 刨挖法(尺寸单位:cm)

1-保留板;2-补块;3-全深度锯缝;4-垫层开挖线

③设置传力杆法。

设置传力杆法适用于寒冷气候和承受重型交通荷载的混凝土路面修补。

a. 施工要求同集料嵌锁法。

b. 处理基层后,应修复、安设传力杆和拉杆(图7-16)。

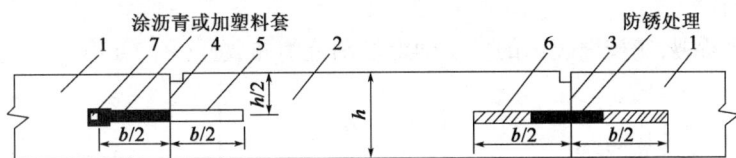

图7-16　设置传力杆(拉杆)法(b-传力杆或拉杆长度;h-板厚)

1-保留板;2-全深度补块;3-缩缝;4-施工缝;5-传力杆;6-拉杆;7-伸缩空隙

c. 原混凝土面板没有传力杆或拉杆折断时,应用与原尺寸相同的钢筋焊接或重新安设。安装时应在板厚1/2处钻出比传力杆直径大2~4mm的孔,孔中心间距30cm,其误差不应超过3mm。

d. 横向施工缝传力杆直径为25mm、长度为45cm,嵌入相邻面板内深22.5cm。

e. 拉杆孔直径宜比拉杆直径大2~4mm,并应沿相邻板间的纵向缝,在板厚1/2处钻孔,中心间距80cm。拉杆采用ϕ16mm螺纹钢筋,长80cm,40cm嵌入相邻车道的混凝土面板内。

f. 传力杆和拉杆宜用环氧砂浆牢牢固定在规定位置,摊铺混凝土前,传力杆的伸出端应涂少许润滑油。

g. 新补块与旧路肩相接时,应和现有路肩齐平。

h. 传力杆若安装倾斜或松动失效,应予以更换。

(二)水泥混凝土路面板边、板角修补

水泥混凝土路面板角破损和板角断裂是水泥混凝土路面常见病害之一,如不及时修复将导致病害扩大,甚至整个面板断裂,影响行车安全。

1. 路面板边剥落、板角断裂的成因

(1)接缝或纵横缝交叉处,水的侵入易产生唧泥、脱空,导致板边或角隅应力增大,产生破损或断裂。

(2)接缝处缺乏传荷能力或面板块边缘附近的传力杆失效。

(3)路面基层在荷载和水的作用下,逐渐产生塑性变形,使板边、板角应力增大,产生剥落和断裂。

(4)面板边缘的接缝中嵌入硬物等。

2. 路面板边剥落、板角断裂修补方法

(1)板边修补。

①当水泥混凝土板边轻度剥落时,应将混凝土剥落的碎块清理干净,可用灌缝材料填充密实,修补平整。

②当水泥混凝土板边严重剥落时,在剥落混凝土外侧,平行于板边画线,用切缝机切割混凝土,切割深度略大于混凝土剥落深度,用风镐凿除损坏混凝土,用压缩空气清除混凝土碎屑,立模,浇筑混凝土修补材料,用养护剂养护,达到设计强度后,即可开放交通。

③当水泥混凝土板边全深度破碎,可按全深度补块的方法,即集料嵌锁法、刨挖法和设置传力杆法进行修复。

(2)板角修补。

①对于板角断裂,应按破裂面的大小确定切割范围并放样(图7-17)。

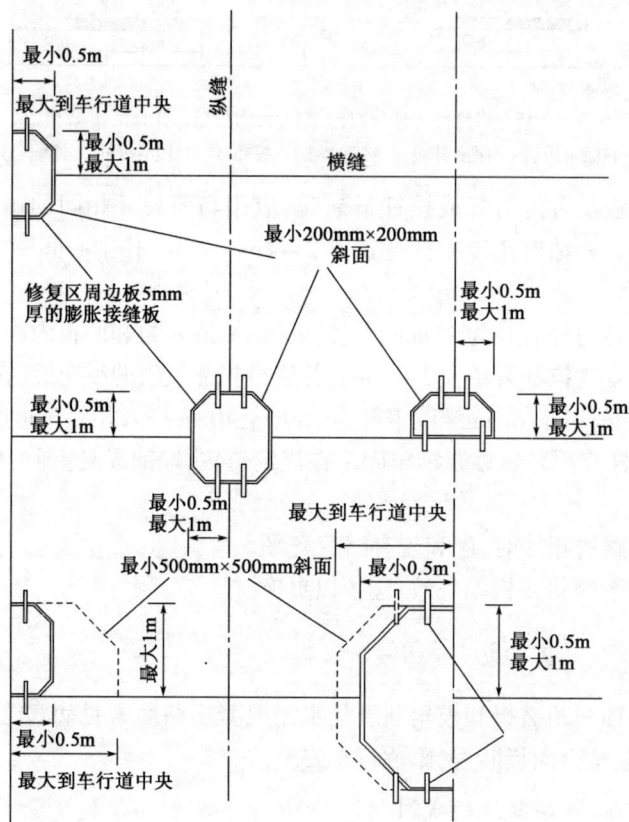

图7-17 水泥混凝土路面板角修补法

注:修复纵向边不能位于车轮轨迹上

②用切割机切边缝,用风镐凿除破损部分,凿成规则的垂直面,不应切断原有钢筋,如果钢筋难以全部保留,至少也要保留长20~30cm的钢筋头。

③检查原有的滑动传力杆,如果有缺陷应予以更换,并在新旧混凝土之间加设传力杆。在面板1/2板厚中央,用冲击电锤打一直径为22mm的水平孔,深20cm、水平间距30~40cm。每个孔应先用压缩空气将孔内混凝土碎屑吹除,然后将其周围湿润,用快凝砂浆填塞捣实,然后插一根直径为2cm、长40cm的光圆钢筋,待砂浆硬化后,浇筑快凝混凝土。

④如基层不良时,应用C15混凝土浇筑基层。

⑤与原有路面板的接缝处,如有缩缝,应用塑料薄膜隔开或涂上沥青,防止新旧混凝土黏结在一起。如有胀缝,应设置接缝板。

⑥浇筑的混凝土硬化后,用切缝机切出宽3mm、深4cm的接缝槽,并用压缩空气清缝,灌入填缝材料。

⑦待混凝土达到强度要求后,方可开放交通。

(三)水泥混凝土路面板块脱空处治

1. 板块脱空判断方法

一般可以通过现场破损调查、接缝弯沉差测试、落锤式弯沉仪(FWD)检测与探地雷达检测相结合的方式确定。通常探地雷达(路面雷达)检测可以迅速、准确判定水泥混凝土板的脱空情况。

(1)重型车辆通行时,人在相邻板上能感觉有垂直位移和板块翘动;

(2)板角相邻两条缝填缝材料严重剥落;

(3)相邻板出现5mm以上错台时,位置较低的板一般存在脱空;

(4)接、裂缝处有唧泥;

(5)接缝两侧弯沉差大于0.08mm。

2. 处治措施

水泥混凝土面板与基层之间由于出现空隙而导致沉陷的,可采用灌注沥青、水泥浆、水泥粉煤灰浆和水泥砂浆等方法进行板下封堵。

(1)注浆孔的布置(图7-18)。

(2)注浆孔钻好后,应采用压缩空气将孔中的混凝土碎屑、杂物清除干净,并保持干燥。

(3)当采用沥青灌注时,宜采用建筑沥青,沥青加热融化温度一般为180℃。沥青洒布车或专用设备的压力为200~400kPa。灌注沥青压满后约0.5min,应拔出喷嘴,用木楔堵塞。沥青温度下降后,应拔出木楔,填进水泥砂浆,即可开放交通。

(4)当采用水泥浆灌注时,灌注机械可采用压力注浆机或压力泵,灌注压力为1.5~2.0MPa。注浆作业应先从沉陷量大的地方的注浆孔开始,逐步由大到小。当相邻孔或接缝中冒浆,可停止泵送水泥浆,每注完1孔应用木楔堵孔。待砂浆抗压强度达到3.0MPa,用水泥砂浆堵孔,即可开放交通。

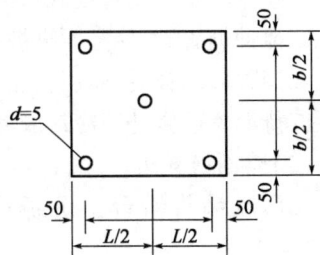

图7-18 灌浆孔的布置(尺寸单位:cm)
d-灌浆孔直径;L-板长;b 板宽

(四)水泥混凝土路面错台处治

水泥混凝土路面错台病害,轻者影响行车的舒适性,重者危及行车安全,应根据错台轻重程度,采取不同措施及时进行维修处治。

1. 路面错台产生的主要原因

(1)路面基层碾压不密实,强度不足;

(2)局部地基不均匀下沉或采空区地基大面积沉陷;

(3)水侵入基层,行车荷载使路面板产生泵吸现象;

(4)传力杆、拉杆功能不完善或失效。

2.路面轻微错台处治方法

轻微错台,其高差小于5mm时,可不做处理。高差5~10mm错台处治方法如下:

(1)人工凿平法。

①画定错台处治范围;

②用钢板尺测定错台高度;

③用平头钢凿由浅到深从一边凿向另一边,凿后的面板应达到基本平整;

④清除接缝杂物,吹净灰尘,及时灌入填缝料。

(2)机械磨平法。

①使用磨平机,从错台最高点开始向四周扩展,边磨边用3m直尺找平,直至相邻两块板齐平为止(图7-19)。

②磨平后,应将接缝内杂物清除干净,并吹净灰尘,及时将填缝料填入。

(3)人工配合机械处治法。

先用人工将高出的错台板基本凿平,然后用磨平机再磨平,并清缝灌入填缝料。

3.路面严重错台处治方法

高差大于10mm的路面严重错台,可采用沥青砂或水泥混凝土进行处治。

(1)沥青砂填补法。

此方法不宜在冬季进行,其工艺程序如下:

①清除路面杂物和灰尘;

②喷洒一层热沥青或乳化沥青,沥青用量为0.4~0.6kg/m^2;

③摊铺沥青砂,修补面纵坡控制在$i \leqslant 1\%$;

④沥青砂填补后,应用轮胎压路机碾压;

⑤待沥青砂修补层冷却成型后开放交通。

(2)路面修补法。

①用风镐将错台下沉板凿除2~3cm,修补长度按错台高度除以坡度(1%)计算(图7-20);

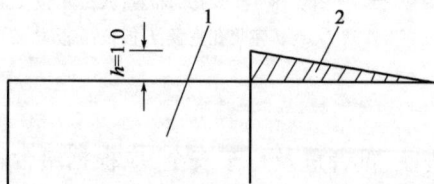

图7-19　路面错台磨平法示意图(尺寸单位:cm)

1-下沉板;2-磨平

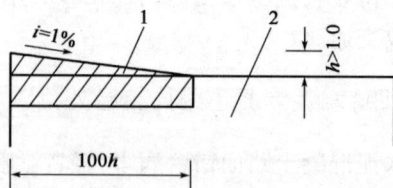

图7-20　路面错台填补法示意图(尺寸单位:cm)

1-凿除修补;2-下沉板

②使用压缩空气清除毛面混凝土上的杂物;

③浇筑细石混凝土,材料配合比见表7-6;

④喷洒养护剂,养护混凝土;

⑤混凝土达到通车强度后,即可开放交通。

细石混凝土配合比　　　　　　　　　表7-6

水泥	快速修补剂	水	砂	碎石
437kg	70kg	131kg	524kg	1149kg

（五）水泥混凝土路面沉陷和唧泥处治

沉陷和唧泥是水泥混凝土路面较为严重的病害,它们可以导致面板的错台、严重破碎,以致影响到行车安全。对沉陷处治的方法有板块灌砂顶升法、千斤顶顶升法、浅层结合式修补法和整块板翻修法等。对唧泥应采用压(灌)浆法处治,沉陷和唧泥往往因地下水或地表水引起,因此,对于沉陷和唧泥还需要设置排水设施。

1.路面沉陷的成因

（1）路面基层稳定性不够,强度不均匀,造成混凝土板块不均匀下沉。

（2）排水设施不完善,地面水渗入基层,导致基层强度降低,唧泥、板严重破碎,造成面板沉陷。

2.路面唧泥的处治措施

对于唧泥病害,应采用压(灌)浆处理,压(灌)浆处理的要求同水泥混凝土面板脱空处治。在压浆处理后,应对接缝及时进行灌缝处理。

3.排水设施的设置要求

（1）应经常保持路面和路肩的设计横坡,以使地表水迅速从路面排出。

（2）应将土路肩改造为硬路肩。硬路肩宜采用水泥混凝土或沥青表处。

（3）路面裂缝、接缝以及路面与路肩接缝应经常保持密封状态。

（4）设置纵向集水管和横向出水管。

①在水泥混凝土路面的外侧边缘,挖一条纵向沟,宽15~25cm,沟深挖至基层之下15cm,横沟与纵沟的交角应在45°~90°,横沟间的距离约30m(图7-21)。

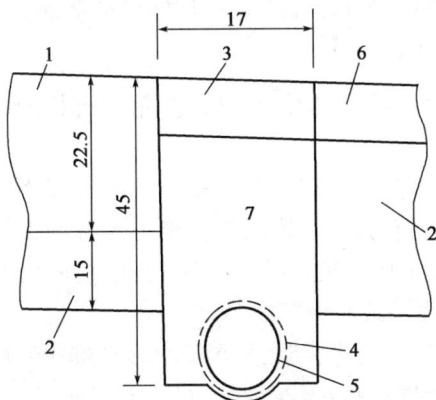

图7-21　水泥混凝土路面边部集水管布置图(尺寸单位:cm)

1-水泥混凝土;2-集料基层;3-沥青混凝土;4-渗滤织物;5-多孔管;6-沥青混凝土路肩;7-细渗滤集料

②准备纵向集水管和横向出水管。

集水管一般采用10cm多孔塑料管,出水管为无孔塑料管,并按设计的距离将集水管和出水管连通起来,然后在纵向多孔管上包裹一层土工织物渗滤层,使其与集水管间无空隙。

③将集水管和出水管放入沟槽内,纵横沟槽底部应避免凹凸不平,横向出水管的坡度应大于或等于纵向排水坡度,出水管的管端应延伸到排水沟内,并设置端墙。

④封盖排水沟。沥青混合料或水泥混凝土均可用作封盖排水沟的材料,但应采用与路肩相同的材料。如果使用水泥混凝土时,应用塑料布将混凝土排水沟底与回填材料隔开;使用沥青混凝土时,沟的宽度应不小于压实设备宽度。

(5)设置盲沟。

设置盲沟(图7-22)排除路面积水,适用于全幅水泥混凝土路面结构。

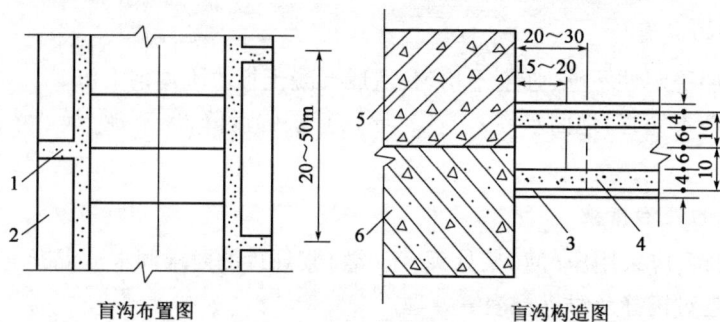

图7-22 水泥混凝土路面盲沟设置示意图(尺寸单位:cm)
1-盲沟;2-路肩;3-油毡隔离层;4-石屑及中粗砂;5-面层;6-基层

①沿水泥混凝土路面外侧挖纵向盲沟,沟底应低于面板以下10cm,在水泥混凝土路面接缝处挖横向沟。

②在沟槽底面及外侧铺设油毡隔离层,沿水泥混凝土路面交界处及盲沟顶部铺设土工布过滤层。

③在盲沟内填筑碎(砾)石过滤材料。

④在盲沟上采用相同材料填筑路面(路肩),且保持平整密实。

4.水泥混凝土路面板顶升法

(1)在顶升水泥混凝土路面板前,应用水准仪测量下沉板的下沉量,并绘出纵断面,求出升起值。

(2)在每块混凝土板上,垂直钻出直径为3cm的透孔,孔距约1.0m。

(3)在路面板顶升前,将所有孔用木塞堵好。将带螺母的镀锌管短接头插入混凝土面板内,将带螺纹的充气管与混凝土板连接牢固。用空气压缩机向孔中注浆,直至浆冒出缝外时为止。注浆为流动性较好的水泥浆或水泥胶泥等。

(4)路面板升起后,往另一个孔中注浆,直至下沉板全部顶升就位。

(5)当压浆材料的抗压强度达到6MPa时,方可开放交通。

5.路面板沉陷破碎处治

当水泥混凝土整板沉陷并产生破碎时,应整板翻修,其工艺如下:

(1)宜用液压镐将旧板凿除,尽可能保留原有拉杆,并清运混凝土碎块。

(2)将基层损坏部分清除,并整平压实。需要注意的是:

①对基层损坏部分,用 C15 混凝土补强,其补强混凝土顶面高程应与旧路面基层顶面高程相同。

②在混凝土路面板接缝处的基层上涂刷一道宽 20cm 的薄层沥青。

(3)整块翻修的水泥混凝土面板在路面排水不良地带,其板边缘及路肩应设置路基纵横向排水系统。其中:

①单一水泥混凝土路面板块翻修时,在路面板接缝处设置横向盲沟。

②路面有纵坡时,宜设纵向盲沟,在纵坡坡底部设置横向盲沟。

(4)板块修复混凝土施工时,宜采用快速修补材料,如可采用聚合物水泥混凝土作为修补材料。

①用混凝土拌和机拌和混凝土材料。

②将拌和好的混合料,用翻斗车运送到施工现场,进行人工摊铺。

③宜采用插入式振捣器振捣边角混凝土,并用振动梁刮平提浆,人工抹平,与原混凝土板面高度一致。

④按原路面纹理对混凝土表面进行处理。

⑤宜采用养护剂进行养护。

⑥相邻板边的接缝宜用切缝机切至 1/4 板块深度。

⑦清除缝内杂物,灌入接缝材料。

⑧待混凝土达到通车强度后,开放交通。

(六)水泥混凝土路面拱起处治

水泥混凝土路面拱起,主要是因胀缝失效,混凝土板块热胀而突然使横缝两侧的板体明显抬高,应根据具体情况,采取不同的处理措施。

1.路面拱起的主要原因

(1)非高温季节施工时,胀缝设置间距过长或胀缝失效。

(2)接缝内嵌入硬物。

(3)夏季连续高温,使板体热胀。

2.路面轻微拱起的处理方法

(1)用切缝机或其他机具将拱起板间横缝中的硬物切碎。

(2)用压缩空气将缝中石屑等杂物和灰尘吹净,使板块恢复原位,并灌入填缝料。

3.路面严重拱起的处理方法

(1)板端拱起但路面完好时,应根据拱起高低程度,计算多余板的长度,将拱起板块两侧附近 1~2 条横缝切宽,待应力充分释放后切除拱起端,逐渐使板块恢复原位。

(2)将横缝和其他接缝内的杂物、灰尘用空气压缩机清除干净,并灌入填缝料(图 7-23)。

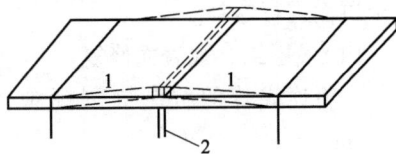

图 7-23 水泥混凝土路面板体拱起修复
1-拱起板;2-切除部分

4.其他拱起情况的处理

(1)拱起板端发生断裂或破损时,按前文已介绍的裂缝处理中全深度补块方法进行。

(2)胀缝间传力杆在施工时因部分或全部设置不当,使板受热时不能自由伸长而发生拱起,应重新设置胀缝。

(七)水泥混凝土路面坑洞修补

水泥混凝土路面坑洞的产生,主要是粗集料脱落或局部振捣不密实等原因所致。发生坑洞大小情况不同,有的在一块板上出现,有些在多块板上出现。坑洞尽管对行车影响不大,但对路面的外观和表面功能都有较大影响,因此,应根据实际情况采取相应措施进行修补。

1.对路面板个别坑洞的修补

(1)用手工或机械将坑洞凿成矩形的直壁槽。

(2)用压缩空气把槽内的混凝土碎块及尘土吹净。

(3)用海绵块沾水后湿润坑洞,不得使坑洞内积水。

(4)用聚合物水泥砂浆等材料填补,其应与旧混凝土板的黏结性能较好,并可达到平整密实。修补的砂浆强度与原板块强度不宜相差过大,因为板块强度相差越大,产生分离的可能性越大。

2.对路面板多坑洞的修补

对较多坑洞且连成一片的路面板,面积在20m²以内,应采取薄层修补方法修补。其方法如下:

(1)画出与路中心线平行或垂直的修补区域图形。

(2)用切割机沿修补图形边线切割5~7cm深的槽,槽内用风镐清除混凝土,使槽底平面达到基本平整,并将切割的光面凿毛。

(3)用压缩空气吹净槽内混凝土碎屑和灰尘。

(4)按原混凝土配比设计配制混凝土,宜掺加早强剂。

(5)将拌和的混凝土填入槽内,摊铺振捣密实,并保持与原路面齐平。

(6)喷洒养护剂养护。

(7)待混凝土达到通车强度后,开放交通。

3.大面积坑洞路面板的修补

对面积大于20m²、深度在4cm左右成片的坑洞路面,可用浅层结合式表面修复或沥青混凝土罩面进行修补。

(1)浅层结合式表面修复。

①将连成片的坑洞周围标画出与路中心线平行或垂直的区域,并用风镐凿除深度2~3cm;

②将修复区内凿掉的混凝土运出,并清除其碎屑和灰尘;

③在修复区表面用水湿润后适时涂刷黏结剂;

④将拌和好的混凝土摊铺于修复区内整平、振捣密实;

⑤用压纹器压纹,压纹深度宜控制在 3mm 左右;

⑥用养护剂养护,使修复面经常处于潮湿状态;

⑦待混凝土达到通车强度后,开放交通。

(2)沥青混凝土罩面修补。

①用切割机在处治区周围切割 2~3cm 深度;

②用风镐凿除处治区内的混凝土,并清除混凝土块、碎屑和灰尘;

③将切割的槽壁面和凿除的槽底面喷洒黏层沥青,其用量为 $0.4~0.6kg/m^2$;

④铺筑沥青混凝土,并碾压密实、平整;

⑤待沥青混凝土冷却后,开放交通。

(八)水泥混凝土路面接缝维修

水泥混凝土路面的接缝,包括纵向施工缝、纵向缩缝、横向施工缝、横向缩缝、横向胀缝等。接缝是水泥混凝土路面的薄弱环节,最易破坏,水、砂等物质也最容易从接缝进入,导致面板的唧泥、脱空、断板、沉陷等病害的产生,因此对接缝必须加强养护维修。

1.路面板接缝病害产生的主要原因

(1)接缝材料的老化、脱落、软化和溢出;

(2)垫料的老化、变形、脱落;

(3)接缝结构、机能不完善;

(4)接缝内嵌入硬物会造成接缝处剥落或胀裂;

(5)填缝材料和接缝板质量欠佳。

2.路面板接缝填缝料损坏的修复方法

(1)用小扁凿或清缝机具清除旧填缝料和杂物,并将缝内灰尘吹净。

(2)接缝作胀缝修理时,先将建筑热沥青涂刷缝壁,再将接缝板压入缝内。对接缝板接头缝与传力杆之间的间隙,必须用沥青或其他填缝料填实抹平。上部用嵌缝条的应及时嵌条。

(3)用加热式填缝料修补时,必须将填缝料加热至灌入温度,滤去杂物,倒入灌缝机内即可。在填缝的同时,宜用铁钩来回钩动,以增加与缝壁的黏结和填缝的饱满程度。在气温较低季节施工时,应先用喷灯将接缝预热。

(4)用常温式填缝料修补时,除无须加热外,其施工方法与加热式填缝料相同。

3.路面板纵向接缝出现张开时的修复方法

(1)当相邻车道面板横向位移、纵向接缝张开宽度在 10mm 以下时,宜采用沥青玛𹸟脂、沥青橡胶类加热式填缝料。

(2)当相邻车道面板横向位移、纵向接缝张口宽度在 10~15mm 时,可用聚氨酯、氯丁橡胶类常温式填缝料进行维修。

①维修前应清除缝内杂物和灰尘;

②按材料配比配制填缝料;

③宜采用挤压枪注入填缝料;

④填缝料固化后,方可开放交通。

（3）当纵向接缝张口宽度在 15~30mm 时,采用沥青砂填缝。

（4）当纵缝宽度达 30mm 以上时,可在纵缝两侧横向锯槽并凿开,槽间距 60cm、宽 5cm、深 7cm。沿纵缝两侧 10cm 钻直径为 14mm 的钯钉孔。设置 ϕ12mm 螺纹钢筋钯钉,钯钉在旧混凝土路面内的弯钩长度为 7cm,纵缝内部的凿开部位用相同强度等级水泥混凝土填补,纵缝一侧涂刷沥青。

4. 接缝板边出现碎裂时接缝的修复

（1）在破碎部位边缘,用切割机切割成规则图形,其周围切割面应垂直板面,底面宜为平面。

（2）清除混凝土碎块,吹净灰尘杂物,并保持干燥状态。

（3）用高模量补强材料进行填充,修补混凝土达到通车强度后,方可开放交通。

（九）露骨处治

对于露骨病害,其处治应根据公路等级和表面破损程度,采用不同的材料和施工方法进行。除了任务中介绍的常规方法外,还可进行罩面处理。

（1）一般公路水泥混凝土板表面起皮,宜采用稀浆封层加以处理。

（2）对于面积较大的水泥混凝土面板表面起皮（剥落、露骨）,宜采用稀浆封层或沥青混凝土罩面加以处理。

（3）高速公路水泥混凝土板露骨,宜采用改性沥青稀浆封层或沥青混凝土加以处理。

二、水泥混凝土路面表面功能修复

水泥混凝土路面通车 3~5 年,路面表面会出现磨光和露骨现象,尤其是在使用耐磨性较差的粗集料、强度等级不高的水泥的情况下,路面表面磨损更为突出,影响路面的使用功能。为此,通常采用技术方法来改善和恢复水泥混凝土路面表面功能。当水泥路面出现大面积的磨损、露骨时,应采用铺设沥青磨耗层的办法修复局部段落出现的路面磨光,应采用机械刻槽的方法,以恢复水泥混凝土路面的表面平整度和抗滑性能。

（一）薄层水泥砂浆罩面

对局部板块出现的露骨,可采用薄层水泥砂浆罩面（图 7-24）。其施工工艺如下:

a)露骨病害　　　　　　　　　　b)薄层水泥砂浆罩面修补

图 7-24　水泥混凝土路面露骨修补

（1）用风镐凿除水泥混凝土面板表面，凿除深度为5cm。

（2）清除水泥混凝土碎屑和松散块，用高压水冲洗水泥混凝土板块毛面，用压缩空气清除水泥混凝土板块表面水分。

（3）在现浇混凝土板边立模。

（4）在水泥混凝土毛面上涂上一层界面黏结剂，增强黏结性能。

（5）采用强制式搅拌机配制混凝土，人工摊铺配合修补，平板振捣器振捣密实，振动梁找平，人工抹面、压纹。混凝土拌制后使用时间一般不超过1.5h。

（6）修补混凝土摊铺后2h，对修补的混凝土养护24h。

（二）沥青磨耗层罩面

当水泥混凝土路面较大范围内磨光或露骨，可铺设沥青磨耗层（图7-25）修复，其工艺如下：

（1）对水泥混凝土板块进行修整和处理。在沥青磨耗层铺筑前，水泥混凝土路面应做到干燥、清洁，不得有尘土、杂物或油污。

（2）在水泥混凝土路面表面喷洒$0.4 \sim 0.6 kg/m^2$的黏层沥青，可采用热沥青、乳化沥青，尽可能采用快裂型乳化沥青。采用沥青洒布车喷洒黏层沥青。在路缘石、雨水进水口、检查井等局部位置与沥青面层接触处，采用人工涂刷。喷洒黏层沥青，应均匀洒布或涂刷，喷洒过量处应予刮除。当气温低于10℃或路面潮湿时，不得喷洒黏层沥青。喷洒黏层沥青后，除沥青混合料运输车辆外，严禁其他车辆、行人通过。黏层沥青洒布后，应立即铺筑沥青层，乳化沥青应待破乳、水分蒸发完后铺筑沥青磨耗层。

（3）沥青磨耗层采用砂粒式沥青混凝土，厚度一般为$1.0 \sim 1.5 cm$。矿料级配及沥青用量见表7-7。

a)露骨病害   b)沥青磨耗层罩面效果

图7-25 沥青磨耗层罩面

砂粒式沥青混合料级配及沥青用量范围（方孔筛）   表7-7

通过下列筛孔(mm)的质量百分率(%)								沥青用量(%)
9.5	4.75	2.36	1.18	0.6	0.3	0.15	0.075	6.0~8.0
100	95~100	55~75	35~55	20~40	12~28	7~18	5~10	

（三）稀浆封层

对大面积露骨和磨光路段，可采用稀浆封层技术。稀浆封层的施工方法将在本书项目8沥青路面病害处治中讲述，此处不赘述。

（四）刻槽

对于弯道、陡坡等磨光路段，可采用刻槽的方法进行处治（图7-26），以恢复水泥混凝土路面表面功能。其工艺如下：

1. 刻槽工具

常采用自行式刻槽机进行刻槽，该种刻槽机使用圆盘形的金刚石刀片、碳化钨冲头等，在路面上切成窄槽。

2. 防滑槽刻制方向

防滑槽方向主要有两种：

（1）纵向刻槽，可以防止横向滑动与横向风力所造成的事故。

（2）横向刻槽，对缩短车辆制动距离效果较好，适用于陡坡路段、交叉路口附近等。在路线纵向或横向指定的方向上，安置导向轮，将导向轮扣在导向轨上，实施刻槽作业。

（3）刻槽作业时应由高向低逐步推进。

图7-26　水泥混凝土路面刻槽施工

三、水泥混凝土路面修复

当水泥混凝土路面遭到结构性破坏，使用功能严重下降时，路面需要修复。视板块破坏情况进行修复，其分为整块路面修复和部分路段修复。

（一）整块水泥混凝土路面板翻修

当路面产生严重的沉陷或严重的破碎板等病害，而且集中于一块板内时，正常的养护手段无济于事，只能通过整块面板的翻修，才能恢复其使用功能。

整块面板翻修的方法和工艺如下：

1. 清除混凝土碎块

首先，用风镐或液压镐凿除损坏的水泥混凝土板块，旧板凿除应注意对相邻板块的影响，尽可能保留原有拉杆、传力杆。若拉杆、传力杆发生损坏，应重新补设；将破碎的混凝土碎块清运至指定的堆放场地。

2. 处治基层

根据基层损坏程度采取不同处治方法。

（1）基层损坏厚度小于8cm，整平基层压实后，可直接浇筑与原路面强度相同的水泥混凝土，其施工方法应符合水泥混凝土路面施工规范要求。

（2）基层损坏厚度大于8cm，且坑洼不平，应首先整平、压实基层后，采用C15号贫混凝土进行补强，其补强层顶面高程应与旧路面基层顶面高程相同。

（3）基层损坏极为严重，其厚度大于20cm时，应分层处理基层。

（4）在基层上，按0.5kg/m²沥青用量，喷洒一层乳化沥青，作为防水层。

3. 排水处理

对于翻修的混凝土板，处在路面排水不良地带，路面板的边缘及路肩应设置路基纵、横向排水系统。

（1）单一边板翻修时，应在路面板缩缝处设置横向盲沟。

（2）连续数块混凝土板块翻修时，宜设纵、横向盲沟，并应在纵坡底部设置横向盲沟。

4. 水泥混凝土翻修工艺

混凝土施工时配合比及所用的材料，应根据路面通车时间的要求，选用快速修补材料。

（1）将混凝土拌和机设置在施工现场附近，可采用翻斗车运送混合料。

（2）混合料的摊铺由运输车辆直接卸在基层上，混合料尽可能卸成几个小堆，用铁锹摊均匀，严禁使用钉耙、耧耙，以防离析。摊铺材料松铺系数一般控制在1.1左右，或根据试验确定。

（3）混合料的振捣：应先用插式振捣器在板边、角隅处或整块板顺序振捣一次，同一位置时间不少于20s，再用平板振捣器全面振捣，振捣时应重叠10~20cm，时间不少于15~30s，以不再冒泡并泛出水泥浆为止；在全面振捣后再用振动梁振实整平，往返拖拉2~3遍，使表面泛浆，并赶出气泡。振动梁移动的速度应缓慢而均匀，其速度以1.2~1.5m/min为宜。对不平处，应及时人工补平，最后用滚杆进一步滚动表面，使表面进一步提浆。如新浇的混凝土表面与旧混凝土表面不平整，应填补找平并重新振滚平整。

（4）混凝土表面整修：应用木抹多次抹面至表面无泌水为止；面板低凹处应填补混凝土，并用3m直尺检查平整度。

（5）按原路面纹理修面，可用尼龙丝刷或拉槽器在混凝土表面横向拉槽。

（6）混凝土硬化后，要尽早用切缝机切缝，切缝深度宜为 1/4 板块厚度，合适的切缝时间须依据经验并进行试切后确定。经验切缝时间见表7-8。

经验切缝时间　　　　　　　　　　　　　表7-8

昼夜平均温度(℃)	常规切缝时间(h)	真空脱水作业时间(h)
5	45~50	40~45
10	30~45	25~30
15	22~26	18~32
20	18~21	12~15
25	15~18	8~11
30	13~15	5~7

注:表列时间为采用普通硅酸盐水泥，并不掺外加剂的切缝时间。

（7）混凝土板块的养护：

①混凝土板抹平后，可在混凝土板块表面喷洒养护剂进行养护，养护剂应在纵横方向交叉喷洒，养护剂洒布要均匀，其用量不得少于 $350g/m^2$；

②也可采取洒水养护，用草帘或麻袋覆盖在混凝土板表面，每天洒水 2~3 次，使水泥混凝土板块经常保持潮湿状态。

（8）在水泥混凝土板块养护期满后，应立即进行接缝填封：

①接缝填缝材料分为接缝板及填缝料两种，填缝料施工分为加热施工方式及常温施工方式两种；

②填缝前，接缝缝内必须清理干净，灌注填缝料必须在缝槽干燥状态下进行，其灌注深度以 3~4cm 为宜，下部可填入多孔柔性材料；

③填缝料的灌注高度，夏天应与面板齐平，冬天宜稍低于面板。

（9）混凝土强度达到设计要求，即可开放交通。

（二）水泥混凝土路面部分路段修复

水泥混凝土路面部分路段损坏，一般是设计、施工、材料、工艺、交通量、超载、养护不当等因素造成的，严重影响行车安全，对水泥混凝土路面损坏路段，必须进行彻底修复（图 7-27）。

修复工艺及质量要求应与新建水泥混凝土路面施工要求相同，但在施工时，要注意以下几点：

（1）基层强度不足时，可采用水稳性较好的材料进行处理；

（2）应结合路面维修，设置纵横向排水系统；

（3）混凝土施工前应在路面基层上施作沥青下封层，沥青用量为 $1.0kg/cm^2$；

（4）新旧水泥混凝土板交接处应设传力杆，对损坏的拉杆进行修复（图 7-28）。

图7-27 水泥混凝土路面部分路段凿除

图7-28 拉杆修复施工

任务7-4   认知水泥混凝土路面再生

知识目标

熟悉水泥混凝土路面再生利用的条件和方法;熟悉常见水泥混凝土路面病害处治方法,熟悉水泥混凝土路面再生利用的方法。

能力目标

能根据水泥混凝土路面再生利用条件合理选择再生方法。

水泥混凝土路面达到使用年限,或者因其他原因破坏(如路面结构设计不合理、施工措施不当、超载使用或者养护不及时等),需要重建时,一般做法是挖除并废弃旧的水泥混凝土面层,修补基层后,重新进行铺筑面层。挖除的旧混凝土往往作为垃圾被丢弃,这样就引发了许多问题,比如产生大量的工程垃圾。由于混凝土材料属于无机材料,耐久性较好,不会像有机物一样自然分解,因此这种污染将是永久性的。

而新建道路所需的集料开采,一般是挖除山体表层的岩石,通过爆破和机械作用把原状岩石破碎成为粗集料。由于道路铺筑时所需的粗集料很多,这样将导致大面积的山体被开挖,大面积的植被被破坏,造成环境上不可预估的损失。

运输和处理废料带来巨大的经济浪费;新集料的开采和运输需要巨大的人力和物力,导致总体经济效益和社会效益下降。

基于以上基本事实,如果把挖除的旧水泥混凝土在施工现场破碎,作为粗集料再次利用,不仅有经济优势,而且具有环保优势,将产生明显的社会效益和经济效益,避免了资源的浪费。因此,旧混凝土路面的再生利用技术具有广阔的利用前景。

一、水泥混凝土路面再生利用方法

水泥混凝土路面再生利用技术是采用就地破碎、发裂或集中破碎等利用旧水泥混凝土路面强度和材料的技术。水泥混凝土路面再生利用技术的应用,需要遵循资源节约、环境保护、技术可靠、经济合理的原则。水泥混凝土路面再生利用需要以旧路调查与分析和科学的再生利用设计为基础,以适宜的再生技术为手段,并采用成熟可靠的新材料、新设备、新工艺和新技术。

目前水泥混凝土路面再生利用技术主要有就地碎石化再生利用技术、就地发裂再生利用技术和集中破碎再生利用技术。

1. 就地碎石化再生利用技术

就地碎石化再生利用技术是采用多锤头破碎机或共振破碎机等专用设备将旧水泥混凝土路面原位破碎成具有一定尺寸的颗粒嵌挤体,作为基层或底基层使用的技术。

(1)多锤头碎石化再生利用技术

多锤头碎石化再生利用技术是采用多锤头破碎机和 Z 型单钢轮振动压路机进行旧水泥混凝土路面就地碎石化再生利用的技术。

(2)共振碎石化再生利用技术

共振碎石化再生利用技术是采用共振破碎机进行旧水泥混凝土路面就地碎石化再生利用的技术。

2. 就地发裂再生利用技术

就地发裂再生利用技术采用板式破碎机或冲击压路机等专用设备将旧水泥混凝土路面原位破碎成不规则的块状嵌挤体,作为底基层使用的技术。

(1)板式打裂压稳再生利用技术

板式打裂压稳再生利用技术采用板式破碎机进行旧水泥混凝土路面就地发裂再生利用的技术。

(2)冲击压裂再生利用技术

冲击压裂再生利用技术采用冲击压路机进行旧水泥混凝土路面就地发裂再生利用的技术。

3. 集中破碎再生利用技术

采用专用设备对旧水泥混凝土路面进行挖除、集中破碎,形成再生集料并应用的技术。

4. 旧水泥混凝土路面再生利用技术要求

(1)对于大面积破损的旧水泥混凝土路面,通常将旧路面水泥混凝土回收,当旧水泥混凝土板块强度达到石料二级标准时,可用作再生混凝土集料。

(2)旧水泥混凝土路面破碎前,对旧水泥混凝土路面及地下状况进行调查,并在平面图上标注地下构造物、涵洞、地下管道(自来水管、煤气管、通信电缆、光缆)、排水设施(下水管)、桥头搭板。在有沥青罩面层处应先用铣刨机清除沥青层,在地下构造物、涵洞、地下管道(线)、排水设施、桥头搭板位置以及破碎板与保留板连接处的第一块旧混凝土板使用液压镐破碎。

（3）将回收的水泥混凝土路面材料运送到轧石厂进行加工。在装车和运输过程中，应注意及时把暴露的钢筋取出。加工时，在轧石机之间的传送带和进料斗的上方，悬吊一块磁铁，以便将钢筋吸出。可再生利用的旧混凝土粒料的粒径应在20～40mm，粒径小于20mm的集料不再使用。

（4）做水泥混凝土配合比设计时，粒径小于20mm的集料宜采用新的碎石，配合比中一般掺加减水剂和二级干粉煤灰，回收集料、新集料、水泥、粉煤灰最终级配要求应满足表7-9和表7-10的要求。

粗集料级配要求（圆孔筛） 表7-9

筛孔尺寸(mm)	40	20	10	5
累计筛余(%)	0～5	30～65	70～90	95～100

细集料级配要求 表7-10

筛孔尺寸(mm)	5	2.5	1.25	0.63	0.315	0.16
累计筛余(%)	0	0～20	15～50	40～75	70～90	90～100

（5）再生水泥混凝土路面施工与普通水泥混凝土路面施工工艺基本相同。

（6）当旧水泥混凝土板块强度达到石料三级标准时，可用作基层集料，在这种情况下宜采用石灰、粉煤灰＋旧混凝土集料基层；混凝土基层集料含量宜为80%～85%；石灰、粉煤灰比例宜为1:4。

（7）当水泥混凝土路面破损状况属差级时，应将混凝土板破碎作为底基层使用（图7-29）。全幅路面板破碎可用落锤式破碎机，从路中心线开始交替向路肩进行，落锤中心距为45cm。经破碎机破碎后的碎块边长约为30cm。

a）水泥混凝土路面破碎　　　　　　　b）水泥混凝土路面底基层

图7-29　水泥混凝土路面再生利用

二、水泥混凝土路面再生集料的应用

（一）石灰、粉煤灰稳定旧混凝土集料

对石灰、粉煤灰（以下简称二灰）稳定旧混凝土集料的技术要求、设计和施工简述如下。

1. 旧水泥混凝土集料强度要求

水泥石强度达到三级标准,可作为基层集料使用。

2. 旧水泥混凝土用作集料的粒径要求

集料的最大粒径不超过30mm,压碎值<30%,集料级配范围见表7-11。

石灰粉煤灰稳定粉碎混凝土集料级配要求(方孔筛)　　　　表7-11

筛孔尺寸(cm)	31.5	19	9.5	4.75	2.38	1.18	0.6	0.075
通过率(%)	100	81~98	52~70	30~50	18~38	10~27	6~20	0~7

3. 混合料组成设计

(1)石灰:粉煤灰=1:2~1:4。

(2)石灰粉煤灰:级配碎石=20:80~15:85。

(3)石灰:粉煤灰:级配碎石=5:13:82。

4. 设计步骤

(1)确定石灰粉煤灰再生集料的最佳含水率和最大干密度(用重型击实试验法)。

(2)按最佳含水率和计算得到的干密度制备试件。

(3)试件在25℃±2℃下保湿养护6d,浸水1d后,进行无侧限抗压强度试验。

(4)石灰粉煤灰混合料7d浸水抗压强度≥0.8MPa。

5. 石灰、粉煤灰稳定旧水泥混凝土集料施工

石灰粉煤灰稳定旧混凝土集料的施工与二灰碎石施工工艺基本相同。

(1)二灰稳定旧混凝土碎块,须在中心拌和站用机械进行集中拌和,石灰必须过筛,再生集料应用防雨布覆盖;二灰混凝土碎块的含水率应略大于最佳含水率,拌成混合料的堆放时间不超过24h。

(2)采用摊铺机摊铺二灰混凝土碎块混合料时,当摊铺厚度大于20cm,应分层施工;上基层二灰混凝土碎块结构层厚度不小于15cm,两层二灰混凝土碎块基层可连续施工。二灰混凝土碎块结构层松铺系数为1.20~1.30。

(3)二灰混凝土碎块结构层,应采用12t以上的三轮压路机或14t以上的振动压路机碾压8遍。三轮压路机在不便碾压的局部路段,采用10t的二轮压路机进行碾压。碾压过程中,如有"弹簧""车辙"起皮等现象,应及时翻开重新拌和碾压。

(4)二灰混凝土碎块结构层工作缝位置施工:在开始摊铺新混合料之前,应将接缝位置斜坡呈垂直挖除,形成垂直向下的横断面,然后摊铺新的二灰混凝土碎块基层。

(5)二灰混凝土碎块基层碾压完成后的第二天,开始洒水养护,保持表面潮湿,养护期7d。二灰混凝土碎块养护期间,禁止车辆在二灰混凝土碎块基层上行驶。

(6)二灰混凝土碎块基层施工遇雨时,应立即将二灰混凝土碎块堆或沿尚未碾压密实的二灰混凝土碎块基层进行覆盖。若二灰混凝土碎块遭雨淋,须检查石灰含量,若石灰含量不足,应将二灰混凝土碎块重新掺石灰搅拌,碾压密实。

（二）水泥稳定旧混凝土集料

对水泥稳定旧混凝土集料的技术要求和施工分述如下：

1. 旧水泥混凝土集料强度要求

水泥石强度达到三级以上标准，可作为水泥稳定粉碎混凝土基层集料。

2. 旧水泥混凝土集料粒径要求

集料的最大粒径不超过 30mm，压碎值 <30%，集料级配范围见表 7-12。

水泥稳定旧混凝土集料级配要求（方孔筛）　　　　表 7-12

筛孔尺寸（cm）	31.5	26.5	19	9.5	4.75	2.36	0.6	0.075
通过率（%）	100	90~100	75~89	47~67	29~49	17~35	8~22	0~7

3. 水泥

（1）要求采用普通硅酸盐水泥、矿渣硅酸盐水泥、火山灰质硅酸盐水泥。

（2）路面基层宜采用强度等级较低的水泥，要求水泥各龄期强度达到相应指标要求，安定性要好，初凝时间 3h 以上，终凝时间不小于 6h，可以适当添加一定数量的外加剂。

（3）水泥进场入罐时，要了解其出炉天数，刚出炉的水泥要停放 7d 才能使用。夏季高温作业时，散装水泥入罐温度不能高于 50℃，高于这个温度，若必须使用时，应采用降温措施。冬季施工，水泥进入拌缸温度不低于 10℃。

4. 混合料组成设计

（1）按不同水泥剂量分组试验。一般建议水泥剂量按 4.5%、5%、5.5% 三种比例进行试验（水泥∶集料 =4.5∶100、5∶100、5.5∶100）水泥稳定粒料的抗压强度代表值为 4~5MPa，室内试验试件抗压强度的代表值按式（7-12）计算。

$$R = \overline{R}(1 - Z_a C_v) \qquad (7\text{-}12)$$

式中：R——抗压强度代表值（MPa）；

　　$\overline{R}$——该组试件抗压强度的平均值（MPa）；

　　Z_a——保证率系数，高速公路保证率 95%，此时 $Z_a = 1.645$；

　　C_v——试验结果的偏差系数（以小数计）。

（2）做不同水泥剂量混合料的击实试验，确定各种混合料的最佳含水率和最大干密度。

（3）按规定压实度（98%）分别计算不同水泥剂量的试件的干密度。

（4）按最佳含水率和计算得出的干密度制备试件。进行密度试验时，作为平行试验的最小试件数量，应根据试验结果的偏差系数加以确定。每组试件个数为：偏差系数 10%~15% 时 9 个，偏差系数 15%~20% 时 13 个。

5. 基层试验项目

（1）重型击实试验：求最佳含水率和最大干密度。

（2）抗压强度：检验水泥稳定粒料强度是否达到设计要求。

（3）结合料剂量：检查水泥剂量是否符合配合比要求。

(4)延迟时间:确定基层碾压终了时间。

6. 试件制备和试验

将制好的试件脱模称重后放到相对湿度95%的密封湿度箱或养护室内养护,养护期的最后1d(第7d)将试件浸泡在水中,水的湿度应使水面高出试件顶约2.5cm,浸水温度与养护温度相同。在浸水之前,应再次称试件的质量,在养护期间试件质量损失(指含水率的减小),应不超过10g,质量损失超过此规定的试件,应作废。将已浸水一昼夜的试件从水中取出,用软的旧布吸去试件表面的可见自由水,并称试件的质量。然后进行无侧限抗压强度试验。

7. 施工温度要求

水泥稳定粉碎混凝土集料基层施工,日最低温度应在5℃以上。降雨时应停止施工,但已经摊铺的混合料应尽快碾压密实。

8. 混合料拌和

(1)拌和料的备料应能满足3~5d的摊铺用料,并用防水布覆盖。

(2)每天应检查集料的含水率,计算当天的施工配合比,外加水与天然含水率的总和要比最佳含水率略高(1%左右)。实际采用的水泥剂量可大于混合料组成设计时确定的水泥剂量约0.5%。但实际采用的水泥剂量和现场抽检的水泥剂量应小于6%。

(3)每天开始搅拌之后,出料时要取样检查是否符合给定的配合比,进行正式生产之后,每1~2h检查一次拌和情况,抽检其配合比、含水率是否变化。高温作业时,早晚与中午的含水率要有区别,要按温度变化及时调整。发现干湿不均、有离析的混合料要废弃。

9. 混合料运输

(1)应尽快将拌成的混合料运送到铺筑现场。车上的混合料应覆盖,减少水分损失。

(2)运输车辆一定要满足拌和、出料与摊铺的需要。

10. 混合料摊铺

(1)拌和机与摊铺机的摊铺能力应相互匹配,摊铺机应连续摊铺。

(2)清除底基层表面浮土等杂物。

(3)水泥稳定粉碎混凝土混合料的松铺系数为1.20~1.30。

(4)在摊铺机后应设专人消除混合料离析现象,应铲除局部粗集料"窝",并用新拌混合料填补。严禁用薄层贴补法进行找平。

11. 混合料碾压

(1)应在混合料含水率处于或略大于最佳含水率(气候炎热干燥时,基层混合料可大1%~2%)时进行碾压,直到达到要求的压实度。

(2)碾压过程中,水泥稳定粒料的表面应始终保持湿润,如水分蒸发过快,应及时补洒少量雾状水。

(3)碾压宜在水泥终凝前及试验确定的延迟时间内完成,并达到要求的压实度,同时没有明显的轮迹。

12. 横缝设置

(1)每天收工之后,在第二天开工的接头断面也要设置横缝。

（2）横缝应与路面车道中心线垂直设置，其设置方法：首先目测在松铺厚度发生变化的地方挖槽放置方木，然后将混合料碾压密实，在重新开始摊铺混合料之前撤除方木并挖除末端的混合料。

（3）如摊铺施工中断超过2h，而又未按上述方法处理横向接缝，则应将摊铺机附近及其下面未压实的混合料铲除，并将已碾压密实且高程和平整度符合要求的末端挖成与公路中心线垂直向下的断面，然后再摊铺新的混合料。

13. 养护

（1）每一段碾压完成并经压实度检查合格后应立即开始养护。

（2）用湿草袋覆盖洒水养护。洒水车的喷头要用喷雾式，每天洒水次数应视气候而定，养护期间应始终保持稳定粒料层表面湿润，养护期不少于7d。对于缺水地区也可覆盖薄膜（或土工布）养护，基层薄膜养护期不宜少于7d，冬季施工的养护期要适当延长。用作基层时也可采用沥青乳液进行养护。

（3）养护期间应封闭交通。

（三）旧水泥混凝土碎块垫层

1. 一般规定

（1）水泥混凝土路面破损状况属于差级时，应将混凝土板破碎，作为底基层使用。

（2）在水泥混凝土路面两侧板底高程以下20cm×20cm，开挖纵向排水沟，每隔20m开挖20cm×20cm横向排水沟，排除路面积水。

（3）对水泥路面进行调查，在平面图上标注地下构造物，确定破碎混凝土板的范围。

2. 水泥稳定碎块混凝土垫层

（1）在不允许采用冲击锤施工的位置，采用液压镐进行破碎混凝土施工。

（2）在允许采用冲击锤施工的部位，在混凝土板上画出45cm×45cm的网格。

（3）采用冲击锤对准网格结点进行冲击，混凝土板块最大边长尺寸不超过30cm。

（4）采用砂浆搅拌机，按水泥∶砂∶水=1∶4∶0.5制备C15水泥砂浆。

（5）用人工将砂浆灌入破碎板缝隙内。

（6）用15t以上的大吨位的轮胎式振动压路机进行碾压，压路机碾压速度为2.5km/h，往返碾压6~8遍。压路机在振碾过程中，一旦发现缺浆，应立即进行补浆，要求底基层上有一层0.5cm厚的薄层砂浆。

（7）对软弱松动的碎块应予以清除，并用C15混凝土回填。

（8）水泥砂浆稳定破碎板应保养3d。3d后可进行弯沉测量。凡弯沉达不到设计要求，应将弯沉大于0.55mm的较大点位置的破碎板进行挖补，用C15贫混凝土回填，一般代表弯沉值控制在0.67mm以下。

3. 断裂稳固旧水泥混凝土路面垫层

（1）进行冲击破碎施工前，首先要调查清楚施工路段上的涵洞、通道、桥台的位置，用石灰水标明破碎压实范围和控制点，检测人员做好一切准备工作。

（2）压实机械行驶速度一般为9~12km/h，转弯半径为8m，冲压遍数根据沉降量和混凝土块的破碎状况来确定,即行车道和超车道一般冲压20遍左右;然后根据具体实际情况再酌情增减。

（3）混凝土面板在水平方向所受的约束力越小,冲击破碎的效果越好。因此,施工作业时,冲击顺序应从路面的边板开始,即从路肩、行车道、超车道依次进行。

（4）冲压质量控制。

采用冲击压实技术修复混凝土路面的质量目标:破碎并稳固混凝土面板,并使其碎板块紧密嵌锁;与压实后的原路面基层,形成稳固厚实的底基层;有效减少和缓解反射裂缝。采用路面沉降量、冲击遍数和板块破碎状况,作为冲击压实的质量控制指标。

①沉降量与冲击遍数控制。

沉降量与冲击遍数是紧密相关的。沉降量用不同冲压遍数后测得的路面高程之差计算得出。检测方法和频率为:

a. 在路面上布好沉降量高程检测点,布置测点(图7-30)。

b. 冲压前,测量记录原地面高程。每冲压5遍、10遍、15遍、20遍后各测量一次。

c. 如二次之间的高程测量差值小于5mm,即可结束冲压,以最后一次的冲压遍数(如20遍)作为沉降量控制标准。如大于5mm,则再冲压2~3遍,直至沉降量小于5mm,以最后的冲压遍数作为控制遍数。

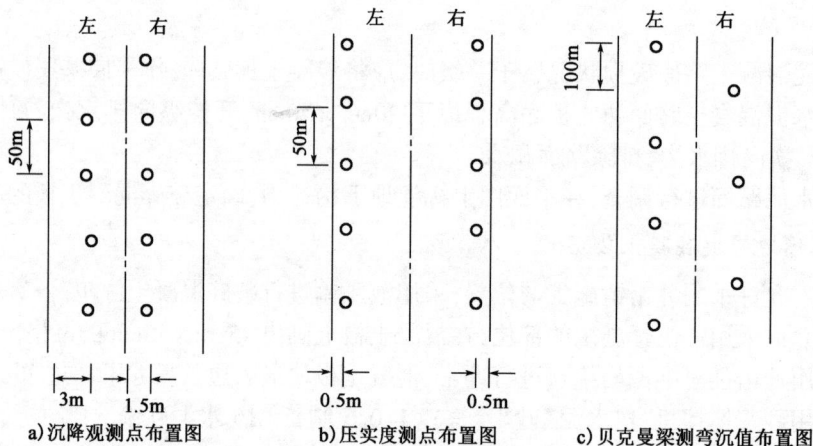

图7-30　测点布置图

②破碎状态控制。

首先应对未冲压前混凝土板块损坏情况进行现场实测和记录,以后每5遍各检测一次,最终破碎的网状碎块大小应控制在45~60cm。该碎块并非一般意义的明显碎块,而是裂缝(纹)贯穿块与块之间并形成集料嵌锁的结构,从而保全原路面所具有大部分结构强度。一般代表弯沉值控制在0.53mm左右。

（5）冲压施工注意事项。

由于冲压时产生极强的冲击力,因此,施工时必须对其影响范围内的涵洞、构造物进行安全避让。

①桥梁、通道。

冲压边界距桥头和通道边不少于5m,并须在桥头搭板之外。

②涵洞。

冲压边界距管涵中线或板涵边线不少于2m,管涵上方土层厚度不小于2m,板涵上方土层厚度不小于3m。

③房屋。

视房屋的不同结构确定安全距离,避免造成损失。

冲压时首先要准确调查所有桥涵构造物,明显标出安全距离线,施工中冲压至安全线时,可将冲压轮升起,低速空驶过安全范围后,再进行冲压施工。

(6)由于冲压破碎后,路面产生大量的裂缝,丧失抵抗雨水渗透侵蚀的能力,会造成板下基层和土基含水率增高,且不易散发,影响冲压效果。所以路面破碎后要及时进行防水处理,及时采取沥青下封层等措施。

三、旧水泥混凝土再生利用技术

旧水泥混凝土路面因大面积破坏而丧失整体承载能力,并且通过局部挖除、压浆等处理方式已不能恢复其使用功能,或不能达到结构强度要求时,如果采用通常的直接加铺方式改造后路面会出现反射裂缝等问题,碎石化改造技术就是专门针对这一问题而开发出的一种快捷、有效的路面改造技术。

碎石化改造技术起源于20世纪80年代的美国,由于破碎后其颗粒粒径小,力学模式更趋向于级配碎石,故称为碎石化。水泥混凝土路面碎石化改造技术是一种旧水泥混凝土路面破碎处治技术,是对旧水泥混凝土路面大修或改造的重要手段。

(一)碎石化技术的强度形成机理

水泥混凝土路面碎石化后分为表面细粒散层、碎石化层上部和碎石化层下部3个层次。

(1)碎石化后表层厚度2~5cm,在压实过程中,颗粒被压密,形成嵌挤薄层,通过洒布透层油,提高黏结力,使之具有一定的强度和稳定性。

(2)碎石化层上部厚度约10cm,强度主要来源有:一是来自内摩阻角,粒径越大则内摩阻角越大;二是来自预应力,水泥混凝土面板在破碎时,混凝土产生侧向体积膨胀,混凝土颗粒的粒径越小,膨胀趋势越大,产生的预应力越大。

(3)碎石化层下部厚度约10cm,是"裂而不碎、契合良好、连锁咬合"的块体结构。该结构静定且自稳,具体表现形式为各种形式的咬合梁、拱结构,在外力作用下产生咬合嵌挤作用,比普通嵌锁作用更大,提供的强度更高,具有更好的结构稳定特性。

(二)破碎设备

实施碎石化的主要设备有多头碎石化(Multiple-Head Breaker,MHB)设备和共振式设备。但是由于共振式设备破碎程度较高,破碎后颗粒粒径更小,因而板块强度损失也较大,需要加铺的路面结构要求更高,不够经济,因此MHB设备逐步成为主流的设备。

1.冲击压实机械

冲击压实机械是实现冲击压实技术的主要施工机械(图7-31、图7-32)。冲击压实技术具有运行速度快、施工工序少、工期短、成本低,应用范围广等特点,能够提高路基强度、稳定性和均匀性,防止不均匀沉陷而造成的路面破坏,但是经破碎后实测回弹模量的均匀性与路面稳定性差。

图7-31　五角形冲击压实机

图7-32　三角形冲击压实机

2. 打裂压稳和打碎压稳设备

打裂压稳和打碎压稳设备是常用的水泥混凝土板块破碎设备,也都是通过重力势能工作,一般是门架式设备(图7-33),通过钢梁的下落达到破碎的目的。该设备可以延缓加铺沥青混凝土面层反射裂缝的出现,并充分利用原路面的强度。

3. 共振(单锤头)破碎机械

共振式破碎机利用振动梁带动工作锤头振动,锤头与路面接触。通过调节锤头的振动频率,使其接近水泥混凝土面板的固有频率,激发其共振,将水泥混凝土面板击碎(图7-34)。

图7-33　门式破碎机

图7-34　PSZ600型共振式破碎机

4. 多锤头碎石化(MHB)机械设备

MHB是一种多锤头破碎设备(图7-35),利用设备所带多个重锤的重力下落对水泥混凝土路面板进行锤击破碎,并配合有"Z"字形碾压轮的振动压实机对破碎后路面震动压实(图7-36)。

MHB的破碎机理是通过重锤的下落对水泥混凝土板块产生瞬时、点状的冲击作用。其具有以下特点:在整幅车道宽度单次多点破碎;锤击功可以方便调节;破碎效率很高;破碎后颗粒组成特性较好;破碎后的表面平整度较高;方便调节,作业灵活。

图 7-35　多锤头破碎机

图 7-36　"Z"字形碾压轮的振动压实机与多锤头破碎机配合使用

Z 形压路机是一种在钢轮表面带有 Z 状纹理的振动式压路机,自重不小于 10t,其作用是进一步碾压碎石化后的路面,为加铺提供一个平整的表面。

各种破碎工艺对比见表 7-13。

各种破碎工艺综合评价　　　　　　　　　　　　　表 7-13

改 造 技 术	评 定 指 标				
	施工速度	工程造价	路面板材料再生利用率	旧水泥路病害处理程度	工程适应性
多锤头破碎技术	好	好	最好	最好	好
共振碎石化技术	最好	一般	最好	好	一般
打裂压稳技术	最好	好	最好	较好	较好
冲击压实技术	最好	好	较好	一般	较好

(三) MHB 技术

1. MHB 的适用条件

(1)水泥混凝土路面有大量病害,如错台、翻浆和角隅破坏等达到总接缝长度的 20%以上。

(2)板块出现开裂、断板或下沉,需要修补的面积达到路面总面积的 20% ~70%。

(3)水泥混凝土路面基层及面层厚度超过 33cm;20% 的路面面板已被修补或需要被修补;混凝土路面断板率在 20% ~45%。

不适宜用 MHB 的情况:

(1)旧路改建中遇到的挡墙、桥梁和涵洞等的承载力不足以承受再生设备重量的路段。

(2)公路近旁有敏感建筑物或设备(安全距离小于 5m)、不能经受再生设备引起的地面振动路段。

(3)路面以上受净空限制,不容许加铺新路面的路段。

2. MHB 施工工艺流程

破碎试验段与检查试坑→确定破碎工艺控制→破碎施工→Z形压路机压实→撒布透层油并压实→碎石化后加铺。

(1)破碎试验段与检查试坑。

试验段主要用于设备参数调整,以达到规定的粒径和强度要求。在碎石化施工正式开始前,应根据路况调查资料,在有代表性路段选择至少长 50m、宽 4m(或一个车道)的路面作为试验段。根据经验一般取落锤高度为 1.1～1.2m,落锤间距为 10cm,逐渐调整破碎参数对路面进行破碎,目测破碎效果。当碎石化后的路表呈鳞片状时,表明碎石化的效果能满足规定要求,记录此时采用的破碎参数。

为了确保路面破碎成规定的尺寸,在试验区内随机选取 2 个独立的位置开挖 $1m^2$ 的试坑,试坑的选择应避开有横向接缝或工作缝的位置。试坑应开挖至基层,以在全深度范围内检查碎石化后的颗粒是否在规定的粒径范围内。如果破碎的混凝土路面粒径没有达到要求,那么设备控制参数必须进行相应调整,并相应增加试验区循环过程,直至要求得到满足,并记录符合要求的 MHB 参数,备查。

图 7-37　水泥混凝土路面多锤头碎石化

(2)破碎顺序。

MHB 破碎(图 7-37)操作的次序,应在满足破碎效果的基础上保证有利于表面排水。一般情况下,应先破碎路面两侧的车道,这是因为两侧车道缺乏侧向约束,有利于破碎,然后破碎中部的行车道。破碎一个车道的过程中实际破碎宽度应超出一个车道,与相邻车道搭接部分的宽度至少为 15cm。

(3)压实。

压实的主要作用是将表面的扁平颗粒进一步破碎,同时稳固下层块料,为新建沥青面层提供一个平整的表面。为了防止压实过度而将碎石化层压入基层,应避免在潮湿的条件下进行压实操作,特别是在稳定性有问题的地方。压实按如下顺序进行:①光轮压路机至少三遍;②胶轮压路机一遍;③振动钢轮压路机一遍。压实速度不允许超过 5km/h。

(4)撒布透层油压实。

为使表面较松散的粒料有一定的结合力,建议乳化沥青透层表面在撒布适量的石屑后进行光轮静压,石屑用量以不粘轮为标准。透层油乳化沥青用量约为 $3kg/m^2$,渗入深约 3cm。

(5)碎石化后加铺。

先破碎旧水泥混凝土板块,然后在其上加铺沥青混凝土面层。该方法适用于路面破损比较严重,且有明显的唧泥、板底脱空、错台的情况。该方法一方面将旧水泥混凝土板块破碎后作为新建沥青混凝土路面的基层或底基层,其初期资金投入较少,且不存在废弃旧混凝土板块的处置问题。另一方面,破碎后的旧水泥混凝土板块类似于级配碎石,可以防止反射裂缝的产生。

碎石化层作为基层直接加铺沥青路面,目前我国技术规范中没有相应规定,需要结合试验路的实际情况提出,具体实施中可以灵活掌握。如果碎石化层的表面平整度不满足《公路路面基层施工技术细则》(JTG/T F20—2015)的要求,在铺筑沥青路面前,必须进行处理。处理措施主要有:

①根据平整度情况合理选择沥青混合料层。

②填充级配碎石找平、碾压后洒布热沥青或乳化沥青,再进行压实。

③采用其他合适的技术措施进行找平。如果不进行找平,可能会影响沥青路面的平整度,影响路面的使用效果。

3. 碎石化技术应用的注意问题

从已有的工程案例来看,碎石化技术的应用有以下几个优点:

(1)碎石化技术是目前解决路面改造后出现反射裂缝问题的最有效方法,碎石化后,可以直接作为新路面结构的基层或底基层。如果旧水泥混凝土路面破碎后具有较高的强度,能够满足承载力要求,可以直接作为路面基层直接加铺路面层。

(2)破碎后并经压实的混凝土路面,形成内部嵌挤、紧密结合、高密度的材料层,从而为沥青罩面提供更高结构强度的基层或底基层。

(3)施工简便,不必全封闭交通,改造周期短,综合造价低。

(4)就地再生,环保无污染。有效利用了原有水泥混凝土路面,避免因清除旧混凝土路面板而造成的环境污染,是旧水泥混凝土路面翻新改造的理想方法。

在满足技术、经济条件要求的前提下,应用 MHB 进行碎石化前还需要综合考虑以下因素:

(1)水泥混凝土路面基层的破坏程度决定了其碎石化施工的颗粒控制和工艺要求。对于损害严重的水泥混凝土路面,必须判断其基层状态。一般情况下,基层破坏程度越高,破碎后粒径越小。

(2)水泥混凝土路面基层的破坏程度是判断严重病害路面是否可用碎石化工艺的重要标准。当基层严重破坏时,碎石化后板块容易丧失颗粒间的嵌挤作用,导致模量下降,容易导致沥青路面层出现疲劳破坏,此时应用碎石化,应注意提高上部路面结构设计安全性。

(3)排水设施是碎石化的必须辅助工程。完善排水设施是防止碎石化后沥青加铺层再次发生水损坏的重要措施。

案例分析

案例 7-1:旧水泥混凝土路面的检测与评价

一、某公路修建和养护资料

某公路全长约 27.0km。路线为东西走向,省道路段为双向四车道,城镇段为双向六车道。路面建于 1993 年,为水泥混凝土路面,采用一级公路标准,计算行车速度为 60km/h。

道路有长约 7.0km 两侧路基不同高的路段,大部分为左边比右边高,其原因主要是道路维护时,在路线左幅增加了新的水泥混凝土板,而右幅为原来未改造的旧水泥混凝土面板,所以比较破碎,路面损坏现象非常严重。为防止路面进一步损坏,提高路面的服务水平和通行能力,拟对本项目进行大修改建。

二、路面损坏状况检测

根据《公路工程技术状况评定标准》(JTG 5210—2018)及相关规范要求,采用人工现场调查的方法进行路面损坏状况评价。道路按上行方向和下行方向分别评价,具体路面病害的类型、位置和破损程度按每10m为单位进行记录,最后计算破损率 DR 以及路面状况指数 PCI(表7-14)。

各调查路段 PCI 代表值　　　　　　　　　　　表 7-14

调 查 路 段	PCI 代表值	损坏面积(m²)	评 价 等 级
上行方向	41.05	77495	次
下行方向	39.16	83938	差

路面主要病害类型为破碎板和裂缝。具体路段的典型损坏形式如图7-38 和图7-39 所示。

图 7-38　水泥混凝土板块破碎 　　　　　　　图 7-39　水泥混凝土板块裂缝

三、路面结构强度检测

1.接缝传荷能力和板底脱空状况调查评定

评定现有旧水泥混凝土路面的接缝传荷能力、板底脱空状况,为公路大修工程提供必要的设计参数和依据。检测采用落锤式弯沉仪。

检测结果表明:旧水泥混凝土路面路段代表弯沉在 37.59 ~ 195.74mm,全线的路面结构强度和刚度及接缝传荷能力变异性大、均匀性差,表明全线现有路面结构出现了大量的板底脱空、错台、面板断裂、接缝损坏和基层松散等病害。利用路面雷达检测路面板厚度与脱空情况,检测结果表明,面板厚度分布的均匀性很差,部分路段厚度偏薄,达不到原设计厚度的要求,全线各路段存在不同程度的脱空现象,且脱空范围大。

2.路面钻芯取样

采用路面钻芯取样测定路面板厚度和强度,试验结果表明,路面板厚度大于设计厚度的占

58.48 % ,芯样强度大于设计强度的占97.20 % 。全路段路面强度基本满足要求,但厚度整体偏小。

3．平整度检测

路面行驶质量检测结果表明,全路段路面行驶质量评定为优和良的路段只占7.6% ,而评定为中、次、差的路段占92.4% 。

4．交通量与轴载谱调查

交通量及轴载谱调查结果表明,本路段交通量较大,现有交通量折算为小客车的年平均日交通量达到20926辆。路面行驶车辆超载现象比较严重,特别是单前轴单后轴的大货车,根据在收费站现场轴载称重检测结果,其前轴 41.1% 超限重,后轴 61.4% 超限重,最大轴重达 370kN 。

四、病害原因分析

通过实地调查道路出现大面积的严重病害现象的原因有以下几点:

1．交通量大、重车多、超载现象严重

建成通车以来,交通量增加迅速,而且超载现象特别严重。将各种轴型不同轴载级位的轴载换算为标准轴载(BZZ-100),计算结果显示通车至今的设计车道标准轴载累计作用次数已达原设计路面的累计轴次,可见该路段早已达到设计使用寿命。

2．排水设施不完善

受当时国内技术水平和认识水平限制,对水泥混凝土路面结构渗透排水设计和施工重视不够,基本未设置渗透排水,路基一旦发生沉降,局部面板不仅破碎,而且大量透水,同时中央分隔带没有排水设施,超高路段采用漫流方式,由于路面接缝填缝料的剥落,致使雨水从中央分隔带和接缝处下渗到路基无法排出,导致水损害,产生严重的唧泥现象,致使每年断板破坏的增长率相当高。

3．施工技术和工艺滞后

受当时国内施工技术及设备条件限制,水泥混凝土路面的施工工艺落后,大部分采用小型机具施工,存在原材料质量较差、粗集料粒径过大,使用不分级配的统料,砂石中含泥量超标,拌和采用自落式小滚筒搅拌机,不使用外加剂,面板振捣不密实等一系列问题,导致路面强度降低。另外,路基压实不足、沉降严重,也是导致路面板断裂破碎的主要原因之一。

案例 7-2：压浆处治水泥混凝土路面

某高速公路是水泥混凝土路面。为遏制脱空断板等病害的进一步发展,拟进行压浆处治。

一、水泥混凝土路面板底压浆工艺

水泥混凝土路面底板压浆通过压浆泵的压力推动,将拌和良好的填充材料经过压浆管、胀卡压入板底空隙中,板底的填充材料经硬化后形成一薄层结构密实、水稳性优良、与板底密贴的结构层,达到充分填充板底空隙的目的。在水泥混凝土路面板底压浆过程中,采取了以下工

序和工艺。

1. 制订方案

通过对全线病害调查资料尤其是弯沉测试资料的分析,确定每块混凝土板的破损和脱空、错台程度,针对性制订方案。

2. 布设压浆孔

严重脱空板一般应钻5个孔:4个角各钻1个孔,中间钻1个孔(图7-40)。除1孔作为注浆孔外,其余4个孔作为排气、排渣孔。如果其余4个孔中有个别孔未出浆,这些孔也应该进行注浆。一般脱空板只需钻3个孔,对于有轻微裂缝的板应多钻,一般为5~6个孔,钻孔位置应距板的自由边缝和裂缝不得大于30cm。

图7-40 注浆孔布设和施工

3. 准备并检查相关设备

钻孔采用河南标准机械厂的2.2kW钻孔机,压浆采用济南637厂研究所的压浆泵。铣刨机采用进口的混凝土路面铣刨机。

4. 确定压浆顺序

钻孔过后可根据现场钻孔的情况,确定每块板的压浆孔及确定相邻几块板压浆的先后顺序。一般情况下,以行车道内侧板底孔隙较大的孔为压浆孔,相邻板块以下沉严重板作为压浆板。

5. 浆体材料配合比

浆体材料为水泥、粉煤灰、膨胀剂及JK-24早强剂等4种材料,其配合比为1:1:0.007:0.16,水灰比为0.50。

主要技术性能应达到如下要求:

(1)具有自流淌密实性。

(2)早期具有一定微膨胀性能,砂浆14d水养护膨胀率大于0.02%。

(3)早强,12h抗压强度应达到3.5MPa。

（4）凝结时间适中，初凝时间不早于 2h，终凝时间不超过 3.5h。

6. 材料及拌和

采用粉煤灰水泥混合料并掺外加剂。粉煤灰掺水泥是一种能支承荷载的高强度耐久混合料，粉煤灰的颗粒级配和球形形状还使它具有填充细小空隙所需要的易流动性。先将水泥与粉煤灰干拌 2 遍，然后加水，膨胀剂最后放入以防止稠度太大；水泥、粉煤灰的含水率不宜过高，太高则会发生离析，在其表面形成水膜，但也不宜太稠，太稠会在管道内发生堵塞；搅拌机、储料筒内的存料不宜太多，应互相协调；储料筒内灰浆一旦发生离析，应立即停止压浆并查找原因，解决后才能继续压浆。

7. 压力确定

水泥混凝土路面面板脱空压浆，压力的确定十分重要，压力过大会造成面板拱起或断裂，过小则无法压满，达不到填充板底空隙的目的。按现行养护技术规范规定，混凝土板脱空水泥浆填充压力应为 1.75MPa。考虑管路机械的压力损耗，提高浆体密实度，选定本路段压浆泵的压力为 2~3MPa。

8. 压浆操作

压浆（图 7-41）过程应该匀速进行，密切观察压力表，若发现灰浆从其他孔中溢出，应立即用木塞塞紧，10min 后拔出，此孔不需再压浆，如果发现压浆机达到 2~3MPa 或水泥浆从其他孔或边缝中溢出，压力再也上不去，板的周边发生松动，可自动停机，视为已经压满。

9. 试块的制作（图 7-42）

每工作日需制作灰浆试块 3 块，试块养护 7d（正常养护 6d，饱水 1d），抗压强度不得低于 5MPa。

图 7-41　压浆施工

图 7-42　注浆质量控制（制作试块）

二、错台处理

压浆完毕，部分混凝土板块由于灌浆压力的作用，或原有混凝土路面板块之间存在错台。为了提高路面行车舒适性，当错台高度达 1cm 时，用铣刨机对相应的错台板进行铣刨处治。铣刨前先用 3m 杆测出需要铣刨的高度及相应的宽度，一般情况下错台板铣刨宽度为错台板缝起逆向 1m 左右。

三、压浆及铣刨的工程效果

水泥混凝土路面板底压浆工艺及利用铣刨机处理错台,对水泥混凝土路面养护成效显著,主要表现在以下几个方面:

(1)工艺简单,施工方便,附属设备少。

(2)施工作业面小,对车辆行驶影响小,受自然因素影响小。

(3)修复速度快。处治一块板仅需30min,这个时间是正常换板所用时间的2%。

(4)通过压浆及错台板处治,混凝土板的弯沉值(图7-43)明显减小,普遍小于0.1mm,完全达到预期的处治效果,坏板率明显减少。

(5)从经济角度评价,对仅有裂缝的破碎板采用压浆处治,而不置换旧板,压浆处治的费用为15元/m^2,可降低造价115元/m^2。按换板价格130元/m^2计算,近几年每年增加碎板5000m^2,则每年可减少资金投入65万元。

(6)压浆及铣刨工艺可以作为水泥混凝土路面养护的预防性措施,并且可避免因换板带来的废渣对环境的污染,具有良好的社会效益。

图7-43　注浆后弯沉检测

四、结语

水泥混凝土路面板底压浆及错台板处治,不但能充实板底恢复密贴,而且可在一定程度上改善原基层的水稳性及路面的平整度。混凝土板的受力状态符合混凝土面板与基层密贴的设计原理,由脱空时的悬臂薄板受力模式恢复到弹性地基上弹性薄板受力模式,减轻了混凝土板的受压及冲撞变形量,大大延迟混凝土路面板唧泥、断板的时间,延长混凝土路面的使用寿命,为今后进一步维修改造提供充裕的时间保证。

恢复通车3年时间以来,没有发现明显断板现象。同时,由于对错台进行了铣刨,水泥混凝土路面的行车舒适性有了大幅度的提高。

案例 7-3：冲击压实改造旧水泥混凝土路面

某高速公路自建成通车以来，随着交通压力的急剧增大，原有水泥混凝土路面破坏严重。尽管采取了凿除旧板、更换钢筋混凝土板、压浆处理、加铺沥青混凝土面层等技术改造措施，但由于施工费用高，施工时间长，影响交通，而且旧混凝土板不断出现新的破坏，造成路面养护的恶性循环。因此，为了适应经济的高速发展，缓解交通压力，经过充分考察论证，决定在××高速公路 K108 + 340 ~ K121 + 070 段大修工程中采用国内外较为先进的冲击压实改造技术，并加铺 20cm 厚 6% 水泥稳定碎石基层 + 10cm 厚 AM-20 沥青碎石调平层 + 8cm 厚 FAC-25 改性沥青混凝土混合料中面层 + 4 cm 厚 SMA-13 改性沥青混凝土罩面层，以此提高路面质量和路面通行能力。

一、冲击碾压技术概述

1. 冲击碾压技术主要施工领域

我国很多施工项目采用了冲击碾压技术，其应用领域如下：①高路堤、路床、填挖交界路基的冲击增强补压；②湿陷性黄土等软弱地基、路堑的冲击碾压处理；③路堤等的分层填筑冲压；④旧砂石路、旧沥青路的冲击碾压与加宽部分的增强补压；⑤旧水泥混凝土路面的冲击破碎碾压等。

2. 冲击压实机破碎压实机理

冲击压实机是一种集路面破碎和压实两种功能于一体的新型压实机械。目前在我国主要应用三边形和五边形的冲击轮，三边形冲击轮多用于路基的压实处理，五边形冲击轮多用于旧水泥混凝土路面的冲击压实。冲击压实机的压实功能来自两个方面：一是冲击轮的自重，这与一般压路机的压实机理一致；二是冲击轮滚动时所产生的冲击动能。五边形冲击轮以一定的速度行走，不断将势能转化为动能，瞬间产生巨大的能量，对路面进行冲压夯实。压实影响深度可随冲压遍数递增，使冲击破碎的板块得以压实稳固，不仅保持了混凝土块原来所具有的强度，还能使其形成块状料嵌锁型基层结构，并紧密嵌压于原路面基层中，形成强度高的路面底基层，从而大大减少和缓解原路面板反射裂缝的产生，提高了旧水泥混凝土路面改造的质量。

3. 冲击压实技术改造旧混凝土路面采用的主要设备

在该高速公路 K108 + 340 ~ K121 + 070 段大修工程应用冲击压实技术改造旧水泥混凝土路面，采用的主要设备为五边形双轮冲击式压路机。它具备足够的能量，使路面产生全深度开裂。附属设备包括弯沉车、洒水车、履带式凿岩机、发电机、清扫设备和手动设备，以及全站仪、水准仪、弯沉仪。

二、施工准备工作

1. 施工前准备

（1）施工前按《公路路基施工技术规范》（JTG/T 3610—2019）的要求做好导线、中线、水准点复测,横断面检查与补测,增设水准点等,并按设计文件要求定出路堤坡脚、护坡道及边沟等具体位置。水准点应埋设在距冲击压实路面有足够距离的位置。

(2)掌握并仔细研究原路面情况。调查的主要内容有以下几点:①路基的情况;②底基层、土路面的类型和厚度;④混凝土路面钻芯取样,分析原有的路面结构。

2. 清除原有的沥青修复材料

在应用冲击压实技术改造旧水泥混凝土路面施工前应清除旧路面原有的沥青修复材料,避免这些材料影响破碎效果。

3. 调查与标记构造物

施工前应结合设计图纸对沿线构造物,如暗涵、地下管线、桥梁、通道等进行调查,避免破坏构造物。主线与桥梁、明涵相接的位置,应做好冲击压实技术改造的标记。对于不符合冲击压实的位置,采用履带式凿岩机进行冲击压实技术改造。

三、旧水泥混凝土面板冲击压实技术改造的施工方案

1. 一般要求

(1)冲击碾压宽度不宜小于6m,单块施工面积不宜小于1500m²,工作面较窄时需设置转弯车道,冲压最短直线距离不宜少于100m。

(2)施工前查明冲压范围内的地下管线及附近各种构造物,并根据构造物的类型采取相应的保护措施。一般情况下可按表7-15确定冲击碾压水平安全距离。对于河沟等有明显隔震效果的地段,经确认不会造成影响时适当减少安全距离,施工前对于拟保护的构造物,在保护范围的外围应设置明显的标记物。

冲击碾压水平安全距离   表7-15

构造物类型	冲压水平安全距离	构造物类型	冲压水平安全距离
U形桥台和涵洞通道	距桥台翼墙端和涵洞通道5m	导线点、水准点、电线杆	10m
其余类型桥台	10m	地下管线	5m
重力式挡墙	距墙背内侧2m	互通式立交桥梁	10m
扶壁(悬壁)式挡墙	距扶(立)壁内侧2.5m	建筑物	30m

(3)正常使用的构造物顶部以上填土高度大于2.5m或填石高度大于3.0m,土工格栅等合成材料竖向填土高度大于1.5m时,可直接进行冲击压实。

(4)对于不符合上述安全距离但又需施工的可采取以下两种措施:①开挖宽0.5m×深1.5m左右的隔震沟进行隔震;②降低冲击压路机的行驶速度,增加冲压遍数。

(5)旧水泥混凝土路面的改建需分车道冲击碾压。压实行驶路线应设置易于操作机手辨识的临时标记物,便于按相应的标线冲击碾压。

(6)冲击碾压边线距路肩外边缘宜保持1m的安全间距,行驶速度应在7~12km/h。

(7)冲压施工场地附近有构造物时,应注意观察,发现异常情况时,立即中断施工,以避免

损伤构造物。

（8）当路基或路面有大坑槽时，冲压前应用碎石填平。

（9）做好各检测点的标记。

（10）对于半幅通车半幅施工的情况，应采取相应的技术措施，防止震裂新铺路面。

（11）旧路面冲压完后应尽快进行下一道工序的施工，防止雨水渗入旧路面。

（12）施工过程中应合理安排施工时间，减少噪声与振动对环境的影响。

（13）施工单位须加强对员工的安全生产教育，树立安全第一的观念。操作机手在上机前必须经严格的培训，合格后方能上机。每台冲击压路机至少应配备2名操作机手，轮流进行作业，每名机手每次冲压时间不宜超过2h。

（14）冲击碾压范围内的出入口应有醒目的安全标记，禁止无关车辆与人员出入。在不断绝交通的情况下应采取交通安全措施，设置交通指挥标志。夜间施工时，现场必须设置符合操作要求的照明设备与夜间警示标志。

（15）冲击压路机以自行方式运行时，每20km应停驶休息，或洒水对胶轮进行降温，以防爆胎。

2. 冲击压实工艺

（1）冲击压实工序：进一步调查沿线桥梁、涵洞及通道→确定冲击压实施工路段→清扫施工范围→埋设观测点→冲击压实施工→弯沉、沉降量检测→清扫表面→施工稳定碎石基层→洒布沥青封层→施工沥青混凝土面层。

（2）冲击压实顺序：冲压时从边缘向中间顺序破碎。

（3）冲击压路机直行冲击碾压数遍，破碎效果不理想时可尝试走"S"形路线。

（4）行驶速度7~9km/h，压密阶段可加快至9~12km/h。

（5）同一条路因地质状况、路面强度等不同，会产生不同的破碎程度，施工时应根据实际破碎状况及时调整冲压遍数，防止出现过度破碎或破碎不够等现象。

（6）对避让的结构物路段，可使用履带式凿岩机或其他机械进行冲击压实技术改造。

（7）旧路面冲击压实后应尽快进行下一道工序施工，防止雨水渗入旧路面。

四、冲压碾压破碎、稳固旧水泥混凝土路面的质量控制

严格按照冲击压实改造技术和施工工艺组织路面施工，操作人员应根据路面具体的实际情况对设备做相应调整，以满足冲击压实改造技术的要求，但不得对冲击压实技术改造试验段确定的指标做太大幅度的调整。

1. 打裂破碎大小要求

打裂效果应使路面75%以上的面积产生不规则的开裂，旧水泥混凝土路面板块宜破碎为长50cm左右的板块，各板块之间应相互嵌锁，不应过度破碎松散。

2. 冲击压实技术改造弯沉要求

冲击碾压后的沉降应趋于稳定，一般以最后2遍的平均沉降量不超过5mm为准，或者不超过其平均沉降量的5%~10%为准。

3. 冲击碾压遍数要求

控制冲压遍数,五边形冲击压路机 10 ~ 20 遍,根据原路面状况通过试验确定。如果冲击碾压 25 遍后旧水泥混凝土板仍未达到预期效果,应停止冲击压实,考虑采用其他方法进行冲击压实技术改造。

4. 施工质量管理

冲击碾压施工质量管理以施工工艺、破碎度指标控制为主,结合沉降量与弯沉等指标进行控制。

5. 冲击碾压各检测指标的方法与频度要求

(1)冲击压路机性能:对冲击轮的外形尺寸、重量以及由此计算出的静势能,开工前检测一次。

(2)破碎度:可通过尺量、人工描绘等方式确定混凝土面板的破碎程度,抽检总板块数的 2%。

(3)沉降量:每 2000m² 自选 20 个点检测沉降量,计算时应取其算术平均值。

五、社会效益和经济效益分析

1. 社会效益

K108 + 340 ~ K121 + 070 段路面长 13km、宽 11.25m、厚 26cm,采用旧水泥混凝土板冲击压实技术改造与传统施工方法(换板、压浆)的对比如下:

(1)采用一台冲击压路机进行单幅施工,每天施工进度达到 1.8km,约 7d 便可完成单幅旧水泥混凝土路面的处理;而采用传统的施工方法(换板、压浆)处理旧水泥混凝土板,则需要 60d 的工期才能完成单幅旧路面的处理。冲击压实改造技术的应用可大幅度缩短工期。

(2)由于冲击压实改造技术可大幅度缩短工期,提前解除交通封闭,保证××高速公路社会车辆安全畅通、行驶。

(3)冲击压实改造技术与应用传统的施工方法(换板、压浆)处理旧混凝土板相比,不需要废弃大量旧路面板,比较环保。

2. 经济效益

冲击压实改造技术与应用传统的施工方法(换板、压浆)处理旧混凝土面板相比,施工的投入大大减少,成本更低。

六、结语

旧水泥混凝土面板冲击压实改造技术在××高速公路大修中得到应用,对通车一年多的路面进行检测,其指标与刚通车前几乎一致,路面质量完好。冲击压实技术应用在该高速公路大修中,得到以下结论:

(1)采用冲击压实技术对旧混凝土面板进行压实稳固处理,充分利用破碎的旧水泥混凝土路面,可以充当新加铺的基层或底基层,为新加铺的基层提供均匀稳定的支承,从而达到大幅减少和缓解原路面板反射裂缝的目的。

（2）冲击压实技术与传统的"换除"旧水泥混凝土板相比，具有明显的优势，可以提高施工速度，缩短施工工期，可提前通车。充分利用旧水泥混凝土板，较环保。

（3）冲击压实施工具有操作简单、施工快、节约成本等一系列优点，在高速公路改建项目中取得了良好的社会效益，值得推广应用。

案例7-4：水泥混凝土路面碎石化施工

一、工程概况

××公路大修工程处于 K770+133.5～K774+689.8、K779+3065～K780+898.2 段。该项目路线全长 10.7647km，现有路面为水泥混凝土路面。原路技术标准为二级公路，本段旧水泥混凝土路面面板断板错台、沉陷现象比较严重，病害情况较复杂。另外，水泥混凝土路面出现了坑洞、露骨、拱起、平整度差、唧泥、裂缝等破坏，路面破损率较大。由于车辆的超载、混凝土质量、使用寿命等一系列的问题，使水泥混凝土路面的破坏发展迅速，影响了公路的正常营运和安全。该段公路已出现多种类型的公路病害，部分路段病害严重，车辆无法通行。

二、碎石化技术采用的设备

1.多锤头水泥混凝土路面破碎机

多锤头水泥混凝土路面破碎机是自行式水泥混凝土路面破碎设备。其后部平均配备两排成对锤头，这样在设备全宽范围内可以连续破碎，锤头的提升高度在油缸形成范围内可独立调节，并具备一次破碎4m宽路面的能力，主要技术参数见表7-16。

主要技术参数　　表7-16

型　号	PS360	型　号	PS360
工作速度(m/h)	120	发动机 额定功率/转速[kW/(r/min)]	268/2100
行驶速度(km/h)	8	最大破碎宽度(m)	4
工作锤数量(个)	12	最小破碎宽度(m)	0.8
侧翼锤数量(个)	4	破碎频率(次/min)	30～35

2.专用振动压路机

YZ18(Z形轮)振动压路机是用于水泥混凝土路面破碎配套施工的专用机械，携带专门加工的钢箍通过螺栓固定在振动钢轮表面。它用于破碎水泥混凝土路面后的表层补充破碎并压实其表面。施工中采用振动压实作业，使破碎后的水泥混凝土板块形成内部嵌挤、高密度、高强度结构的新基层或底基层，并为沥青罩面摊铺施工提供较为平坦的工作面。

三、碎石化前的准备工作

1. 清除沥青修复材料

在碎石化施工前,应清除水泥混凝土路面上的沥青修复材料,因为这些材料的存在会影响破碎效果。

2. 隐藏构造物的调查与标记

结合设计图纸及业主单位提供的有关隐藏构造物,通常构造物埋深在1m以下的不会由于破碎而带来损坏,不满足以上条件的可以降低锤头高度对水泥混凝土路面进行破碎,或采用监理人员认为可行的其他方案。

3. 与桥梁连接段的路面

与桥梁连接段应标明破碎的位置,根据实际情况,可以破碎到桥头搭板的后端,或根据路面设计线的高程破碎到监理人员指定的位置。未破碎的路面应铣刨到可以摊铺同样厚度沥青罩面的程度。

4. 交通管制

由于破碎后的路面在没有摊铺完沥青面层之前不允许开放交通,所以对交通管制的要求比较严格,建议在条件允许时一次性封闭施工路段;若条件不允许,应至少实行半封闭施工。

5. 其他要求

任何与施工期间维持交通无关的路面加宽或路肩修复,也应在施工之前修复到混凝土路面的高程。

四、破碎试验路段

在对水泥混凝土路面展开施工之前,应首先进行试验路段破碎并经监理人员认可。试验路段应在工程项目范围内确定的位置,尺寸为车道全宽,长度为100~200m,并详细记录不同的破碎情况对应的水泥混凝土路面破碎机械的数据调整,如锤头高度和地面行驶速度等。

为确保路面被破碎成要求的粒径,可根据监理人员的指令,开挖试坑。试坑不能选择在有横向接缝或工作缝的位置,路面破碎粒径应在全深度内检测,试坑应用密级配碎料回填并压实至要求压实度。符合要求的破碎数据应记录备查。

试验路段确定的破碎程序将用于本工程。在施工过程中应不断检查破碎作业情况,并根据需要对设备进行细微调整,以确保达到施工质量要求。

五、碎石化施工控制和要求

水泥混凝土路面碎石化改造工程施工工期主要取决于天气情况及各方的配合,在不受外界条件干扰的情况下,每台设备每日的工作量为3000~3500m²。为保证工期,配置了足够的配件、专业的维修技术人员,随时对设备进行维修保养,确保施工按期完成。

1.适用条件判定

通过对原路面的调查,超过10%的旧水泥混凝土路面需要开挖修补,板的脱空率TKL在30%～50%,满足要求,原路基的平均CBR值大于5,具备使用MHB施工的条件。

2.施工工艺

用LX400型多锤头水泥混凝土路面破碎机破碎(图7-44)→试坑检测→"Z"字形压路机振动压实2遍(图7-45)→ZY18型压路机振动压实1遍→静压1遍(图7-46)→洒布乳化沥青透层油(图7-47)→均匀撒布石屑→用ZY18型压路静压2遍→12h后进行下道工序。

图7-44　破碎

图7-45　"Z"字形压路机碾压

图7-46　碾压效果

图7-47　洒布乳化沥青透层油表面

3.路面破碎要求

碎石化要把75%以上的水泥混凝土路面破碎成表面最大尺寸不超过7.5cm、中间不超过22.5cm、底部不超过37.5cm的粒径。

4.清除原有填缝料

在摊铺沥青面层前,应对所有松散的填缝料、胀缝材料或其他类似物进行清除。

5. 不应修整破碎后的混凝土路面或试图平整路面以提高线形

这样将破坏混凝土路面碎石化后的路段,若在压实前发现有大于 5cm 的凹坑,应用密级配碎石料回填并压实到要求压实度。破碎时最好是从混凝土路面的高处向低处破碎,以避免摊铺沥青面层后影响排水。

6. 与相邻车道的连接

破碎一个车道时,破碎实际宽度应超过一个车道,与相邻车道搭接一部分,宽度至少是 15cm。

7. 破碎后混凝土路面的养护

除了必须开放的横穿交通外,破碎后混凝土路面的任何路段均不得开放交通(包括不必要的施工运输)。

8. 洒布乳化沥青透层油

为使表面较松散的粒料具有一定的结合力,建议在破碎压实后的表面洒布乳化沥青透层油,按 $2.5 \sim 3.5 kg/m^2$ 用量洒布 50% 慢裂乳化沥青。

9. 摊铺前混凝土路面的搅动

施工车辆的通行次数和载重量应降低到最低程度。如果破碎后的混凝土路面表面已被运料车辆部分或全部破坏,应再次压实。

10. 面层施工

加铺沥青路面结构为 6cmAC-16 + 4cm 橡胶沥青 RAC-13。

11. 开放交通

应在半幅施工全部结束后开放交通。

思考与练习

一、选择题

1. 路面裂缝宽度小于 3mm 的表面裂缝,可采取(　　)。
   　A. 扩缝灌浆法　　　　B. 直接灌浆法　　　　C. 条带补缝　　　　D. 全深度补块

2. 凡弯沉值超过(　　)mm 的,应确定为板块脱空。
   　A. 0.1　　　　　　B. 0.2　　　　　　C. 0.3　　　　　　D. 0.4

3. 高差大于(　　)mm 的严重错台,可采取沥青砂或水泥混凝土进行处治。
   　A. 10　　　　　　B. 20　　　　　　C. 30　　　　　　D. 40

4. 在进行水泥混凝土路面技术状况评定路面损坏时,裂缝的计量单位为面积,其中纵向裂缝的面积等于长度乘以(　　)。
   　A. 0.1　　　　　　B. 0.2　　　　　　C. 0.3　　　　　　D. 0.4

5. 轻微错台,其高差小于(　　)mm 时,可不做处理。
   　A. 3　　　　　　B. 5　　　　　　C. 7　　　　　　D. 10

6. 对路面板多坑洞的修补,面积在( )m² 以内,应采取薄层修补方法修补。

    A. 10   B. 15   C. 20   D. 25

7. 采用浅层结合式表面修复路面坑洞用压纹器压纹,压纹深度宜控制在( )左右。

    A. 2mm   B. 3mm   C. 4mm   D. 5mm

8. 沥青磨耗层采用砂粒式沥青混凝土,厚度一般为( )cm。

    A. 0.5~1.0   B. 1.0~1.5   C. 1.5~2.0   D. 2.0~2.5

二、填空题

1. 水泥混凝土路面的主要病害可分为_____、_____、_____和_____四大类型。

2. 水泥混凝土路面技术状况评定应包括_____、_____、_____、路面磨耗和路面抗滑性能五项内容。

3. 接缝病害主要包括_____、_____、_____、_____、_____等。

4. 路面裂缝的维修可采用_____、_____、_____、_____等方法。

5. 当相邻车道面板横向位移、纵向接缝张开宽度在 10mm 以下时,宜采取_____、_____。

6. 对局部板块出现的露骨,可采用_____;当水泥混凝土路面较大范围内磨光或露骨,可铺设_____。

三、判断题

1. 当水泥混凝土路面破损状况属于差级时,可将混凝土板破碎作为基层使用。 ( )

2. 可再生利用的旧混凝土粒料的粒径小于 20mm 的集料不再使用。 ( )

3. 沉陷和唧泥的产生往往是因为地下水或地表水。 ( )

4. 公路技术状况检测与调查时,二级公路要分上下行检测与调查。 ( )

5. 计算路面使用性能指数(PQI)时,人工调查和自动化调查的权重系数相同。 ( )

6. 集料嵌锁法适用于二级公路无筋混凝土路面交错的接缝。 ( )

四、名词解释

1. 错台

2. 拱起

3. 露骨

4. 唧泥

5. 坑洞

6. 修补

7. 板角断裂

五、问答题

1. 路面裂缝产生的原因有哪些？
2. 错台发生的原因有哪些？
3. 露骨产生的原因有哪些？
4. 请简述板下脱空处治灌浆作业的施工要点。
5. 请简述水泥混凝土路面板翻修施工要点。
6. 请简述旧水泥混凝土路面再生利用的途径。

项目8
PROJECT EIGHT

沥青路面病害处治

任务 8-1 认知沥青路面病害类型

知识目标

掌握沥青路面病害类型及分级,熟悉沥青路面病害类型的判别。

能力目标

能判别沥青路面病害类型。

沥青路面具有表面平整、坚实、无接缝、行车舒适、耐磨、噪声低、施工期短、养护维修简便且适宜分期修建等优点,因而得到广泛应用。沥青路面在使用过程中,因行车荷载和自然因素的长期作用,路面材料逐渐疲劳,强度和刚度也将逐年降低,而出现路面表面破损和结构变形等问题。

沥青路面病害分为裂缝类、变形类、其他类三类,共 11 种。

(1)裂缝类:荷载或环境因素造成了沥青路面的开裂,破坏了路面结构的完整性。

(2)变形类:路面结构仍保持其完整性,但由于材料的稳定性等原因,使路面表面形状发生了变化。

(3)其他类:如坑槽、松散、泛油、修补等。其中修补应为裂缝、坑槽、松散、沉陷、车辙等损坏的修复。修补范围内再次发生的损坏,应按新的损坏类型计算。

《公路技术状况评定标准》(JTG 5210—2018)对各类病害的类型及其严重程度描述见表 8-1。

沥青路面病害的分类分级　　　　　　　　　　表 8-1

病害类型		分级	外 观 描 述	分 级 指 标	计量单位
裂缝类	龟裂	轻	初期龟裂,缝细、无散落,平均缝宽小于2mm	块度:20~50cm	m²
		中	裂块明显,平均缝宽2~5mm	块度:<20cm	
		重	裂块破碎,平均缝宽大于5mm	块度:<20cm	
	块状裂缝	轻	平均缝宽1~2mm,不散落或轻微散落,块度大	块度:>100cm	m²
		重	平均缝宽大于2mm,散落,裂块小	块度:50~100cm	
	纵向裂缝	轻	缝壁无散落或轻微散落,无或少支缝	缝宽:≤3mm	m
		重	缝壁散落重,支缝多	缝宽:>3mm	
	横向裂缝	轻	缝壁无散落或轻微散落,无或少支缝	缝宽:≤3mm	m
		重	缝壁散落多,支缝多	缝宽:>3mm	
变形类	沉陷	轻	深度浅,行车无明显颠簸感	深度:10~25mm	m²
		重	深度深,行车有明显颠簸感	深度:>25mm	
	车辙	轻	变形较浅	深度:10~15mm	m²
		重	变形较深	深度:>15mm	
	波浪拥包	轻	波峰波谷高差小	高差:10~25mm	m²
		重	波峰波谷高差大	高差:>25mm	
其他类	坑槽	轻	坑浅,或面积小(<0.1m²)	坑深<25mm或面积<0.1m²	m²
		重	坑深,或面积较大(≥0.1m²)	坑深≥25mm或面积≥0.1m²	
	松散	轻	细集料散失、脱皮、麻面		m²
		重	粗集料散失、脱皮、麻面、露骨、表面剥落		m²
	泛油		沥青路面表面出现薄油层		m²
	修补		为裂缝、坑槽、松散、沉陷、车辙等损坏的修复	块状修补按面积计算;条状修补按长度乘以0.2m影响宽度计算	m²

《公路设计手册:路面》(第三版)亦对沥青路面各类损坏进行了描述,具体如下。

1. 龟裂

(1)损坏特征:相互交错的裂缝将路面分割成形似龟纹的锐角多边形小块,块的尺寸小于

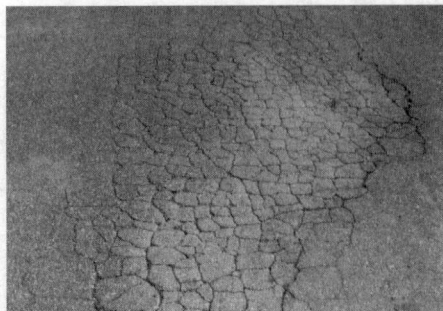

图 8-1　龟裂

50cm×50cm。龟裂是行车荷载的重复作用而引起的疲劳裂缝,其最初形态是一条或几条平行的纵缝,随着荷载重复作用次数的增加,平行纵缝间出现了横向、斜向连接缝,形成了多边、锐角、形似龟裂的裂缝形式。龟裂只发生在承受重复行车荷载的车道上,通常不会出现在整个路幅宽度上,除非交通非常繁重。龟裂是一种主要的结构损坏形式(图 8-1)。

(2)严重程度分级:①轻微——一条或数条平

行的发状裂缝,少量交错支缝,裂块边长 30~50cm;②中等——发展成龟纹状裂缝,裂块边长 10~30cm,裂缝边缘有轻度或中度剥落;③严重——裂块边长小于10cm,裂块边缘出现严重剥落,碎块出现松动现象。

(3)计量方法:以龟裂的外接矩形面积计量。外接矩形的一边平行于路中线。路面上存在几种严重程度的龟裂时,如容易区分,则应分别测量和分别记录;如难以区分,则以占主导地位的裂缝确定严重程度。

2.块状裂缝

(1)损坏特征:近于直交的裂缝,把路面分割成近似矩形的小块;块的尺寸在 50cm×50cm~300cm×300cm。大于300cm^{2}的块通常以纵向、横向裂缝计。块状裂缝主要由面层材料的收缩和温度的周期性变化所致,与荷载的关系不大(图 8-2)。它的出现,标志着沥青已显著老化。在交通量很小,且路面强度不低的情况下,块状裂缝有时是大面积出现的。

(2)严重程度分级:①轻微——裂缝边缘无或仅有少量剥落,裂块尺寸在 100cm×100cm~300cm×300cm;②严重——裂缝边缘有中等或严重的剥落,裂块尺寸在 50cm×50cm~100cm×100cm。

(3)计量方法:以块状开裂的外接矩形面积计量。通常,在一个调查单元内,块状开裂以一种严重程度出现;但如果有不同严重程度的块状裂缝存在,则应分别测量和记录。

3.纵向裂缝

(1)损坏特征:与道路中线大致平行的长直裂缝,有时伴有少量支缝(图 8-3)。

(2)严重程度分级:①轻微——缝壁无散落或轻微散落,无或少支缝,缝宽≤3mm;②严重——裂缝边缘有中等或严重剥落,有较多支缝,缝宽>3mm。

(3)计量方法:裂缝长度×影响宽度 0.2m 计算面积。

图 8-2　块状裂缝

图 8-3　纵向裂缝

4.横向裂缝

(1)损坏特征:与道路中线近于垂直的裂缝,有的还伴有少量支缝。最初多出现于路面两侧,逐渐发展形成贯通路幅的横向裂缝(图 8-4)。

(2)严重程度分级:同纵向裂缝。

(3)计量方法:同纵向裂缝。

5. 沉陷

(1)损坏特征:路表面的局部凹陷,雨后积水更加明显,将造成路面的不平整和雨后飘滑现象(图8-5)。

(2)严重程度分级:①轻微——凹陷深度 10 ~ 25mm,引起乘客的轻微不适感;②严重——凹陷深度 >25mm,引起乘客的较大不适感。

(3)计量方法:以外接矩形的面积计量。

图8-4　横向裂缝

图8-5　沉陷

6. 车辙

(1)损坏特征:路表面行车轮迹的凹陷(图8-6)。

(2)严重程度分级:①轻微——车辙深度 10 ~ 15mm;②严重——车辙深度 >15mm。

(3)计量方法:按长度(m) × 影响宽度(0.4m)换算成损坏面积。

7. 波浪拥包

(1)损坏特征:路表面有规律的纵向起伏(图8-7)。常发生在车辆启动和制动的区域。

(2)严重程度分级:①轻微——波峰波谷高差 10 ~ 25mm;②严重——波峰波谷高差 >25mm。

图8-6　车辙

(3)计量方法:以外接矩形的面积计量。

8. 坑槽

(1)损坏特征:面层混合料散失后使路表出现不同大小的坑。行车带内严重龟裂形成的小块,或松散的混合料被驶过的车轮带走而形成(图8-8)。

(2)严重程度分级:①轻微——坑槽深度 <25mm,尚未露出基层;②严重——坑槽深度≥25mm,已露出基层。

(3)计量方法,以外接矩形面积(m²)计量,矩形的一边应平行于路中线。

图 8-7　波浪拥包

图 8-8　坑槽

9. 松散

（1）损坏特征：集料颗粒或沥青黏结料损失（图 8-9）。

（2）严重程度分级：①轻微——表面纹理已显粗糙，集料小颗粒已散失，路表呈麻点状；②严重——表面纹理相当粗糙，较粗集料也已散失，粗集料外露，路表出现小坑状。

（3）计量方法：以松散面积计量。

10. 泛油

（1）损坏特征：路表面形成一层有光泽、玻璃状的沥青黏膜（图 8-10）。

图 8-9　松散

图 8-10　泛油

（2）严重程度分级：不分级。

（3）计量方法：以泛油面积（m²）计量。

11. 修补

（1）损坏特征：对原路面各种损坏进行修补后的状况。

（2）严重程度分级：①轻微——修补状况良好，或有轻微损坏，对行车无或仅有轻微影响；②严重——修补面积有中等或严重损坏，对行车有较大影响。

（3）计量方法：以修补的路面面积（m²）计量。

任务8-2 调查与评定沥青路面路况

知识目标

学习沥青路面路况调查知识,掌握沥青路面技术状况指数(PQI)调查与评定方法。

能力目标

能进行沥青路面路况调查与评定。

一、沥青路面路况调查与评定

1.公路网级路况调查与评定

每年应组织一次公路网级沥青路面技术状况指数(PQI)调查与评定。每季度应组织一次用于指导日常养护的沥青路面损坏状况指数(PCI)调查与评价,遇特殊气候、突发灾害等情况,应加大调查频率。对计划实施养护工程的路段,应在沥青路面技术状况指数(PQI)调查与评价基础上,补充专项数据调查,并进行详细的技术状况评价。定期检查沥青路面的基本技术状况,检查频率见表8-2。沥青路面技术状况用沥青路面技术状况指数(PQI)及其分项指标表示,PQI及其分项指标的值域为 $0 \sim 100$。

沥青路面技术状况检测与调查频率 表8-2

检测与调查内容		高速公路、一级公路	二级、三级、四级公路
沥青路面 PQI	路面损坏	1 年 1 次	1 年 1 次
	路面平整度	1 年 1 次	1 年 1 次
	路面车辙	1 年 1 次	
	路面跳车	1 年 1 次	
	路面磨耗	1 年 1 次	
	路面抗滑性能	2 年 1 次	
	路面结构强度	抽样检测	抽样检测

注:1.路面结构强度为抽样检测指标,抽样检测的路线或路段应按路面养护管理需要确定,最低抽样比例不得低于公路网列养里程的20%。

2.路面磨耗和路面抗滑性能为二选一指标,在检测与调查中可二选一。

公路网级沥青路面技术状况调查与检测应按上行方向、下行方向或上下行一个方向,以连续桩号1000m路段为一个基本单元,不足1000m按一个基本单元计。公路网级沥青路面技术状况评定应以1000m路段为一个基本单元,不足1000m按一个基本单元计。路面技术状况数据的检测要求应根据公路等级的不同进行区分,并符合表8-3的要求。

路面技术状况数据检测要求表 8-3

序　　号	检测指标	高速公路、一级公路		二级、三级、四级公路	
		要求	范围	要求	范围
1	路面破损	应	全线/分车道	应	全线/单向
2	路面平整度	应	全线/分方向	应	全线/单向
3	路面车辙	应	全线/分车道	宜	全线/单向
4	路面横向力系数	应	全线/分方向	宜	全线/单向

注:1.二级公路路面损坏数据可根据需要确定是否分车道进行检测。

2.路面抗滑性能和路面磨耗数据可根据检测设备条件二者取一。

2.日常养护的沥青路面技术状况调查与评价

日常养护的沥青路面技术状况调查与评价基本单元,可根据生产安排、组织实施等实际需要细化。日常养护的沥青路面技术状况调查与检测宜在自动化检测基础上,采用人工调查与设备检测相结合的方法,并应符合下列规定:

(1)每季度组织一次技术状况调查与检测,日常巡查发现路况变化明显时,应增加技术状况调查与检测的频率。

(2)人工调查主要针对路面损坏情况,其指标为路面破损率(DR)。

(3)路面损坏采用人工调查时应测量各类损坏的尺寸。同位置存在不同路面损坏时,应按损坏权重最大的计算。调查包含所有行车道,紧急停车带按路肩处理。

沥青路面各类损坏调查与检测数据应进行分类汇总与统计,其结果反映每季度日常养护的工作成效,用于指导日常养护生产计划的安排。日常养护的沥青路面技术状况评价结果不影响公路网级沥青路面技术状况评定结果。

3.养护工程路况调查与评价

养护工程设计的沥青路面技术状况调查与评价基本单元,应根据实际需要细化。沥青路面各类损坏调查与检测数据应进行分类汇总与统计分析,其结果作为养护工程设计和现场病害处治的依据。

二、沥青路面技术状况指数(PQI)评定

沥青路面技术状况指数(PQI)各分项指标包括:路面损坏状况指数(PCI)、路面行驶质量指数(RQI)、路面车辙深度指数(RDI)、路面跳车指数(PBI)、路面磨耗指数(PWI)、路面抗滑性能指数(SRI)和路面结构强度指数(PSSI)。沥青路面技术状况指数(PQI)按式(8-1)计算。

$$PQI = w_{PCI}PCI + w_{RQI}RQI + w_{RDI}RDI + w_{PBI}PBI + w_{PWI}PWI + w_{SRI}SRI + w_{PSSI}PSSI \qquad (8-1)$$

式中: w_{PCI} ——PCI 在 PQI 中的权重;

w_{RQI} ——RQI 在 PQI 中的权重;

w_{RDI} ——RDI 在 PQI 中的权重;

w_{PB1} ——PBI 在 PQI 中的权重;

w_{SRI} ——SRI 在 PQI 中的权重;

w_{PSSI}——PSSI 在 PQI 中的权重。

式中参数的权重取值见表 8-4。

PQI 分项指标权重

表 8-4

路 面 类 型	权重	高速公路、一级公路	二级、三级、四级公路
沥青路面	w_{PCI}	0.35	0.60
	w_{RQI}	0.30	0.40
	w_{RDI}	0.15	—
	w_{PBI}	0.10	—
	$w_{SRI(PWI)}$	0.10	—
	w_{PSSI}	—	—

说明:采用式(8-1)计算 PQI 时,路面抗滑性能指数 SRI 和路面磨耗指数 PWI 应二者取一;路面结构强度指数不参与 PQI 评定。

路面损坏用路面损坏状况指数(PCI)评价,PCI 按式(8-2)计算。

$$PCI = 100 - a_0 DR^{a_1} \tag{8-2}$$

$$DR = 100 \times \frac{\sum_{i=1}^{i_0} w_i A_i}{A} \tag{8-3}$$

式中:DR——路面破损率(Pavement Distress Ratio),为各种损坏的折合损坏面积之和与路面调查面积之百分比(%);

A_i——第 i 类路面损坏的面积(m^2);

A——调查的路面面积,为调查长度与有效路面宽度之积(m^2);

w_i——第 i 类路面损坏的权重;

a_0——沥青路面采用 15.00;

a_1——沥青路面采用 0.412;

i——考虑损坏程度(轻、中、重)的第 i 类路面损坏类型;

i_0——包含损坏程度(轻、中、重)的损坏类型总数,沥青路面取 21。

自动化检测时,A_i 应按式(8-4)计算:

$$A_i = 0.01 \times GN_i \tag{8-4}$$

式中:GN_i——含有 i 类路面损坏的网格数。

沥青路面损坏类型、权重及换算系数见表 8-5。

沥青路面损坏类型、权重及换算系数

表 8-5

类型 i	损坏名称	损坏程度	计量单位 (m^2)	权重 W_i (人工调查)	换算系数 w_i (自动调查)
1	龟裂	轻	面积	0.6	1.0
2		中		0.8	
3		重		1.0	

类型 i	损坏名称	损坏程度	计量单位 （m²）	权重 W_i （人工调查）	换算系数 w_i （自动调查）
4	块状裂缝	轻	面积	0.6	1.0
5		重		0.8	
6	纵向裂缝	轻	长度×0.2m	0.6	2.0
7		重		1.0	
8	横向裂缝	轻	长度×0.2m	0.6	2.0
9		重		1.0	
10	坑槽	轻	面积	0.8	1.0
11		重		1.0	
12	松散	轻	面积	0.6	1.0
13		重		1.0	
14	沉陷	轻	面积	0.6	1.0
15		重		1.0	
16	车辙	轻	长度×0.4m	0.6	—
17		重		1.0	
18	波浪拥包	轻	面积	0.6	1.0
19		重		1.0	
20	泛油		面积	0.2	0.2
21	修补		面积或长度×0.2m	0.1	0.1(0.2)

注：1. 人工调查时，应将条状修补的调查长度（m）乘以宽度（0.2m）换算成面积。

2. 自动化检测时，块状修补的换算系数 w_i 为0.1，条状修补的换算系数 w_i 为0.2。

路面平整度用路面行驶质量指数（RQI）评价，按式（8-5）计算。

$$RQI = \frac{100}{1 + a_0 e^{a_1 IRI}} \tag{8-5}$$

式中：IRI——国际平整度指数（Intemational Roughness Index，m/km）；

　　a_0——高速公路和一级公路采用0.026，其他等级公路采用0.0185；

　　a_1——高速公路和一级公路采用0.65，其他等级公路采用0.58。

路面车辙用路面车辙深度指数（RDI）评价，按式（8-6）计算。

$$RDI = \begin{cases} 100 - a_0 RD & (RD \leqslant RD_a) \\ 90 - a_1(RD - RD_a) & (RD_a < RD \leqslant RD_b) \\ 0 & (RD > RD_b) \end{cases} \tag{8-6}$$

式中:RD——车辙深度(Rutting Depth,mm);

RD_a——车辙深度参数,采用 10.0;

RD_b——车辙深度参数,采用 40.0;

a_0——模型参数,采用 1.0;

a_1——模型参数,采用 3.0。

路面跳车指数(PBI)评价,按式(8-7)计算。

$$PBI = 100 - \sum_{i=1}^{i_0} a_i \, PB_i \tag{8-7}$$

式中:PB_i——第 i 类程度的路面跳车数;

a_i——第 i 类程度的路面跳车单位扣分,按表 8-6 的规定取值;

i——路面跳车程度;

i_0——路面跳车程度总数,取 3。

PQI 分项指标权重 表 8-6

类别(i)	跳 车 程 度	计 量 单 位	单 位 扣 分
1	轻度		0
2	中度	处	25
3	重度		50

路面磨耗指数(PWI)评价,按式(8-8)计算。

$$PWI = 100 - a_0 \, WR^{a_1} \tag{8-8}$$

$$WR = 100 \times \frac{MPD_C - \min\{MPD_L, MPD_R\}}{MPD_C} \tag{8-9}$$

式中:WR——路面磨耗率(%);

a_0——模型参数,采用 1.696;

a_1——模型参数,采用 0.785;

MPD_C——路面构造深度基准值,采用无磨损的车道中线路面构造深度(mm);

MPD_L——左轮迹带的路面构造深度(mm);

MPD_R——右轮迹带的路面构造深度(mm)。

路面抗滑性能用路面抗滑性能指数(SRI)评价,按式(8-10)计算。

$$SRI = \frac{100 - SRI_{min}}{1 + a_0 e^{a_1 SFC}} + SRI_{min} \tag{8-10}$$

式中:SFC——横向力系数(Side-way Force Coefficient);

SRI_{min}——标定参数,采用 35.0;

a_0——模型参数,采用 28.6;

a_1——模型参数,采用 -0.105。

路面结构强度用路面结构强度指数(PSSI)评价,按式(8-11)计算。

$$\text{PSSI} = \frac{100}{1 + a_0 e^{a_1 \text{SSI}}} \tag{8-11}$$

$$\text{SSI} = \frac{l_R}{l_0} \tag{8-12}$$

式中：SSI——路面结构强度系数(Structure Strength Coefficient)，为路面设计弯沉与实测代表弯沉之比；

　　　l_R——路面容许弯沉(mm)；

　　　l_0——实测代表弯沉(mm)；

　　　a_0——模型参数，采用15.71；

　　　a_1——模型参数，采用 -5.19。

沥青路面损坏调查表见表8-7。

沥青路面损坏调查表　　　　　　　　　　　　　　　　　　　　表8-7

路线名称：	调查方向：			调查时间：		调查人员：							累计损坏
调查内容	程度	权重 W_i	单位	起点桩号：　　　　终点桩号： 路段长度：　　　　路面宽度：									
				1	2	3	4	5	6	7	8	9	10	
龟裂	轻	0.6	m²											
	中	0.8												
	重	1.0												
块状裂缝	轻	0.6	m²											
	重	0.8												
纵向裂缝	轻	0.6	m											
	重	1.0												
横向裂缝	轻	0.6	m											
	重	1.0												
坑槽	轻	0.8	m²											
	重	1.0												
车辙	轻	0.6	m											
	重	1.0												
沉陷	轻	0.6	m²											
	重	1.0												
波浪拥包	轻	0.6	m²											
	重	1.0												
松散	轻	0.6	m²											
	重	1.0												
泛油		0.2	m²											

路线名称:		调查方向:		调查时间:				调查人员:				
调查内容	程度	权重 W_i	单位	起点桩号: 路段长度:			终点桩号: 路面宽度:					累计损坏
				1	2	3	4	5	6	7	8	9	10	
修补		0.1	块状 m^2											
			条状 m											

评定结果:
　　CR 或 DR =　　　 %

　　PCI =

自动化检测计算方法:
　　$PCI = 100 - a_0 CR^{a_1}$
　　$a_0 = 13.03$
　　$a_1 = 0.408$

人工调查计算方法:
　　$PCI = 100 - a_0 CR^{a_1}$
　　$a_0 = 15.00$
　　$a_1 = 0.412$

三、路况评价结果应用

　　沥青路面技术状况指数(PQI)可分为"优、良、中、次、差"5 个等级。对沥青路面技术状况指数(PQI)及其各分项指标均评价为"优、良"的路段,可进行日常养护、预防养护或修复养护。对任一分项指标评价为"中"及"中"以下的路段,应安排修复养护。根据沥青路面技术状况指数(PQI)及其各分项指标的评价结果,宜进行长期使用性能跟踪观测,研究使用性能变化规律,合理制订现场病害处治和养护工程技术方案。对影响通行安全的沥青路面损坏,应及时采取养护工程措施。

　　公路网级沥青路面路况调查与评定,主要用于编制养护规划与年度计划,申请年度计划资金,以及考核评价年度养护工作成效,一般由省(区、市)级交通运输主管部门或公路管理机构组织实施,经营管理单位根据需要组织实施经营性公路路况调查与评定。在每年实施养护工程后的年底或下一年初进行。主要采用自动化快速检查设备或人工调查方法进行。

　　日常养护沥青路面路况调查与评定,主要用于安排日常养护生产计划和考核评价每季度日常养护工作成效,非经营性公路一般由市县级交通运输主管部门或公路管理机构及其派出机构组织实施,经营性公路一般由经营管理单位派出的管理处、路段公司等机构组织实施。一般在每季度末或下一季度初进行。主要针对沥青路面各类损坏,广泛采用人工调查各类损坏的方法。

　　养护工程路况调查一般对已列入计划实施工程的路段,在路面技术状况指数(PQI)调查与检测基础上,开展基础数据调查、专项数据调查和详细设计补充数据调查。其调查与评价结果主要用于养护工程病害诊断、养护对策选择、方案设计与详细设计。

任务 8-3 　制订沥青路面病害处治措施

知识目标

掌握沥青路面病害的成因,熟悉沥青路面病害处治方法。

能力目标

能识别沥青路面病害成因,并提出沥青路面病害处治措施。

一、沥青路面病害成因

路面病害的产生往往是多种因素共同作用的结果。道路养护管理人员及工程师可以从路面技术状况指标、结构内部状况、各结构层材料性能、结构承载能力、基础稳定性、排水状况等多方面的大量数据信息,得到病害产生的一般规律,结合自身工程经验做出较为准确的病害成因判断。路面病害原因诊断结果应与路况和专项调查结果相互匹配,病害原因诊断分析可参照表8-8。

路面病害原因诊断表　　　　　　　　　　表8-8

序号	病害原因类型	典型病害类型	病害位置专项调查结果	主要原因分析
1	路基结构不稳定	变形、沉陷、严重纵向裂缝、唧浆等	(1)路表面破坏严重,纵向裂缝较长; (2)路基土含水率高,土质不均匀; (3)路基土强度不足	(1)温度应力导致路基拼接缝开裂; (2)路基土质不良导致不均匀沉陷; (3)软土地基结构承载能力不足
2	基层结构破坏	龟裂、块裂、横向裂缝、纵向裂缝、严重车辙、唧浆等	(1)病害发展至基层; (2)基层松散破坏; (3)路面结构强度不足; (4)基层材料无侧限抗压强度偏低; (5)裂缝发展形态为下宽上窄	(1)基层结构疲劳破坏; (2)温度应力导致基层开裂; (3)水分渗入基层产生水损坏
3	沥青面层结构破坏	龟裂、块裂、横向裂缝、纵向裂缝、车辙、推移、坑槽等	(1)基层结构完整; (2)沥青面层整体开裂; (3)结构层厚度及空隙率变化较大; (4)面层与基层脱离; (5)面层沥青混合料劈裂强度偏低; (6)裂缝发展形态为上宽下细; (7)渗水系数偏大	(1)沥青面层温度应力裂缝; (2)沥青面层疲劳裂缝; (3)沥青面层抗剪强度不足; (4)层间黏结不良; (5)沥青面层材料压密或流动变形; (6)水损坏
4	沥青表面层性能衰减	抗滑不良、泛油、松散、轻微车辙、细微裂缝等	(1)构造深度不足; (2)石料磨光值不足; (3)表面层混合料空隙率变小	(1)表面层材料压密变形; (2)表面层石料磨光; (3)表面层沥青黏附性下降; (4)表面层沥青老化变质

各类病害产生的原因可从路基结构稳定性、路面基层(简称基层)结构完整性、路面面层结构完整性及表面层性能衰减四个方面进行分类及分析：

1. 路基结构不稳定

主要是指路基结构不稳定造成的路面变形破坏，如路基塌方、软土地基不均匀沉陷、地下水位过高导致路基浸水等，常见病害为变形、沉陷、严重纵向裂缝、唧浆等。该类破坏一般都危害到整个路面结构层，需对路基进行适当处治后，再重新铺筑路面结构。

2. 路面基层结构破坏

主要是指由于路面基层结构破坏并反射至沥青面层形成的路面整体结构破坏，包括半刚性基层温缩开裂形成的面层反射裂缝、强度不足引发的结构性破坏、强度过高引发的严重收缩开裂、基层表面不平整引起的平整度不良等。典型病害形式包括龟裂、块裂、横向裂缝、纵向裂缝、严重车辙、唧浆等。由于基层缺陷产生的病害需对基层进行彻底处治。

3. 路面面层结构破坏

主要是指由于沥青面层整体或个别层位结构破坏而导致的路面功能性损坏，包括层间黏结不良、沥青面层温度应力裂缝、沥青面层疲劳裂缝、沥青面层抗剪强度不足、沥青面层材料压密或流动变形等。其典型病害形式包括龟裂、块裂、横向裂缝、纵向裂缝、车辙、推移、坑槽等。该类病害需对面层破坏层位进行翻修处理。

4. 表面层性能衰减

主要是指表面层沥青混合料由于长期受到车轮磨耗、自然环境变化等因素的作用，沥青材料发生老化、集料磨光、混合料压密、集料脱落、泛油等性能衰减现象。典型病害形式包括抗滑不良、泛油、松散、轻微车辙、细微裂缝等。对该类病害可对表面层进行预防性养护或中修处理，及时修复路面早期病害，保证行车安全。

近年来，道路交通量日益增大，车辆大型化且超载严重，许多公路沥青路面建成不久就出现了明显的早期病害。早期是指沥青路面设计寿命期(一般15年)前 1/4 ~ 1/3 期间，早期病害主要是指裂缝、车辙、水损坏引发的系列病害。考虑这三类病害的特殊性，本项目以下几节将对其分别进行详细讲述。

二、沥青路面的裂缝病害处治

裂缝是沥青路面最主要的病害。它的危害在于从裂缝中不断进入水分，使基层甚至路基软化，造成基层、路基强度降低，最终导致沥青路面承载能力下降，进而造成路面局部或成片损坏，加速路面破坏。

(一)沥青路面裂缝的成因

沥青路面裂缝形式有各种各样，按其表观不同，分为龟裂、块状裂缝、纵向裂缝、横向裂缝等类型。这里只对主要裂缝类型的成因进行分析。

龟裂主要是由路面的整体强度不足而引起的。其原因可能是路面结构设计不合理，路面压实度不足，材料配比不当或未拌和均匀等，也可能是路面出现横向或纵向裂缝后未及时封填,致使水分渗入下层,尤其在融雪期间冻融交加,加剧了路面的破损。沥青在施工以及长期使用过程中的老化也是导致沥青面层形成龟裂的原因之一。

块状裂缝是由于沥青层本身的横向裂缝、纵向裂缝不断发展纵横交错形成的;有的块状裂缝是由于路面基层块状开裂产生的反射裂缝;有的块状裂缝是因温度疲劳及沥青老化产生的开裂。

纵向裂缝通常由路基、基层沉降或施工接缝质量及结构承载力不足而引起。由路基、基层沉降引起的纵向裂缝,通常断断续续,绵延很长;由于沥青面层分幅摊铺,施工搭接引起的纵向裂缝形态特征是长且直;由结构承载力不足引起的纵缝多出现在路面边缘,因路基湿软造成承载力不足,从而产生纵向裂缝;填挖结合处理不当易发生不均匀沉降,导致纵向裂缝产生;拓宽路段的新旧路面交界处土层处理不彻底,沉降不均匀引起纵向裂缝产生。

横向裂缝按其成因可分为荷载型裂缝和非荷载型裂缝两大类。荷载型裂缝是由于路面设计不当或施工质量低劣,或由于车辆严重超载,致使沥青面层或半刚性基层内产生的拉应力超过其疲劳强度而产生裂缝。非荷载型裂缝是横向裂缝的主要形式,它分为沥青面层温度收缩型裂缝和基层反射型裂缝。

(二)沥青路面裂缝的维修材料

要使裂缝维修的质量和寿命提高,就必须满足以下 3 个条件:①应具有良好的黏结力(和沥青混合料相融合);②低温状态下具有优良的延伸性和弹性;③应具备持久的抗老化和抗疲劳能力。

目前普遍采用的裂缝填缝材料可分成 3 种类型。第一类是热灌式橡胶沥青(图 8-11)或高分子聚合物改性沥青(图 8-12),因其价格低廉,对施工人员的要求不苛刻而受到广泛采用;第二类是有机硅树脂灌缝胶(图 8-13),由于其黏度太大,不易充分渗入裂缝,且对施工条件要求高,既费时又昂贵,故大多用于密封新建混凝土路面的接缝;第三类是冷灌式填缝料(图 8-14),是以乳化沥青或溶剂型改性沥青为基本物质的填缝料,其受限制条件较少,不需加热使用,可用在潮湿的路面、有灰尘的壁面,其性能受影响较小。

图 8-11　热灌式橡胶沥青

图 8-12　高分子聚合物改性沥青

图 8-13　有机硅树脂灌缝胶

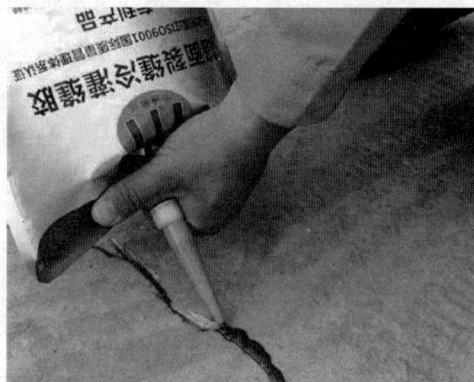

图 8-14　冷灌式填缝料

(三) 沥青路面裂缝的处治措施

沥青路面裂缝修补方法很多,一般可根据裂缝的宽度和深度确定具体的修补工艺。

(1)在高温季节全部或大部分可愈合的轻微裂缝,可不加处理。在高温季节不能愈合的轻微裂缝,可采用以下方法之一进行处治:

①将有裂缝的路段进行扩缝(图 8-15),清扫(图 8-16)干净并均匀喷洒少量沥青(在低温、潮湿季节宜喷洒乳化沥青),也可使用热熔型改性沥青填缝材料(如橡胶沥青等)封填(图 8-17),再均匀撒布一层 2~5mm 的干燥洁净石屑或粗砂(图 8-18),最后用轻型压路机将矿料碾压。

图 8-15　扩缝

图 8-16　清缝

②利用红外线沥青路面加热机(图 8-19),顺着裂缝对沥青路面加热,视裂缝程度确定沥青路面加热时间的长短,一般室外温度在 15~20℃ 时,加热 1~2min 即可,使沥青路面表面温度达到 180℃,然后用小型压路机或振动夯进行碾压或夯实,直到裂缝消失为止。

③利用微波路面热再生机(图 8-20)对需修复路面进行微波加热,全面软化、加热沥青混凝土路面并融化沥青;机械滚压夯实被加热路面,完成裂缝粘合,平整路面坑包。

图 8-17 灌缝

图 8-18 撒石屑

a)

b)

图 8-19 红外线沥青路面加热机

图 8-20 微波路面热再生机

这一工艺的特点:工作时间短(10~15min),对交通影响小;修补路面时几乎不需添新料,对环境既无噪声污染,又不产生废弃沥青混合料;小面积的凹坑、拥包、裂缝可随时予以修复;路面接合处修补无需黏油,微波现场现热再生沥青料之间无弱接层,接合处质量与传统修补法相比大幅提高。

④利用灌缝机(图8-21)或普通铁壶(图8-22)将热沥青顺着裂缝浇灌,然后用液化气或红外线加热器把灌缝的沥青加热到180℃(视材料的性能确定温度)时,沥青将渗入裂缝中,与原沥青路面很好热结合(图8-23、图8-24),然后均匀地撒上一层直径2~5mm干净的石屑或粗砂,冷却几分钟后即可通车。

图8-21　灌缝机

图8-22　普通铁壶灌缝

图8-23　裂缝的灌缝处理

图8-24　灌缝完成

(2)裂缝处治可采用灌缝、贴缝、带状挖补方式,或组合使用。

裂缝类病害的处治时机应根据裂缝类型特点、严重程度及原因确定,并采取适宜的处治措施,及时进行裂缝封闭。

①灌缝。

灌缝材料宜采用密封胶(图8-25)。密封胶可分为高温型、普通型、低温型、寒冷型和严寒型五类,分别适用于最低气温不低于0℃、-10℃、-20℃、-30℃、-40℃的地区。

灌缝处治(图8-26)适用条件:原路面基层良好,仅表面出现纵向、横向裂缝。使用的设备有开槽机、灌缝机、清干机等专用设备。

具体处治步骤:标记(图8-27)、开槽(图8-28)、清理(图8-29)、干燥、加热、灌缝(图8-30)

与养护。人工除去已松动的裂缝边缘,或使用装有旋转式碳钢切缝刀头的开槽机,沿裂缝中线切割出均匀的正、长方形凹槽,之后用压缩空气吹净。采用砂粒式或细粒式热拌沥青混合料灌注在清理过的槽口内,灌注时要自下而上充分填满,应避免在填料下部产生气穴。灌注的形式有针式灌缝(图 8-31)和贴封式灌缝(图 8-32)。

图 8-25　密封胶

图 8-26　灌缝处治

图 8-27　标记

图 8-28　开槽

图 8-29　清理

图 8-30　灌缝

灌缝处治:应根据路面裂缝的具体情况确定开槽灌缝的尺寸,宽度 × 深度宜为 12mm × 12mm、12mm × 18mm、15mm × 15mm 或 15mm × 20mm。灌缝成型应饱满,灌缝材料性能稳定后才可开放交通。施工环境温度应高于 5℃,在路面表面干燥状态下施工。

图 8-31　针式灌缝

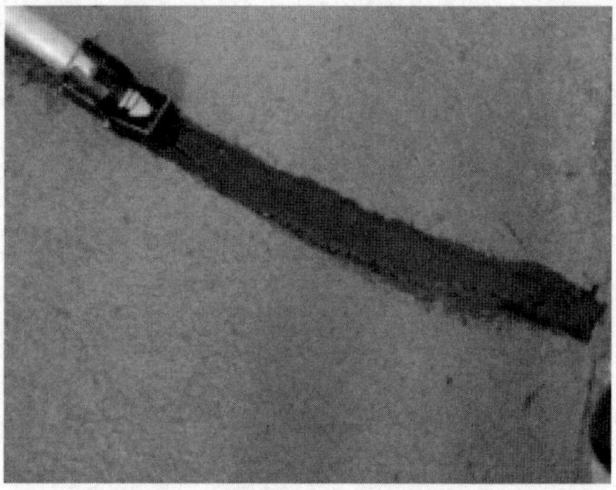

图 8-32　贴封式灌缝

②贴缝。

贴缝材料可采用热粘式贴缝胶(图 8-33)和自粘式贴缝胶(图 8-34),其工艺可分为直接贴缝和灌缝后贴缝。

图 8-33　热粘式贴缝胶

a)　　　　　　　　　　　b)

图 8-34　自粘式贴缝胶

贴缝处治适用条件为原路面基层和横断面良好,仅表面出现纵向、横向裂缝,伴随裂缝处有较多细微的扩展裂缝。

工艺流程:清洁裂缝(图 8-35)、贴缝(图 8-36)、压实(图 8-37)。

图 8-35　清洁裂缝

图 8-36　贴缝

贴缝处治(图8-38)要求施工环境温度应高于5℃,在路面表面干燥状态下施工。

图8-37 压实

图8-38 贴缝处治

具体处治步骤:首先将路面裂缝及其两侧各20cm表面范围内的泥土杂物、污染物、散落物等清理干净,无凸起、凹陷、松散,保证裂缝作业面平整。然后用宽刷蘸取专用胶黏剂沿裂缝均匀涂刷,以裂缝为中心线两侧各涂刷宽度8cm以上。一般涂胶比贴缝带宽度多出1cm。接着剪取长度略长于裂缝长度的一段贴缝带,揭去隔离纸,有聚丙烯织物的一面朝上,以裂缝为中心线将贴缝带平整贴在路面上。如遇不规则裂缝,可将贴缝胶断开,按裂缝的走向跟踪粘贴;贴缝胶结合处形成80~100mm的重叠。然后用滚筒用力碾压,将贴缝带贴在路面,以确保贴缝带同路面结合为一体,不能有气泡、皱褶。

③带状挖补。

带状挖补适用于路面裂缝扩展严重且已产生明显变形、唧泥现象。带状挖补深度分为开挖深度至基层顶部(图8-39)和开挖深度至上基层底部(图8-40)两种方式。

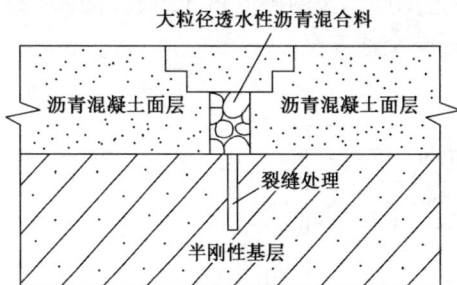

图8-39 开挖深度至基层顶部

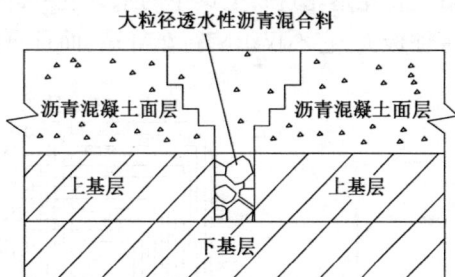

图8-40 开挖深度至上基层底部

具体处治步骤:首先台阶式切割,开槽深度至基层顶部或上基层的底部;接着对损坏的基层宜采用大粒径透水性沥青混合料进行回填处理(同时起排水盲沟作用);然后沥青面层切割处涂刷黏结材料;最后采用与原沥青面层相同的材料进行修补,并做好纵横向排水处理措施。

(3)因沥青性能不好或路面使用年限较长、油层老化等原因出现的大面积裂缝(包括龟裂)且基层强度尚好时,通过技术经济比较,可选用下列维修方法:

①乳化沥青稀浆封层,封层厚度宜为 3~6mm。

②加铺沥青混合料上封层,或先铺设土工合成材料后,再在其上加铺沥青混合料上封层。

③改性沥青薄层罩面。

④微表处,厚度宜为 1~1.5mm。

⑤雾封层填裂,亦称雾状黏层。

(4)由于基层强度不足或路基失稳等引起的严重龟裂,应先处治好基层或路基后再重做面层。基层开裂(图8-41)引起的反射裂缝,需要先对基层进行处理,后铺筑面层。由于土基、基层强度不足或路基翻浆等引起的严重龟裂,应先处治好土基层后再重做面层。

图 8-41　基层开裂

三、沥青路面的车辙病害处治

车辙是行车道轮迹带上产生的永久变形,由轮迹的凹陷及两侧的隆起组成(图8-42)。车辙的危害性极大,它不仅影响行车舒适,而且直接影响交通安全。

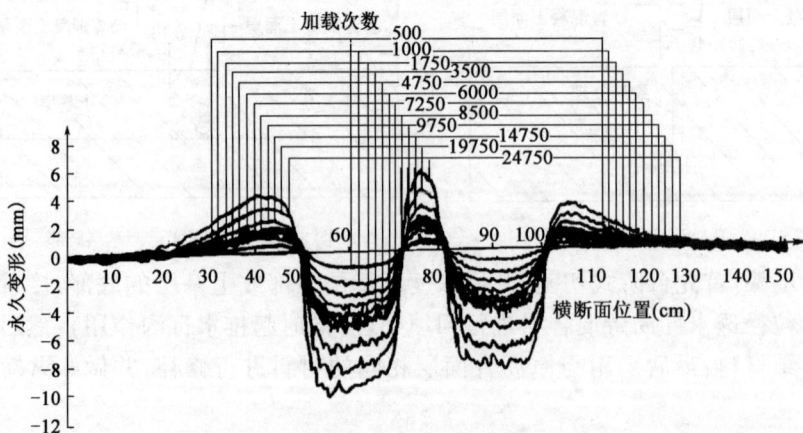

图 8-42　车辙示意图

（一）沥青路面车辙的类型

根据车辙的不同形成过程，可将其分成3大类型：

1. 失稳型车辙

失稳型车辙（图8-43、图8-44）是指当沥青混合料的高温稳定性不足时，沥青路面结构层在车轮荷载作用下，其内部材料因流动而产生横向位移；通常发生在轮迹处，这也是车辙的主要类型。

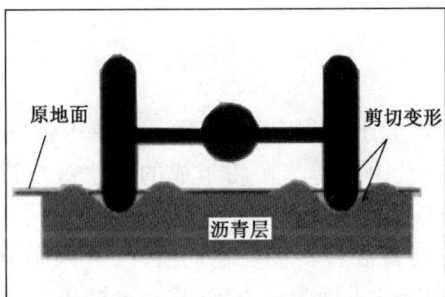

图8-43　失稳型车辙　　　　　　　　图8-44　失稳型车辙示意图

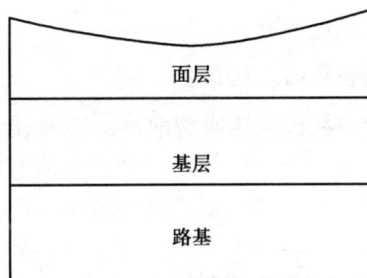

2. 结构型车辙

结构型车辙（图8-45、图8-46）指沥青路面结构在交通荷载作用下产生的整体永久变形。这种变形主要是由于路基变形传递到路面面层而产生的。

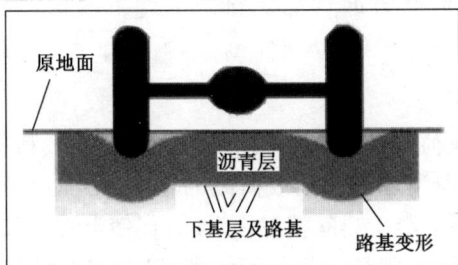

图8-45　结构型车辙图　　　　　　　图8-46　结构型车辙示意图

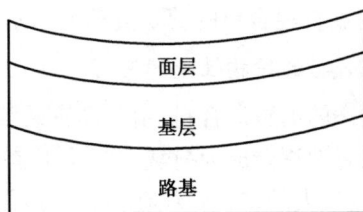

3. 磨耗型车辙

沥青路面结构顶层的材料在车轮磨耗和自然环境因素作用下不断损失而形成的车辙为磨耗型车辙。车辆使用了防滑链和突钉（胶钉）轮胎后，这种车辙更易发生。其形式图8-47所示。

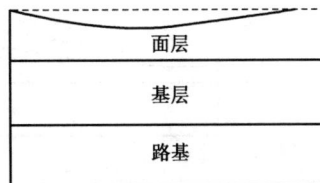

图8-47　磨耗型车辙示意图

（二）沥青路面车辙的危害

车辙的出现，严重影响了路面的使用寿命和服务质量，给路面及路面使用者带来许多危害：

（1）影响路面的平整度，降低了行车舒适性。

（2）轮迹处沥青层厚度减薄，削弱了沥青层及路面结构的整体强度，从而易诱发各种病害，如网裂和水损坏等。

（3）雨天路表排水不畅，降低了路面的抗滑能力，甚至会由于车辙积水而导致车辆漂滑；冬天车辙内存水凝结成冰，路面抗滑能力下降，影响高速行车安全。

（4）车辆在超车或更换方向时易失控，影响车辆操作的稳定性。

（三）沥青路面车辙的形成机理

车辙的形成过程分为三个阶段：

1. 沥青混合料的后续压实

沥青混合料在被碾压成型前是由集料、沥青及空气组成的松散混合物。经碾压后，高温下处于半流态的沥青及由沥青与矿粉组成的胶浆被挤进矿料间隙中，同时集料被强力排挤成具有一定骨架的结构。碾压完毕交付使用后，沥青混合料会在初期阶段，在汽车荷载的作用下进一步压实，形成微量永久变形。如果压实效果良好，这一变形可以忽略不计。沥青混合料的压密变形如图8-48所示。

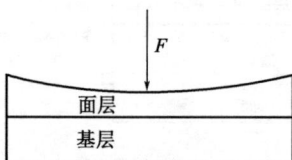

图8-48　沥青混合料的压密变形

2. 沥青混合料的流动变形

在高温及车辆荷载作用下，沥青混合料中的自由沥青及沥青与矿料形成的沥青胶浆会首先产生流动，从而引发沥青混合料的流动变形，但此时沥青混合料尚未产生结构性破坏。图8-49所示为沥青混合料的剪切流动变形示意图。

3. 沥青混合料的结构性失稳变形

处于半固态的沥青混合料，由于沥青及胶浆在荷载及高温作用下首先流动，混合料中粗、细集料组成的骨架逐渐成为荷载主要承担者。随着温度的升高或荷载的增大，再加上沥青的润滑作用，硬度较大的矿料颗粒在荷载直接作用下会沿矿料间接触面滑动，促使沥青及胶浆向其富集区流动，导致沥青混合料的结构失去稳定性；特别是当集料间沥青及胶浆过多时，这一过程会更加明显，产生较大的流动变形。图8-50所示为沥青混合料失稳变形示意图。

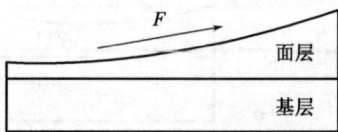

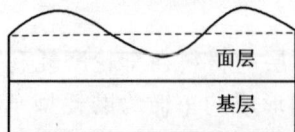

图8-49　沥青混合料剪切流动变形示意图　　图8-50　沥青混合料失稳变形示意图

（四）沥青路面车辙的影响因素

影响沥青路面车辙的因素可分为内在因素和外在因素。

内在因素：路基路面结构类型、材料（如集料、沥青结合料、沥青混合料等）性能与组成、施工质量等。

外在因素:交通荷载条件、气候条件、水文地质条件及路线纵坡等。

1. 交通荷载条件

随着公路等级的提高和渠化交通,加之交通量越来越大,轮载也在不断加重,车辙产生的速率越来越快。研究表明,车辙的发展速率随荷载作用次数的增加而减小。车辙深度随累计荷载作用次数的增加而增加,以至于道路丧失使用性能。

2. 气候与水文地质条件

路面温度对车辙的产生有很大影响,没有高温,即使在超重载的交通状况下,车辙也难以产生。在寒冷地区,路面温度低,车辙出现的可能性较小;在炎热地区,沥青路面在一定气温和日照作用下,能吸收大量热量,从而导致路面温度升高,随着温度的升高,沥青的黏度呈对数级下降,沥青混合料的抗压强度和抗剪强度快速下降,极易产生车辙。而残留在路面内的水分会大大降低各结构层的抗变形能力,进一步导致产生过大车辙。

3. 路面结构类型

在一定厚度范围内,沥青层材料在路面结构中厚度越大,发生永久变形的变形量也越大。采用刚性基层或半刚性基层材料的沥青路面,由于基层具有很高的高温稳定性和抗剪切变形能力,因此,这类路面车辙主要产生在沥青面层内,而刚性基层和土基所产生的车辙只占很小的比例。

4. 路面材料性能与组成

沥青混合料是一种黏弹性塑性材料,具有一定的蠕变和应力松弛现象。其抗变形能力取决于沥青的黏结力和矿料颗粒之间的嵌挤力。因而沥青与矿料性能以及沥青混合料的级配类型与配比组成,都直接影响沥青路面的抗变形能力和其他路用性能。

5. 施工因素

沥青混合料在施工过程中,材料的质量控制、沥青混合料的材料与温度均匀性、各种材料用量的控制、压实温度及压实度的控制、层间的洁净度及黏结效果等都会影响路面的抗车辙能力。

(五)沥青路面车辙的处治措施

对于已出现车辙病害的沥青混凝土路面,首先需查明原因,分清是失稳型车辙还是非失稳型车辙,进而采取相应的处治措施。根据车辙病害类型、范围、严重程度及原因,合理确定采取措施,如局部车辙处治或大范围直接填充、就地热再生、铣刨重铺等措施。

局部车辙处治可采用微表处(图8-51)填充,也可采用坑槽等病害综合热修补车进行现场加热、耙松、补料与压实处理,还可采取局部铣刨重铺措施。采用微表处时,深度不大于15mm的不规则车辙或轻度车辙,微表处可按要求一次全宽刮平摊铺;深度为15~30mm的车辙微表处填补应采用专用的V形摊铺箱,并按两层进行摊铺,宜在第一层摊铺完开放交通24h后进行第二层摊铺。

1. 失稳型车辙的处治

(1)对于连续长度不超过50m、辙槽深度小于15mm、行车有小摆动感觉的,可先将车辙内及其周围的尘土杂物清除,洒水润湿,然后通过对路面烘烤、耙松,添加适当的与原路面相同的新料拌和填补并碾压密实即可。

(2)车辙的连续长度超过50m、辙槽深度在15～30mm,有行车摆动且跳动感明显的或严重颠簸的,若基层完整,各面层结合良好,应采取铣刨拉毛工艺,即将隆起部分铣刨(图8-52)、清扫(图8-53)后,喷洒或涂刷黏结沥青(图8-54),并填补沥青混合料(图8-55),找平、压实。

图 8-51　微表处处理车辙

图 8-52　铣刨

图 8-53　清扫

图 8-54　喷洒黏结沥青

图 8-55　填补沥青混合料

(3)车辙的面积较大、深度较深(大于30mm)时,应采用铣刨加铺工艺,即铣刨路面上面层或中面层甚至全部面层,用与原路面相同的适当新料重新摊铺面层的方法。其中的铣刨换填法是一种新型的维修方法,即采用路面铣刨机将破损路面切削一定厚度,然后铺筑再生沥青混

凝土(或新沥青混凝土),也是一种路面再生办法。该方法的工艺流程包括:

①用铣刨机将需要更新的路面铣削一定厚度。

②将铣刨下的旧料收集,装载到沥青混凝土厂。

③沥青混凝土厂将旧料进行再生或拌制新沥青混合料。

④将铣刨后的路表面清扫干净,如有个别严重破损,应事先修补好。

⑤洒匀黏层油。

目前可使用沥青路面再生机,直接将路面铣刨、软化,添加新料拌和、摊铺,在现场一次完成。

(4)路面车辙的面积较大、深度不统一,可采用改性乳化沥青稀浆封层处理车辙(图8-56)。先用铣刨机将路面高出的部分铣除,再用小型稀浆封层摊铺槽对车辙进行填补。为了保证质量,摊铺后用轮胎式压路机进行稳压。

图8-56　改性乳化沥青稀浆封层处理车辙

2.磨耗型车辙的处治

对于磨耗型车辙(车辙深度一般小于2cm),可直接采用稀浆封层、微表处、超薄磨耗层及同步碎石封层等措施来修补,这些方法还具有预防车辙等病害进一步发展的作用。

3.结构型车辙

这类因基层强度不足、水稳性能不好,使基层局部下沉而造成的车辙,应先处治基层,然后铺筑面层。

四、沥青路面的水损坏病害处治

沥青路面水损坏是指沥青路面施工完成以后,水和空气通过混合料中的空隙和与外界的连通空隙进入混合料内部,如果水分不能及时排出,水就会存留在混合料内,在车辆荷载的动水压力和温度的共同作用下,循环反复,使沥青和矿料发生剥离,造成强度下降。如果水损坏进一步发展,就会导致其他的一系列诸如裂缝、唧浆、松散、坑槽等多种形式的破坏。

(一) 沥青路面水损坏的特点

沥青路面水损坏具有如下特点：

(1)破坏发生在雨季或春融季节，有时一场连续几天的大雨就会导致严重破坏。

(2)行车道破坏严重，超车道一般没有破坏，显然与重车、超载有关。

(3)破坏之初一般都先有小块的网裂、冒白浆(唧浆)，然后松散成坑槽。

(4)发生水损坏的地方一般是透水较严重，且排水不畅的部位，如挖开可见下面有积水或浮浆。

(5)一般不会全路同时破坏，这显然与沥青混合料的不均匀有关，有些不均匀程度较严重的路段甚至会同时发生泛油。

(二) 沥青路面水损坏的危害

沥青路面水损坏会引起如下几个方面的危害：

1. 水损坏引起裂缝

水渗入并滞留在沥青混合料层内，在行车作用下，使沥青混合料中部分矿料上的沥青剥落，导致沥青混合料强度降低，并在路表面产生裂缝。

2. 水损坏引起路面唧浆

当水透过沥青面层(两层式或三层式)滞留在半刚性基层顶面时，在行车挤压作用下，自由水产生很大的压力，并冲刷基层表面的细料，形成灰白色泥灰浆，泥灰浆被行车荷载压挤到路表面形成唧浆。在泥灰浆数量大的情况下，可能立即产生坑洞；在数量小的情况下，可使路面由开裂逐渐变为松散，之后降水则更容易透入，最终导致路面破坏。

3. 水损坏引起坑槽

由于水损坏的存在，而使沥青混合料的整体性与强度降低，导致沥青与集料脱离，在重载高速行车的作用下，使沥青从矿料表面剥落下来，局部沥青混凝土变成松散状态，碎石被车轮甩出，由此形成坑槽，严重影响路面结构强度和行车安全性及舒适性(图8-57)。

图8-57　水损坏出现坑槽

虽然裂缝、唧浆、松散和坑槽都不同程度降低路面的使用性能，但是水损坏的危害不仅局限于此,更多的在于沥青路面结构性的破坏。

4.水损坏引起路面变形

当温度降低时,进入沥青层内的水凝结成冰,体积增大,在沥青混合料内形成张拉力,造成沥青表面鼓包变形;而当温度升高时,沥青层内的冰融化成水,在车辆碾压作用下使得沥青薄膜脱落,使混合料间的黏结作用下降,这样反复冻融后混合料逐渐丧失强度,在荷载作用下便会发生变形。

(三)沥青路面水损坏的成因

影响沥青路面水损坏的因素可分为内部因素和外部因素。外部因素主要有水、荷载和施工碾压的影响等,内部因素有沥青与集料的性质、沥青混合料的空隙率、沥青混合料集料离析和温度离析、路面排水的影响等。

1.外部因素

(1)水

除了沥青混合料中的空隙允许水分通过以外,其他形式的空隙也会对沥青混合料的水敏感性有一定影响,如集料表面和内部不同尺寸和数量的空隙等。路面施工完成以后,水和空气就会通过这些相对较大的与外界连通的空隙进入混合料内部。水分进入沥青路面结构层内,并侵入矿质集料内,由于表面张力(和其他化学力)的作用,使沥青与石料间的联结被削弱或完全剥离,汽车轮胎对路面的挤压揉搓作用及与路面间的真空吸附作用加速了剥离的进程,致使路面很快损坏。如果这种损坏进一步发展,就会导致其他的一系列诸如松散、离析、唧浆、车辙等更多形式的破坏。

(2)荷载

行车荷载对路面中的水产生动水压力,由此加剧了水对沥青与矿料的剥离作用,使水损坏进一步恶化。行车道与超车道上水损坏程度差异明显,也说明了荷载对水损坏的影响。

(3)施工碾压的影响

沥青路面在施工过程中,如遇雨天,一部分水分经碾压被封闭在沥青混合料中,将严重影响沥青与矿料的结合,影响施工层与下层的结合,为水损坏埋下隐患。同样,寒冷潮湿的气候条件对施工也是很不利的,也将影响沥青混合料的压实和黏结,影响混合料的水稳定性。施工工艺对混合料水稳定性的影响集中体现在压实上,没有得到很好压实的混合料,空隙率加大,对各种使用性能都有影响。开放交通后的行车碾压会造成混合料的压密变形而形成不正常的车辙,更严重的是水进入孔隙成为水损坏的祸根。

2.内部因素

(1)集料性质。

集料是由矿物质组成的,每种矿物质都有其独特的化学性质和晶体结构。对于剥落而言,关键是集料对水的吸附能力的大小,亲水性材料对水的吸附能力比沥青大,而憎水性材料恰好相反。通常亲水性材料有较多的硅质含量,集料显酸性;而憎水性材料硅质含量较低,集料呈碱性。另外,集料表面的化学性质、表面积、孔隙大小等均对沥青混合料水稳定性有影响。当集料表面含有铁、钙、镁、铝等高价阳离子时,矿料与沥青产生化学吸附而形成稳定的吸附层;

而当矿料含有钠、钾等低价阳离子时,矿料与沥青产生化学吸附时形成不稳定的吸附层,遇水时易被乳化。集料的表面积越大,越有助于形成牢固的沥青吸附层。集料表面的洁净程度对集料与沥青的黏附性有很大影响,泥土粉尘将成为黏附沥青的隔离剂,如果遇水,水分湿润泥土,更加容易造成剥落。此外,集料的致密程度及吸水率对混合料的强度形成有一定影响,过分坚硬致密的石料在破碎后如不能形成粗糙的表面,沥青又不能吸入矿料内部,沥青膜很薄,沥青用量严重偏少,对沥青混合料的强度形成不利。有些吸水率稍大的集料,只要施工时彻底干燥,沥青将会被吸入集料内部一部分,反而有良好的水稳定性。

(2)沥青性质。

沥青与矿质集料间的黏附性能越好,混合料抗水损坏性能越优。沥青中酸性化合物是沥青胶结料中最为活跃的部分,这些酸性物质化学行为活跃,极易浸润矿质集料,从而提高沥青与矿质集料间的黏附性能。

(3)沥青混合料的空隙率。

沥青混合料抗水能力的主要指标是其设计空隙率和实际空隙率。研究表明,沥青路面的空隙率在8%以下时,沥青层中的水在荷载作用下一般不会产生动水压力,不容易造成水损坏。而排水性混合料路面的空隙率在大于15%时,一般都采用改性沥青,且水能在空隙中自由流动,因而,也不容易造成水损坏。而当沥青路面的空隙率在8%~15%之间时,水容易进入混合料内部,且在荷载作用下,易产生较大的动水压力,易造成沥青混合料的水损坏。

沥青混合料设计空隙率过大或沥青路面施工过分强调平整度、牺牲密实度,致使路面碾压不足,都会影响沥青路面水稳性。施工中沥青混合料的离析也使得沥青路面的水稳性下降。

(4)沥青混合料的集料离析和温度离析的影响

沥青混合料的离析分为温度离析和集料离析两种情况。温度离析就是混合料运输和摊铺过程中混合料没有进行较好的温度防护,从而导致部分混合料温度过低,铺筑的沥青混合料压实效果差,降低水稳定性能;集料的离析表现为粗细集料以及集料与沥青间的离析,这种情况主要发生在混合料摊铺过程,从而造成局部混合料孔隙率过大,导致出现水损坏。

造成集料离析和温度离析的原因是多方面的:

①在沥青混合料拌和过程中,拌和时间或温度是影响混合料质量的关键因素。

②运输过程会造成集料和温度的离析。在装料卸料时,大的向下滚的速度快,而小的向下滚的速度慢。在运输过程中必然会降温,但降温的程度是不一样的,尤其是当混合料不采取保温措施时,表面降温快,内部降温慢。降温程度还与气温、环境条件、混合料类型、混合料装车厚度有密切关系。

③摊铺过程中的混合料在摊铺机中向两边滚动,造成离析,在全幅摊铺时更为明显。

(5)路面排水的影响。

进入路基路面的水如果没有排出,将滞留在路面结构中,引起路基路面的各种损坏,甚至是结构性破坏。因此,路基路面结构层内的排水设计对防止水损坏起着重要的作用。

(四)沥青路面水损坏的处治

(1)因水损害导致的裂缝、唧浆、松散、坑槽等病害可参照本项目相关内容介绍的方法处治,之后再采取预防性处治措施控制病害发展。

（2）对于水损坏严重的路段，或者水损坏已危及路面的结构强度与承载力时，或者路面结构内的积水无法排出时，要想根本解决问题，必须对路面进行大修，将水损坏影响的部位挖除，重新进行面层设计和施工，进行系统的防水与排水设计。在翻修过程中，分别从结构设计、防排水设计、材料、配合比设计、施工、日常维护、交通及环境等方面着手改进。

沥青路面水损坏的防治措施汇总在表8-9中。

沥青路面水损坏的防治措施   表8-9

影响因素	防治措施
结构设计	（1）采用合理的沥青路面结构设计，如尝试采用柔性基层或复合式基层沥青路面结构。 （2）控制半刚性基层强度，调整级配，提高抗冲刷能力，提高排水性能。 （3）适当增加沥青层厚度，使用上封层、下封层
防排水设计	（1）保证路表横坡度，确保排水畅通。 （2）保证路面结构层内部排水畅通，全线设置纵向渗水沟。 （3）做好中央分隔带封水，要求护栏柱安装提前并灌沥青堵缝。 （4）取消中央分隔带绿化，改为封闭方式。 （5）改封闭式路肩及边坡为开放式。 （6）保证边沟尺寸，防止边沟水倒灌
材料	（1）尽可能选择与沥青黏附性好的集料，但不要仅限于玄武岩；不使用酸性石料的石屑，其质量必须符合规范要求，减小含泥量，积极使用机制砂；矿粉必须是石灰岩矿粉。 （2）采用酸值较小的沥青，采用改性沥青，加强与集料的黏结；采用针入度较小的沥青。 （3）推广掺加消石灰或长期有效的抗剥落剂
配合比设计	（1）采用合理的配合比设计方法。 （2）严格控制设计空隙率，根据各结构层功能设计空隙率。 （3）科学看待构造深度指标。 （4）确保水稳定性检验指标合格
施工	（1）减小材料生产、运输、存放、使用过程中的离析。 （2）减小沥青混合料运输、摊铺过程的离析。 （3）避免施工中沥青混合料离析。 （4）优选轮胎式压路机搓揉碾压，提高密水性；防止片面追求平整度而人为减少碾压次数；确保压实层厚度与最大粒径相匹配。 （5）重点控制工艺，不"迷信"钻孔检测结果。 （6）努力改善沥青层与半刚性基层之间的层间黏结：改变乳化沥青透层油的喷洒时间；更换透层油品种，采用稀释沥青；按规范补充透层油深度要求，基层粒料＞10mm，半刚性基层不小于5mm；清除半刚性基层上的浮灰，使沥青层和基层连续的透层油起作用
日常维护	（1）及时发现初期损坏、失效的排水设施，立即采取措施，进行补救。 （2）发现有唧浆及小的局部网裂，立即挖补；发现有坑槽，采用冷补材料，加快补坑速度；发现路面开裂立即封缝（必要时扩缝）。 （3）对渗水严重的路段立即采用微表处全面封水
交通	大力整治超限超载车辆
环境	重视对水的整治，从设计、施工、养护各环节做好防、排水工作。 及时除掉积存的冰雪

五、沥青路面的其他常见病害处治

对沥青路面波浪拥包、沉陷、坑槽、松散、泛油等病害成因及处治分述如下。

(一)沥青路面波浪拥包的成因及处治

1. 路面波浪拥包的成因

产生路面波浪拥包(图8-58)的主要原因:路面设计强度、路面底基层及基层的施工质量、路面施工机械的选用及路面材料的质量等。

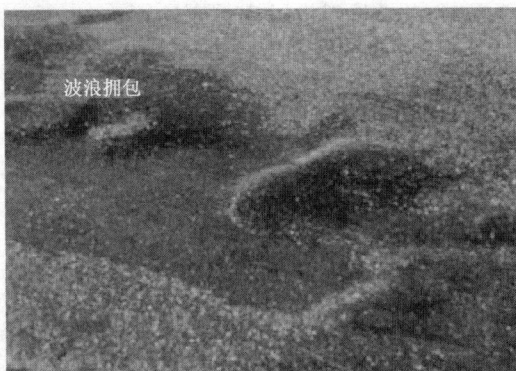

图 8-58　波浪拥包

(1)沥青混合料的配合比不合理、设计强度不足,难以抵抗行车水平荷载的作用。

(2)基层铺设的平整度不够,则无论怎样使面层摊铺平整,压实后也会因虚铺厚度不同,导致路面不平整。

(3)路基不均匀沉降,造成已铺筑路面出现坑洼。

(4)沥青混合料的拌和质量不符合要求,造成面层的不平整和波浪。

(5)路面摊铺机结构参数不稳定、行走装置打滑、摊铺机摊铺的速度快慢不匀、机械猛烈起步和紧急制动以及供料系统速度忽快忽慢都会造成面层的不平整和波浪。

(6)碾压工艺不合理造成的路面不平整。

(7)沥青面层中沥青含量过多、黏度和软化点偏低、矿料级配不良、细料偏多,致使面层材料自身的高温抗剪强度不足,在行车作用下产生拥包。

(8)基层局部含水率过高,水分滞留于基层,或基层浮土过多,或透层沥青洒布不符合要求等原因,都会影响面层和基层之间的结合,在行车水平力的作用下,使路面产生推移而形成局部不规则隆起的变形。

(9)由于基层局部强度不足或水稳性不好,使基层松软,在行车作用下形成局部拥包。

2. 处治措施

根据波浪拥包病害类型及产生原因,可采用局部铣刨、局部铣刨重铺、就地热再生、整体铣刨重铺等处治方式,重铺材料可采用热拌、冷拌或温拌沥青混合料、功能性罩面材料等。

因沥青面层引起不同程度的路面波浪拥包,可采用下列方法进行处治:

（1）在凹坑部位喷洒沥青，均匀撒布适当粒径的矿料，找平并压实。

（2）采用机械铣刨方法铣平波浪拥包的鼓起部分，必要时采用冷拌或温拌沥青混合料进行摊铺与压实。

（3）采用就地热再生进行处治。

（4）铣刨或挖除沥青面层，重铺沥青面层。

因沥青面层与基层之间存在不稳定的夹层引起的波浪拥包，应铣刨或挖除沥青面层，清除不稳定的夹层后，喷洒黏层沥青，重铺沥青面层。

因基层引起的路面波浪拥包，可采用下列方法进行处治：

①针对属于基层局部强度不足、稳定性差，局部松散等原因引起的波浪拥包，铣刨或挖除沥青面层，处治或重做基层后，重铺沥青面层。

②针对因基层局部积水使面层与基层层间结合不良、水稳性不好等原因引起的波浪拥包，铣刨或挖除沥青面层，晾晒干基层表面水分并增设排水盲沟，或清除基层用水稳定性较好的材料更换基层后，重铺沥青面层。

（二）沥青路面沉陷的成因及处治

1. 沉陷的成因

沉陷（图8-59）是路基、路面产生竖向变形而导致路面下沉的现象，通常有以下3种情况。

（1）均匀沉陷：由于路基、路面在自然因素和行车作用下，达到进一步密实和稳定引起的沉落，一般不会引起路面破坏。

（2）不均匀沉陷：由于路基、路面不密实，碾压不均匀，在水的侵蚀下，经行车作用引起的变形。

（3）局部沉陷：由于路基局部填筑不密实或路基有枯井、树坑、沟槽等，受到水的侵蚀而沉陷。

图8-59　沉陷

2. 处治措施

（1）因路基不均匀沉降而引起的局部路面沉陷，若土基和基层已经密实稳定，不再继续下沉,可只修补面层。此时应根据路面的破损状况,分别采取不同的处治措施。

①路面略有下沉,无破损或仅有少量轻微裂缝,可在沉陷处喷洒或涂刷黏层沥青,再用沥青混合料将沉陷部分填补到与原路面齐平并压实。

②因路基沉陷导致路面破损严重,矿料已松动、脱落形成坑槽的,应按照坑槽的维修方法予以处治。

(2)因土基或基层结构遭到破坏而引起路面沉陷,应参照有关要求处治好基层后再重新施作面层。

(3)桥涵台背因填土不实出现不均匀沉降的处治方法:

①对于台背填土密实度不够的,应重新压实处理,台背死角处的压实采用夯实机械。

②对含水率和孔隙比均较大的软基或含有机物质的黏性土层,宜采取换土处理,换土深度应视软层厚度而定。换填材料首先应选择强度高、透水性好的材料,如碎石土、卵砾土、中粗砂及强度较高的工业废渣,填料要求级配合理。

③在对台背填土重做压实处理的基础上,加设桥头搭板。

(三)沥青路面坑槽的成因及处治

1.坑槽的成因

坑槽(图8-60)是面层开裂后未及时养护而逐渐形成的,是龟裂和松散等水损坏进一步发展的结果。另外,基层局部强度不足,在行车作用下也易产生坑槽。

2.坑槽处治

(1)路面基层完好仅面层有坑槽时,可采用就地热修补、热料热补、冷料冷补等方式。

坑槽修补主要是针对坑槽、局部网裂、龟裂等病害的修补和加强,同时还可对局部沉陷、拥包及滑移裂缝等病害进行修补。通常沥青路面坑槽修补的施工工艺:测定破坏部分的范围和深度,按"圆洞方补"原则(图8-61),画出大致与路中心线平行或垂直的挖槽修补轮廓线(正方形或长方形)。槽坑应开凿到稳定部分,槽壁要垂直,并将槽底、槽壁清除干净,在干净的槽底、槽壁薄刷一层黏结沥青,随即填铺备好的沥青混合料;新填补部分应略高于原路面,待行车压实稳定后保持与原路面相平。

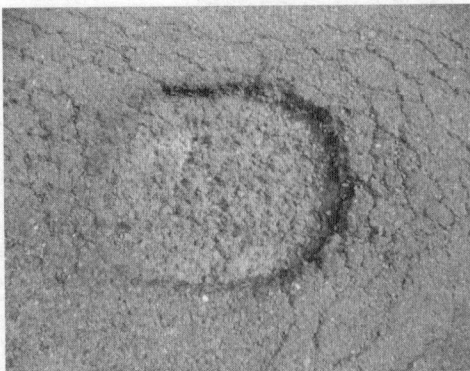

图8-60　坑槽"圆洞"

图8-61　坑槽"方补"

①坑槽就地热修补。

就地热修补工艺要求如下：

a. 采用热修补养护车等专用设备(图8-62),其适用于坑槽深度不大于6cm的路面。

a)沥青路面修补养护车

b)放下加热板

图8-62　热修补养护车

b. 按路面坑槽修补轮廓线(图8-63、图8-64),将加热板调整到合适的位置,加热沥青面层(图8-65、图8-66)至可耙松的状态。

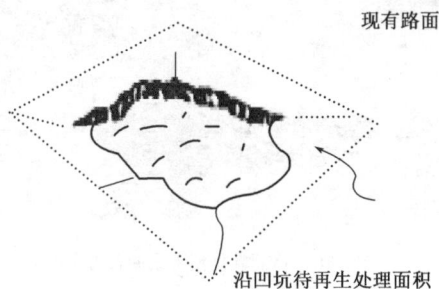

现有路面

沿凹坑待再生处理面积

图8-63　路面坑槽修补轮廓线

图8-64　确定坑槽修补区

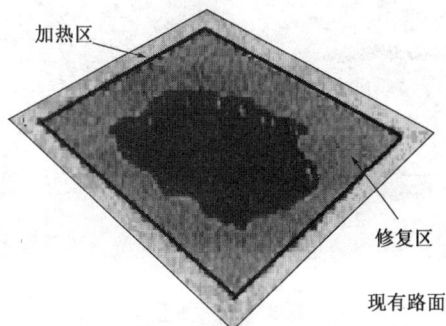

加热区

修复区

现有路面

图8-65　路面坑槽修补加热区

图8-66　现场坑槽修补加热区

c.将加热的沥青面层耙松(图8-67、图8-68)、切边,并铲除不可利用的旧沥青混合料,坑槽表面和周围喷洒乳化沥青等黏结材料(图8-69),加入新的热料(图8-70),并充分摊铺、整平(图8-71、图8-72)。

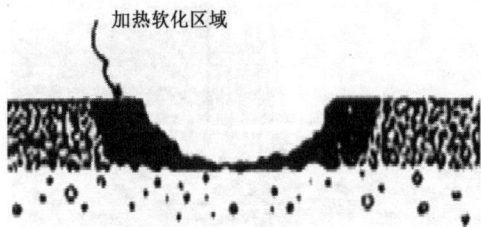

图8-67 加热软化图示

图8-68 将加热的沥青面层耙松

图8-69 加入新的热料

图8-70 喷洒乳化沥青或沥青再生剂

图8-71 耙子整平

图8-72 整平

d.用压路机由边部向中间反复压实,使其达到要求的压实度(图8-73、图8-74)。

图8-73　压实

图8-74　由边部向中间反复压实

e.压实完成后,新修补路面喷洒适量乳化沥青(图8-75)。

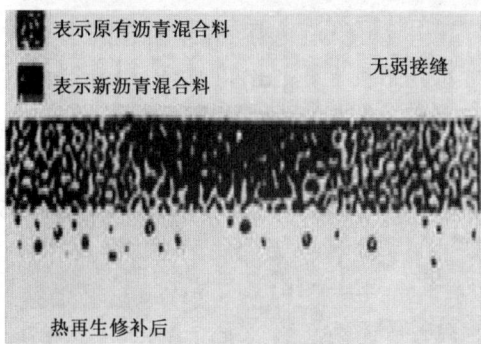

■表示原有沥青混合料

■表示新沥青混合料

无弱接缝

热再生修补后

a)沥青路面修补后示意图

b)现场修补效果

图8-75　修复效果

f. 坑槽就地热修补原材料、沥青混合料及施工技术要求应符合现行《公路沥青路面再生技术规范》(JTG/T 5521)的有关规定。

②坑槽热料热补。

坑槽热料热补工艺,其要求如下:

a. 沿坑槽修补轮廓线切割(图8-76、图8-77)开挖或铣刨至坑底的不渗水稳定处,其深度不得小于坑槽的最大深度,坑槽较深时应按原沥青面层分层开挖,层间形成阶梯搭接,搭接宽度不小于20cm。

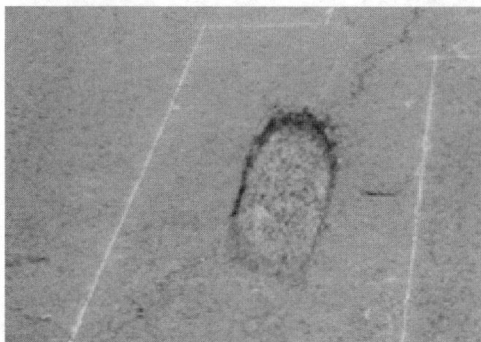

图8-76　坑槽修补轮廓线

图8-77　坑槽修补轮廓线切割

　　b.清理掉路面坑槽内的松散沥青混合料(图8-78),达到底部平整、坚实,壁面与公路平面垂直,坑槽底面和壁面清洁、完全干燥、无松散料的要求(图8-79)。

图8-78　清理坑槽内的松散沥青混合料

图8-79　坑槽底面和壁面清洁

　　c.路面坑槽底面和壁面喷洒、涂覆乳化沥青等黏结材料(图8-80),黏结材料应具有较高的黏结性、黏附性、弹性和延展性。

　　d.采用专用设备对热料进行保温加热,并按开凿的层次分层填入热料(图8-81),逐层整平(图8-82)、压实(图8-83),保证修补质量。修复后也可对周边做封边处理(图8-84、图8-85)。

图8-80　坑槽底面和壁面涂覆黏结材料

图8-81　坑槽填入热料

图8-82　整平

图8-83　压实

图 8-84　封边

图 8-85　修补后清扫

e.坑槽热料热补原材料、沥青混合料及施工技术要求应符合现行《公路沥青路面施工技术规范》(JTG F40)的有关规定。

③坑槽冷料冷补。

坑槽冷料冷补工艺如下:

a.确定坑槽需要的修补区域并标记轮廓线(图 8-86、图 8-87),并沿坑槽修补轮廓线进行开挖,清理掉坑槽内的松散沥青混合料,路面坑槽底面和壁面喷洒、涂覆乳化沥青等黏结材料(图 8-88)。

图 8-86　量测坑槽确定需要的修补区域

图 8-87　标记轮廓线

b.向坑槽内填入冷补材料(图 8-89),并摊铺、整平均匀,保证坑槽周边材料充足,采用平板夯(图 8-90)、夯锤或振动式压路机进行压实,使其达到要求的压实度。修复后也可对周边做封边处理(图 8-91)。

(2)对交通量较小的路段,在低温寒冷或阴雨连绵的季节,无法采用常规方法,也无条件采用合适的材料补坑槽时,为防止坑槽面积的扩大,可采取临时性措施,对坑槽予以处治,待天气好转后再按规范要求重新修补。

(3)若因基层结构组成不良,如含泥多、含水率过大或基层局部强度不足等,使基层破坏而形成坑槽,应先处治基层,再修复面层。

图 8-88 涂覆黏结材料

图 8-89 填入冷补材料

图 8-90 平板夯压实(从边部往中间碾压)

图 8-91 采用自粘式贴缝胶封边

(四)沥青路面松散的成因及处治

1.松散的成因

松散(图8-92)产生的原因主要是使用的沥青稠度偏低、用量偏少、黏结力差,或沥青加热时温度过高,与矿料黏附力不足,矿料级配偏粗、过湿,嵌缝料不规格,或在低温、雨季施工等,均可使粒料脱落形成松散。基层或土基湿软变形,也可导致松散。

2.松散的处治

松散的处治时机应根据松散病害类型、严重程度及原因合理确定,并采取可行的技术措施。

图 8-92　松散

因施工不良造成的路面麻面松散,可将路面上已松动的矿料收集起来,将残留在麻面松散层上的浮料清扫干净,喷洒沥青用量为 $0.8 \sim 1.0 \mathrm{kg/m^2}$ 的封层油,再按用量 $5 \sim 8\mathrm{m^3}/1000\mathrm{m^2}$ 撒布 $3 \sim 5\mathrm{mm}$ 粒径的碎石或粗砂,用轻型压路机压实。也可将路面麻面松散部分进行铣刨重铺,或采用就地热再生进行处治。

因沥青老化造成的路面麻面松散,可采取封层养护措施进行处治,也可采用就地热再生进行处治,还可采用铣刨或挖除松散部分后重铺沥青面层。

对因沥青与酸性石料间的黏附性不良而造成的路面松散,可铣刨或挖除松散部分,重铺沥青面层,其矿料不宜使用酸性石料。在缺乏碱性石料的地区,应在沥青中掺入抗剥离剂、增黏剂或使用干燥的消石灰、水泥等表面活性物质作为填料的一部分,或采用石灰浆处理粗集料等抗剥离措施。

(五) 沥青路面泛油的成因及处治

1. 泛油的成因

主要是沥青面层沥青用量过大、稠度太低、热稳定性差等原因引起,或者高温时下层黏结料上溢等都易引起泛油。

2. 处治措施

根据泛油的程度,选择不同的方法进行处治。

(1) 只有轻微泛油的路段,可撒 $3 \sim 5\mathrm{mm}$ 粒径的石屑或粗砂,并采用压路机或行车碾压。

(2) 出现重度泛油,未发生沥青的迁移现象时,下列方法进行处治:

①可采用先撒布 $5 \sim 10\mathrm{mm}$ 粒径的碎石,后采用压路机碾压,待稳定后,再撒布 $3 \sim 5\mathrm{mm}$ 粒径的碎石或粗砂,并采用压路机或行车碾压。

②先撒布 $10 \sim 15\mathrm{mm}$ 粒径或更大粒径的碎石,然后采用压路机强力碾压,待稳定后,再撒布 $5 \sim 10\mathrm{mm}$ 或 $3 \sim 5\mathrm{mm}$ 粒径的碎石,采用压路机或行车碾压。

③将路面表面 $1 \sim 2\mathrm{cm}$ 的富油沥青层铣刨后,铺筑 $1 \sim 2\mathrm{cm}$ 的微表处、超薄罩面或薄层罩面。

(3) 因沥青面层的沥青用量偏高、矿料级配偏细或混合料空隙率偏低引起的路面泛油,可采用碎石封层、就地热再生、铣刨泛油面层后重铺等方式。

（4）因沥青混合料水稳定性不良、空隙率偏大引起的沥青向上迁移型泛油,而沥青中、下面层的沥青含量低,混合料处于松散状态,存在结构性破坏时,可采用铣刨沥青面层、重新铺筑的处治方式。

（5）处治泛油病害应注意以下事项:

①处治时间选择在泛油路段已出现全面泛油的高温季节。

②撒料应顺行车方向,先粗后细;做到少撒、薄撒、匀撒,无堆积,无空白。

③禁止使用含有粉粒的细料。

④引导行车碾压,使所撒石料均匀压入路面。

⑤在行车碾压过程中,应及时将飞散的粒料扫回,待泛油稳定后,将多余浮动的石料清扫并回收。

六、沥青路面预防性养护技术

预防性养护是在公路还未发生损坏前或产生轻微病害尚未破损前,采取前瞻性、预见性的手段和有效的养护措施,把公路病害及造成病害的因素发现在先、处治在前,防止病害发展的一种措施。路面预防性养护是针对路面整体性能良好但有轻微病害,为延缓性能过快衰减、延长使用寿命（表8-10）而预先采取的主动防护措施。预防性养护措施应用条件见表8-11。

预防性养护措施预期使用寿命　　　　　　表8-10

措施	含砂雾封层	稀浆封层	微表处	碎石封层	纤维封层	复合封层	超薄磨耗层	薄层罩面
时间（年）	2	2~3	2~3	2~3	2~3	3~4	3~4	3~5

预防性养护措施应用条件　　　　　　表8-11

公路等级	交通荷载等级	预防性养护措施							
		含砂雾封层	稀浆封层	微表处	碎石封层	纤维封层	复合封层	超薄磨耗层	薄层罩面
高速公路及一级公路	重及以上	△	×	★	×	×	★	★	★
	中及以下	★	×	★	△	△	★	★	★
二级公路及以下	重及以上	△	△	★	△	△	★	★	★
	中及以下	★	★	★	★	★	★	★	★

注:★-推荐;△-谨慎推荐;×-不推荐。

（一）含砂雾封层

含砂雾封层是采用专用高压喷洒设备将由乳化沥青基或煤焦油基材料、陶土、聚合物添加剂、细砂组成的混合料,喷洒在沥青路面上形成的封层。

含砂雾封层适用于表面有松散麻面、渗水沥青老化且抗滑性能较好的沥青路面,但不适用于由酸性岩石、鹅卵石等破碎集料铺筑的沥青路面,其适用的各等级公路路况水平应符合表8-12的规定。

含砂雾封层适用的各等级公路路况水平 表8-12

路况指数	高速公路	一级公路及二级公路	三级公路及四级公路
PCI、RQI、RDI	≥90	≥88	≥85
SRI	≥75	≥70	—

含砂雾封层具有预防养护措施的一般特点和功能作用以及工程实施达到的要求,通过添加各类功能性材料,还具有降低路面表面温度、延缓沥青老化、冬季路面抗凝冰、吸收净化汽车尾气等功能。由于酸性岩石、鹅卵石等破碎集料铺筑的沥青路面,集料与沥青黏附性不好,含砂雾封层实施后能起到填充微裂缝、封闭微空隙、防止渗水等作用,但无法很好黏结在路面表面上,通车后极易被汽车轮胎磨掉,路面表观效果不好,因此,不适用于由酸性岩石、鹅卵石等破碎集料铺筑的沥青路面。

1. 含砂雾封层材料应符合以下规定

(1)含砂雾封层胶结料可采用乳化沥青基或煤焦油基,并掺入聚合物、矿物等成分的黏结性材料,具有良好的还原、渗透和抗老化性能,且具有与砂良好的黏附性。

(2)含砂雾封层细粒砂可采用石英砂、金刚砂或机制砂。机制砂宜采用专用的制砂机制造,并选用优质的玄武岩生产,细粒砂的细度应为30～50目。

(3)含砂雾封层施工时可掺入一定比例的水,并符合三类及三类以上水质标准。

(4)含砂雾封层可掺入具有路面夏季降温、冬季融冰功能的添加材料,其掺入不应对含砂雾封层材料性能产生不利影响,未经试验验证的添加材料不得使用。

(5)对含砂雾封层混合料组成应进行设计,并按规范的试验方法进行使用性能检验。

2. 含砂雾封层混合料的洒布量要求

含砂雾封层混合料的洒布量应根据原路面技术状况表面致密程度、粗糙度大小、路面渗水、松散麻面情况合理确定,并应符合下列规定:

(1)表面致密、轻微渗水、轻度松散麻面的路面,可减少含砂雾封层混合料的洒布量,并采用单层洒布,其洒布量应为 $0.9 \sim 12 kg/m^2$。

(2)表面粗糙、较重渗水、空隙率较大、重度松散麻面且贫油的路面,应增加含砂雾封层混合料的洒布量,并采用双层洒布,其洒布量应为 $1.2 \sim 1.8 kg/m^2$。其中,第一层洒布量为 $0.7 \sim 1.0 kg/m^2$,第二层洒布量为 $0.5 \sim 0.8 kg/m^2$。

3. 含砂雾封层洒布施工要求

含砂雾封层应采用专用的洒布设备喷洒并在喷洒时保持稳定的速度和洒布量,保证洒布宽度喷洒均匀,并应符合下列规定:

(1)洒布设备的喷嘴适用于喷洒材料的稠度,确保呈雾状,与洒油管保持15°～25°的夹角,洒油管的高度应使同一地点接受2～3个喷油嘴的喷洒,不得出现花白条或条状现象,也不得有堆积。

(2)对于喷洒不足处应补洒,喷洒过量处应予以清除。洒布车不易到达的部位,可采用人工喷洒。

(3)含砂雾封层喷洒的起点和终点位置宜预铺油毛毡,保证边缘整齐。为避免污染标线,应在施工前对道路人工构造物、路缘石、标线等外露部分做防污染遮盖,不得在气温低于10℃、雨天、路面潮湿情况下施工。

4.含砂雾封层施工质量检验和养护

含砂雾封层施工中应对其混合料和现场施工质量进行抽样检测,检测频率、质量要求及检测方法应符合表8-13的规定。

含砂雾封层施工过程控制要求 表8-13

检测项目	检测频率	质量要求或允许偏差	检测方法
稳定性(%)	1次/车	≤15	《公路沥青路面养护技术规范》(JTG 5142—2019)附录B.4
耐磨性(g/m²)	1次/3个工作日	≤600	《公路沥青路面养护技术规范》(JTG 5142—2019)附录B.5
外观	全线连续	表面喷洒均匀,无积聚	目测
洒布量(kg/m²)	1次/工作日	±0.1	T 0982

含砂雾封层的养护时间应根据材料的品种和气候条件确定,未干燥成型前严禁车辆和行人通行,待干燥后方可开放交通。

含砂雾封层施工的工程验收标准应符合表8-14的规定。

含砂雾封层施工的工程验收标准 表8-14

检测项目	检测频率	质量要求或允许偏差	检测方法
渗水系数(mL/min)	5个点/km	≤10	T 0971
摆值 F_b(BPN)	5个点/km	不低于原路面	摆式仪:T 0964
构造深度 TD	5个点/km	$(TD_{施工前} - TD_{施工后})/TD_{施工前} ≤20\%$	T 0961
宽度(mm)	5个点/km	不小于设计值	钢卷尺法

(二)稀浆封层

稀浆封层采用专用设备将乳化沥青、粗细集料、填料、水和添加剂等,按设计配合比拌和成稀浆混合料摊铺到沥青路面上形成的封层。

稀浆封层技术既可用于旧路面维修,也可用于新路面养护,对于砂石路面可以作为防尘措施,还可用于路面下封层和桥面防水层。稀浆封层设备如图8-93所示。稀浆封层适用于二级及二级以下公路沥青路面,其适用的各等级公路路况水平应符合表8-15的规定。

稀浆封层适用的各等级公路路况水平 表8-15

路况指数	二级公路	三级公路及四级公路
PCI、RQI、RDI	≥85	≥80

1.稀浆封层材料应符合下列规定

(1)稀浆封层可采用乳化沥青,其技术指标应符合规定。

(2)稀浆封层矿料可采用不同规格的粗细集料、矿粉等掺配而成。粗集料应选择坚硬、粗糙、耐磨、洁净的集料,细集料宜采用碱性石料生产的机制砂,其技术指标应满足规定。

图 8-93　稀浆封层车

（3）稀浆封层填料可采用矿粉、水泥、消石灰等，应干燥、疏松，无结团，并符合现行《公路沥青路面施工技术规范》（JTG F40）的有关规定。

（4）稀浆封层添加剂可采用无机盐类添加剂、有机类添加剂等，添加剂的掺入不得对混合料性能产生不利影响，未经试验验证的添加剂不得在施工中采用。

（5）稀浆封层施工时可掺入一定比例的水，并符合三类及三类以上水质标准。

（6）稀浆封层混合料类型应根据使用要求、原路面状况、初洒量、气候条件等因素选择，并进行混合料配合比设计、路用性能试验和设计参数的测试，根据试验结果确定混合料配合比。

稀浆封层填料的掺加量通过混合料设计试验确定，矿粉的主要作用是改善矿料级配，水泥、消石灰等具有化学活性的填料的主要作用是调整稀浆混合料的可拌和时间、成浆状态和成型速度等。添加剂的种类与添加量通过混合料设计试验确定，其主要作用是调节稀浆混合料的可拌和时间、破乳速度、成型与开放交通时间等施工性能，并在一定程度上改变混合料的路用性能。

（7）按矿料粒径的不同，稀浆封层混合料可分为 ES-1 型、ES-2 型和 ES-3 型。ES-3 型稀浆封层适用于二级公路沥青路面预防养护和新建、改扩建公路沥青路面下封层。ES-2 型稀浆封层适用于二级公路及二级以下公路沥青路面预防性养护和新建、改扩建公路沥青路面下封层。ES-1 型稀浆封层适用于三级公路及四级公路沥青路面预防性养护。稀浆封层混合料的矿料级配范围应符合表 8-16 的规定。

稀浆封层混合料的矿料级配范围　　　　　　　　　　表 8-16

级配类型	通过下列筛孔（mm）的质量百分率（%）							
	9.5	4.75	2.36	1.18	0.6	0.3	0.15	0.075
ES-1		100	90～100	65～90	40～65	25～42	15～30	10～20
ES-2	100	90～100	65～90	45～70	30～50	18～30	10～21	5～15
ES-3	100	70～90	45～70	28～50	19～34	12～25	7～18	5～15
波动范围	—	±5	±5	±5	±5	±4	±3	±2

注：填料计入矿料级配。

稀浆封层混合料的使用性能应符合表 8-17 的规定。

稀浆封层混合料的使用性能要求　　　　　　　　　　表 8-17

检测指标		单　位	使用性能要求		试验方法
			快开放交通型	快开放交通型	
可拌和时间(25℃)，不小于		s	120	180	T 0757
黏聚力试验，不小于	30min(初凝时间)	N·m	1.2	—	T 0754
	60min(开放交通时间)		2.0[a]	—	
负荷车轮黏附砂量，不小于		g/m²	450[b]		T 0755
浸水 1h 湿轮磨耗，不小于		g/m²	800		T 0752

注：[a] 至少为初级成型。
　　[b] 用于轻交通量公路沥青路面预防养护时，可不作黏附砂量指标要求。

2.稀浆封层施工机械

稀浆封层的主要施工机械是稀浆封层机，它能自行行走，可装载原材料，能够连续拌和与摊铺。稀浆封层机主要由储料仓、搅拌箱、摊铺箱组成。

3.稀浆封层施工工艺

稀浆封层的施工气温不得低于 10℃，路面温度和气温均在 7℃以上并继续上升，允许施工。施工后 24h 内可能产生冻结，不得施工。严禁在雨天施工，摊铺后未成型混合料遇雨，应在雨后及时进行检查，如有局部轻度损坏，待路面干硬后，采用人工修补；如损坏较严重，应在路面强度较低的情况下，将雨前摊铺层铲除，重新摊铺。

（1）基本要求

稀浆封层现场施工应满足下面几个基本要求。

①严格筛选和控制原材料质量，必须符合现行有关技术规定。

②稀浆封层机工作状态良好，计量控制准确可靠，混合料拌和均匀，摊铺平整。

③配备技术熟练的操作人员，建立原材料筛选、配比试验、机具标定及操作控制等一系列严格自检制度。

（2）施工要点

①设备标定。

稀浆封层摊铺机在施工之前应使用施工用料对各种材料的输出速度予以标定，以便使摊铺机能够按试验室确定的配合比摊铺。通常在施工用料不改变时可每年标定一次，当某种材料发生改变时应使用新材料重新标定。

②下承层的准备。

修补缺陷：下承层的严重缺陷在正式施工前应予以修补，如大的裂缝要进行灌缝封闭，坑槽需要补平。

清洁下承层表面：对于下承层的尘土、树叶、树枝等杂物应清洗干净，否则会造成稀浆封层脱皮。

洒布黏层油：有条件时，在下承层上洒布少量黏层油(乳化沥青 0.3L/m²)以便于黏结。

③摊铺。

稀浆封层应采用稀浆封层车作业方式，摊铺时应拌和充分、摊铺均匀、速度稳定，宜采用自卸车供料,乳化沥青、水、添加剂等可采用专用罐车,保证供料及时和连续生产。

稀浆封层已摊铺的稀浆混合料不应有过量的水分和乳化沥青,也不应发生乳化沥青与集料分离的现象。摊铺专用机械不能到达的地方,应用人工刮封层,且应确保表面平整,保持与摊铺效果相同,如图8-94、图8-95所示。

图8-94　稀浆封层车摊铺

图8-95　稀浆封层摊铺时局部人工找平

稀浆封层两幅的纵缝搭接宽度不宜大于80mm,宜设置在车道线处,横向接缝宜做成对接缝,用3m直尺测量接缝处的不平整度不应大于6mm。

④养护。

养护成型期内严禁车辆和行人进入。为加快开放交通时间,可在稀浆混合料初凝后使用轮胎压路机碾压。经养护和初期交通碾压稳定的稀浆封层,在行车作用下应不飞散且完全密水。

(3)稀浆封层质量要求

稀浆封层铺筑后不得有超粒径料拖拉的严重划痕,横向接缝和纵向接缝处不得出现余料堆积或缺料现象。表面应平整、密实,无松散、无轮迹;纵、横缝衔接应平顺,外观颜色均匀一致;与其他构造衔接应平顺,无污染;摊铺范围之外无流出的稀浆混合料;表面粗糙,无光滑现象。稀浆封层摊铺效果、稀浆封层施工完成后微观构造分别如图8-96、图8-97所示。

图8-96　稀浆封层摊铺效果

图8-97　稀浆封层施工完成后微观构造

稀浆封层施工中应对稀浆混合料和现场质量进行抽样检测,检测项目、检测频率、质量要求及检测方法应符合表8-18的规定。

稀浆封层施工过程控制要求   表8-18

检测项目	检测频率	质量要求或允许偏差	检测方法
稠度	1次/100m	适中	经验法
沥青用量	1次/工作日	施工配合比的沥青用量±0.2%	T 0722,总量检验法
矿料级配	1次/工作日	满足施工配合比的矿料级配要求a	T 0725,总量检验法
浸水1h湿轮磨耗	1次/7个工作日	≤800g/m²	T 0752
外观	全线连续	表面平整、均匀、无离析、无划痕	目测
横向接缝	每条	对接、平顺	目测
边线	全线连续	任一30m长度范围内的水平波动不得超过±50mm	目测或用尺量

注:a矿料级配满足施工配合比的矿料级配要求,是指矿料级配不超出相应级配类型要求的各种孔通过率的上下限,且以施工配合比的矿料级配为基准,实际级配中各筛孔通过率不超过表8-16规定的允许波动范围。

稀浆封层施工的工程验收标准应符合表8-19的规定。

稀浆封层施工的工程验收标准   表8-19

检测项目		检测频率	质量要求或允许偏差	检测方法
厚度(mm)	均值	5个断面/km	不小于设计值	T 0912,每个断面挖坑3点
	合格值		设计厚度–10%	
渗水系数(mL/min)		5个点/km	≤10	T 0971
纵向接缝高度		全线连续	≤6	3m直尺法
摆值F_b(BPN)		5个点/km	符合设计要求	摆式仪:T 0964
构造深度TD		5个点/km	符合设计要求	T 0961
宽度(mm)		5个点/km	不小于设计值	钢卷尺法

(三)微表处

微表处是指采用专用设备将改性乳化沥青、粗细集料、填料、水和添加剂等,按设计配合比拌成稀浆混合料摊铺到沥青路面上,并形成很快开放交通的具有高抗滑和耐久性能的封层。微表处效果、微表处施工完成后微观构造分别如图8-98、图8-99所示。

图8-98 微表处效果

图8-99 微表处施工完成后微观构造

1. 一般规定

（1）微表处适用于二级及二级以上公路，需要改善抗滑等使用性能的沥青路面，其适用的各等级公路路况水平应符合表 8-20 的规定。

微表处适用的各等级公路路况水平　　　　　　表 8-20

路况指数	高速公路	一级公路及二级公路
PCI、RQI	≥85	≥80

（2）微表处材料应符合下列规定：

①微表处应采用阳离子型改性乳化沥青，改性剂剂量（改性剂有效成分占纯沥青的质量百分比）不宜小于 3%，其技术指标应符合规定。

②微表处矿料可采用不同规格的粗细集料、矿粉等掺配而成。粗集料应选择坚硬、粗糙、耐磨、洁净的集料。细集料宜采用碱性石料生产的机制砂，其技术指标应满足规定。

③微表处填料可采用矿粉、水泥、消石灰等，应干燥、疏松、无结团，并符合《公路沥青路面施工技术规范》（JTG F40—2004）的有关规定。

④微表处添加剂可采用无机盐类添加剂、有机类添加剂等。添加剂的掺入不得对混合料性能产生不利影响，未经试验验证的添加剂不得在施工中采用。

⑤掺入微表处的纤维类型可选用玻璃纤维、聚酯纤维、矿物纤维或玄武岩纤维，状态为卷轴式纤维盘，长度为 6mm、8mm 或 12mm。

⑥同步微表处黏层材料应采用符合《公路沥青路面施工技术规范》（JTG F40—2004）规定的改性乳化沥青，其蒸发残留物含量不应小于 62%。

⑦微表处施工时可掺入一定比例的水，并符合三类及三类以上水质标准。

（3）微表处混合料类型应根据使用要求、原路面状况、交通量、气候条件等因素选择，并进行混合料配合比设计、路用性能试验和设计参数的测试，根据试验结果确定混合料配合比。

（4）按矿料粒径的不同，微表处混合料可分为 MS-2 型和 MS-3 型。MS-3 型微表处适用于高速公路及一级公路沥青路面预防性养护。MS-2 型微表处适用于中等交通量高速公路、一级公路及二级公路沥青路面预防性养护。微表处混合料的矿料级配范围应符合表 8-21 规定。

微表处混合料的矿料级配范围　　　　　　表 8-21

级配类型	通过下列筛孔（mm）的质量百分率（%）							
	9.5	4.75	2.36	1.18	0.6	0.3	0.15	0.075
MS-2	100	90～100	65～90	45～70	30～50	18～30	10～21	5～15
MS-3	100	70～90	45～70	28～50	19～34	12～25	7～18	5～15
波动范围	—	±5	±5	±5	±5	±4	±3	±2

注：填料计入矿料级配。

（5）用于车辙填补的微表处混合料配合比设计，其矿料级配宜在 MS-3 型级配范围的中值和下限之间，并符合表 8-22 的规定。

微表处车辙填补的矿料级配范围 表8-22

级配类型	通过下列筛孔(mm)的质量百分率(%)							
	9.5	4.75	2.36	1.18	0.6	0.3	0.15	0.075
车辙填补	100	70~80	45~58	28~39	19~27	12~19	7~13	5~8
波动范围	—	±5	±5	±5	±5	±4	±3	±2

（6）微表处混合料的使用性能应符合表8-23的规定,微表处施工前应由具有丰富设计经验的试验室进行验证性复核,并出具复核报告。

微表处混合料的使用性能要求 表8-23

检测指标		单位	使用性能要求	试验方法
可拌和时间(25℃),不小于		s	120	T 0757
黏聚力试验,不小于	30min(初凝时间)	N·m	1.2	T 0754
	60min(开放交通时间)		2.0[a]	
负荷车轮黏附砂量,不小于		g/m²	450[b]	T 0755
浸水1h湿轮磨耗,不小于		g/m²	540	T 0752
浸水6h湿轮磨耗,不小于		g/m²	800	T 0752
轮辙变形试验的宽度变化率[c],不大于		%	5	T 0756
配伍性等级值[d],不小于		—	11	T 0758

注：[a] 至少为初级成型。

[b] 用于轻交通量公路沥青路面预防养护时,可不作黏附砂量指标要求。

[c] 不用于车辙填充的微表处混合料,不作轮辙变形试验的要求。

[d] 配伍性等级指标作为参考指标使用。

（7）微表处混合料可掺入其质量1‰~3‰的纤维,经微表处混合料的配合比试验确定纤维掺量。

（8）微表处应采用专用摊铺机摊铺,微表处摊铺机的拌和箱应为大功率双轴强制搅拌器,摊铺箱应带有两排布料器,摊铺机应具有精确计量系统并可记录或显示矿料改性乳化沥青等的用量。

（9）掺入纤维的微表处应采用同步微表处摊铺机进行黏层喷洒、纤维切割添加和微表处摊铺的同步施工方法。当原路面表面光滑时,宜采用同步微表处摊铺机进行黏层喷洒和微表处摊铺的同步施工方法。过于光滑的原路面表面可采用拉毛处理,保证微表处与原路面黏结良好而不脱落。

（10）微表处施工环境要求以及拌和、摊铺供料、人工找补纵横缝搭接、养护等工艺应按有关规定执行。

（11）深度不大于15mm的不规则车辙或轻度车辙,可按要求一次全宽刮平摊铺;深度为15~30mm的车辙填补应采用专用的V形摊铺箱,并按两层进行摊铺,宜在第一层摊铺完开放交通24h后进行第二层摊铺。

微表处施工中应对稀浆混合料和现场质量进行抽样检测。检测项目、检测频率、质量要求及检测方法应符合表 8-24 的规定。

微表处施工过程控制要求 表 8-24

检测项目	检测频率	质量要求或允许偏差	检测方法
稠度	1 次/100m	适中	经验法
沥青用量	1 次/工作日	施工配合比的沥青用量 ±0.2%	T 0722,总量检验法
矿料级配	1 次/工作日	满足施工配合比的矿料级配要求	T 0725,总量检验法
浸水 1h 湿轮磨耗	1 次/7 个工作日	≤540g/m²	T 0752
外观	全线连续	表面平整、均匀、无离析、无划痕	目测
横向接缝	每条	对接、平顺	目测
边线	全线连续	任一 30m 长度范围内的水平波动不得超过 ±50mm	目测或用尺量

微表处施工的工程验收标准应符合表 8-25 的规定。

微表处施工的工程验收标准 表 8-25

检测项目		检测频率	质量要求或允许偏差	检测方法
厚度（mm）	均值	5 个段面/km	不小于设计值	T 0912,每个断面挖坑 3 点
	合格值		设计厚度 -10%	
渗水系数（mL/min）		5 个点/km	≤10	T 0971
纵向接缝高差（mm）		全线连续	≤6	3m 直尺法
抗滑性能ª	摆值 F_b（BPN）	5 个点/km	≥45	摆式仪：T 0964
	横向力系数	连续检测	≥54	T 0965 或 T 0967
	构造深度 TD（mm）	5 个点/km	≥0.6	T 0961
宽度（mm）		5 个点/km	不小于设计值	钢卷尺法

注：ª抗滑性能仅针对高速公路及一级公路要求,横向力系数由建设单位确定是否检测。

2. 微表处施工

（1）微表处施工前准备工作

微表处施工前准备工作包括施工现场勘测、施工环境调查、拟定具体的技术质量管理措施及办法。

原路面必须有充足的结构强度。原路面整体结构强度不足的,不应采取微表处;原路面结构强度不足的,必须根据具体情况选择合适的方法进行补强。

原路面宽度大于 5mm 的裂缝应进行灌缝处理。原路面坑槽、松散等局部破损应彻底控补。

微表处路段的全部表面,采用机械清扫,事先将所有松动的材料、泥块以及其他障碍性物质加以清除。

原路面的拥包等隆起型病害应事先进行处理。路面热熔类标线宜须先清除。

(2)材料的准备

为了保证实际所用的材料及材料的配比与试验室相符,在施工前应进行评估。

①矿料:

a. 矿料必须过筛,超大粒径颗粒,以免超粒径石料给拌和、摊铺带来不利影响。

b. 对筛后的矿料进行质量检查,检查内容主要包括级配、砂当量、含水率、干密度等,检测的结果必须符合规范要求,与试验室的试验结果一致。尤其注意含水率的现场检测,因为矿料的含水率对矿料单位体积的质量影响很大。

c. 注意矿料的堆放,矿料需堆放在经过铺装且清净的地面上,这样能避免过筛和上料时混入泥土。

②改性乳化沥青技术要求。应对改性乳化沥青的动稳定性有充分考虑与认识,保持每24h进行一次搅拌或翻滚循环;对使用前的改性乳化沥青进行筛上剩余量检测,同时进行颗粒分析试验,当检测结果符合要求后方可使用。

③水。施工拌和时的外加水采用可饮用水,不得使用盐水、工业废水、生活废水及含泥土的水。

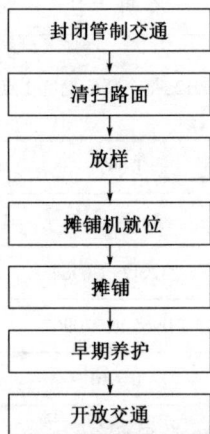

```
┌─────────────┐
│  封闭管制交通  │
└──────┬──────┘
       │
┌──────┴──────┐
│   清扫路面    │
└──────┬──────┘
       │
┌──────┴──────┐
│    放样      │
└──────┬──────┘
       │
┌──────┴──────┐
│  摊铺机就位   │
└──────┬──────┘
       │
┌──────┴──────┐
│    摊铺      │
└──────┬──────┘
       │
┌──────┴──────┐
│   早期养护    │
└──────┬──────┘
       │
┌──────┴──────┐
│   开放交通    │
└─────────────┘
```

图 8-100 微表处施工流程图

(3)施工机具和基本要求

微表处应采用专用机械施工,主要包括微表处摊铺机、摊铺槽等。

①摊铺机应保证混合料拌和均匀、匀速施工。

②摊铺槽应带有两排布料器,摊铺机应具有精确计量系统并可记录或显示矿料、改性乳化沥青等用量。

③当微表处混合料用于修补车辙时,应配有专用的 V 形车辙摊铺槽。

(4)施工基本要点

微表处施工流程如图 8-100 所示。

①施工前路面准备。

在进行微表处施工前,必须把路面上所有遗留的材料、泥土、杂草等有害物质清除干净。如果用水冲洗路面,则要等所有的路面裂缝完全干燥。

如果原路面光滑、松散或是水泥路面,可以采用洒黏层油的方法,其他情况下一般不要求洒布黏层油。

②预湿水。

使用搅拌箱前的喷水管将路面进行预先湿润,喷水量可根据当天施工期间的气温、湿度、表面纹理和干燥情况进行调节。

天气过于干燥炎热时,对原路面进行预洒水,有利于稀浆对原路面的牢固黏结。稀浆封层机都带有预洒水设备,只需摊铺时打开即可。对于无洒水系统的摊铺机或人工摊铺,可采取其他方式洒水,但应避免洒水过多,量的控制以路面无积水为宜,洒水后可立即摊铺。

③启动前,摊铺箱中必须有一定量的混合料,而且稠度适当、分布均匀,封层机才能匀速

前进。

每天工作结束后必须清洁摊铺箱,不应有漏浆现象,其侧面应安装橡胶板,以使侧面保持整洁。摊铺箱的拖动应保持平稳无振动,机器的速度应一致,不能忽快忽慢。

摊铺的速度应根据路面的状况进行调整。在铺较薄的封层时,摊铺速度对封层的影响更加显著。摊铺速度主要取决于两大因素:一是集料的级配;二是原路面的表面纹理。

微表处摊铺厚度的控制也是微表处施工中重要的一个环节,不合理的厚度会减少微表处的寿命。

④避免出现过大颗粒及细料凝块。

石料中难免会有超径的颗粒,这些颗粒有可能会卡住搅拌轴,引起机械故障,更有可能卡在橡胶刮板下面,形成纵向划痕。

矿料受潮时会产生细料凝块,特别是对于砂当量较低的矿料。这种凝块也容易造成纵向划痕,有时也可能在摊铺箱下压碎,给封层表面留下一条松散的浅色痕迹,通车后这条痕迹很容易跑散而形成一条凹槽。为避免这种现象,应将装入矿料箱的矿料过筛。

⑤做好接缝处理。

在纵向或横向接缝上不允许出现接缝不平、局部漏铺或过厚,纵向接缝尽可能设置在车道标线上,并尽可能减少纵向接缝。

⑥在拌和与摊铺过程当中,混合料不得出现水分过多现象和离析现象,任何情况下都不能在摊铺过程当中直接向摊铺箱内注水。

⑦在摊铺箱不能到达的地方必须采用人工施工,通过人工用橡胶辊碾压封层达到均匀和平整。

有些路段不适于机械摊铺,须通过人工摊铺来完成,这些地段的摊铺可以用胶滚来完成。人工摊铺的原则是越少越好,人工摊铺的稀浆越多,发生的离析也越多。

⑧固化成型前禁止一切车辆驶入,行人不得踏入,严格管制交通。

微表处施工完后需要一个成型养护的过程。混合料在达到初始凝固前应禁止一切行人和车辆上路,特别是微表处在达到初凝后仍需一段养护的时间才会逐渐硬化到可支承车辆碾压的程度,因而开放交通的时间应比初凝时间更长一些,在此期间应禁止车辆通行,以免留下车轮的痕迹。开放交通的时间将根据现场温度、风速等情况来确定。

(四)碎石封层

1. 一般规定

碎石封层是指采用专用设备将沥青胶结料、碎石同步或异步洒(撒)布在沥青路面上形成的封层。

(1)碎石封层适用于二级及二级以下公路需要改善抗滑等使用性能的沥青路面,其适用的各等级公路路况水平应符合表8-26的规定,也可用作各等级公路加铺功能性罩面、结构性补强、桥隧沥青铺装、水泥混凝土路面沥青铺装等需要起到应力吸收作用的黏结防水层。

碎石封层适用的各等级公路路况水平　　　　　　表 8-26

路 况 指 数	二 级 公 路	三级公路及四级公路
PCI、RQI、RDI	≥80	≥75

(2)碎石封层材料应符合下列规定:

①碎石封层胶结料可采用(改性)乳化沥青、热沥青等,用于预防养护的乳化沥青蒸发残留物含量不应小于55%,改性乳化沥青蒸发残留物含量不应小于60%,其他指标和用作黏结防水层的技术指标应符合《公路沥青路面施工技术规范》(JTG F40—2004)的有关规定。

②碎石封层应选择坚硬耐磨的玄武岩、辉绿岩、石灰岩等岩石破碎而成的单一粒径碎石,其最小粒径与最大粒径之比应为0.6~0.7,压碎值不应大于20%,针片状颗粒含量不应大于10%,其他技术指标应符合《公路沥青路面施工技术规范》(JTG F40—2004)的有关规定。

(3)按碎石粒径的不同,碎石封层可分为砂粒式、细粒式和中粒式三类,其对应的碎石规格最大粒径不应大于5mm、10mm和15mm。按施工层数的不同,碎石封层可分为单层式和双层式两种,其中双层式碎石封层应采用嵌挤式结构。

(4)碎石封层的碎石用量和胶结料用量应根据原路面的表面状况、交通量、施工经验、施工季节等,并结合碎石粒径和施工层数进行确定。

2.碎石封层的作用

(1)增加路面抗滑性,提高行驶安全程度;

(2)提高路面防水性,减少路面水损害;

(3)防止下层路面氧化、老化和磨耗;

(4)赋予干燥风化路面以新生命;

(5)对小型裂缝及不完整部分进行填封;

(6)改善路面纹理结构;

(7)成本低且快速更新路面。

3.碎石封层的施工工艺

(1)路表面状况调查——对路面进行处理;

(2)路面清扫——提高沥青与路面的黏结;

(3)改性沥青洒布——沥青的温度应控制在65~85℃(图8-101);

(4)集料撒布——集料撒布车与沥青洒布车的间隔应不超过45m(图8-102);

(5)碾压——对路面进行碾压,将该层压实度控制在30%以下,碾压应在集料撒布后5min内完成(图8-103);

(6)路面清扫——避免通车后表面石料飞散;

(7)接缝处理——平顺一致,不出现集料堆积或露白现象;

(8)开放交通——施工24h后方能开放交通,若交通控制较困难,在新铺筑路面通行时应控制车速不大于40km/h。

4.质量检查标准

碎石封层施工过程控制要求见表8-27。

图 8-101　改性沥青洒布

图 8-102　集料撒布

图 8-103　轮胎压路机碾压

碎石封层施工过程控制要求　　　　　　　　　　　　　　　　表 8-27

检测项目	检测频率	质量要求或允许偏差	检测方法
外观	全线连续	胶结料无明显堆积、流淌或漏洒，碎石无堆积、漏撒	目测
胶结料洒布量(kg/m²)	1 次/工作日	设计值 ±0.2	T 0982,总量检验法
胶结料洒布温度	1 次/工作日	符合设计要求	温度计量测法
碎石撒布量(kg/m²)	1 次/工作日	设计值 ±0.5	T 0982,总量检验法

碎石封层施工的工程验收标准应符合表 8-28 的规定。

碎石封层施工的工程验收标准　　　　　　　　　　　　　　　表 8-28

检测项目	检测频率	质量要求或允许偏差	检测方法
碎石剥落率 P	5 个点/km	≤10%	《公路沥青路面养护技术规范》(JTG 5142—2019)附录 C.1
碎石覆盖率 Q	5 个点/km	90% ±10%(预防养护) 80% ±10%(黏结防水层)	《公路沥青路面养护技术规范》(JTG 5142—2019)附录 C.2
构造深度 TD(mm)	5 个点/km	≥0.80	T 0961
宽度(mm)	5 个点/km	不小于设计值	钢卷尺法

（五）纤维封层

纤维封层是指采用专用设备在沥青路面上同步洒（撒）布一层改性乳化沥青、纤维和一层改性乳化沥青，之后撒布碎石形成的封层。

纤维碎石封层具有独特的网络缠绕结构，由于纤维本身具有抗拉伸强度高的特性，有效地提高了封层的抗拉、抗剪、抗压和抗冲击强度。纤维封层的独特结构，对应力具有较强的吸收和分散功能，能够有效地抑制反射裂缝出现，从而提高道路的使用年限。

（1）纤维封层适用于二级及二级以下公路，需要改善抗滑等使用性能的沥青路面，其适用的各等级公路路况水平应符合表8-29的规定；也可用作各等级公路加铺功能性罩面、结构性补强、桥隧沥青铺装、水泥混凝土路面沥青铺装等需要起到应力吸收作用的黏结防水层。

纤维封层适用的各等级公路路况水平　　　　　　　　　表8-29

路况指数	二级公路	三级及四级公路
PCI、RQI、RDI	≥80	≥75

（2）纤维封层材料应符合下列规定：

①纤维封层胶结料应采用改性乳化沥青，其蒸发残留物含量不应小于60%，其他指标应符合《公路沥青路面施工技术规范》（JTG F40—2004）的有关规定。

②纤维封层用纤维应具有高抗拉性能和高弹性模量，其类型可采用玻璃纤维、矿物纤维或玄武岩纤维，纤维长度宜为6cm，状态宜为卷轴式纤维盘。

③纤维封层应选择坚硬耐磨的玄武岩、辉绿岩等岩石破碎而成的单一粒径碎石，并应按有关规定进行碎石预裹覆处理。

（3）纤维封层的碎石用量、胶结料用量和纤维用量应根据原路面的表面状况、交通量、施工经验、施工季节等，结合碎石粒径和封层类型确定。

（4）纤维封层施工前，应彻底清除原路面的泥土、杂物并保持相对干燥，坑槽、裂缝等严重病害的路面应进行修补，如路面整体强度不足时应进行补强。

（5）纤维封层专用设备洒布改性乳化沥青施工后，紧接着撒布碎石层，碎石撒布完成后应及时使用轮胎压路机进行碾压，压路机的行驶速度不宜超过3km/h。

（6）对于纤维封层，应待改性乳化沥青破乳水分蒸发并基本成型后方可通车，并做好纤维封层的初期养护，在通车初期应设置限速设施控制行车，限制行车速度不得超过20km/h。

（7）纤维封层施工中应对其现场质量进行抽样检测，检测项目、检测频率，质量要求及检测方法应符合表8-30的规定。

纤维封层施工过程控制要求　　　　　　　　　表8-30

检测项目	检测频率	质量要求或允许偏差	检测方法
外观	全线连续	改性乳化沥青无明显堆积、流淌或漏洒，纤维无明显堆积，交错与搭接均匀；碎石无明显堆积、漏撒	目测
胶结料洒布量（kg/m²）	1次/工作日	设计值±0.2	T 0982，总量检验法
纤维撒布量（g/m²）	1次/工作日	设计值±5	总量检验法
碎石撒布量（kg/m²）	1次/工作日	设计值±0.5	T 0982，总量检验法

纤维封层施工的工程验收标准应符合表 8-31 的规定。

纤维封层施工的工程验收标准 表 8-31

检测项目	检测频率	质量要求或允许偏差	检测方法
碎石剥落率 P	5 个点/km	≤10%	《公路沥青路面养护技术规范》（JTG 5142—2019）附录 C.1
碎石覆盖率 Q	5 个点/km	90% ±10%（预防养护） 80% ±10%（黏结防水层）	《公路沥青路面养护技术规范》（JTG 5142—2019）附录 C.2
构造深度 TD(mm)	5 个点/km	≥0.80	T 0961
宽度(mm)	5 个点/km	不小于设计值	钢卷尺法

（六）复合封层

复合封层是指由碎石封层或纤维封层和微表处，或由碎石封层和稀浆封层组合而成的封层。

（1）复合封层适用于各等级公路需要改善抗滑等使用性能的沥青路面。碎石封层或纤维封层和微表处适用于二级及二级以上公路，碎石封层和稀浆封层适用于二级及二级以下公路，其适用的各等级公路路况水平应符合表 8-32 的规定。

复合封层适用的各等级公路路况水平 表 8-32

路况指数	高速公路	一级及二级公路	三级及四级公路
PCI、RQI、RDI	≥80	≥75	≥70

（2）复合封层的原材料技术要求应符合有关规定。

（3）复合封层的配合比设计与使用性能检验应符合有关规定。

（4）复合封层的施工与质量检验应分别符合碎石封层、纤维封层和微表处稀浆封层的有关规定。

（5）复合封层施工的工程验收标准应符合表 8-33 的规定。

复合封层施工的工程验收标准 表 8-33

检测项目		检测频率	质量要求或允许偏差	检测方法
厚度(mm)	均值	5 个断面/km	不小于设计值	T 0912，每个断面挖坑 3 点
	合格值		设计厚度 −10%	
渗水系数(mL/min)		5 个点/km	≤10	T 0971
纵向接缝高差(mm)		全线连续	≤6	3m 直尺法
抗滑性能	摆值 F_b（BPN）	5 个点/km	符合设计要求	摆式仪：T 0964
	横向力系数	连续检测		T 0965 或 T 0967
	构造深度 TD(mm)	5 个点/km		T 0961
宽度(mm)		5 个点/km	不小于设计值	钢卷尺法

注：横向力系数由建设单位确定是否检测。

(七)超薄层罩面

超薄磨耗层(图8-104)是一种具有较大构造深度、抗滑性能好的磨耗层,适用于路面较平整、辙槽深度小于10mm、无结构性破坏的公路,为提高表面层服务功能的养护维修措施,也适用于新建公路的磨耗层。超薄磨耗层一般厚度为20mm左右,混合料宜由断级配矿料、改性沥青或其他添加剂构成,可提高超薄磨耗层的水稳定性。按薄沥青混凝土面层的厚度,可将其分为三种,即薄沥青混凝土面层(厚度25~30mm)、很薄沥青混凝土面层(厚度20~25mm)、超薄沥青混凝土面层(厚度15~20mm)。

图8-104 超薄磨耗层罩面

(1)超薄罩面适用于预防或部分修复病害,需要改善抗滑等使用性能的沥青路面,其适用的各等级公路路况水平应符合表8-34的规定。

超薄罩面适用的各等级公路路况水平   表8-34

路 况 指 数	高 速 公 路	一级公路及二级公路	三级公路及四级公路
PCI、RQI	≥85	≥80	≥75
RDI	≥80	≥75	≥70

(2)超薄罩面宜采用热拌沥青混凝土,也可采用温拌或冷拌沥青混合料进行铺筑,其材料应符合下列规定:

①沥青胶结料可采用高黏度改性沥青、橡胶改性沥青、温拌或冷拌改性沥青。铺筑厚度不大于1.5cm的超薄罩面宜采用60℃动力黏度不小于100kPa·s的高黏度改性沥青;橡胶改性沥青技术指标应符合规定;温拌或冷拌改性沥青应经试验验证并符合相关产品标准。

②粗集料、细集料和填料技术指标应符合《公路沥青路面施工技术规范》(JTG F40—2004)的有关规定。其中,粗集料应采用质地坚硬、表面粗糙、形状接近立方体的玄武岩或辉绿岩加工而成,具有良好的耐磨耗与磨光性能;细集料应采用石灰岩或岩浆岩中的强基性岩石经制砂机破碎得到的机制砂,与沥青有良好的黏结能力;填料应采用石灰岩或岩浆岩中的强基性岩石经磨细得到的矿粉,保证洁净、干燥,能自由地从矿粉仓中流出。

（3）超薄罩面铺筑前，应在原路面表面喷洒一层黏层油，其材料可采用高黏度改性乳化沥青或不粘轮改性乳化沥青，具有良好的黏结性能和抗水损特性。高黏度改性乳化沥青技术指标应符合规定，不粘轮改性乳化沥青应经试验验证并符合相关产品标准。

（4）超薄罩面沥青混合料的矿料级配类型及组成结构可采用骨架-空隙型级配（CPA）、骨架—密实型级配（SMA）和密实-悬浮型级配（AC）。CPA 矿料级配公称最大粒径可选用与铺筑厚度相匹配的 7.2mm（CPA-7）或 9.5mm（CPA-10），其矿料级配范围宜符合表 8-35 的规定。

CPA-7/10 矿料级配范围 表 8-35

级配类型	通过下列筛孔（mm）的质量百分率（%）									
	13.2	9.5	7.2	4.75	2.36	1.18	0.6	0.3	0.15	0.075
CPA-7	—	100	55～100	15～40	12～35	11～19	8～15	3～12	3～9	2～7
CPA-10	100	85～100	—	18～43	12～35	11～19	8～15	3～12	3～9	2～7

SMA-10 和 AC-10 矿料级配范围应符合《公路沥青路面施工技术规范》（JTG F40—2004）的有关规定，SMA-5 和 AC-5 矿料级配范围宜符合表 8-36 的规定。

SMA-5 和 AC-5 矿料级配范围 表 8-36

级配类型	通过下列筛孔（mm）的质量百分率（%）							
	9.5	4.75	2.36	1.18	0.6	0.3	0.15	0.075
SMA-5	100	90～100	35～65	22～36	18～28	15～22	13～18	9～15
AC-5	100	90～100	50～70	35～55	20～40	12～18	7～18	5～9

（5）超薄罩面沥青混合料配合比设计宜按目标配合比、生产配合比和试拌试铺验证三个阶段进行，确定其矿料级配及最佳沥青用量，并按规定对 CPA-7/10 矿料级配类型的沥青混合料进行性能试验验证，其他矿料级配类型的沥青混合料应按《公路沥青路面施工技术规范》（JTG F40—2004）的有关规定进行性能试验验证。

（6）超薄罩面施工工艺可分为同步超薄罩面和异步超薄罩面。CPA-7/10 矿料级配类型应采用同步超薄罩面施工工艺，保证黏层与超薄罩面层用同一台施工设备同步喷洒和摊铺；对于其他矿料级配类型，宜采用同步超薄罩面施工工艺，也可采用异步超薄罩面施工工艺。

（7）超薄罩面的施工工艺、设备要求与质量控制应按《公路沥青路面施工技术规范》（JTG F40—2004）的有关规定执行，同步超薄罩面还应符合下列规定：

①间歇式拌和机每盘的生产周期应适当延长 5～10s，沥青混合料的储存时间不宜超过 6h。

②黏层改性乳化沥青喷洒温度应为 50～80℃，同步施工黏层改性乳化沥青喷洒温度不应小于 80℃，热沥青混合料摊铺在改性乳化沥青喷洒的表面上。

③碾压应在沥青混合料温度下降至 90℃之前完成，碾压过程中使用 11～13t 双钢轮压路机静压 2～3 遍，严禁使用轮胎压路机。

④纵向接缝宜为冷接缝，摊铺宽度宜为一个车道，纵向接缝宜位于标线处。

（8）同步超薄罩面应采用专用同步洒布摊铺设备进行铺筑，施工设备应包含受料斗、传送带、带加热功能的乳化沥青储罐、智能喷洒系统、宽度可调节的振动熨平板等，可一次同步实施乳化沥青喷洒、混合料摊铺及熨平,乳化沥青喷洒与混合料摊铺时间间隔不应超过5s。

(9)超薄罩面施工的工程验收标准应符合表8-37的规定。

超薄罩面施工的工程验收标准

表8-37

检测项目		检测频率	质量要求或允许偏差		检测方法
			高速公路及一级公路	其他等级公路	
平整度	σ(mm)	连续检测	≤1.5	≤2.5	T 0932 或 T 0934
	IRI(m/km)		≤2.5	≤4.2	
厚度(mm)	均值	5个点/km	不小于设计值		T 0912,每个断面挖坑3点
	合格值		设计厚度 −10%		
渗水系数(mL/min)		5个点/km	符合设计要求		T 0971
抗滑性能	摆值 F_b(BPN)	5个点/km	≥45	符合设计要求	摆式仪:T 0964
	横向力系数		≥54		T 0965 或 T 0967
	构造深度 TD(mm)		≥0.60		T 0961
宽度(mm)		5个点/km	不小于设计值		钢卷尺法

(八)薄层罩面

薄层罩面也是一种很早采用的传统预防性养护方法,它是在原有路面上加铺一层厚度不超过5cm的热沥青混合料,薄层罩面可以有效防止路面病害继续恶化,改善其平整度,恢复抗滑阻力,校正路面的轮廓,对路面也有一定的补强作用,但在多数情况下费用-效益比其他预防性养护方法差。薄层罩面在施工中最大的困难是由于层面较薄、容易冷却又不宜使用振动压路机,因而不易达到较高的密实度。

(1)薄层罩面适用于预防或修复病害,需要改善抗滑等使用性能的沥青路面,其适用的各等级公路路况水平应符合表8-38的规定。

薄层罩面适用的各等级公路路况水平

表8-38

路况指数	高速公路	一级公路及二级公路	三级公路及四级公路
PCI、RQI	≥80	≥75	≥70
RDI	≥75	≥70	≥65

(2)薄层罩面宜采用热拌沥青混凝土,也可采用温拌或冷拌沥青混合料进行铺筑,其材料应符合下列规定:

①沥青胶结料应采用高黏度改性沥青、SBS改性沥青、橡胶改性沥青或温拌改性沥青。

②粗集料、细集料和填料的技术指标应符合有关规定。

(3)薄层罩面铺筑前,可在原路面表面喷洒一层黏层油,也可在原路面表面铺筑碎石封层或纤维封层。

(4)宜根据所在路段的公路等级、路面技术状况、交通量、使用功能等因素,设计碎石封层或纤维封层＋薄层罩面结构组合与厚度,并应符合表8-39的规定。

碎石封层或纤维封层＋薄层罩面结构组合与厚度　　　表8-39

使 用 条 件	碎石封层或纤维封层厚度（cm）	薄层罩面厚度（cm）
路面技术状况指数、行驶质量指数在中、良等级、交通量较大、重型车较多的路段	1.2～1.5	2.5～3.5
路面技术状况指数、行驶质量指数在中、良等级、中等交通量的路段	0.7～1.2	2.5～3
路面技术状况指数、行驶质量指数在中、良等级、交通量小、重型车少的路段	0.5～0.8	2.5～3

(5)薄层罩面沥青混合料的矿料级配类型及组成结构可采用骨架-空隙排水型级配（BPA）、骨架-密实型级配（SMA）和密实-悬浮型级配（AC）,其公称最大粒径可选用与铺筑厚度相匹配的9.5mm（10型）或13.2mm（13型）。BPA-10/13矿料级配范围宜符合表8-40的规定,SMA-10/13和AC-10/13矿料级配范围应符合《公路沥青路面施工技术规范》（JTG F40—2004）的有关规定。

BPA-10/13矿料级配范围　　　表8-40

级 配 类 型	通过下列筛孔（mm）的质量百分率（%）									
	16.0	13.2	9.5	4.75	2.36	1.18	0.6	0.3	0.15	0.075
BPA-10	—	100	80～100	25～40	22～35	13～25	9～19	7～14	5～11	3～7
BPA-13	100	80～100	60～80	25～40	22～35	13～25	9～19	7～14	5～11	3～7

(6)薄层罩面沥青混合料配合比设计宜按目标配合比、生产配合比和试拌试铺验证三个阶段进行,确定其矿料级配及最佳沥青用量,并应符合下列规定:

①沥青混合料配合比设计宜采用马歇尔成型方法,按规定对BPA-10/13矿料级配类型的沥青混合料进行性能试验验证。

②其他矿料级配类型的沥青混合料应按《公路沥青路面施工技术规范》（JTG F40—2004）的有关规定进行性能试验验证。

(7)薄层罩面施工工艺可分为同步薄层罩面和异步薄层罩面。BPA-10/13矿料级配类型宜采用同步薄层罩面施工工艺,保证黏层与薄层罩面层用同一台施工设备同步喷洒和摊铺,也可采用异步薄层罩面施工工艺;对于其他矿料级配类型,可采用同步薄层罩面或异步薄层罩面施工工艺。采用铺筑碎石封层或纤维封层应力吸收层时,应采用异步薄层罩面施工工艺。

(8)层间黏层材料可采用高黏度改性乳化沥青或不粘轮改性乳化沥青,其技术指标应符合有关规定。

(9)层间应力吸收层可采用碎石封层或纤维封层。

任务8-4 认知沥青路面再生

知识目标

掌握沥青路面再生方法;熟悉沥青路面再生的工艺特点及关键工序。

能力目标

能依据沥青路面再生技术特点,合理选择沥青路面再生方法。

一、沥青路面再生概念及分类

沥青路面在养护和改扩建施工时产生大量废旧材料(图8-105、图8-106),将这些旧料再生,既减轻了环境污染,又减少了材料消耗,是实现公路交通运输可持续发展的迫切需要。

图8-105 铣刨沥青混合料

图8-106 废旧沥青混合料

(一)沥青路面再生概念

沥青路面再生是采用沥青路面再生设备,将一定比例的新集料、再生结合料、沥青再生剂等新材料与沥青混合料回收料、无机回收料等进行拌和,并经摊铺、压实,形成路面结构层。

(二)沥青路面再生技术分类

路面再生的种类很多,按再生形成的层位不同可分为再生面层、再生基层和再生底基层;按再生方式的不同可分为热再生和冷再生;按拌和地点的不同可分为现场再生和厂拌再生。因此,沥青路面再生方式分为厂拌热再生、就地热再生、厂拌冷再生、就地冷再生和全深式冷再生5种。各种再生方式的主要区别见表8-41。

各种再生方式的主要区别 表 8-41

再生方式	拌和场所		拌和温度		再生涉及层位			结合料类型		
	路面现场	拌和厂	加热	常温	沥青层	非沥青层	沥青层+非沥青层	沥青、沥青再生剂	乳化沥青或泡沫沥青	无机结合料
厂拌热再生		√	√		√			√		
就地热再生	√		√		√			√		
厂拌冷再生		√		√	√	√			√	√
就地冷再生	√			√	√				√	
全深式冷再生	√			√	√	√	√		√	√

注:使用乳化沥青或泡沫沥青作为结合料时,可同时添加水泥等无机结合料。

二、厂拌热再生技术

(一)厂拌热再生技术概念

厂拌热再生技术是在拌和厂(图8-107、图8-108)将沥青混合料回收料(RAP)破碎、筛分后,以一定的比例与新矿料、新沥青、沥青再生剂等加热拌和为混合料,然后铺筑形成沥青路面的技术,其适用范围见表8-42。

图 8-107 沥青厂拌热再生一体设备

厂拌热再生技术适用范围 表 8-42

公 路 等 级	再生层的结构层位				
	表面层	中面层	下面层	基层	底基层
高速公路、一级公路	可使用	宜使用			—
二级公路	可使用	宜使用			—
三级、四级公路	宜使用				—

注:表中"—"表示不存在这种情况。

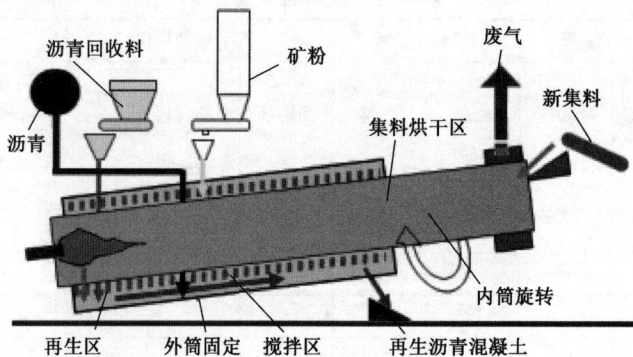

图 8-108　沥青厂拌热再生设备(双滚筒沥青混合料再生设备)图示

(二)厂拌热再生技术的优点

(1)再生混合料的性能与传统的混合料性能相同或比其更优,可用于沥青路面的表层。

(2)再生沥青路面可以重复使用旧沥青路面材料,减少新材料的用量,节约自然资源,减少废料处理问题并降低相关费用,具有较高的经济性。

(3)可以用来修正原沥青路面的设计问题,使其性能优化,且可修复路表面绝大多数的破坏,如松散、泛油、集料磨光、车辙和裂缝等。

(4)通过添加新的集料、沥青或添加剂,来改善原混合料的级配和沥青问题,可以在厚度不变或变化较小的情况下改善路面结构。

(5)可以维持原路面的线形和高程不变。

(6)再生热拌沥青混合料的运输、摊铺、碾压设备及施工工艺与传统的热拌沥青混合料基本相同,只需要对现有的机械设备做较小的改进,即可满足现有的环保要求。

(三)厂拌热再生技术的局限性

(1)一般的厂拌热再生混合料中回收的沥青混合料用量较少,仅为混合料总量的10%~30%。

(2)厂拌热再生混合料产量和生产效率受沥青混合料用量的影响。

(3)厂拌热再生施工对交通的干扰较大。

(4)混合料运输的费用较高。

(5)厂拌热再生混合料的摊铺温度比传统的热拌沥青混合料略低,这主要是为了避免出现拌和楼中混合料加热温度过高的现象。由于厂拌热再生混合料的出料温度略低,再生混合料比一般混合料硬,因此可供碾压的时间略有减少。

三、就地热再生技术

(一)就地热再生技术概念

就地热再生(图8-109)就是采用专用设备对沥青路面就地进行加热、翻松,掺加一定数量的新沥青、新沥青混合料、沥青再生剂等,经热态拌和、摊铺、碾压等工序,实现旧沥青路面面层再生的技术。

图 8-109　就地热再生

就地热再生工作原理如图 8-110 所示。加热翻松工艺是将原表面以下 25mm 的沥青路面翻开,使之再生,并使路面最终成型。而重新铺面,则将路表面以下 25mm 的路面进行循环利用,加入再生剂以改进沥青黏度,然后在再生后的面层上摊铺一层薄罩面。重新拌和是将新材料与回收的材料一起在拌和锅中拌和均匀,然后将混合料摊铺为磨耗层。这些方法中的翻松过程有时用铣刨来代替。

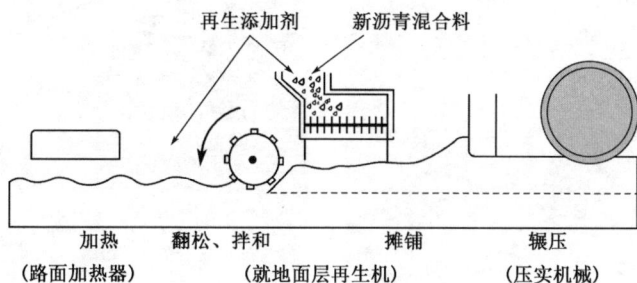

图 8-110　就地热再生工作原理示意图

就地热再生技术分为两种,即复拌再生和加铺再生。

1. 复拌再生

复拌再生机(图 8-111)的工作原理如图 8-112 所示。复拌再生是将旧沥青路面清扫(图 8-113、图 8-114)、加热(图 8-115 ~ 图 8-117)、翻松(图 8-118、图 8-119)、就地掺加一定数量的沥青再生剂(图 8-120)、新沥青混合料(图 8-121)、新沥青(需要时),经热态拌和(图 8-122)、摊铺(图 8-123)、压实成型(图 8-124)。

2. 加铺再生

将旧沥青路面清扫、加热、翻松,就地掺加一定数量的沥青再生剂、新沥青(需要时),拌和形成再生沥青混合料,利用再生复拌机的第一熨平板摊铺再生沥青混合料,利用再生复拌机的第二熨平板同时将新沥青混合料摊铺在再生混合料之上,两层一起压实成型。

图 8-111　复拌再生机

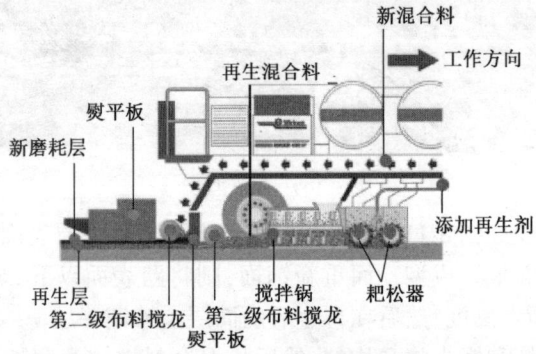

图 8-112　再生装置工作原理图示

图 8-113　铣刨标线材料

图 8-114　清扫

图 8-115　路面加热机

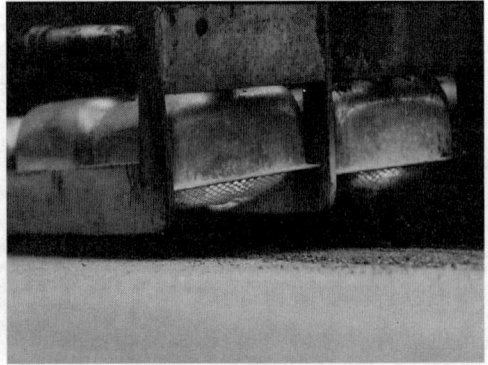

图 8-116　旧路面加热

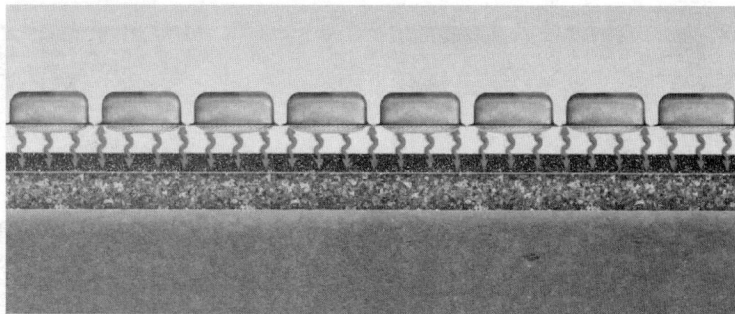

图 8-117　路面加热图示

图 8-118　翻松装置

图 8-119　翻松

图 8-120　掺加沥青再生剂

图 8-121　掺加新沥青混合料

图 8-122　拌和形成再生沥青混合料

图8-123　再生沥青混合料摊铺

图8-124　再生沥青混合料碾压

就地热再生技术适用范围见表8-43。

就地热再生技术适用范围 表8-43

公 路 等 级	再生层的结构层位				
	表面层	中面层	下面层	基层	底基层
高速公路、一级公路	宜使用		可使用	—	—
二级公路	宜使用			—	—
三级、四级公路	不应使用			—	

注:表中"—"表示不存在这种情况。

(二)就地热再生技术的优点

就地热再生技术可用于修复大多数路面破坏,甚至包括由路面沥青混合料组成缺陷而引起的破坏。与其他修复方法相比,用就地热再生技术修复路面,不会改变排水、路缘石、下水道、人行通道、路肩及其他结构物。

就地热再生技术仅限于路面有足够承载力时使用,只对表面厚25~50mm的路面进行再生。结构承载力不足的道路此方法不适用,除非设计中考虑了强度要求。

(三)就地热再生技术的局限性

旧路有明显基层破坏、不规则的频繁修补,以及需对排水进行较大改进时,本方法不适用。适用于就地热再生的道路,沥青面层至少应厚75mm,过薄的沥青面层容易使基层被翻松齿轮产生的横向剪切应力撕开、打散。如果表面开裂已到达基层,本方法不适用,因为再生后裂缝还会重新出现。

(1)仅适用于基层完好且旧路有足够承载力的沥青路面再生。

(2)加热沥青面层的深度一般不超过5cm。

(3)施工容易受气候的影响,寒冷季节一般不宜施工。

(4)在现场加热时,很容易出现表层沥青焦化而里层沥青还未软化的现象。

四、厂拌冷再生技术

(一)厂拌冷再生技术概念

厂拌冷再生是将沥青混合料回收料(RAP)或者无机回收料(RAI)破碎、筛分后,以一定比例与新矿料、再生结合料、水等在常温下拌和为混合料,然后铺筑形成沥青路面的技术。

厂拌冷再生工艺流程为:

铣刨(图8-125)、破碎、筛分、拌和(图8-126)、装料运输(图8-127)、摊铺(图8-128)、碾压(图8-129)、养护(图8-130)。

图8-125　铣刨

图8-126　拌和

图8-127　装料运输

图8-128　摊铺

若回收的是半刚性基层材料,采用水泥与回收的半刚性基层旧料和新集料在常温下拌和成混合料,用作基层或底基层。其施工工艺同半刚性基层材料的施工工艺。

若回收的是沥青面层材料,采用乳化沥青与旧料和新集料在常温下拌和成混合料,用作高等级公路的下面层、基层或底基层,或用作一般公路的面层或基层。

对冷拌再生材料进行试验非常重要;可以使用多种冷再生剂或乳化沥青将旧沥青胶结料的性能恢复至接近原有状态;将回收材料研磨成适宜的尺寸,然后通过试验确定适量的添加剂,再摊铺、碾压到要求的密度,表面再以热沥青薄层罩面、表面处治层等罩面。

图 8-129　碾压

图 8-130　养护

厂拌冷再生技术适用范围见表 8-44 和表 8-45。

乳化沥青及泡沫沥青厂拌冷再生技术适用范围　　表 8-44

公 路 等 级	再生层的结构层位				
	表面层	中面层	下面层	基层	底基层
高速公路、一级公路	不应使用	可使用	宜使用		—
二级公路	不应使用	宜使用			—
三级、四级公路	宜使用				

无机结合料厂拌冷再生技术适用范围　　表 8-45

公 路 等 级	再生层的结构层位				
	表面层	中面层	下面层	基层	底基层
高速公路、一级公路	不应使用			可使用	宜使用
二级公路	不应使用			宜使用	—
三级、四级公路	—			宜使用	

注:表中"—"表示不存在这种情况。

(二) 厂拌冷再生技术的优点

厂拌冷再生技术可以有效解决旧料废弃和环境污染问题,具有以下优点:

(1)修复面层和基层的病害。

(2)对反射裂缝和行驶质量低等病害的修复效果良好。

(3)可改善路面几何线形和修复任何类型的裂缝。

(4)在不改变路面横向、纵向几何特征的情况下可显著改善路面病害。

工程实践中常在厂拌冷再生路面上加铺一层热拌沥青混合料,既可防止厂拌冷再生路面发生水损害,又可以分散交通荷载。

(三)厂拌冷再生技术的局限性

冷再生需要较高的生产率,对混合料级配控制较严格。

(1)需要相对温暖、干燥的施工条件,气候条件要求高。

(2)再生后路面水稳定性差,易受水分的侵蚀和剥落。

(3)维修路面等级一般比较低。

五、就地冷再生技术

(一)就地冷再生技术概念

就地冷再生技术是采用专用设备(图8-131、图8-132)对沥青层进行就地铣刨(图8-133),掺入一定数量的新矿料、再生结合料、水,经过常温拌和(图8-134、图8-135)、摊铺(图8-136、图8-137)、压实(图8-138)、养护(图8-139)等工序,实现旧沥青路面再生的技术。就地冷再生技术适用范围见表8-46。

图8-131 冷再生设备

图8-132 就地冷再生作业车队

图8-133 就地冷再生技术采用专用设备铣刨

图 8-134　拌和混合料进入提升机

图 8-135　拌和混合料通过提升机送入摊铺机料斗

图 8-136　混合料摊铺

图 8-137　摊铺后局部修整

图 8-138　碾压

图 8-139　养护

就地冷再生技术适用范围　　　　　　　　　表 8-46

公 路 等 级	再生层的结构层位				
	表面层	中面层	下面层	基层	底基层
高速公路、一级公路	不应使用		宜使用		—
二级公路	不应使用	可使用		宜使用	—
三级、四级公路	宜使用				

　　采用就地冷再生技术可以使路面恢复所需的线形、断面,不但可以消除原路面的车辙、不规则和不平整的区域,还可以消除横向裂缝、反射裂缝和纵向裂缝。就地冷再生技术相对厂拌冷再生技术,节约了运输费用。

(二)就地冷再生技术的优点

(1)充分利用旧路面的集料,减少石料开采,从而保护资源。

(2)通过再生利用,降低了对沥青材料的需求。

(3)可以使已破坏的路面恢复到原有的路面几何线形。

(4)不需要加热,节约能源,减少了烟尘、废气对环境的污染。

(5)减少了材料的往返运输,减少了燃油消耗。

(6)利用旧路面材料,降低工程造价。

(7)通过就地冷再生和加铺新的罩面,可以解决各种路面病害,如纵横缝、坑洞、车辙、不规则裂缝等。

(8)可以减少工程设计、测量的时间和费用。

(三)就地冷再生技术的局限性

(1)就地冷再生的质量不如集中厂拌再生稳定,旧路面的材料状况影响再生路面的性质。

(2)就地冷再生的工艺需要相对温暖、干燥的施工环境,气候条件要求高。

(3)就地冷再生的路面水稳性差,易受水分的侵蚀而剥落,因此需要一个封层或热拌沥青混凝土罩面层。

(4)为了获得足够的强度,乳化沥青冷再生路面通常需要2周的养护时间。

(5)通常沥青路面的铣刨深度为10~15cm,这样可以消除反射裂缝。根据旧路面开裂情况,就地冷再生可能会侵入一部分基层材料,这样很难保证再生后路面的均匀性。

六、全深式冷再生技术

(一)全深式冷再生技术概念

全深式冷再生技术是采用专用设备对沥青层及部分下承层进行就地翻松,或是将沥青层部分或全部铣刨移除后对部分下承层进行就地翻松,同时掺入一定数量的新矿料、再生结合料、水等,经过常温拌和、摊铺、压实等工序,实现旧沥青路面再生的技术(图8-140)。再生中,沥青层和一部分集料基层被铣刨、破碎,与胶结料混合、摊铺作为稳定的基层。在我国工程实践中,全深式冷再生包括两种:一种是对沥青层和部分下承层同时进行的再生,另一种是铣刨了部分或全部沥青层后对下承层进行的再生。

图 8-140　全深式冷再生

全深式冷再生工艺流程:清扫、洒胶结料(图8-141),铣刨、破碎与胶结料混合(图8-142),整平(图8-143),压实(图8-144),养护。

图8-141 洒水泥

图8-142 再生车铣刨、破碎与胶结料混合

图8-143 整平

图8-144 压实

全深式冷再生技术适用范围见表8-47。

全深式冷再生技术适用范围　　　　　　　　　　　　　　　　　　表8-47

公 路 等 级	再生层的结构层位				
	表面层	中面层	下面层	基层	底基层
高速公路、一级公路	—	—	可使用	宜使用	
二级公路	—	可使用		宜使用	
三级、四级公路	—	宜使用			

(二)全深式冷再生技术的优点

利用旧沥青路面材料并解决旧路改建时"调拱、调坡"的问题,实现了旧沥青路面面层和基层材料就地再生利用,节省了材料运转费用及时间。施工过程中的能耗低、污染少。

(三)全深式冷再生技术局限性

施工质量控制的难度较大,一般需要加铺沥青罩面层。再生材料用于沥青路面的基层及轻交通量道路的下面层。

案例分析

案例 8-1：沥青路面裂缝修补

××高速公路全长 199.31km，位于华北平原东北部，冬季极限最低气温 −23℃。于 1999年 9 月 1 日正式建成通车。因 1999 年、2000 年冬季连续两年降雪量大、气温低，通车的当年路面即产生横向温度裂缝，并呈逐年增加趋势。到 2002 年 3 月底，累计完成沥青路面灌缝修补 $3.78 \times 10^5 m$，路面灌缝成为日常养护工作中的一项重要内容。现将××高速公路通车 3 年来的沥青路面裂缝修补技术介绍如下。

一、沥青路面裂缝的状况

从路表面裂缝情况看，软基路段内的裂缝最多，路面（双幅）裂缝在软基路段内平均 2112m/km，平原区平均 1342m/km，平原微丘区平均 532m/km。裂缝最窄 0.2mm，裂缝最宽约 12mm。最长的纵向裂缝连续长 2863m，纵向裂缝合计长 5891m，横向裂缝合计长 176969m。其中，横向裂缝中半幅贯通的裂缝 30 ~ 50m 一道，多数路面横向裂缝长 5 ~ 10m，约占总量的 70%。横向裂缝密度最大的段内 92 条/km。挖方段内路面裂缝较少，平均 150m 一道，SMA 路段平均 80m 一道。地基土质为重黏土路段内裂缝较多，砂土路基段内的路面裂缝较少。2000—2002 年完成的路面裂缝修补长度分别为 65239m、130425m、182860m。

二、路面裂缝原因分析

影响沥青路面裂缝的主要因素：沥青和沥青混合料的性质、基层材料的性质、气候条件（特别是冬季气温的变化及其变化幅度）、交通量和车辆类型以及施工质量等。按开裂形式的不同，路面裂缝主要分为纵向裂缝和横向裂缝。

1. 纵向裂缝

K117 + 500 ~ K136 + 000 路段纵向裂缝较为普遍，最长一条约 2.8km，究其原因主要是路基变形，该段地基土为重黏土。路基填土高度为 2.8 ~ 3.2m，由于路基填土不均匀，影响了路基的整体性。雨季两侧边沟积水，外侧路基浸泡使黏土地基和路基含水率达到饱和，造成地基承载力下降，路基整体强度降低，在超载车荷载作用下产生路面纵向开裂。这种裂缝的位置多沿行车轮迹方向，雨季后发生开裂。

在 K157 + 800（陡河桥西桥头）和 K248 + 700 ~ K248 + 900 处存在两处纵向裂缝，均在通车半年内产生纵向开裂。在距路面外边缘 2m 处产生裂缝，主要是因为路基填土较高（约 12m），路基不均匀沉降。在 K248 + 850 处的纵向裂缝长 179m，距路面边缘 2.5m，且双幅对称发生纵向开裂。该段路基填料为石方路堑开炸的风化土石混合料，开裂主要原因：①原地面呈沟壑状，无法进行填前碾压；②路基填料自身空隙率大，不易压实，路基成型后自然压密引起开裂；③路基填料粒径大，压实效果差。该段纵向裂缝宽达 3.5cm，裂缝两侧相邻高差达 1.5cm，纵向呈台阶状，严重影响行车舒适性。

2. 横向裂缝

导致路面横向裂缝有多种原因,如温度变化、地基变形、半刚性基层反射裂缝、行车荷载疲劳裂缝等。横向裂缝有以下几种表现形式:

(1)低温横向收缩裂缝。沥青混凝土是一种热胀冷缩型材料,其温度收缩系数为 $2.5 \times 10^{-5} \sim 4.0 \times 10^{-5}$,冬季一次大幅度降温产生的拉应变可达 $3.0 \times 10^{-4} \sim 5.0 \times 10^{-4}$,远超出沥青混合料的极限拉应变,沥青面层表面薄弱处会产生裂缝。

(2)温度疲劳裂缝。由于环境气温反复升降,在沥青面层中产生温度应力,温度应力的反复作用使沥青面层产生温度疲劳裂缝。

(3)反射裂缝。高速公路路面基层普遍采用水泥稳定级配碎石材料,水泥碎石的抗压强度要求不断提高($\geq 4MPa$)。而水泥碎石干缩和温度收缩特性,导致基层成型后一般存在明显或隐性裂缝,裂缝间距为 $15 \sim 30m$。在行车荷载作用下,特别是超重车较多的情况下,半刚性基层底部产生过大的拉应力,导致基层开裂。基层裂缝会逐渐扩展到沥青面层。

(4)其他横向裂缝,如由于桥头路基沉降引起的沿桥涵台背方向的横向裂缝,路面施工工作接缝开裂,桥面铺装水泥混凝土铰缝质量不好而引起的纵向开裂等。

3. 裂缝对沥青路面的危害

如果沥青路面裂缝得不到及时修补,将对路面的使用寿命和行车舒适性带来影响。裂缝对沥青路面的危害主要体现在以下几个方面。

(1)缩短路面的使用寿命。裂缝的初期(1~2年内)对路面的使用性能无明显影响,但随着路表面雨水或雪水浸入,导致裂缝两侧的路面结构或土基含水率增高,在行车荷载作用下,加速了路面的破坏。

(2)纵向裂缝的出现,使路面在裂缝处变得不平整,影响行车的舒适性。

(3)桥头跳车处的路面横向裂缝,在路面积水作用下加速了跳车现象的发展。

(4)块状的路面纵横裂缝如不能及时修补,将很快发展成为网裂、松散甚至坑槽。

三、沥青路面裂缝的修补方法

裂缝的修补具有很强的时限性,安排修补时间不当将大大影响灌缝质量和效果。沥青路面裂缝修补方法很多,一般可根据裂缝的宽度和深度确定具体的修补工艺。2000—2002年,根据路面裂缝的实际情况主要采用了下述4种裂缝处理方法。

1. 压浆法

在 K248+700~K248+900 段路面纵向裂缝采取了压浆处理(图 8-145)。因该段裂缝宽度达 35mm,路基填土高达 20 余米,如不进行彻底处治,将严重危及路基稳定与行车安全。施工时压入水泥净浆,水泥为 325 号普通硅酸盐水泥,水泥净浆水泥用量为 $350kg/m^3$,注浆压力为 1.5MPa。压浆前用环氧砂浆对裂缝表面进行封堵,沿裂缝每隔 15m 预埋一注浆管,从一端开始,依次注浆,直到相邻注浆管溢出浆液为止,压浆前移。如中间有压浆管不能溢出浆液,则将压浆泵移至相邻的下一孔管进行注浆。该段于 2000 年 4 月下旬施工,经过 2 年多行车观测效果良好,未发生继续开裂和其他病害,起到了保护路基稳定和防止雨水侵蚀的作用。

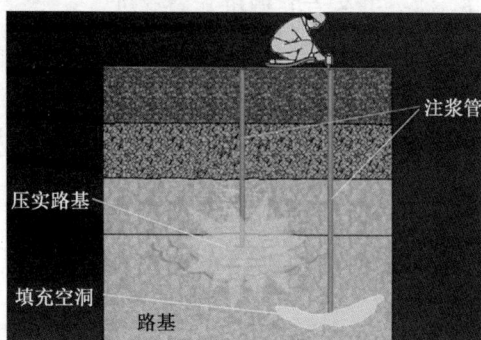

图 8-145　注浆图示

2. 沥青灌缝

一般采用重交通量道路石油沥青 AH-90 号灌缝。首先对沥青进行现场加热,温度控制在 150~160℃(其中一部分沥青采用了 SBS 改性沥青),用铁壶或专用容器将热沥青灌入缝内,一般需浇灌 2~3 遍,待沥青温度下降至常温后即可开放交通。这种方法操作简单,设备和人员修补费用低,速度快,每人每天可完成灌缝 250~300m。缺点是:

(1)由于裂缝未清扫造成黏结不牢固,一般第二年都需重新灌缝;

(2)夏季气温高时,沥青体积膨胀、溢出路面被车轮粘走;

(3)每年重复施工,累计费用增加;

(4)长时间人工作业危险性较大。

3. 溶剂性改性沥青材料灌缝

施工工艺流程:

(1)先用 4~6MPa 压缩空气对裂缝进行清理,一般需 2 遍;

(2)用竹片或铁铲清除缝中剩余杂物;

(3)用改装后煤气罐盛入 2/3 体积的溶剂改性沥青灌缝(在普通沥青中加入 SBR 等 3 种改性剂,常温下具有流动性),并用气泵加压至 4MPa 向裂缝中灌入,一般需浇灌 2~3 遍,直至灌缝材料与路面平齐为止;

(4)将过筛细砂撒在灌缝表面,并用铲抹平,即可开放交通。

这种方法所用灌缝材料为专用灌缝材料,具有良好的低温稳定性、渗透性,无需加热,设备比较简单,一套设备一天可完成 800~1000m 灌缝,灌缝效果较好,使用寿命一般在 3~5 年。但灌缝材料较贵。

4. 进口灌缝胶修补裂缝

在位于 K100+441~K117+500 长 17km 软基路段引入了进口的高速公路路面裂缝修补技术,进行了灌缝施工,共计完成裂缝修补 35960m。

本次所用灌缝材料为路面裂缝密封胶。这是一种高分子聚合物橡胶改性材料,常温下外观为固体。使用前加热到 188℃呈液体状,具有良好的流动性和黏结力,能够与沥青混合料融合到一起。密封胶冷却后,在常温和低温状态下,具有很高弹性,延伸长度 10~15 倍,弹性恢复率达 99%。密封胶在 -20~120℃温度范围内能跟随裂缝的扩张与收缩而产生弹性变形,始终保持其稳定的密封作用。灌缝设备有开槽机和灌缝机。

（1）裂缝修补方案。设计了4种沥青路面裂缝修补方案：

①标准槽非贴封式，即开槽深20~50mm、宽20mm，密封胶与槽灌平即可不加贴封层；

②标准槽贴封式，即开槽深20~50mm、宽20mm，密封胶灌满缝后，路面加封2~3mm厚、80~100mm宽贴封层；

③浅槽贴封式，开槽深5mm、宽40mm，灌缝加贴封层式；

④简单无槽贴封式，适用于裂缝宽度小于3mm，即不开槽，只在路面裂缝处贴封宽度12.7mm的密封胶。

这次采用的标准槽贴封式修补法，开槽深度和宽度各为20mm，表面贴封宽度60mm、厚度2~3mm。

（2）进口灌缝胶裂缝修补工艺流程如下：

①封闭交通。按照规定摆放安全标志，设专人指挥交通，并根据工程进度随时移动标志牌。

②按照要求尺寸沿裂缝方向进行开槽作业。

③清理开槽。用高压空气进行吹缝，将开槽后缝内的松散颗粒和杂物清理干净。

④灌缝前预热。用普通液化气罐外接喷火装置，在实施灌缝前对凹槽加热，温度达到80~100℃即可，以利于灌缝胶和沥青混凝土的牢固黏结。

⑤灌缝。密封胶加热温度达到188℃、加热炉盘自动停止加温进入保温状态时，用灌缝机自带的具有刮平装置的压力喷头将密封胶均匀灌入槽内。灌缝分两次灌满，第一次灌入槽深的4/5，第二次灌满并在槽口两侧拉成宽60mm、厚3mm的贴封层。

⑥撒料养护。在刚灌满的密封胶表面撒布石粉或细砂，待灌缝胶冷却至常温后即可开放交通，一般冷却时间为15min。

⑦质量检验。外观质量验收标准为：密封胶高于路表面2~3mm；贴封层边缘整齐，灌缝充分饱满，表面平整；无颗粒状胶粒；灌缝胶经行车碾压后不得发生脱落变形。

思考与练习

一、选择题

1. 薄层罩面是一种很早采用的传统预防性养护方法，它在原有路面上加铺一层厚度不超过（　　）cm的热沥青混合料。

    A. 5　　　　　　　　B. 7　　　　　　　　C. 0.5　　　　　　　　D. 15

2. 下列材料可作为裂缝修补时的填缝材料的是（　　）。

    A. 高分子聚合物改性沥青　　　　　　B. 热拌沥青混合料

    C. 水泥稳定粒料　　　　　　　　　　D. 开级配沥青混合料

3. 提高沥青路面水稳性的措施有（　　）。

    A. 使用聚合物改性沥青　　　　　　　B. 减少沥青用量

    C. 沥青路面空隙率在8%~15%　　　　D. 提高拌和温度

二、填空题

1. 沥青路面的主要病害可分为_____、_____和其他病害三大类型。

2. 沥青路面横向裂缝可分为荷载型裂缝和_____两大类。

3. 裂缝填缝材料可分成三种类型，第一类是热灌式橡胶沥青或高分子聚合物改性沥青，第二类是有机硅树脂，第三类是_____。

4. 按车辙的不同形成过程，可将其分成_____、_____和结构型车辙三类。

5. 沥青路面再生技术可分为：就地热再生、_____、_____、工厂热再生和全深式冷再生5类。

三、名词解释

1. 稀浆封层

2. 预防性养护

3. 沥青路面再生

4. 同步碎石封层

四、问答题

1. 沥青路面裂缝产生的原因有哪些？有哪些处治措施？

2. 沥青路面车辙发生的原因有哪些？有哪些处治措施？

3. 沥青路面水损坏发生的原因有哪些？有哪些处治措施？

4. 请简述微表处预防性养护的技术要点。

5. 请简述沥青路面工厂热再生技术要点。

6. 请简述沥青路面坑槽的成因及处治措施。

7. 请简述薄层沥青混凝土罩面技术要点。

参 考 文 献

[1] 李刚占.高海拔及特殊土地区高速公路建设关键技术[M].北京:人民交通出版社,2021.

[2] 柏松平.山区公路地质病害机理与技术对策[M].北京:人民交通出版社,2010.

[3] 封建武.高速公路病害分析与处治技术[M].北京:人民交通出版社,2009.

[4] 公路养护技术国家工程研究中心、山东公路技师学院.公路沥青路面养护应知应会手册[M].北京:人民交通出版社股份有限公司,2017.

[5] 交通部公路司.公路工程质量通病防治指南[M].北京:人民交通出版社,2002.

[6] 郑健龙、张军辉.高速公路软土地基路堤设计与施工控制[M].北京:人民交通出版社,2013.

[7] 黄晓明.路基路面工程[M].6版.北京:人民交通出版社股份有限公司,2019.

[8] 罗筠.道路工程地质[M].2版.北京:人民交通出版社股份有限公司,2016.

[9] 刘培文.现代道路养护技术[M].2版.北京:人民交通出版社股份有限公司,2019.

[10] 李爱国,郭平,郝培文.SMA路面施工与病害防治技术[M].北京:人民交通出版社,2012.

[11] 郭寅川,申爱琴.纤维沥青碎石封层预防性养护新技术[M].北京:人民交通出版社股份有限公司,2017.

[12] 窦明健.公路工程地质[M].4版.北京:人民交通出版社股份有限公司,2016.

[13] 陈君朝,杨广庆.高速公路改扩建工程路基加宽施工技术.北京:人民交通出版社,2014.

[14] 齐永生,王佳宾.路基路面试验检测技术[M].合肥:合肥工业大学出版,2021.

[15] 王洪涛.高速公路边坡建设管理与实践[M].人民交通出版社,2014.

[16] 中华人民共和国行业标准.公路软土地基路堤设计与施工技术细则:JTG/T D31-02—2013[S].北京:人民交通出版社,2013.

[17] 中华人民共和国行业标准.公路工程技术标准:JTG B01—2014[S].北京:人民交通出版社股份有限公司,2014.

[18] 中华人民共和国行业标准.公路路基施工技术规范:JTG/T 3610—2019[S].北京:人民交通出版社股份有限公司,2019.

[19] 中华人民共和国行业标准.公路工程质量检验评定标准(第一册　土建工程):JTG F80/1—2017[S].北京:人民交通出版社股份有限公司,2017.

[20] 中华人民共和国行业标准.建筑地基处理技术规范:JGJ 79—2012[S].北京:中国建筑工业出版社,2013.

[21] 中华人民共和国行业标准.公路养护安全作业规程:JTG H30—2015[S].北京:人民交通出版社股份有限公司,2015.

[22] 中华人民共和国行业标准.公路工程地质勘察规范:JTG C20—2011[S].北京:人民交通出版社,2011.

[23] 中华人民共和国行业标准.公路路基设计规范:JTG D30—2015[S].北京:人民交通出版社股份有限公司,2015.

[24] 中华人民共和国行业标准.公路沥青路面施工技术规范:JTG F40—2004[S].北京:人民

交通出版社,2004.

[25] 中华人民共和国行业标准.农村公路养护技术规范:JTGT 5190—2019[S].北京:人民交通出版社股份有限公司,2019.

[26] 中华人民共和国行业标准.公路土工合成材料应用技术规范:JTG/T D32—2012[S].北京:人民交通出版社,2012.

[27] 中华人民共和国行业标准.公路土工试验规程:JTG 3430—2020[S].北京:人民交通出版社股份有限公司,2020.

[28] 中华人民共和国行业标准.公路养护技术规范:JTG H10—2009[S].北京:人民交通出版社,2009.

[29] 中华人民共和国行业标准.公路路基养护技术规范:JTG 5150—2020[S].北京:人民交通出版社股份有限公司,2020.

[30] 中华人民共和国行业标准.公路路基路面现场测试规程:JTG 3450—2019[S].北京:人民交通出版社,2008.

[31] 中华人民共和国行业标准.公路水泥混凝土路面养护技术规范:JTJ 073.1—2001[S].北京:人民交通出版社,2001.

[32] 中华人民共和国行业标准.公路沥青路面养护技术规范:JTG 5142—2019[S].北京:人民交通出版社,2019.

[33] 中华人民共和国行业标准.公路水泥混凝土路面再生利用技术细则:JTG/T F31—2014[S].北京:人民交通出版社,2014.

[34] 中华人民共和国行业标准.公路技术状况评定标准:JTG 5210—2018[S].北京:人民交通出版社股份有限公司,2018.

[35] 中华人民共和国行业标准.公路养护工程质量检验评定标准　第一册　土建工程:JTG 5220—2020[S].北京:人民交通出版社股份有限公司,2020.

[36] 王子鹏,赵宝平,贾梓,等.高速公路沥青路面病害特征识别图册.北京:人民交通出版社,2017.

[37] 中华人民共和国行业标准.黄土地区公路路基设计与施工技术规范:JTG/T D31-05—2017[S].北京:人民交通出版社股份有限公司,2017.